D1748021

Otto Klemperer
Ein deutsch-jüdisches Künstlerleben

Eva Weissweiler

Otto Klemperer

Ein deutsch-jüdisches
Künstlerleben

Kiepenheuer & Witsch

Mix
Produktgruppe aus vorbildlich
bewirtschafteten Wäldern und anderen
kontrollierten Herkünften
www.fsc.org   Zert.-Nr. SGS-COC-001940
FSC   ©1996 Forest Stewardship Council

Verlag Kiepenheuer & Witsch, FSC-DEU-0096

1. Auflage 2010

© 2010 by Verlag Kiepenheuer & Witsch GmbH & Co. KG, Köln
Alle Rechte vorbehalten. Kein Teil des Werkes darf in irgendeiner
Form (durch Fotografie, Mikrofilm oder ein anderes Verfahren) ohne
schriftliche Genehmigung des Verlags reproduziert oder unter Verwendung
elektronischer Systeme verarbeitet, vervielfältigt oder verbreitet werden.
Umschlaggestaltung: Rudolf Linn, Köln
Umschlagmotiv: © INTERFOTO/G.MacDomnic/Lebrecht
Autorenfoto: © privat
Gesetzt aus der Berkeley Medium
Satz: Fotosatz Reinhard Amann, Aichstetten
Druck und Bindung: GGP Media GmbH, Pößneck
ISBN 978-3-462-04179-8

Für Anna Viktoria und Anton Carlos

Inhalt

Vorwort   9

1 »Weil ich Jude bin.«   15
2 Kaiserliche Lehrjahre   31
3 »Eine tief schmerzliche Verstimmung...«   53
4 Wie das Fliegen im Traum   74
5 Väter, Mütter und der liebe Gott   87
6 Harlekin des Geschehens   107
7 »Deutsch-christlichen Geistes«   128
8 »Ihr müsst lachen, Kinder!«   145
9 Missa sacra und Faschistenhymne   163
10 Neue Visionen   182
11 »Seine Sache ist richtig...«   197
12 »Die Idee kann man nicht töten.«   213

Das zweite Leben   230

Zeitzeugen über Otto Klemperer   249

Anmerkungen   277

Auswahlbibliographie   307

Register   312

Danksagung   319

Vorwort

In meiner Kindheit haben mein Vater und sein älterer Bruder, beide in Köln geboren und aufgewachsen, mir oft von dem rätselhaften »Kapellmeister Kreisler« erzählt, der von 1917 bis 1924 die Geschicke der Kölner Oper dirigiert habe. Er hieß Klemperer. Aber man nannte ihn nur »Kreisler«, »Klempéreur« oder den »langen Otto«, weil er so sehr einer E. T. A. Hoffmann'schen Gestalt glich und für seine lauten, autoritären Auftritte bekannt war. Die Oper stand damals am Panoramaplatz, heute Rudolfplatz, nicht weit vom Elternhaus meines Vaters auf der Moltkestraße. Auch die Mozartstraße, wo die Klemperers wohnten, war ganz in der Nähe. Man sah sie oft, wie sie mit ihren beiden Kindern und den alten jüdischen Eltern durch das Viertel gingen, er immer eilig, leicht finster, im Sturmschritt, als habe er Angst, einen wichtigen Einsatz zu verpassen. Er trug eine starke Brille und schien seine Umwelt kaum wahrzunehmen.

Meine Großeltern gingen mit ihren Kindern lieber in die Konzerte der »Cäcilia Wolkenburg« als in die Oper. Aber die Aufführungen ihres seltsamen Nachbarn haben sie sich dann doch manchmal angesehen, besonders »Hoffmanns Erzählungen«, »Lohengrin« und »Die Entführung aus dem Serail«, über die der ebenfalls aus Köln stammende Hans Mayer schreibt: »Ich sehe mich noch in der rechten Proszeniumsloge im ersten Rang. Ich schaue hinab auf das Orchester, sehe ihn hereinkommen, den hochgewachsenen Mann, der sich nicht hinsetzte, sondern vorerst vor dem Orchester stehenbleibt. Das Flirren der Streicher zu Beginn der Ouvertüre, dann sogleich die lärmende Janitscharenmusik. Mit äußerster Energie läßt Klemperer diese harte Türkenmusik erklingen. ... Natürlich verlor ich mich dann sogleich an die Sänger, vor allem an die sauberen Koloraturen der Konstanze.«[1]

Auf meinen Vater muss diese Aufführung ähnlich magisch gewirkt haben. Noch als alter Mann konnte er die meisten Arien der »Entführung« auswendig. Die letzte Klemperer-Oper, die er in Köln sah, war Zemlinskys »Der Zwerg« mit Dekorationen des blutjungen Remscheiders Teo Otto, der später Professor an der Düsseldorfer Kunstakademie und einer der begehrtesten Bühnenbildner Deutschlands werden sollte. Zemlinsky, sagte mein Vater, sei selber »ein Zwerg« gewesen, zwei bis drei Köpfe kleiner als »der lange Otto«, mit dem er zum Schluss einträchtig auf die Bühne trat, um sich zu verbeugen.

Das alles fand gleich nach dem Krieg in schwersten wirtschaftlichen Notzeiten statt. Mein Vater ließ damals lieber eine Mahlzeit aus als eine Klemperer-Aufführung. Er ging auch oft in die legendären Konzerte der »Gesellschaft der Künste« im Hotel Disch, die sich, von Klemperer geleitet, der modernen Musik widmeten und ein buntes, überwiegend junges Publikum anlockten, das nicht in den »ollen Gürzenich« ging, Schüler, Studenten, progressive Geistliche und einen schmalen, immer sehr korrekt gekleideten jungen Mann, in dem er später den Maler Max Ernst wiedererkannte.

Ich selbst habe Klemperer 1970 gesehen, in einem Konzert, das gleichzeitig eines seiner letzten war. Es war auf dem Bonner Beethovenfest. Ich studierte Musikwissenschaft im zweiten Semester und war stolz, eine Freikarte bekommen zu haben. Klemperer war damals schon fünfundachtzig, ein vom Exil und vielen Krankheiten und Unfällen gezeichneter Greis, der die »Eroica« mit seinem Londoner Orchester dirigierte. Es war sehr langsam. Und nicht immer ganz präzise. Aber mir schien es wunderbar kristallin und logisch, gar nicht »heroisch«. Ältere Kommilitonen erzählten mir unzählige Anekdoten, die über Klemperer kursierten. Von seinen Wutanfällen, seinen Skandalen, seinen Bordellbesuchen, aber auch von seinen Witzen. Mit Kollegen, meinten sie, gehe er gern recht sarkastisch um. So habe er über Debussys »La Mer«, dirigiert von George Szell, einmal gesagt: »Das war nicht La Mer, das war Zell am See!«

Um die gleiche Zeit entdeckten wir, dass die deutsche Musikwissenschaft Klemperer übel mitgespielt hatte. Im »Lexikon der Juden in der Musik«, einem perfiden Nazi-Machwerk, das die Grundlage für die Verhaftung und Deportation vieler jüdischer Musiker lieferte, stand über ihn zu lesen: »Klemperer, der mehrfach seinen Glauben wechselte, war vor seiner Berufung nach Berlin in Köln und in Frankfurt/M. tätig.[2] 1927 wurde er dann zum Operndirektor ... der Kroll-Oper in Berlin bestellt, die er zur *jüdisch-marxistischen Experimentierbühne* herabwürdigte und in wenigen Jahren künstlerisch und finanziell derart ruinierte, daß sie für immer geschlossen werden mußte. Seine Hauptaufgabe sah Klemperer in der *bewußten Entstellung deutscher Meisterwerke*, die teilweise so weit ging, daß ihm selbst seine Rassegenossen nicht mehr folgen konnten.«[3] Zu den Mitarbeitern an diesem Nachschlagewerk zählte auch Prof. Dr. Wolfgang Boetticher, ein angesehener Schumann-, Händel- und Orlando-di-Lasso-Forscher aus Göttingen, der das Konzert mit Klemperer und seinem Londoner Orchester ebenfalls besuchte, weil er sich gerade in Bonn aufhielt, wo ein internationaler musikwissenschaftlicher Kongress stattfand. Er klatschte so enthusiastisch, als ob nichts gewesen sei. Wir schämten uns für diese wissenschaftliche Väter-Generation und fingen an, über Klemperer zu recherchieren, was 1970 noch sehr schwierig war, weil Hans Curjels Standardwerk über die Berliner Krolloper[4] und der erste Band der großen Heyworth-Biographie[5] erst viel später erschienen. Manchmal konnte man ihn im Westdeutschen Rundfunk erleben, als Dirigenten und Zeitzeugen. Ihn sprechen zu hören, tat fast weh. Denn seit einer Gehirntumor-Operation im Jahr 1939 litt er an einer schweren Aphasie und konnte sich kaum noch verständlich artikulieren.

Als ich mich entschloss, dieses Buch zu schreiben, wurde ich von vielen älteren Kollegen gewarnt. Peter Heyworth, Musikkritiker des London Observer und Europa-Korrespondent der »New York Times«, habe schon alles zum Thema »Klemperer« gesagt. Er habe sein uneingeschränktes Vertrauen und freien Zugang zum Archiv seiner Tochter Lotte gehabt, ein Privileg, das nach Klemperers Tod am 6. Juli 1973 praktisch niemandem mehr gewährt wurde. Doch als ich den ersten (die Jahre bis 1933 umfassenden) Band las, kamen mir Zweifel. Da waren zwar unglaublich viele Fakten, Zitate, Hintergrundberichte, Rezensionen und Zahlen gesammelt worden. Aber der Mensch wurde mir nicht plastisch genug, vor allem nicht vor dem Panorama seiner Zeit, die das deutsche Kaiserreich, die österreichisch-ungarische Monarchie, den Ersten Weltkrieg, die Ära der alliierten Besatzung, die Weimarer Republik und den Beginn des NS-Terrors umspannt. Ich fand wenig Lokalkolorit, fast keine Verweise auf die zeitgenössische Kunst und Literatur, wenig Aussagekräftiges über seine Freunde und Weggefährten. Seine Frau Johanna, eine gefragte Soubrette, die er in seinen Kölner Jahren kennenlernte, wurde auf Eifersucht und Neigung zum Trinken reduziert. Fast alle guten Kritiken über sie waren weggelassen, die schlechten dafür minutiös aufgeführt. Eindrucksvolle Szenenfotos als Carmen, Susanna oder Marzelline fehlten. Es war nur ein einziges unvorteilhaftes Privatfoto abgedruckt.

Ähnlich ungnädig ging Heyworth mit Klemperers *Kompositionen* um, von denen die wenigsten publiziert oder produziert sind. Klemperer schrieb Symphonien, Lieder, Klavierstücke, Streichquartette, Opern, eine Messe und vieles mehr. Die Messe wurde 1923 in Köln uraufgeführt. Selbst überzeugte Antisemiten unter den Rezensenten waren der Meinung, dass es sich um ein besonderes Stück neuer Kirchenmusik handle, um eine geistliche »Kunstrevolution« mit vielen Anklängen an die Gregorianik, die er in den katholischen Kirchen Kölns kennengelernt hatte.[6] Doch für Heyworth sind Klemperers Kompositionen keiner Besprechung wert, sondern nur Früchte »manisch-depressiven Irrsinns«, der ihn immer wieder heimsuchte und sein Leben von der Jugend bis zum Tod überschattete. Das ist schade. Denn der *Komponist* Klemperer scheint noch genauso zu entdecken zu sein wie der *mitschöpfende* Uraufführungs-Dirigent Klemperer, dessen direkten Einfluss auf die zeitgenössische Musik ich im Fall von Josef Matthias Hauer nachweisen konnte.[7]

Während der erste Band der Heyworth-Biographie wegen seines unerwarteten Detailreichtums sehr gelobt wurde, stieß der zweite[8] auf eher kritische Resonanz und ist darum nie ins Deutsche übersetzt worden. Man bemängelte, dass er sich wie eine leicht ermüdende Skandalchronik lese, eine minutiöse Auflistung seiner Krankheiten, Unfälle, Seitensprünge, Irrationalitäten und Verfehlungen, die von geringem musikhistorischen Interesse sei und seine künstlerische Leistung verdunkle. Zu Heyworths Verteidigung muss allerdings gesagt werden, dass sich das »zweite Leben« Otto Klemperers im kalifornischen Exil und nach 1945 jeder sinnvollen biographischen Beschreibung entzieht, da es ein typisches Reisevirtuosenleben zwischen Krankenhäusern, Konzertsälen und Schallplattenstudios war. »Unser ›schedule‹ ist wie folgt«, schreibt Tochter Lotte 1959 an Soma Morgenstern: »16. Januar bis 11. März... London, dann wieder Zürich..., wo auch zwei Konzerte Ende März sein sollen. Mai wieder London und anschließend die erste Juni-Woche ein Beethoven-Zyklus in Wien mit dem Londoner Philharmonia Orchester. Dann wollen wir wieder mindestens acht Wochen... im Engadin... verbringen, was ihm dieses Jahr so gut tat. Anfang September sollen zwei Konzerte mit dem hiesigen Orchester in Luzern sein.«[9] Fast jeder Brief Lotte Klemperers liest sich so, von der Rückkehr nach Europa bis zu Klemperers Tod: wie eine monotone Aufzählung von Kur-, Aufnahme- und Tourneedaten, die manchmal durch ein paar »Skandale« unterbrochen wird. Sie selbst hat sehr unter diesem Leben gelitten. Ihre Mutter scheint daran zugrunde gegangen zu sein. Sie starb auf Reisen. Ich habe mich darum nach langer Überlegung entschlossen, den Schwerpunkt meines Buches auf die Zeit bis 1933 zu legen und das »Leben danach« epilogartig zu behandeln, wobei ich mich auf viele Briefe und Dokumente stützen konnte, die bisher noch nie publiziert worden sind. In einem dokumentarischen Anhang lasse ich Freunde und Kollegen Otto Klemperers, von Ernst Bloch über Paul Dessau bis hin zu Katia Mann und Rafael Kubelík, in unbekannten »Originaltönen« zu Wort kommen. Musikfreunden empfehle ich Klemperers umfangreiche Schallplattenproduktion, die mit dem Jahr 1934 einsetzt.[10] Sie dokumentiert Leistung und Lebenswerk besser, als jede Biographie es tun könnte.

Die Recherchen zu diesem Buch waren sehr mühselig, denn leider gibt Heyworth bei aller Genauigkeit *niemals* an, *wo* er einen bestimmten Brief von oder an Klemperer gefunden hat. Die Suche danach wurde zur Detektivarbeit. Ich recherchierte in Zürich (Zentralbibliothek), Wien (Österreichische Nationalbibliothek, Arnold Schönberg Center), Frankfurt (Deutsches Exilarchiv), München (Stadtbibliothek: Monacensia-Sammlung), Marbach (Deutsches Literaturarchiv), Ludwigshafen (Ernst-Bloch-Zentrum), Washington (Library of Congress), New York (New York Public Library), Köln (Westdeutscher Rundfunk, Historisches Archiv der Stadt Köln), Berlin (Deutsche Staatsbibliothek, Archiv der Akademie der Künste, Jüdisches Museum) und Philadelphia (University of Pennsylvania: Van Pelt-Dietrich Library-Center) und durfte Einblick in zwei private Sammlungen nehmen. Ich fand wichtige Korrespondenz mit Schönberg, Dessau, Busoni, Alma Mahler, Pfitzner, Kokoschka, Günter Grass, Jean Améry, Adenauer und vielen anderen, die ich in diesem Buch so ausführlich wie möglich zitiert habe. Bis auf wenige Ausnahmen verschollen blieben aber die Briefe aus dem familiären Umfeld Otto Klemperers, sodass ich mich hier ganz auf Heyworth verlassen musste, der offenbar Zugang zu ihnen hatte. Sie befinden sich weder in Zürich noch in Washington, wo die beiden wichtigsten Klemperer-Sammlungen liegen. Niemand konnte mir einen Hinweis auf ihren Verbleib geben.

Klemperer korrespondierte auch im Exil fast ausschließlich auf Deutsch. Für den ersten Band benutzt Heyworth die deutschen Urtexte. Für den zweiten hat er sie ins Englische übertragen und dabei möglicherweise kleine Fehler gemacht, da seine Deutschkenntnisse Grenzen hatten. Sie rückzuübersetzen und als vorgebliche »Quellen« für eine Beschreibung der zweiten Lebenshälfte Otto Klemperers heranzuziehen, erschien mir unwissenschaftlich und falsch. Auch aus diesem Grund musste ich mich auf die Zeit bis 1933 konzentrieren, wobei ich mich besonders seinen Kölner Jahren gewidmet habe, nicht aus autobiographischen oder lokalpatriotischen Gründen, sondern weil die Bedeutung von Köln als Zentrum der zeitgenössischen Musik in den ersten Jahren der Weimarer Republik bisher noch nicht richtig gewürdigt worden ist.

Köln, im Februar 2010

1 »Weil ich Jude bin.«

Seine Tochter Lotte war neun, als sie erfuhr, dass er Jude war. Es war im April 1933. Noch im Februar hatte er aus der Hand von Hindenburg die Goethe-Medaille erhalten und den »Tannhäuser« in einer umstrittenen, aber sensationellen Neueinstudierung dirigiert. Es war in der Staatsoper Unter den Linden, am Vorabend von Wagners 50. Todestag. Das frisch renovierte Haus war voll besetzt. Vor dem dritten Akt kam es zum großen Eklat. Seine Freunde klatschten. Seine Feinde pfiffen. Klemperer blieb ganz ruhig am Pult sitzen und wartete, bis der Sturm sich gelegt hatte. Am nächsten Tag gab es wütende Rezensionen. Die Kritik stieß sich an den radikal stilisierten Bühnenbildern, die von einer riesigen symbolischen Harfe beherrscht wurden, an der Behandlung des Chors, der wie eine dunkle Arbeitermasse daherkam, an dem transparenten, scharf akzentuierten Spiel des Orchesters nach der Partitur der Dresdner Urfassung. Das alles war ihr zu intellektuell, zu modern, zu »undeutsch«. Ein Rezensent sprach von einem »dreisten Anschlag gegen Wagner und die deutsche Kultur« und forderte den Kultusminister auf, solch ein Unwesen umgehend zu unterbinden.[1]

In den sechs Jahren, die sie hier wohnten, war Lotte in Berlin noch nicht heimisch geworden. Ihre Eltern waren entweder auf Konzertreise oder im Theater. Zu ihrem älteren Bruder Werner hatte sie nur wenig Kontakt. Für ihre Erziehung sorgte Louise Schwab, eine Freundin ihrer Mutter, die schon seit Jahren bei ihnen lebte und eine Art Mädchen für alles war: Gouvernante, Krankenschwester, Putzfrau, Notenkopistin, Sekretärin, Köchin und Schneiderin. Sie war der ruhende Pol im Leben von Lotte

Klemperer, sie sorgte dafür, dass sie »kein Zigeunerleben führte«.[2] Aber trotzdem hatte Lotte Heimweh nach Wiesbaden, wo ihr Vater einige Jahre Generalmusikdirektor gewesen war, wo sie ein Haus mit einem großen, halb verwilderten Garten hatten, zwischen dessen Bäumen eine Hängematte hing, auf der man im Sommerwind sanft hin- und herschaukeln konnte, wo manchmal Freundinnen zu Besuch kamen und Feste gefeiert wurden, während sie hier in Berlin eher gemieden wurde. Denn ihr Vater galt als genialer, aber unberechenbarer Exzentriker, der immer wieder für neue Schlagzeilen sorgte. Ob durch Klagen gegen den preußischen Staat oder mysteriöse Unfälle, lautstarken Streit mit seinen Vorgesetzten oder zornige Aufsätze, in denen er Wagner und sogar Beethoven unzeitgemäß nannte.[3]

Und trotzdem war es ein Schock, als er plötzlich sagte, sie müssten fort von hier. Er selbst werde schon am nächsten Tag nach Zürich fahren. Ihre Mutter sollte später mit ihnen nachkommen, wenn alles erledigt und die Wohnung aufgelöst sei. Als Lotte ihn verständnislos fragte, warum, sagte er unwirsch: »Weil ich Jude bin.«

»Und das war das erste Mal, daß ich überhaupt mir darüber Gedanken machte«, gestand sie dem Filmemacher Philo Bregstein. »Es war für mich Jacke wie Hose, das hatte für mich gar keine Bedeutung. Wieso das plötzlich eine Bedeutung haben sollte, verstand ich gar nicht.«[4]

Otto Klemperer war im Juli 1910 aus der jüdischen Gemeinde in Hamburg ausgetreten. Einige seiner Berliner Cousins, darunter auch Victor, der später berühmte Tagebuch-Autor, hatten diesen Schritt schon Jahre vor ihm getan. Für Victor Klemperer war das Judentum nicht nur ohne Bedeutung, sondern auch eine »alte und undeutsche Tracht«, die den gesellschaftlichen Aufstieg in Preußen störte.[5] Also trat er zum Protestantismus als der in Berlin vorherrschenden Konfession über, während Otto Klemperer sich im Frühjahr 1919 katholisch taufen ließ. Er war damals Leiter der Kölner Oper, mit Adenauer und vielen katholischen Geistlichen gut bekannt, Bürger einer »rein katholischen Stadt« mit »wundervollen Kirchen, wundervollen Bildern«. »Alles gefiel

mir«, sagte er ein Jahr vor seinem Tod zu Philo Bregstein, »es hat mich sehr angezogen. Und, ja, ich wollte auch nicht immer in der Opposition stehen. Ich wollte gern im Frieden mit allen Leuten stehen. Und ich wurde eben ein überzeugter Katholik. Meine Kinder sind auch katholisch getauft.«[6]
Noch als Leiter der legendären Berliner Krolloper, die von rechten Kräften als »kulturbolschewistisch« diffamiert wurde, ging er regelmäßig in die Messe und zur Beichte – Rituale, die er auch im kalifornischen Exil beibehielt, sehr zum Befremden der übrigen Exilgemeinde. »Unter den hiesigen Immigranten, unter denen die Juden tonangebend sind«, berichtete ein deutscher Diplomat aus Los Angeles nach Berlin, »nimmt er eine Sonderstellung insofern ein, als er sich ... als orthodoxen Katholiken zu bezeichnen pflegt.«[7] Sein Kontrakt mit dem philharmonischen Orchester sei gegen den »erbitterten Widerstand« vieler Juden zustande gekommen, die ihn als Verräter und »Renegaten« ansähen, der seine jüdische Herkunft verleugne.[8]

Es sollten fast dreißig Jahre vergehen, bis Klemperer sich wieder dem Judentum zuwandte, als über achtzigjähriger, von vielen Unfällen und Operationen gezeichneter Mann, der sein Ende greifbar nah vor sich sah. »Ich weiß, daß Sie sich immer wünschten, ich würde mich wieder auf mich besinnen«, schrieb er an seinen Freund Soma Morgenstern. »Das ist vor einigen Wochen geschehen. Ich bin aus der Kirche ausgetreten. Es wäre schön, wenn Sie dieses Jahr wieder einmal nach Europa kämen. Da gäbe es vieles zusammen zu reden. Schalom, Ihr Otto Klemperer.«[9] Sehr spät und ohne Einfluss von außen habe er sich dazu entschlossen. Es sei zwar »nur formalistisch«, aber von größter Bedeutung für ihn. Zur gleichen Zeit las er Jean Amérys »Jenseits von Schuld und Sühne« und befasste sich intensiv mit seiner Familiengeschichte, deren Wurzeln im böhmischen und sephardischen Judentum lagen.[10]

Otto Klemperers Vater Nathan war 1846 im Prager Getto geboren worden, ein Jahr, nachdem die Moldau über ihre Ufer getreten war und ganze Stadtteile niedergerissen und überschwemmt hatte. Es war eine Zeit großer Not. Die Plätze waren mit braunen

Fluten bedeckt, die Verkehrswege unterbrochen. Viele Familien verloren ihr Haus oder sogar ihr Leben. Die Spitäler füllten sich mit Typhus- und Cholera-Kranken, zwischen deren Betten Katzen herumliefen, um Mäuse zu fangen. Es war unheimlich in diesem Gewirr enger Gassen. Fremde oder Christen wagten sich kaum hierher. Dicht aneinandergedrängt standen die Häuser, in deren Durchgängen Trödler armselige Waren anboten, Mörser, Reibeisen, Hämmer, Fallen, Gewehrläufe und verrostetes Spielzeug. Fast in jedem Haus war eine Spelunke oder ein Bordell. Aber es gab auch Geschäfte für religiöse Kultgegenstände und mehr als vierzig verschiedene Synagogen und Bethäuser, aus denen am Abend vielstimmiges Gemurmel klang, darunter die sogenannte »Zigeuner-Synagoge« zwischen Rabbiner- und Zigeunergasse, in der Franz Kafka 1896 beschnitten wurde und ein Urahn von Klemperer Synagogendiener oder »Schammes« gewesen war. Die Sprache des Gettos war ein Gemisch aus Deutsch, Jiddisch und Tschechisch. Die Wohnungen waren klein und eng, ohne Bäder und Toiletten. Große Familien wohnten auf zehn oder fünfzehn Quadratmetern nebeneinander, nicht durch Wände, sondern durch Kreidestriche voneinander getrennt, die man mit loser Hand über die Bodendielen gezogen hatte.[11]

Und trotzdem liebten sie ihr Getto, ihre »Stadt und Mutter in Israel«, in dem sie seit nahezu tausend Jahren lebten, das große Rabbiner und Gelehrte hervorgebracht hatte, das sie durch einen »Erew« genannten Draht gegen die christliche Altstadt abgrenzten und aus dem sie so oft mit Gewalt verjagt worden waren, zuletzt 1745 durch Truppen Maria Theresias. Ihr Sohn Joseph holte sie drei Jahre später wieder zurück und verlieh ihnen die gleichen Rechte und Pflichten wie den Christen, die Schulpflicht, die Wehrpflicht und die freie Berufs- und Studienwahl. Er befreite sie von ihrer diskriminierenden Tracht, dem langen Bart, dem Frauenmantel und dem gelben Fleck auf der Brust, ordnete an, dass sie deutsche Familiennamen annahmen und in ihren Grundschulen Deutsch sprachen.

Damals brachten es viele Juden zu Wohlstand und verließen das Getto, um in großbürgerliche Stadthäuser zu ziehen, die Kornfelds, die Fürths, die Bondys, die Poppers, die Schlesingers,

Flussers oder Zweigs. Sie entwickelten sich zur kulturtragenden Schicht der »goldenen Stadt«, wurden Ärzte, Anwälte, Bankiers und Gelehrte, förderten das Theater-, Kunst- und Musikleben, ließen ihre Söhne Geige und ihre Töchter Klavier lernen, sprachen und schrieben dasselbe österreichisch gefärbte Deutsch wie die deutsche Minderheit. Zu Beginn des 20. Jahrhunderts brachten sie eine literarische Gruppe hervor, den »Prager Kreis«, der das Getto zwar lange hinter sich gelassen hatte, aber an dessen Traditionen und Geschichten anknüpfte. Vor allem an die des berühmten Rabbi Löw, der sich dank kabbalistischer Künste ein Wesen aus Lehm, einen Golem, baute, das ihm stumm und ergeben zu Diensten war und alle häuslichen Arbeiten für ihn verrichtete. Nur an einem einzigen Sabbat erlaubte der Rabbi dem Golem, zu sprechen. Mit dem Ergebnis, dass er sich furchtbar gegen ihn auflehnte, wie ein Wahnsinniger durch die Gassen des Gettos lief, alles zertrümmerte, was ihm im Weg stand, bis der Rabbi ihn endlich bändigen konnte, worauf er zu Boden sank und in Stücke zerfiel, die vom Volk eingesammelt und in die »Altneuschul« gebracht wurden, die große, tempelartige Synagoge aus dem 10. Jahrhundert. Ihre schwarzen Innenmauern dürfen nicht übertüncht werden, weil sie der Sage nach vom Blut glaubenstreuer Juden getränkt sind.[12]

Auch ein Mann namens Gutmann Klemperer zählte zu den Erzählern und Chronisten des Gettos,[13] ein Mann, dessen Vorfahren eigentlich »Klopper« hießen, weil sie frühmorgens durch die noch leeren Gassen gingen und mit einem schweren Gegenstand gegen die Türen schlugen, um die Schläfer zum Gottesdienst aufzuwecken. Laut Familientradition wurde ein Urururgroßvater Otto Klemperers 1758 als Gumpel Klopper geboren und 1803 als Marcus Klemperer beerdigt. Er liegt noch heute auf dem alten jüdischen Friedhof gegenüber der »Altneuschul«.[14]

Einigen Klemperers gelang es, das Getto zu verlassen, bevor es gegen Ende des 19. Jahrhunderts so stark saniert wurde, dass nur noch sechs Synagogen und das alte Rathaus mit der seltsamen Uhr stehen blieben, deren Zeiger sich nicht nach rechts, sondern nach links drehten. Ein Léon Klemperer wurde Bankier, ein Gustav von Klemperer Generalkonsul; Otto Klemperers Großvater aber blieb als streng orthodoxer Religionslehrer im Getto. Von seinen neun Kindern überlebten nur vier das Säuglingsalter. Denn es war eine Zeit voller Kriege und Not. Die Folgen der Überschwemmung von 1846 waren noch nicht überwunden, als die große Revolution von 1848 ausbrach, die auch das Getto, die sogenannte Josefstadt, nicht unberührt ließ und den Antisemitismus der christlichen Nachbarn noch schürte. »So sehe ich noch die Szenen von Angst und Schrecken vor meinen Augen«, schreibt ein Zeitzeuge dieser Ereignisse, »... als die Kunde kam, der Pöbel, die berüchtigten gewalttätigen Flößer und Tagelöhner ... drängten bewaffnet mit Äxten und Knütteln in die Josefstadt ein, um die Bewohner derselben zu berauben. ... Die Juden rüsteten sich zum Widerstande und Kampfe. Noch sehe ich meinen Großvater und Vater vor mir, mit primitiven Säbeln bewaffnet, um Nachtwache zu halten. Noch höre ich die Worte des Lobes, welche den jüdischen Fleischhauern gespendet wurden, die sich am Eingange der Josefstadt aufstellten und tapfer den Ansturm des raublustigen Mobs abschlugen. Noch schwebt mir der ausdrucksvolle weißhaarige ... Kopf des Oberrabbiners vor, welcher sich ... aus dem Fenster herabbeugt und in seinem mangelhaften Deutsch (der Rabbi war Pole) herunterruft: ›Was hört sich?‹ Dann zogen freiheitstrunkene tschechische Studenten mit rot-weißen Federn auf dem Barett durch die Straßen und ließen alle slawischen Brüder leben. ... Damals war noch in den unteren Schichten der Bevölkerung ein tiefer Haß gegen die Bewohner des Prager Gettos rege, und wenn mein Vater mit der Schar seiner Schüler in die Umgebung der Stadt spazieren ging, dann gab es laut höhnende Zurufe, auch Steinwürfe gegen die jüdische Jugend.«[15]

In die Kindheit und Jugend von Otto Klemperers Vater Nathan fielen die Überschwemmung, die Revolution, die italienischen Freiheitskämpfe gegen Österreich, der Bruderkrieg zwischen Preußen und der Donaumonarchie und die große Depression von 1873, auch »Wiener Börsenkrach« oder »Schwarzer Freitag« genannt, in der die prosperierende Wirtschaft des Landes zusammenbrach, angeblich durch die Schuld jüdischer »Finanzgauner«. Nathans ältester Bruder Wilhelm, der Vater des späteren Romanisten und Tagebuch-Autors Victor Klemperer, schaffte es, der Enge des Gettos zu entfliehen und in Breslau Theologie zu studieren. Nathan selbst schaffte es nicht. Er hatte eine schöne Singstimme, liebte die deutsche Literatur, konnte lange Passagen von Goethe und Schiller zitieren, ging gern ins Theater und war ein ausgesprochener Liebling der Frauen. Am liebsten wäre er Schauspieler oder Sänger geworden. Aber das kam für einen Sohn aus orthodoxem Haus nicht in Frage. Er wurde früh von der Schule genommen und als Laufbursche zu einem Kaufmann gegeben. Mit achtzehn Jahren ging er nach Schlesien, wo ein anderer Bruder »Geschäftsmann« war, wahrscheinlich eine euphemistische Umschreibung für »Hausierer«.

Es gab Unmengen von Hausierern in der Gegend um Breslau, die aus Italien, Ungarn, Böhmen oder Rumänien kamen, hauptsächlich Juden waren und mit allem handelten, was sich leicht und schnell transportieren ließ, Süßigkeiten und Streichhölzern, Teppichklopfern, Kleiderhaken und Lampenschirmen, gesalzenen Rettichen, Strumpfbändern, Unterwäsche und Spielzeug. Am Abend zogen sie durch die Wirtshäuser und Restaurants, tagsüber von Tür zu Tür, bei bitterer Kälte und glühendem Sonnenschein, immer auf der Flucht vor der Polizei oder den Steinwürfen wütender Antisemiten. Nur wenige hätten sich »aus freiem Antriebe ihrer Beschäftigung zugewandt«, schreibt ein Autor aus dieser Zeit.[16] Die meisten taten es aus bitterer Not. Sie verdienten so wenig, dass die Grenze zum Betteln fließend war, dachten sich alle möglichen Tricks aus, um der Kundschaft aufzufallen, schnitten Grimassen, erzählten Lügengeschichten, stiegen in phantastischer Kleidung auf Tische und Bänke und priesen mit dröhnender Stimme ihre Waren an.

Was für ein Glück, dass Nathan 1881 ein Fräulein namens Ida Nathan aus Hamburg kennenlernte, das zufällig bei einer Schwester in Breslau zu Besuch war. Sie war nicht besonders hübsch und schon über dreißig, konnte sehr gut Klavier spielen und stammte aus reichem Haus. Schon nach wenigen Wochen heirateten sie, nahmen eine Wohnung in Breslau und eröffneten ein Geschäft für »Galanterie-, Kurz- und Spielwaren«.

Zu ihrer Hochzeit dichteten Freunde ein Festlied, in dem es hieß:

Oft auch dem schönsten Myrthenkranz
entfällt ein welkes Blatt, –
Dann freilich gibt es Dissonanz,
dann wird die Tonart matt ...

Hört man einmal Septimen dort,
stellt bald sich auf Begehr
das Unisono-Losungswort,
der Einklag wieder her.
An dieses Wort, o junges Paar,
denkt handelnd oft zurück!
Es mindert jegliche Gefahr
und bringt crescendo Glück.[17]

Im August 1883 wurde ihr erstes Kind geboren, Tochter Regina, am 14. Mai 1885 ihr einziger Sohn, der den Namen Otto Nosom Klemperer erhielt. »Otto« war der Name des deutschen Reichskanzlers. »Nosom«, eigentlich »Nossan«, die aschkenasische Variante von »Nathan«.

Nathan Klemperer blieb ein österreichischer Charmeur, der lieber im Kaffeehaus als in seinem Kontor saß, es mit dem Bezahlen von Rechnungen nicht so genau nahm, Verhältnisse mit den Dienstmädchen seiner Frau hatte und trotz chronischen Geldmangels gern in die Prachtbäder der Donaumonarchie fuhr. Für seinen Bruder Wilhelm, den Berliner Rabbiner, war er ein »armseliger Kaufmann und ungebildeter Großsprecher«, auf den man nur mit Verachtung herabsehen konnte.[18] Trotzdem konnte man ihm nicht wirklich böse sein. Vor allem nicht, wenn er abends Lieder zum Klavier sang, am liebsten die »Dichterliebe« von Robert Schumann, deren Texte und Melodien so wunderbar melancholisch waren und den kleinen Otto tief beeindruckten:

Ich hab' im Traum geweinet,
mir träumte, du lägest im Grab.
Ich wachte auf, und die Träne
floß noch von der Wange herab ...

Er sang nur nach Gehör, lernte nie Notenlesen. Seine Frau Ida aber spielte akribisch genau und doch voller Temperament, ähnlich wie Clara Schumann, das große Vorbild aller klavierspielenden höheren Töchter, die damals oft als gefeierter Star in den Konzertsälen Hamburgs auftrat.

Ida Klemperer, geborene Nathan, war 1849 als Tochter eines Tabakhändlers in Hamburg zur Welt gekommen. Ihre Mutter stammte aus einer sephardischen Familie namens Rée, die im Hamburger Judentum eine wichtige Rolle spielte. Sie war vor Jahrhunderten von der iberischen Halbinsel geflohen, hatte sich im damals dänischen Altona niedergelassen und ein Imperium aus Banken, Handelshäusern, Manufakturen und Reedereien gegründet, das sich bis nach Skandinavien ausdehnte. Sie unterhielten Geschäftsbeziehungen nach Ostasien und Südamerika, handelten mit Galanteriewaren und Chinoiserien, importierten Eisen, Salz, Steinkohle und Tabak, betrieben Zuckerraffinerien, Schokoladen- und Tuchfabriken, druckten Zeitungen, förderten die jüdische Wohlfahrt und brachten Rabbiner, Schriftsteller und Pianisten hervor. Besonders bekannt wurde der Hamburger Philologe Dr. Anton Rée. In seinem viel beachteten Buch über »Die Sprachverhältnisse der heutigen Juden« (1844) forderte er, dass alle Juden neben ihrer Muttersprache, dem Jiddischen, Deutsch lernen müssten. Erst dann werde »das Übel, gegen welches wir streiten, mit der Wurzel ausgerottet werden«.[19] Schon ein halbes Jahrhundert vor Theodor Herzl dachte er über die Begriffe der jüdischen »Race« und »Nationalität« nach, über Palästina als mögliches »Vaterland« für die Juden, ein Gedanke, den er aber bald wieder verwarf. Denn »Palästina sei der Juden *Mutterland* und könne das *Vaterland* in keiner Weise ersetzen... Die Sprachorgane der Juden sind nicht palästinensisch, sondern deutsch; und selbst wenn die deutschen Juden auswandern würden, bliebe der deutsche Kern in ihnen erhalten.«[20]

Anton Rée, aktiver Sympathisant der 1848er-Revolution, Mitglied der Hamburger Bürgerschaft und Abgeordneter des Deutschen Reichstages, war für viele Glaubensgenossen ein Ketzer, weil er sich gegen die jüdische Orthodoxie wandte und eine »Israelitische Freischule« gründete, die auch christliche Kinder aufnahm. Er starb 1891 in Hamburg. Otto Klemperer war damals sechs Jahre alt. Wahrscheinlich ist er diesem Vorfahren nie begegnet. Denn seine Mutter traf sich nur selten mit der Verwandtschaft, deren finanzielle Hilfe sie doch immer wieder brauchte. Sie schämte sich, weil ihr Mann aus dem aschkenasischen Judentum stammte, auf das die Sepharden leicht verächtlich herabsahen. Schon ihre Namen klangen viel exotischer und aristokratischer. Sie hießen Cassuto, de Castro, Spinoza, Alvares, Pereira oder Rée, nicht Klemperer, Werfel, Brod oder Kafka. Ihre Ahnen waren Dichter oder Gelehrte im arabischen Spanien, keine Tempeldiener, Schneider oder Hausierer. Sie waren mehrsprachig, avancierten zu Leibärzten und Bankiers der Aristokratie und konnten ihre Kinder studieren lassen. »Mischehen« mit Aschkenasen galten als verpönt. Erst mit der Abwanderung vieler Hamburger Sepharden nach Holland, Skandinavien und Russland begann ihre Bedeutung in der Stadt nachzulassen. Die Gemeinde wurde ärmer und kleiner. 1872 hatte sie nur noch ein einziges Gotteshaus und weniger als dreihundert Mitglieder. Die Kenntnis des Spanischen und Portugiesischen ging verloren. Viele Sepharden verließen das Judentum und traten zum Christentum über, darunter auch Mitglieder der Familie Rée.[21] Doch Ida, Klemperers Mutter, blieb jüdisch. Und als sie 1889, bald nach der Geburt des dritten und letzten Kindes, Marianne, aus Breslau nach Hamburg zogen, wo sie Grundbesitz von ihrer Mutter geerbt hatte, kam nach kurzem Zwischenaufenthalt in einer Pension als Wohngegend nur das Grindel-Viertel infrage, ein neu bebautes Gebiet zwischen Harvestehude, Rotherbaum und Eimsbüttel, in dem um diese Zeit fast nur Juden lebten.

Regina und Otto war der Abschied von Breslau nicht leichtgefallen. »Wir saßen im Zug, meine Eltern, mein Bruder, die Amme mit meiner kleinen Schwester und ich«, schreibt Regina in einer autobiographischen Skizze. »Mein kleiner Vetter, mit dem wir täglich gespielt hatten, sagte uns weinend Lebewohl, und gerade vor Abgang des Zuges stürzte eine Bekannte auf den Bahnsteig und gab meiner Mutter noch ein selbst gehäkeltes weißes Wollmützchen für das Baby. Dann versank Breslau, ich erinnere mich an eine lange, lange Fahrt, ich sehe, wie die Amme meine Schwester schaukelte, um sie ruhig zu halten – und dann kamen wir in Hamburg an. Es war später Abend, wir wurden in eine Droschke gepackt, um in eine Pension zu fahren. Plötzlich rief meine Mutter: Seht, Kinder, da ist die Alster! Wir sahen viele Lichter um ein dunkles Wasser und ahnten nicht, daß wir später tagaus, tagein über die Lombardsbrücke gehen ... würden und daß das tägliche Schwimmbad in der Alster unsere größte Freude während der Schulzeit sein würde.«[22]

Otto Klemperer hat sich nie als »richtiger« Hamburger gefühlt, sondern später zu Journalisten häufig gesagt, er stamme, wie so viele jüdische Musiker, »aus Polen«.[23] Seine Mutter Ida aber liebte ihre Stadt, den Geburtsort von Johannes Brahms und Felix Mendelssohn, die Heimat von Heine, das bunte Sprachengewirr, die Segel- und Dampfschiffe, Kanäle und Brücken, den eleganten Jungfernstieg, den Geruch nach Seeluft, die Theater, Museen und Konzertsäle. Breslau war für sie immer eine Provinzstadt gewesen, in der sie sich nie richtig wohl gefühlt hatte, aber Hamburg war eine Weltstadt, »Stadtpersönlichkeit«, in der große Künstler auftraten, Hans von Bülow, Joseph Joachim, Tschaikowsky und viele andere. Vielleicht würden sie hier noch einmal von vorn anfangen können, in einer hellen, großbürgerlichen Wohnung in der Bogenstraße, zentral und stadtnah, aber in der Nähe von Wiesen und Moorweiden – ein Paradies für den kleinen Otto, wie sie hoffte.

Doch Nathan, ihr Mann, scheiterte immer wieder. Erst als Inhaber einer Dampfwäscherei, dann als Versicherungsagent, dann als Buchhalter in einer Kurzwarenhandlung. So würde es bleiben. Ein ganzes Eheleben lang. Idas Erbe war schon bald restlos aufgebraucht. Die Verwandten mussten immer wieder aushelfen. Es gab Wochen eisigen Schweigens zwischen den Ehepartnern, Phasen, in denen Ida schwer depressiv wurde und ins Krankenhaus musste. Dann lebte sie nur noch für Otto, ihren einzigen Sohn, ein schönes, groß gewachsenes Kind mit riesigen, dunklen Augen, das sie gegenüber den Töchtern maßlos vorzog. Sie gab ihm Klavierstunden, kaufte ihm schöne Kleider und putzte ihn schon als Kind zum künftigen Künstler heraus, während sie die Mädchen betont unweiblich kleidete. Erschreckend aufschlussreich ist ein Foto aus dem Jahr 1893,[24] auf dem Regina, damals etwa zehn, die Haare so kurz über den Ohren abrasiert trägt, dass sie wie ein hagerer Junge aussieht. In ihren Erinnerungen schreibt sie, dass sie sich damals gar nicht als Mädchen fühlte, sondern »bis über beide Ohren« in eine junge Lehrerin verliebt war.[25] Während Regina ihre kleine Schwester innig liebte und wie ein eigenes Baby bemutterte, grenzte sich Otto stolz gegen die beiden Mädchen ab. 1894 erkrankten Regina und Marianne an Scharlach. Otto kam in eine Pension, damit er sich nicht ansteckte. »Die Krankheit trat sehr leicht auf, und wir spielten den ganzen Tag mit Puppen, die wir anzogen, fütterten, zu Bett brachten«, erzählt Regina. »Wir wussten, dass nachher alles verbrannt werden musste, das erhöhte unsere Liebe zu diesem billigen Spielzeug. ... In der Rekonvaleszenz machten wir allerlei Handarbeiten bei einer Kindergärtnerin ... und als endlich der Tag erschienen war, da unser Bruder wieder nach Haus kommen durfte, machten wir eine richtige kleine Ausstellung für ihn. Er kam eine Stunde zu spät ... Unsere Kunstwerke ... würdigte er keines Blickes.«[26]

Regina, die Älteste, ging »leidenschaftlich gern zur Schule«,[27] aber Otto träumte und phantasierte lieber, anstatt nachmittags seine Aufgaben zu machen, streifte durch die Moorweiden hinter dem Haus, wo er oft hinfiel und sich schmutzig machte, weil er so ungeschickt war, immer in seltsamer Scheu vor der Mutter, die ihn als gebildete und moderne Frau niemals schlug, sondern »nur« mit Worten bestrafte. »Ich hatte es nicht gerne, gescholten zu werden«, erzählte er später. »So erfand ich eine Lüge. Ich erzählte meinen Eltern, ein großer schwarzer Mann mit schwarzem Bart ist mir gefolgt und hat mich umgestoßen, ich habe mich nur durch Weglaufen gerettet. Meine Eltern glaubten das, und meine Mutter ging sogar zur Polizei. Ich habe diese Lüge oft benutzt. Aber ich fühlte genau, daß ich damit etwas Unrechtes tat. Ich dachte, es ist schrecklich, daß ich immer lüge. Dann sah ich ... das Bild von einem Mann, der auf seinem Sterbebett ein Bekenntnis ablegte, und ich dachte, genauso wird es mit mir.«[28]

Einmal – es muss noch in Breslau gewesen sein – hatte ein schwarzer Hund ihn angesprungen und ihm die Pfoten auf die Schultern gelegt. Dieses Bild ließ ihn sein Leben lang nicht mehr los. Immer wieder träumte er von schwarzen Männern und schwarzen Hunden, geriet in Panik, wenn ein schwarzer Hund sich nur von weitem näherte. *The black dog* – das ist im Englischen ein Synonym für »Depression«, eine Krankheit, die Klemperer von seiner Mutter geerbt hatte.[29]

Er war etwa neun, als er einen kleinen, mageren Mann auf der Straße sah, einen Mann mit bleichem Gesicht und tiefschwarzen Haaren. Er trug eine starke, randlose Brille, schnitt Grimassen und hinkte ein wenig, stampfte mit dem Fuß auf, blieb plötzlich stehen und ging hinkend weiter. Dieser Mann, Otto wusste es gleich, musste Gustav Mahler sein, der Komponist und Kapellmeister aus Budapest, der seit kurzem an der Hamburger Oper engagiert war. Er hatte ihn nie im Konzertsaal dirigieren sehen. Und niemand hatte ihm jemals gesagt: Das ist Gustav Mahler. Aber nach allem, was die Mutter von ihm erzählt hatte, konnte es niemand anders sein. »Ich lief jemals ganz scheu zehn Minuten hinter ihm her und starrte ihn wie ein Meerwunder an«, schrieb er später an Mahlers Ehefrau Alma.[30]

Auch Mahler und sein junger Assistent Bruno Walter, der damals noch Schlesinger hieß, lebten zeitweilig im Grindel-Viertel. Es war kein Getto wie die Prager Josefstadt, sondern ein modernes, lebendiges Neubaugebiet, das die Hamburger Juden sich selbst gebaut hatten, seitdem sie sich niederlassen durften, wo sie wollten – eine eigene Welt mit Synagogen, Schulen, Buchhandlungen, Gasthäusern und koscheren Läden, die bekannt für ihr großes Angebot waren: feines Gebäck, Geflügel, Lammfleisch und Fisch, Gewürze aus Übersee, Kolonialwaren, wertvolle Bücher und Musikinstrumente. »Geist und Wohlfahrt, Kunst und Weltoffenheit bestimm(t)en das Leben hier«, schrieb der Philosoph Ernst Cassirer über diese heute versunkene Welt. Hier sei der »besondere Pulsschlag dieser Stadt« zu spüren gewesen.[31]

Es gab drei Kultusverbände, den orthodoxen deutsch-israelitischen, den liberal-reformjüdischen und den sephardischen. Sie hatten unterschiedliche Tempel und Synagogen, aber die Toten wurden auf dem Grindel-Friedhof an der Rentzelstraße beerdigt, wo auch die Mutter von Heine und der Großvater von Martha Freud begraben waren. Ida Klemperer ging mit ihren Kindern in die Reformsynagoge. Dort wurde auf Deutsch gepredigt und zur Orgel gesungen, sodass ihnen die klassische synagogale Tradition fast ganz unbekannt blieb. Im Religionsunterricht lernten Otto und seine Schwestern zwar die Grundzüge der hebräischen Schrift, aber nicht »die Bedeutung der Wörter und das Wissen um die Buchstaben«, berichtet die ebenfalls reformjüdisch erzogene Anna Freud.[32] Am Ende einer solchen Schulzeit sei kein einziger Schüler imstande gewesen, »auch nur einen einfachen hebräischen Satz zu lesen und zu übersetzen«.

Seit 1895 besuchte Otto Klemperer ein Realgymnasium für Jungen, das Johanneum. Seine Leistungen waren inzwischen besser geworden. Besonders der Deutschunterricht und die Sprachen machten ihm Spaß, aber die Naturwissenschaften lagen ihm überhaupt nicht. Später reklamierte er, dass er als Jude nie Klassenbester sein durfte, eine Behauptung, der jüdische Mitschüler später heftig widersprachen. Sie selbst seien öfter »Primus« gewesen, und wenn Klemperer dieses Ziel nicht erreicht habe, hätte es sicher nicht an seiner jüdischen Herkunft gelegen.[33] Doch er selbst sah das anders. Zu Hause war er der Schönste, der Beste, der immer bevorzugt wurde. Warum sollte es auf der Schule anders sein? Noch als Achtzigjähriger empfand er es als bittere Kränkung, dass er nicht die »Fahne« oder das »Klassenabzeichen« tragen durfte, wenn sie am Sedans-Tag zum Grab von Bismarck fuhren.[34] Er erinnerte sich auch, dass ein Zeichenlehrer einmal zu ihm gesagt habe, dass er ohne Lineal keine geraden Linien ziehen könne, sei »kein Wunder bei seiner Rasse«.[35]

Das war vermutlich bittere Ironie, eine Persiflage auf die platten judenfeindlichen Stereotypen, die in den 1890er-Jahren europaweit grassierten, nicht nur in Deutschland, sondern auch in England, Österreich und in Frankreich, wo gerade heftig über die »Affäre Dreyfus« gestritten wurde. Auch aus dem toleranten, weltoffenen Hamburg war eine Hochburg des Antisemitismus geworden. Nirgendwo sonst im Deutschen Reich gab es so viele deutsch-völkische Parteien, Verbände und Zeitschriften. Nirgendwo sonst wurden so ungeniert Flugblätter verteilt, auf denen die Hamburger aufgefordert wurden, »nur bei Deutschen« zu kaufen.[36] Diese Wende war wohl mit dem Bau des Freihafens gekommen, der Geschäftsleute und Arbeiter aus aller Welt anzog, darunter auch viele Juden, die vor blutigen Pogromen in Russland und Polen geflohen waren. Ähnlich wie in London, wo sie sich als Dockarbeiter und Lohnschneider verdingten und die Löhne der Einheimischen weit unterboten, wurden sie besonders vom Proletariat als »Gefahr« angesehen. Arbeiter, Arbeitslose und kleine Angestellte drängten in die antisemitischen Parteien, die in Hamburg besonders viele Anhänger hatten. Mehr als 16 000 Hamburger Bürger stimmten bei den Reichstagswahlen von 1893 für den »Antisemitischen Wahlverein« und die christlich-soziale Arbeiterpartei des Hofpredigers Adolf Stoecker, der im Judentum eine »große Gefahr für das deutsche Volksleben« sah und sich fragte, wie man diesen »Giftpfropfen« dauerhaft loswerden könne.[37]

Seine Hamburger Anhänger schritten sofort zur Tat, indem sie vom Senat eine Reihe judenfeindlicher Maßnahmen verlangten, nämlich »die Verweigerung der Aufnahme ausländischer Juden in den Staatsverband, (die) Ausweisung ausländischer Juden, (die) Nichtanstellung der Juden als Beamte (und die) Aufstellung... einer Statistik über die in Hamburg lebenden Personen jüdischer Abstammung«.[38] Viele Inseln, auf denen die Hamburger Juden früher ihre »Sommerfrische« verbracht hatten, waren von ihren Bewohnern inzwischen für »judenfrei« erklärt worden, Borkum zum Beispiel, wo eine neue antisemitische »Lokalhymne« kursierte, die abends begeistert in den Gasthäusern gegrölt wurde: »Doch wer da naht mit platten Füßen / die Nase krumm, die Haare kraus / der darf nicht diesen Strand genießen / der muß hinaus, hinaus, hinaus!«[39]

Diese Ereignisse müssen die friedliche Welt des Grindel zutiefst erschüttert haben, auch wenn Klemperer selbst nie davon gesprochen hat, sondern nur von diffusen Angst- und Verfolgungsideen in Gestalt von »schwarzen Männern« und »schwarzen Hunden«. Doch es gab Nachbarn, die sich ganz konkret an die dunklen Zeiten erinnert fühlten, in denen sie von fast allen bürgerlichen Berufen ausgeschlossen waren, an Steinwürfe, eingeschlagene Fensterscheiben und »Hepp-Hepp, Jud verreck!«-Rufe. Viele von ihnen traten 1893 dem »Centralverein deutscher

Staatsbürger jüdischen Glaubens« bei oder begrüßten die Thesen von Theodor Herzl, dessen Buch »Der Judenstaat« mit den alarmierenden Sätzen anfing:

»Die Angriffe in Parlamenten, Versammlungen, Presse, auf Kirchenkanzeln, auf der Straße, auf Reisen – Ausschließung aus gewissen Hotels – und selbst an Unterhaltungsorten mehren sich von Tag zu Tag.... Tatsache ist, daß es überall auf dasselbe hinausgeht, und es läßt sich im klassischen Berliner Rufe zusammenfassen: ›Juden raus!‹ – Ich werde nun die Judenfrage in ihrer knappsten Form ausdrücken: Müssen wir schon ›raus‹? Und wohin? Oder können wir noch bleiben? Und wie lange?«[40]

2 Kaiserliche Lehrjahre

Trotz ihrer Neigung zur Depression kämpft Ida Klemperer hartnäckig für das Ideal einer modernen, gebildeten, deutschen Bürgerfamilie, die Shakespeare, Schnitzler, Nietzsche und Sudermann liest, auf den Schiller-Zyklus im Schauspielhaus abonniert ist, Jungen wie Mädchen auf höhere Schulen schickt, an Feiertagen kleine Theaterstücke aufführt und abends im Wohnzimmer singt und Klavier spielt. Zwar feiert Otto 1898 noch seine Bar-Mizwa. Aber bis auf den Vater sieht niemand mehr einen tieferen Sinn darin. Die Fasten-Gebote werden immer weniger eingehalten, die Besuche in der Reformsynagoge immer seltener. Am Karfreitag gehen Mutter und Kinder in die evangelische Kirche, um Bachs »Matthäuspassion« zu hören. Die beiden Mädchen werden sogar auf eine evangelische Klosterschule geschickt, »in einem ganz anderen Stadtteil Hamburgs«, obwohl es mehrere jüdische Mädchengymnasien gibt, die direkt im Grindel liegen. Aber Ida Klemperer ist der Meinung, dass auf der Klosterschule »die besten Lehrer seien und dass der weite Schulweg eine gute Abhärtung sei«.[1]

Otto, dessen erster Musiklehrer ein protestantischer Organist ist, spielt recht gut, verspricht aber kein zweiter Liszt oder Rubinstein zu werden, sondern nur ein »guter Musiker«, wie ein fachkundiger Bekannter meint.[2] Andere Dinge interessieren ihn mehr als das Klavier. Das Theater zum Beispiel. Bei den häuslichen Aufführungen möchte er am liebsten immer selber Regie führen. Und bei der Apfelschusssszene in »Wilhelm Tell« bricht er einmal so heftig in Tränen aus, dass die Mutter mit ihm aus dem Saal gehen muss.

Warum dann, ganz plötzlich, der Entschluss, ihn von der Schule zu nehmen und aufs Hoch'sche Konservatorium nach Frankfurt zu schicken? Einen zwar überdurchschnittlich großen, aber auch überdurchschnittlich sensiblen Sechzehnjährigen, der noch nie von zu Hause fort war, eine extrem enge Bindung an seine Mutter hat, und seinem künftigen Lehrer, dem holländischen Pianisten James Kwast, nur einmal flüchtig auf einem Klavierabend begegnet ist, ohne ihm vorgespielt oder mit ihm gesprochen zu haben?

Das Ganze hat den Charakter einer Flucht, einer panischen Reaktion auf ein Ereignis, das die Klemperers tief getroffen haben muss: den Tod Friedrich Nietzsches am 25. August 1900 in Weimar und die Verstrickung eines gewissen Paul Rée in dessen Lebenstragödie. – Paul Rée war ein entfernter Cousin von Ida, aus derselben alten sephardischen Dynastie stammend und im gleichen Jahr wie sie, 1849, geboren. Seine Eltern waren zum Protestantismus übergetreten und hatten ihre Kinder christlich erzogen. Nach einer Kindheit auf einem Landgut in Pommern studierte er Philosophie, Archäologie, Medizin und viele andere Fächer,[3] bis er in Basel dem fünf Jahre älteren Friedrich Nietzsche begegnete, der von dem »begabten und nachdenkenden Menschen«[4] sofort begeistert war, besonders von seinem Buch »Psychologische Beobachtungen«[5], in dem er Erkenntnisse von Sigmund Freud aphoristisch verkürzt vorwegnimmt.[6] Sie waren sofort unzertrennlich, reisten und arbeiteten viele Jahre zusammen, waren wie Schopenhauer erbitterte Frauenfeinde und gestanden sich, dass sie sich »unglücklich liebten«.[7] Im Winter 1876/77 wohnten sie in einer Villa in Sorrent und träumten von einem »Kloster für freie Geister« mit Nietzsche als »Pontifex Maximus« an der Spitze.[8] Abends kamen illustre Gäste, darunter Richard und Cosima Wagner, denen Rée aus Texten von Voltaire, Diderot und Cervantes vorlas. Wagner und Cosima erkannten angeblich sofort, dass er »Israelit« war, und prophezeiten Nietzsche: »Der wird einmal schlecht an Ihnen handeln, der führt nichts Gutes im Schilde!«[9] – ein von allen Nietzsche-Biographen zitiertes Omen.

Doch Nietzsche und Rée waren durch solche Intrigen nicht zu trennen, bis sie die junge Russin Lou von Salomé kennenlernten, eine exotische »Femme fatale«, in die sie sich beide sofort verliebten.

Zuerst schwebte ihr eine Ehe zu dritt vor. Aber dann entschied sie sich schließlich doch für Rée, den jüngeren und vor allem reicheren der beiden Männer, der ihr ein großbürgerliches Leben in Berlin bieten konnte. Nietzsche raste vor Eifersucht und drohte, sich mit Opium das Leben zu nehmen. Nach fast fünfjährigem Zusammenleben mit Rée heiratete Lou plötzlich den Göttinger Orientalisten Friedrich Carl Andreas. Tief verletzt wandte Rée sich von ihr ab und nahm sein Medizinstudium wieder auf, lebte einige Jahre als Landarzt auf dem Gut seines Bruders und reiste bald nach Nietzsches Tod in das Oberengadin, wo er lange, einsame Bergwanderungen machte.

Noch zu Lebzeiten Nietzsches hatte dessen Schwester Elisabeth Paul Rée als jüdischen Schädling diffamiert, der sich nicht nur menschlich schlecht gegenüber ihrem Bruder benommen, sondern auch seine Philosophie nihilistisch zersetzt und verdorben habe.[10] Nach Nietzsches Tod gab es neben hymnischen Nachrufen auch böse Polemiken, zum Beispiel in der völkisch-konservativen »Deutschen Zeitung«, in der es unter Bezugnahme auf Paul Rée hieß: »Er war ein Opfer jenes Wahns, den Juda unter uns in tausendfacher Gestalt zu reizen und zu nähren trachtet.«[11]

Besonders in Hamburg, wo so viele Rées lebten, muss das Gerede schrecklich gewesen sein. Überall sprach und schrieb man über sie, in Gesellschaften und wahrscheinlich auch auf den Gymnasien, sodass der junge Klemperer zwangsläufig davon hören musste. Da war es besser, ihn fortzubringen. Er war gerade erst ein paar Wochen in Frankfurt, als Paul Rée von einem Felsrücken in den Inn stürzte, wo Bauern aus der Gegend seine Leiche fanden.

Frankfurt im Sommer 1901. Eine wohlhabende Stadt von etwa 250 000 Einwohnern. Noch deutet hier nichts auf die Wirtschaftskrise hin, die in Hamburg zu Massenentlassungen geführt hat. Seit der Gründung des Deutschen Reiches ist in Frankfurt viel gebaut worden, chemische Großindustrie, prächtige Gründerzeithäuser, die große Börse, mehrere Mainbrücken und vor allem der imposante Bahnhof, der mit drei Portalen und 24 Bahnsteigen der größte Europas ist. Schon seit den Achtzigerjahren gibt es eine elektrische Straßenbahn. Auf den nach Pariser Vorbild neu angelegten Boulevards sieht man Automobile mit elegant gekleideten Insassen. Das mitten in der Stadt gelegene Opernhaus mit seinem gewaltigen Treppenaufgang ist so imposant, dass Kaiser Wilhelm bei der Eröffnung neidisch gesagt hat, so etwas könne er sich in Berlin nicht leisten. Clara Schumann, 1878 ans Konservatorium berufen, war in Frankfurt am Ende eines langen Wanderlebens endlich heimisch geworden und hat die Stadt immer wieder sehr gelobt, weil sie »so recht im Mittelpunkt von Deutschland« liege, in der Nähe von »Rhein, Schwarzwald, Schweiz und Bayern«, weil Theater und Oper damals »einen ganz neuen Aufschwung« nahmen und alles »viel leichter zu erreichen« sei als in Berlin oder Hamburg.[12]

Auch Otto Klemperer fühlt sich sofort wohl. Er bezieht ein Dachgeschoss im Haus eines Musikers, wo er üben kann, so viel er will. Endlich ist er frei. Nicht mehr unter der strengen Obhut der Mutter. Nicht mehr wie früher Zeuge hässlicher Eheszenen. Er geht in die Oper, ins Theater, ins Museumskonzert, sieht Ludwig Rottenberg Wagner dirigieren, hört Klavierabende von Eugen d'Albert und Ignaz Paderewski und das Museumsorchester mit erstklassigen Brahms-Interpretationen.

Von der alten Judengasse, dem einstigen Getto, vor dem Goethe sich als Kind so gefürchtet hatte, weil »die Enge, der Schmutz, das Gewimmel (und) der Akzent einer unerfreulichen Sprache« den »unangenehmsten Eindruck« auf ihn machten, wenn er »auch nur am Tore vorübergehend hineinsah«,[13] stehen zu dieser Zeit nur noch Rudimente. Aber es gibt neue, prächtige Synagogen, jüdische Cafés wie das »Levy« oder das »Hecht«, jüdische Zeitungen, Krankenhäuser, Schulen und Geschäfte, das Modehaus Robinson, den Hutsalon Rothschild oder das Kaufhaus Wronker an der Ecke Holzgraben/Hasengasse. Jüdische Rechtsanwälte, Ärzte und Bankiers sind wichtige Arbeitgeber und fördern die Künste und Wissenschaften. Für antisemitische Zeitungen und Parteien gibt es hier, anders als in Hamburg, keinen Nährboden. Nur der Besitzer des Hotels »Kölner Hof« gewährt

Juden keinen Zutritt zu seinem Etablissement und schenkt Bier aus in Krügen mit dem Schriftzug »Kauft nicht bei Juden!«. Aber seine Hetze macht auf die Frankfurter keinen Eindruck. Als er auf die Idee kommt, Ansichtskarten mit der Aufschrift »Freifahrkarte nach Jerusalem, hin und nicht mehr zurück, vierter Klasse, null Mark« drucken zu lassen, verweigern die Frankfurter Postbeamten deren Beförderung.[14]

Das Hoch'sche Konservatorium ist ein schlossähnlicher Backsteinbau an der Eschersheimer Landstraße Nr. 4. Clara Schumann hat dort vierzehn Jahre lang gelehrt und Pianisten wie Ilona Eibenschütz, Fanny Davies, Adelina de Lara und Leonard Borwick unterrichtet, die sich als Interpreten von Schumann und Brahms einen glänzenden Namen gemacht haben. Ihr legendärer Ruf hat auch nach ihrem Tod Studenten aus der ganzen Welt angezogen, aus England, Amerika, Holland, der Schweiz, Russland, Frankreich, Italien und Ungarn. Neben den traditionellen Fächern gibt es eine Orgelklasse und eine Klasse für Mimik und Deklamation, ein Opernstudio und sogar eine Kompositionsklasse für Frauen, eine absolute Novität in der damaligen Konservatoriumslandschaft. Als Otto Klemperer sein Studium beginnt, hat er 159 weibliche und nur 95 männliche Mitstudenten, sodass Hans von Bülow schon vor einer »Überproduktion« von Musikerinnen warnt, die allenfalls als arme »Klaviermamsellen« enden könnten, falls sie nicht jemanden fänden, der sie heirate.[15]

Klemperers Hauptfächer sind Klavier und Komposition. Von Dirigieren ist damals noch nicht die Rede. Mit seinem Lehrer James Kwast versteht er sich gut. Der 1852 geborene Niederländer ist eine imponierende, exotisch wirkende Gestalt mit dunklen Augen und üppigem Schnauzbart. Er vertritt, anders als Clara Schumann, einen modernen Stil, strebt weg von Verklärung und Pathos, öffnet sich auch der zeitgenössischen Musikproduktion, besonders dem Werk von Max Reger, und schart Dutzende weiblicher Wunderkinder um sich.

Eines von ihnen ist Frieda Hodapp, Trägerin des begehrten Mendelssohn-Preises, Tochter eines Dorfschullehrers aus der badischen Provinz. Als kleines Mädchen ist sie in Wirtshäusern aufgetreten, um zur Ernährung ihrer vielen Geschwister beizutragen.[16] Jetzt ist sie zwanzig und die Geliebte ihres Lehrers, der allerdings verheiratet ist, mit Toni Kwast, einer Tochter des Kölner Musikdirektors Ferdinand Hiller. Kwasts Tochter Mimi, nur ein Jahr älter als Frieda, ein zartes Mädchen von elfenhafter Gestalt, ist gerade von dem jungen Hans Pfitzner entführt und geheiratet worden. Eine verrückte Welt. Eine Welt voller Musik, Klatsch und Skandale, in der die Frauen kränklich und schön sind und die Männer von ihrem »Naturrecht« auf Untreue Gebrauch machen. Aber Klemperer ist noch zu schüchtern für diese Welt. Wenn er keine Stunden im Konservatorium hat, bleibt er zu Hause und übt Klavier. Eine seiner Mitstudentinnen, Lonny Epstein, redet er bis zu ihrem Tod züchtig mit »Sie« an.

Auf dem Klavier macht er rasante Fortschritte und entwickelt sich vom guten Schüler zum vielversprechenden jungen Solisten. Im Dezember 1901 tritt er mit der Sonate D-Dur op. 10 von Beethoven auf, wenige Monate später mit dem a-Moll-Konzert von Robert Schumann. Noch merkt er selbst keine Spur von der quälenden Nervosität, die ihn später einholen wird. Er wirkt selbstsicher, ruhig und mit sich im Reinen. Als James Kwast 1902 ans Klindworth-Scharwenka-Konservatorium nach Berlin geht oder besser: gehen *muss*, weil die Skandale in Frankfurt ihm über den Kopf wachsen,[17] ist es selbstverständlich, dass Klemperer ihm folgen wird.

Mit etwas Bedauern, seinen Kompositionslehrer Iwan Knorr verlassen zu müssen, einen aus Russland stammenden Künstler mit starker Affinität zur slawischen Volks- und Kirchenmusik. Johannes Brahms hat ihn vor Jahren nach Frankfurt empfohlen, wo man ihn liebevoll-ironisch den »Brahminen« nennt. Auch Pfitzner hat bei Knorr Komposition studiert und schätzt ihn sehr. »Er hat manches Schöne geschrieben, und Werke wie ... die ›Ukrainischen Liebeslieder‹ für vokales Soloquartett mit Klavier möchte ich gern wieder einmal hören«, schreibt er in seinen Erinnerungen. »Er war ein innerlicher, feiner Mensch.«[18] Obwohl selbst eher Brahms, Tschaikowsky und Berlioz nahestehend, macht Knorr seine Studenten auch mit der damals neuen Musik vertraut, mit Reger, Strauss und sogar Debussy, deren Werke zu dieser Zeit in Deutschland noch kaum bekannt sind.

Als Otto Klemperer nach Berlin kommt, ist er siebzehn und ganz allein in dem riesigen Stadtgebilde, dessen Einwohnerzahl sich in den letzten dreißig Jahren mehr als verdoppelt hat. Bei der Reichsgründung waren es 826 000. Jetzt sind es fast zwei Millionen. Das Erste, was jedem Reisenden auffällt, sind die gigantischen Mietskasernen, »mit Lineal gezogene, kilometerlange Gebäudereihen, gerade so über den gleichen Leisten geschlagen wie nun die Bewohner über einen Leisten geboren und erzogen wurden, stramm, stramm, alle über einen Kamm«.[19] So beschreibt es der Dichter Carl Sternheim, der um die Jahrhundertwende seine ersten Werke veröffentlicht. Die Mietskasernen sind das Abbild der Klassengesellschaft, deren Unterschiede hier in Berlin noch viel krasser ins Auge fallen als in Hamburg oder in Frankfurt. Im Vorderhaus wohnen in langen, hellen Zimmerfluchten die Bessergestellten: Ärzte, Anwälte und hohe Beamte. Auch Richard Strauss hat mit seiner Frau Pauline eine solche Wohnung bezogen, als er 1898 als Erster preußischer Kapellmeister nach Berlin kam: Charlottenburg, Knesebeckstraße, neun Zimmer, Zentralheizung, großer Balkon. »Hier ist es wunderschön«, hat er an seine Eltern geschrieben. »Berlin ist wirklich im Frühjahr herrlich. In... den Vorgärten der Protzenhäuser sind die reinen Blumenausstellungen, der Tiergarten ist prächtig, die ganze Stadt ist von Linden- und Kastanienalleen durchzogen, grün, wohin das Auge blickt.«[20]

Was Strauss nicht sieht oder nicht sehen will, ist das Leben der kleinen Handwerker und Arbeiter, die mit vielen Kindern in den Hinterhäusern wohnen, für eine Stube mit Küche zwanzig Mark monatlich zahlen, bei nicht mehr als hundert Mark maximalem Monatslohn und Preisen von vier bis sechs Mark für den Doppelzentner Kartoffeln.[21] Besonders im Norden und Osten der Stadt gibt es Tausende solcher Hinterhäuser, die, kaum gebaut, schon wieder zu zerfallen scheinen. Heinrich Zille hat diese Welt immer wieder gemalt und fotografiert, die lichtlosen Höfe ohne ein Fleckchen Grün, den bröckelnden Putz, die barfüßigen, unterernährten, tuberkulösen Kinder, die Bettler und Leierkastenmänner, die Kaschemmen, Kneipen und Obdachlosenasyle, in die bis zu viertausend Männer und Frauen am Tag aufgenommen werden, die meisten davon sucht- oder geschlechtskrank.[22]

Otto Klemperer ist in Berlin oft zu Gast bei seinem zwanzig Jahre älteren Vetter Georg, einem hochbegabten, erfolgreichen Internisten, Autor viel gelesener Bücher über Gicht, Nierensteine, Ernährungstherapie und weibliche Hysterie.[23]

Er ist der Älteste von vielen Geschwistern, hat auf dem Gymnasium mehrere Klassen übersprungen, schon mit 17 sein Medizinstudium begonnen, sich mit 25 als Oberarzt an der Charité habilitiert und mit 29 eine erste eigene Praxis eröffnet. Jetzt wohnt er mit seiner jungen Frau, einer Protestantin aus Hessen, in einer Prachtwohnung in der Roonstraße, hat Personal und gibt in seinem Salon exklusive Diners, bei denen aus Silber, Kristall und Meißener Porzellan gegessen wird. Für seine Gäste, die von Pagen in Handschuhen bedient werden, ist ihm nichts zu teuer. Aber er selbst bevorzugt eher einfache Speisen und ist in seinem Wesen durch und durch Preuße, der ganze Stolz seines Vaters, des Rabbiners Dr. Wilhelm Klemperer, der in der reformierten Synagoge an der Berliner Johannisstraße einen modernen, angeblich »völlig enthebräisierten Kultus«[24] pflegt.

Als ältester Sohn fühlt sich Georg für seine Geschwister Felix, Margarethe, Hedwig, Berthold, Valeska, Marta und besonders Victor verantwortlich, der im Oktober 1881 in Landsberg an der Warthe geboren worden ist, klein, schwächlich und so oft krank, dass Schwester Margarethe »mit herrlich grausigem Interesse« an seinem Kinderwagen stand und sich sein »Begräbnis in allen Einzelheiten ausmalte«.[25] In der Schule war er ein Versager. Der Vater steckte ihn in eine »Galanteriewarenlehre«. Als er sie abbrach, um das Abitur nachzuholen, soll Georg angeblich gesagt haben: »Du hast bisher noch keine geistigen Qualitäten bewiesen, auf die man bauen kann.«[26]

Otto Klemperers Biograph Peter Heyworth spricht von einer herzlichen Beziehung zwischen den beiden jungen Männern.[27] Victor Klemperer selbst schreibt dagegen, dass er seinen Vetter »keine dreimal im Leben« gesehen habe.[28] Doch schon bei diesen wenigen Treffen habe er gespürt, dass er »uns alle in wenigen Jahren überflügeln« sollte,[29] ein Gefühl, das sich wie ein Leitmotiv durch seine Tagebücher zieht und sich zu beinahe tödlichem Hass steigern wird.[30]

Kein Wunder. Denn Victor Klemperer ist nur knapp über einssechzig groß, Otto mit gerade erst siebzehn fast zwei Meter. Victor Klemperer muss sich die Erlaubnis zu studieren ertrotzen. Otto Klemperers Studium wird von Tante Helene Rée in Paris finanziert. Otto wird von Georg und dessen jüngerem Bruder Felix, der ebenfalls Arzt ist, wie ein geliebter Sohn behandelt, während sich Victor ständig von ihnen gedemütigt fühlt. Sie ermahnen ihn, sich bei Tisch gerade zu halten, beim Essen nicht auf seinen Teller zu starren und lauter und deutlicher zu sprechen. Sagen ihm offen, dass sie ihn für psychisch gestört halten,[31] untersuchen ihn wegen seiner beginnenden Rückgratverkrümmung und stecken ihn in dieselbe Kopfstreckmaschine, »eine Art Lederhelm mit Kinnstützen am Galgen«, die auch dem jungen Wilhelm II. verordnet worden ist, weil er nach Ansicht seines kaiserlichen Großvaters zu klein war. Aber bei ihm werde das alles nichts nützen, meinen sie. Denn seine »Dürftigkeit« sei ihm wohl in die Wiege gelegt worden. »Was kann man schließlich vom neunten Kind unjugendlicher Eltern mehr erwarten? Ein bisschen krumm bist du ja, aber vielleicht wird's doch kein richtiger Buckel.«[32]

Victor Klemperer übersieht in seiner verständlichen Eifersucht, dass die Brüder sich begründete Sorgen um Otto machen. Berlin, die riesige, laute Menschenmaschine, scheint ihm nicht gutzutun. Er wirkt oft geistesabwesend, verträumt, manchmal verwirrt, versinkt wochenlang in so heftige Schwermut, dass man ihn mit Gewalt aus seinem Zimmer herausholen und durch die Stadt fahren muss, die sich in schwindelerregendem Tempo vergrößert und verändert. Königliche Bibliothek, Preußisches Herrenhaus, Bode-Museum, Berliner Dom, Warenhaus Tietz, Warenhaus Wertheim, Kaufhaus des Westens, Deutsches Schauspielhaus, Lortzing-Theater, Hotel Adlon – beinahe jeden Tag wird ein neuer Repräsentationsbau eröffnet, ob im wilhelminischen Imponierstil oder mit Fassaden aus Glas und Stahl. Berlin ist ganz neu, eine Brutstätte der Phantasien und Utopien, ein wahrer Magnet für Künstler, Anarchisten, Sektierer, Abenteurer und Emigranten. Der italienische Komponist Ferruccio Busoni lebt seit kurzem hier und hat über seine neue Wahlheimat geschrieben: »Heilig ist die Großstadt. Unendlich heiter, unendlich tragisch, banal und außerordentlich, geregelt und überraschend!«[33] Aber trotzdem liegt etwas Ungutes, Bedrohliches in der Luft. Der Geruch nach Gewalt, Krieg und dem Verlangen nach Weltherrschaft. Wozu sonst dieser gigantische Nationalkult, die vielen Grenadier-, Gardefüsilier- und Gardekavallerieregimenter, die Fahnenkompanien und Standartenschwadronen, die Schutzleute, die Unter den Linden Spalier stehen, die über 5000 Polizisten zu Fuß und zu Pferd? Manchmal sieht man den Kaiser an ihrer Spitze reiten, einen kleinen Mann in ordensbedeckter Uniform mit schlaff herabhängendem linken Arm und martialisch hochgezwirbelten Schnurrbartspitzen, den Herrn des Militärs und der Polizisten, den Herrn des Opernhauses und den Herrn von Richard Strauss, den Herrn der Polen in Schlesien und der Herero in Afrika.

Fast verängstigt zieht sich Klemperer in das Klindworth-Scharwenka-Konservatorium an der Potsdamer Straße zurück, das von dem Liszt-Schüler Karl Klindworth gegründet worden ist, dem Pflegevater eines englischen Waisenkindes namens Winifred Williams – die spätere Ehefrau Siegfried Wagners und nach dessen Tod die Leiterin der Bayreuther Festspiele. Hier im Klindworth-Scharwenka-Konservatorium wird noch im alten Stil gedrillt und geübt. Frankfurt war eine Hochburg der Innovation dagegen. In Berlin gibt es *keine* Kompositionsklasse für Frauen, *kein* Opernstudio, fast *keinen* Ton neuer Musik. Der Geist des Kaisers scheint auch über diesem Institut zu schweben. Bei einem Wettbewerb im Jahr 1905 muss Klemperer zwei Konzertsätze von Anton Rubinstein spielen, bei einem anderen Beethovens Hammerklaviersonate. Er hat verbissen dafür geübt. Es gibt Stimmen, die sein Spiel »absolut reif« und »fesselnd« finden.[34] Trotzdem will der Erfolg von früher sich nicht mehr einstellen. Warum nicht? Weil er mit nunmehr zwanzig schon fast zu alt ist im Vergleich zu Wunderkindern wie der kleinen Ilse Fromm, die mit gerade erst dreizehn ihre Aufnahmeprüfung an der Berliner Musikhochschule macht und ihren Prüfern eine selbst komponierte Phantasie in c-Moll vorträgt? Weil seine Finger für eine Pianistenkarriere zu lang und zu dick sind?[35] Weil er sich als ungelenk und unelegant empfindet und sich in seinem lang aufgeschossenen Körper nicht wohl fühlt?

Er entwickelt plötzlich ein dramatisches »Lampenfieber«, ein Phänomen, das vielen Musikern zur Genüge bekannt ist. Es zerstört Zukunftsträume und macht das Leben zur Qual. Es produziert Herzrasen, Zittern, feuchte Hände und Atemnot. Es kann Angstneurosen oder sogar Selbstmordgedanken auslösen. Jeder Auftritt wird zu einem Tribunal, das über Sinn und Unsinn der Musikerlaufbahn entscheidet. Psychologen sprechen von einer »hysterischen Neurose«, von narzisstischen, ödipalen und zwangsneurotischen Konstellationen, von einem extrem strengen Über-Ich und übertriebener Anspruchshaltung, von »Größenwahn«, der auf Störungen im Selbstwerterleben zurückgehe.[36] Vieles davon könnte auf Klemperer zutreffen. Auf sein enges Verhältnis zur Mutter, ihre hoch gespannten Erwartungen, ihr Verzicht auf ein eigenes Leben als Künstlerin, um den Ruhm des einzigen Sohnes zu fördern. Woher aber dann seine spätere Weltkarriere als Dirigent? Ist das kein Widerspruch? Ist seine Angst eine spezielle »Klavier-Angst«, eine »Piano-Phobie«? Die Angst vor dem unausgesetzten Angestarrtwerden durch die Masse, vor der absoluten Einsamkeit auf dem Podium, der sich in dieser Form nur der Pianist aussetzen muss, während der Dirigent immer in großer Gesellschaft ist?

Es steht für ihn schon fest, dass er *kein* Konzertpianist werden wird, als er mit seinem Lehrer James Kwast ans Stern'sche Konservatorium wechselt. Zwar gilt er immer noch als hervorragender Klavierspieler, vor allem als Begleiter von Sängerinnen und Cellisten, was die »Einsamkeitsthese« bestätigen würde. Aber das Klavierspiel tritt jetzt immer mehr in den Hintergrund. Seine Schwerpunkte sind Dirigieren und Komposition. Mehr zufällig als aus bewusster Entscheidung gerät er an einen Lehrer, dessen Name in den Feuilletons gerade oft genannt wird, weil Gustav Mahler seine »Rose vom Liebesgarten« an der Wiener Hofoper dirigiert: den 1869 in Moskau geborenen Komponisten und Dirigenten Hans Pfitzner. Zwei Jahre wird Klemperer bei ihm Unterricht nehmen. Zwei Jahre, die sein Leben entscheidend verändern werden. Sie werden sich hassen und lieben, fördern und verachten, respektieren und diffamieren – eine dramatische Lehrer-Schüler-Beziehung, die nicht einmal ernsthaften Schaden nimmt, als Pfitzner sich offen zum Nationalsozialismus bekennt und gleich nach dem Zweiten Weltkrieg über Hitler sagen wird, nicht die Judenvernichtung als solche sei ihm vorzuwerfen, »sondern nur *wie* er die Aufgabe angefasst« habe.[37]

Klemperer und Pfitzner. Eine seltsame Konstellation, schon rein äußerlich. Der Schüler: ein schöner, mediterran wirkender Riese mit glühenden schwarzen Augen. Der Lehrer: ein kleiner, magerer Mann mit dünnem Kinnbart, bleichem Gesicht und zu großer Nase, der die Schultern hochzieht, wenn er zu größeren Gesprächspartnern aufblickt, in seinen wasserblauen Augen etwas Rührend-Kindliches hat und sich vergeblich bemüht, wie ein Bohemien zu wirken, indem er Jacken und Halsbinden aus blauem Samt trägt. Seine Hüte sind immer etwas zu groß. Seine Stimme erhebt sich leicht zum Nörgeln und Quengeln. Doch dieser Mann mit dem Aussehen eines Professor Unrat ist einer der letzten Spätromantiker, ein legitimer Nachfahre von Wagner und geborener Konkurrent von Richard Strauss, ein meisterlicher Beherrscher der Instrumentation und musikdramatischen Erzähltechnik. »Pfitzners kompositorische Begabung«, muss sogar Engelbert Humperdinck zugestehen, »ist als eine sehr bedeutende einzuschätzen. Seine Erfindung erscheint nicht reich und üppig quellend, wohl aber echt und eigenartig. ... Pfitzners Musik ist von einer Innigkeit der Empfindung ... durchdrungen, die wir in den Erzeugnissen der musikalischen Gegenwart vergebens suchen.«[38]

Da Pfitzner alles hasst, was ihn vom Komponieren abhält, empfindet er das Unterrichten als Fron und als Qual. Er tut es nur, um überleben zu können. Denn noch schlimmer wäre es, »Schmierentaktschläger und Klavierstundengeber«[39] zu sein wie zum Beispiel Arnold Schönberg, der sich sein Geld als Kapellmeister des Berliner Kabaretts »Überbrettl« verdienen muss. Pfitzner ist ungeduldig, unfreundlich und jähzornig, schimpft und brüllt mit den Studenten herum, nimmt mit Vorliebe Wagner-Opern durch, deren Partien er mit fistelndem Tenor auswendig singt, wirkt vollkommen uninteressiert, wenn seine Schüler ihm ihre neuen Werke vorspielen.[40]

Obwohl er große internationale Erfolge hat – er dirigiert in Zürich und Amsterdam und arbeitet eng mit Bruno Walter und Max Reinhardt zusammen –, fühlt er sich ständig missachtet und unzufrieden. Er habe Nervenfieber, denke oft an Selbstmord und leide unter »zehnfacher Einsamkeit«, schreibt er an einen Freund.[41] Andere leiden allerdings auch unter ihm, seine Frau Mimi zum Beispiel, die er wie in der großen Oper von zu Hause entführt hat, um sie dann schamlos öffentlich zu betrügen, während sie ein Kind nach dem anderen bekommt und an Krebs erkrankt. Bruno Walter hat ihm dazu im Dezember 1905 einmal geschrieben: »Es scheint mir so, dass eben alle in Dir existierende Wärme der Kunst zugewandt ist und menschliche Verhältnisse Dir nicht nahe gehen.«[42]

Klemperer, dessen Werke von Pfitzner in seinem Unterricht scharf »kritisiert« werden,[43] fühlt sich als Komponist noch sehr unsicher. Er schreibt Klavierstücke, Lieder, ein Klaviertrio, eine Orchesterouvertüre, versteckt oder vernichtet aber vieles davon, weil es ihn nicht überzeugt. Das Meiste bleibt undatiert. Nur Weniges wird gedruckt. Wenn er seine Musik irgendwo vorspielen soll, überfällt ihn das alte, quälende Lampenfieber. Zu romantisch, zu unoriginell, meint er selbst, zu sehr an Johannes Brahms, einem seiner großen Vorbilder, orientiert. – Einmal in der Woche trifft er sich mit seinen Kommilitonen bei Ferruccio Busoni, dem legendären Virtuosen und Komponisten aus Italien, der in der Augsburger Straße einen großen Salon führt. Dieser schmale, gepflegte, aristokratisch wirkende Mann, Sohn eines italienischen Klarinettisten und einer deutschen Klavierspielerin, der fließend Deutsch, Englisch, Französisch, Schwedisch und Spanisch spricht, einer der berühmtesten Pianisten seiner Zeit ist, von den Damen angebetet wird und mit seiner skandinavischen Frau Gerda eine offene Künstlerehe führt, ist ein krasser Gegenpol zu dem mürrischen Pfitzner und das Idol vieler junger Musiker dieser Zeit.

Er hat Schopenhauer, Nietzsche, Rilke und E. T. A. Hoffmann gelesen, fördert junge italienische Künstler, hasst jede Art von Rassismus und Kriegstreiberei und vertritt Thesen, die auf die Jugend geradezu befreiend wirken müssen: Die sogenannte »abendländische Musik« sei kaum 400 Jahre alt, ein schwebendes, zartes Kind im Zustand der ersten Entwicklung, viel zu jung, um ihm die Fesseln der Notation, Harmonie- und Formenlehre anzulegen. »Mozart! Den Sucher und Finder, den großen Menschen mit dem kindlichen Herzen, *ihn* staunen wir an, an *ihm* hängen wir; nicht aber an seiner Tonika und Dominante, seinen Durchführungen und Kodas.« Auch Schumann habe etwas vom »Unbegrenzten dieser Pan-Kunst« geahnt. Noch mehr Bach in seinen Orgelfantasien und Passions-Rezitativen, während Wagner ein steifer »germanischer Riese« sei, gefangen in selbst geschaffenen Grenzen. Die Einteilung der Oktave in zwölf Töne sei unnatürlich und unrein. Mindestens 113 verschiedene Stufen müssten es sein, Töne, »die gleiten, kurven, wie Vögel in der Luft, Fische im Meer«. Er beklagt die Begrenztheit des Klaviers und der anderen Musikinstrumente, den »vibrierenden Überschwang des Violoncells«, den »zögernden Ansatz des Hornes« und die »prahlhafte Geläufigkeit der Klarinette«. Macht Vorschläge für Instrumente der Zukunft, Dynamophone, die mittels Strom synthetische Töne erzeugen. Ermuntert den vom Notentext versklavten Interpreten zum improvisatorischen Abweichen vom Originaltext. Denn sei nicht die *Notation* nur ein »ingeniöser Behelf«, die Vergewaltigung des ursprünglichen musikalischen Einfalls?[44]

Es ist Busoni, der den jungen Klemperer mit der Avantgarde bekannt macht, mit César Franck, Gabriel Fauré, Eugène Ysaÿe, Vincent d'Indy, Béla Bartók. Alle diese Komponisten spielt er in seinen Berliner »Novitäten-Konzerten«, die von der Kritik äußerst unwillig aufgenommen werden: zu wenig »deutsche Musik«, lautet das Hauptargument. Doch Busoni lässt sich durch solche Anwürfe nicht entmutigen und gibt diese Haltung an den jungen Klemperer weiter. Musikkritiker, sagt er ihm, seien unbedeutend, überflüssig, ein Nichts. Die Musikkritik sei »wie eine Strandwelle, die den Menschen umzuwerfen vermag; die Welle zerschellt, und der Mensch richtet sich wieder auf«.[45]

Mehr als von Pfitzner hat Klemperer damals vielleicht von Arthur Nikisch gelernt, dem aus Ungarn stammenden Leiter der Berliner Philharmoniker, einem kleinen Mann mit riesigem wilhelminischen Schnäuzer, ein Dandy, der viele Affären mit Frauen hat, lieber Karten spielt als Bücher liest, auf dem Podium aber über geradezu hypnotische Kräfte verfügt. Seine Bewegungen sind sparsam, ruhig und beherrscht. Sein dünner, leichter Taktstock wirkt wie eine organische Fortsetzung seiner Finger. Der Taktstock bebt beim Dirigieren, scheint zum Orchester zu sprechen. Sich seinen Anweisungen zu entziehen, ist unmöglich. Ein Staccato ist ein Staccato. Ein Legato ein Legato. Es gibt keinen Widerspruch, kein Entkommen. Seine Hände heben sich selten über die Höhe seiner Augen hinaus, die mitdirigieren, das Orchester lenken. Wie er das alles macht? Er weiß es selbst nicht. Darum ist er auch kein besonders guter Pädagoge. »Ich verfolge überhaupt keine technischen Ziele«, hat er einmal gesagt. »Wenn einer meiner Kollegen mich nach einem Konzert fragen würde, wie ich diesen oder jenen besonderen Effekt erzielt hätte, so wäre ich nicht in der Lage, ihm zu antworten.«[46]

Klemperer, das spüren viele, hat ähnliche Fähigkeiten. Er ist allerdings zwei Köpfe größer als Nikisch, eine imposante Bühnengestalt, die vor Orchester und Chor all die Unsicherheit zu verlieren scheint, die ihm am Klavier so zu schaffen macht. Das ahnt oder erkennt auch Oskar Fried, der kleine, agile Dirigent des Stern'schen Gesangsvereins, ein Mann mit scharf geschnittenem Gesicht und starker Brille. Er ist der Sohn eines armen jüdischen Kaufmanns aus Berlin, ehemaliger Stadtpfeifer und Hornist, Schüler von Engelbert Humperdinck, ist Hundezüchter, Stallbursche, Sozialist und Zirkusclown gewesen und inzwischen zu einem bekannten Komponisten avanciert, dessen »Trunkenes Lied«, ein Chorwerk nach Texten aus Nietzsches »Zarathustra«, häufig aufgeführt wird. Dieser schillernde Mittdreißiger, der heute von der Musikgeschichtsschreibung so gut wie vergessen ist, hat sich in Wien das Vertrauen Gustav Mahlers erobert, der ihn nach kurzer Bekanntschaft für den idealen Dirigenten seiner eigenen Werke hält und ihn ermutigt, seine zweite Symphonie in Berlin aufzuführen.

»Er flößte mir großes Zutrauen zu seinen Fähigkeiten ein«, schreibt Mahler an Alma. »Ich halte diese Aufführung in Berlin für höchst wichtig; und habe vor, mit Dir hinzufahren.«[47]

Berlin, November 1905. Oskar Fried probt das gewaltige Werk über Leben, Sterben und Auferstehung mit den Musikern der Neuen symphonischen Konzerte. Klemperer, seit kurzem Frieds Assistent und Korrepetitor, dirigiert hinter der Bühne das »Fernorchester«. Mahler selbst ist bei den Proben anwesend. Er wohnt in diesen Tagen im Berliner Palast-Hotel. Alma ist allerdings nicht mitgekommen. Sie mag Oskar Fried nicht. Und sie mag Mahlers Musik nicht. Sie, die früher einmal selbst Komponistin werden wollte, findet zur »schweren, fremden Musikflut«[48] ihres Mannes keinen Zugang. »Ich kenne wenig, aber was ich kenne, gefällt mir nicht«,[49] gesteht sie freimütig, genauso, wie ihr auch die meisten von Mahlers Kollegen und Freunden nicht gefallen, zu proletarisch, zu ungehobelt, findet die Tochter aus großbürgerlichem Wiener Milieu; mit wenigen Ausnahmen, zu denen ausgerechnet Hans Pfitzner zählt, der ihrem Mann an Ruhm, Charme und Attraktivität weit unterlegen ist. »Er trachtete, mir nahe zu kommen«, hat sie im Januar 1905 in ihr Tagebuch geschrieben, »berührte mich mit seinen Händen, wo er konnte, und bat mich endlich mit heißer Stimme um eine Photographie. Wir waren allein im Wohnzimmer. Ich ließ mir's gefallen – fühlte diesen prickelnden Hautreiz, den ich schon so lange nicht gefühlt habe.«[50]

Klemperer hat Gustav Mahler seit seiner Hamburger Kindheit nicht mehr gesehen. Damals hatte er den kleinen, mageren, immer im Eiltempo durch die Straßen laufenden oder radelnden Mann mit dem dichten schwarzen Haar wie ein »Meergespenst« von ferne angestaunt, ohne je ein Konzert von ihm besucht zu haben.[51] Jetzt darf er an der Aufführung seiner zweiten Symphonie mitwirken, bei dem furiosen, dramatisch äußerst wirkungsvollen Finale, »im Tempo des Scherzos wild herausfahrend«, als Dirigent eines »Fernorchesters« von vier Trompeten, vier Hörnern und sieben Schlagzeugern, das hinter der Bühne völlig ungewohnte Klänge erzeugt und mit Fanfaren und Märschen in die Szene eingreift. »Es ertönt die Stimme des Rufers«, heißt es in Mahlers eigenem Kommentar dazu. »Das Ende alles Lebendigen ist gekommen.... Die Erde bebt, die Gräber springen auf, die Toten erheben sich und schreiten in endlosem Zug daher, ... die

Könige und die Bettler, die Gerechten und die Gottlosen.... Immer furchtbarer schreit es daher – alle Sinne vergehen uns, ... der ›große Appell‹ ertönt – die Trompeten der Apokalypse rufen; ... leise erklingt ein Chor der Heiligen und Himmlischen: ›Auferstehen, ja auferstehen wirst du.‹ ... Und siehe da: Es ist kein Gericht – es ist kein Sünder, kein Gerechter, kein Großer – und kein Kleiner – es ist nicht Strafe und nicht Lohn! Ein allmächtiges Liebesgefühl durchleuchtet uns mit seligem Wissen und Sein.«[52]

Im Umkreis der Uraufführung im März 1895 hatte es große Skandale gegeben. Hans von Bülow, dem Mahler Teile daraus vorgespielt hatte, soll gesagt haben, dass Wagners »Tristan« eine Haydn-Symphonie gegen dieses Stück sei.[53] Andere sprachen von einem »hohlen Nichts«, einem »lärmenden Chaos«, »brutaler Geschmacklosigkeit«, »Skandal«, »Unfug« und »Umsturz«.[54] Klemperer selbst hat sich allerdings nie zur Substanz dieses Werkes geäußert, das er später immerhin fünfmal auf Schallplatte eingespielt hat.[55] In seinen »Erinnerungen an Gustav Mahler« heißt es sehr lapidar:

»Ich hatte die Ehre, das Fernorchester ... zu dirigieren. Die Stelle ist sehr schwierig, sie verlangt größte Aufmerksamkeit auf den ständigen Taktwechsel. Mahler war bei der Generalprobe zugegen. Ich lief zu ihm und fragte ihn, ob das Fernorchester richtig gewesen sei. Er antwortete: ›Nein, es war schrecklich. Viel zu laut!‹ Ich erlaubte mir zu sagen, da stände doch ›Sehr schmetternd‹. ›Ja‹, antwortete er, ›aber in allergrößter Entfernung.‹ Ich ließ mir das gesagt sein und veranlasste die Musiker, in der Aufführung ganz leise zu spielen.... Wie gesagt, der Erfolg war beispiellos. Mahler musste sich unzählige Male verneigen und kam endlich ins Künstlerzimmer herunter. Als er mich dort sah, gab er mir sofort die Hand und sagte: ›Sehr gut.‹ Ich war überglücklich. Von diesem Tage an hatte ich nur einen Wunsch: zu Mahler zu kommen, der Direktor der Hofoper in Wien war. Ich fragte Fried um Rat, wie ich wohl sein Interesse erregen könnte. Er sagte: ›Es gibt nur ein Ding in der Welt, das Mahler interessiert, das sind seine Kompositionen.‹ Darauf setzte ich mich hin und machte einen zweihändigen Klavierauszug der Zweiten Symphonie.... Eine größere Aufgabe aber erhielt ich dadurch, dass ich

Mahler nach einer Probe von der Köpenicker nach der Augsburger Straße begleiten durfte. Er war dort von Richard Strauss zum Essen eingeladen. Wir mussten mit der Hochbahn fahren, die ganz neu war, aber bei Mahler kein großes Interesse fand. Plötzlich sagte er zu mir: ›Sie komponieren, nicht wahr?‹ Ich betrachtete meine Schulaufgaben nicht als Kompositionen und wehrte ab. ›Nein, nein‹, sagte er lachend, ›Sie komponieren, das sehe ich Ihnen an.‹«[56]

Fürs Erste hat Klemperer nur noch ein Ziel: möglichst bald Assistent von Gustav Mahler in Wien zu werden, der allerdings schon einen Assistenten *hat*, Bruno Walter, mit dem er offensichtlich hochzufrieden und so eng vertraut ist, dass er ihm nicht nur seine Werke aus dem Manuskript vorspielt, sondern auch seine intimsten Nöte und Sorgen mitteilt, beides zum größten Missfallen von Alma.[57] Walter, 1876 in Berlin geboren, ist knapp zehn Jahre älter als Klemperer. Auch er ist Jude. Auch er seiner Religion schon seit langem entfremdet, erinnert sich aber in seiner Lebensbeschreibung gern an die »aufrichtige, ruhige, nicht orthodoxe Religiosität« in seinem Elternhaus, an schöne Passah-Abende »mit brennenden Kerzen in silbernen Leuchtern auf dem gedeckten Tisch«.[58] Ältere Kollegen haben ihm geraten, sich statt »Schlesinger« »Walter« zu nennen. Aber Mahler ignoriert diesen Kunstnamen und spricht ihn konsequent nur mit »lieber Schlesinger« an.[59] Walter war erst siebzehn, als er Mahler kennenlernte und als blutjunger Kapellmeister von der Kölner Oper nach Hamburg kam. Seitdem sind sie unzertrennlich. Wie zwei Brüder mit großem Altersabstand oder wie Vater und Sohn. Beide neigen zu Depressionen, Selbstanklagen und Todessehnsüchten. Beide lieben Dostojewski, Nietzsche und Schopenhauer, deren Werke Walter unter Mahlers Anleitung liest und studiert. Sie besuchen einander in der Sommerfrische, wandern mit Hugo von Hofmannsthal durch die Berge, schreiben sich Briefe, leiden gemeinsam unter dem Antisemitismus, der unter dem Wiener Oberbürgermeister Karl Lueger, Hitlers großem Vorbild, immer mehr um sich greift, beschließen in epochemachenden Einstudierungen an der Wiener Oper, Komponisten wie Mozart und Gluck »von der Lüge der Zierlichkeit,… von der Langeweile akademischer Trockenheit« zu befreien und ihnen ihren »dramatischen Ernst«, ihre »Wahrhaftigkeit und ... Lebendigkeit« wiederzugeben.[60] Manchmal leidet Walter unter Mahler. Unter seiner Egomanie, seinen Launen, seinem übermächtigen Vorbild, das ihn daran hindert, sein Ich zu entwickeln, seine Persönlichkeit als Dirigent wie als Komponist, sodass er eines Tages gar nicht mehr dirigieren kann und sich zum Seelenarzt Sigmund Freud in Behandlung begibt. Doch gerade diese Konflikte zeugen von dem Ernst und der Intensität der Beziehung zwischen Mahler und Walter. Wird Klemperer es schaffen, ihn zu verdrängen?

Vorerst scheint es ratsam, sich weiter an Oskar Fried zu halten, der in Berlin allerbeste Beziehungen hat. Zum Beispiel zum Star des neuen Regietheaters, Max Reinhardt, der, aus Baden bei Wien stammend, eigentlich Max Goldmann heißt und nun nach Anfängen im Berliner Kabarett »Überbrettl« das »Neue Theater« leitet. Er hat Oscar Wildes »Salome« auf die Bühne gebracht, Gorkis »Nachtasyl«, die »Elektra« von Hofmannsthal, die »Gespenster« von Ibsen, hat »zwischen Krankenhäusern, Kasernen und Hinterhöfen« eine neue Theaterwut, eine Theater-Epidemie entfacht, gegen die ein Abend im Wiener Burgtheater geradezu müde und dekadent wirkt.[61] Zwar schätzt er die Stücke von Gerhart Hauptmann oder Frank Wedekind, die auf soziale Missstände hinweisen, auf Elend, Krankheiten und Verfall hinter der wilhelminischen Prachtfassade. Aber er will auch, dass das Theater »den Menschen wieder Freude gibt, ... sie aus der grauen Alltagsmisere über sich selbst hinausführt ...«. Denn wer wolle schon auf der Bühne nur »das eigene Elend wiederfinden«?[62] Nicht nur das gebildete, wohlsituierte Theaterpublikum, sondern auch Arbeiter und Arbeiterinnen, die sich mit neu erwachendem Selbstbewusstsein zu Tausenden der Bewegung der »freien Volksbühnen« anschließen, wollten an so einem Abend auch *unterhalten* sein, weshalb Reinhardt nicht davor zurückschreckt, aus Shakespeares »Sommernachtstraum« eine opulente Show zu machen und die heiligen Klassiker mit Jazz, Schlagern und Kabarettszenen zu durchsetzen.

Gemeinsam mit Fried plant Reinhardt einen großen Coup, der die Hör- und Sehtradition im Theater völlig auf den Kopf stellen soll: Jacques Offenbachs Operette »Orpheus in der Unterwelt« nicht mit Sängern, sondern mit Schauspielern zu besetzen, und zwar mit Tilla Durieux und Alexander Moissi in den Hauptrollen. Beide sind damals noch jung, noch keine dreißig, weit davon entfernt, bekannte Stars zu sein; Moissi, der den Pluto spielt, hat fast kinnlange dunkle Locken, riesige Augen, einen großen Mund, eine scharfe Nase, spricht und singt mit leichtem österreichisch-italienischem Akzent, ein charmant-dämonischer Gott der Unterwelt, der Tilla-Eurydike in sein lasterhaftes Reich lockt. Sie gibt ihr Bestes, denn sie möchte endlich eine höhere Gage haben, verbirgt auf den Proben mühsam, dass sie Hunger hat und beim Cancan-Tanzen vor Schwäche fast umfällt.[63] Oskar Fried kann sich mit den beiden nicht arrangieren. »Schon nach der zweiten Vorstellung kam es zu einem entsetzlichen Krach«, erinnert sich Klemperer. »So löste ich Fried ab. Es war ein großer Moment für mich, als Reinhardt sagte: ›Gut, dann nehmen wir Klemperer.‹ Ich meine, dass er mir zutraute, es zu schaffen. Ich dirigierte ›Orpheus‹ fünfzigmal, eine sehr amüsante Beschäftigung.«[64]

Klemperer wirkt selbst wie eine Offenbach'sche oder hoffmanneske Gestalt, wie Kapellmeister Kreisler, wenn er, lang und schwarz, mit wild zappelnden Bewegungen den Cancan dirigiert und aus seinen Augen magische Blitze abschießt. Oskar Fried ist mit diesen Individualisten nicht fertiggeworden. Dem viel jüngeren Klemperer folgen sie alle: Orpheus, der frustrierte Geigenlehrer eines Konservatoriums, Eurydike, seine sexuell unbefriedigte Gattin, Pluto, der Casanova der Unterwelt, Juno, die zickige Frau des Jupiter, die »öffentliche Meinung« in Gestalt einer alten Tante, die Orpheus wie der antike Chor ins Gewissen redet, wenn er sich nicht bemühe, seine Ehe wieder ins Lot zu bringen, werde er aus der Musikergenossenschaft herausgeworfen. Das Ganze ist ein unglaublich hintersinniger, brillanter Klamauk, ein Spott auf den Götter- und Helden-Kult der Antike, ein Spott auf das hohe, romantische Liebes-Ideal des 19. Jahrhunderts und – nicht zuletzt – ein beißender Spott auf Richard Wagner, der Offenbach als Prototypen des »jüdischen« Komponisten ansah und einmal erbittert über ihn sagte, er habe »die Wärme eines Misthaufens, in dem sich die Schweine suhlen«.[65]

Klemperer, das zeigt sich schon jetzt, ist mühelos zu den größten musikalischen Adaptionsleistungen fähig, kann sich wie ein Schauspieler in verschiedensten Rollen, ja Welten bewegen, ohne an Überzeugungskraft zu verlieren. Heute: »Auferstehungssymphonie«, morgen: »Höllengalopp«. Was für Mahler tiefster, panreligiöser Ernst ist, wird von Offenbach gnadenlos persifliert. Niemand hofft in diesem »Orphée« auf »Erlösung« und singt »auferstehen, ja auferstehen sollst du!«. Ganz im Gegenteil: Nur in der Hölle ist es so richtig gesellig und schön. Nur in der Hölle wird geliebt, Cancan getanzt und Lethe getrunken. Dieser genialblasphemische Plot wirkt wie eine Übersteigerung eines Kölner Divertissementchens von 1840, in dem am jüngsten Tag Teufel, Kölner und Engel miteinander tanzen und zu den Klängen des Walzers »O jerum« in den Himmel einziehen, unter Leitung des kölschen Karnevalspräsidenten, versteht sich.[66]

Während Klemperer Abend für Abend Offenbachs Höllenmusik dirigiert, die, so ein zeitgenössischer Kritiker, »Tote erwecken« kann und »das ganze Jahrhundert mit seinen Regierungen, Sitten und Gesetzen in einem sonderbaren allgemeinen Galopp durcheinanderwirbelt«,[67] schreibt er tagsüber an dem Klavierauszug der 2. Mahler-Symphonie, eine riesige Arbeit, deren Ergebnisse leider verloren gegangen sind, nicht in den Wirren des amerikanischen Exils, wie Heyworth annimmt,[68] sondern in den privaten Archiven Alma Mahlers.[69]

Im Februar 1907 ist es endlich so weit. Klemperer fährt mit dem holländischen Cellisten Jacques van Lier auf Konzertreise, die ihn gleich dreimal nach Wien und zu Mahler führen wird. Er selbst schreibt dazu:

»Er forderte mich sogleich auf, am Abend in die von ihm dirigierte ›Walküre‹ zu gehen. Leider hatte ich selber Konzert, konnte aber doch den zweiten und dritten Akt... hören. Es war unbeschreiblich. Mahler, der selbst Regie führte, beherrschte alles. Nie hatte ich den Schluss des zweiten Aktes so klar auf der Bühne gesehen. Die Triller der Holzbläser, die den dritten Akt einleiten, waren von einer Heftigkeit, an die ich nie geglaubt hätte. Bei der großen c-Moll-Episode ›Nach dem Traum lenkt sie das taumelnde Ross‹ verschwand das Orchester beinahe. Bei dem Schluss des

Feuerzaubers schien der Dirigent über sich selbst hinauszuwachsen.

Mein zweiter Aufenthalt führte mich in die Generalprobe von ›Iphigenie in Aulis‹.... Über die Aufführung kann man wenig sagen. Sie war so vollendet, dass man keine Worte dafür fand.... Die Arie der Mildenburg ›Wappne Dich mit zürnendem Mute‹ ... klingt mir noch heute in den Ohren.

Mein dritter Besuch in Wien brachte die Entscheidung für mich. Ich ging zu Mahler, bewaffnet mit meinem Klavierauszug der Zweiten Sinfonie. Ich spielte ihm das ›Scherzo‹ daraus auswendig vor. Als ich fertig war, sagte er: ›Wozu wollen Sie Dirigent werden? Sie sind doch ein fertiger Pianist!‹ Ich gestand ihm meinen unerschütterlichen Wunsch, Dirigent zu werden. Ich bat ihn um eine Empfehlung. Er lehnte ab und sagte: ›So eine Empfehlung kann gefälscht sein. Aber gehen Sie morgen zu Rainer Simons, dem Direktor der Volksoper, und sagen Sie ihm, ich schickte Sie.‹ Ich tat es ohne jeden Erfolg. Ich ging zurück zu Mahler und sagte ihm: ›Es geht nicht ohne Empfehlung.‹ Er zog eine Visitenkarte von sich aus der Tasche und schrieb darauf eine Empfehlung, die ich noch heute besitze, und die mir alle Türen öffnete. Sie lautet:

›Gustav Mahler empfiehlt Herrn Klemperer als einen hervorragend guten und trotz seiner Jugend schon routinierten Musiker, der zur Dirigentenlaufbahn prädestiniert ist. Er verbürgt sich für den guten Ausfall eines Versuches mit ihm als Kapellmeister und ist gerne bereit, persönlich nähere Auskunft über ihn zu erteilen.‹

Er war wirklich mein ›Creator spiritus‹.

Ich schickte diese Empfehlung als Photostat an alle größeren Theater Deutschlands; doch die meisten antworteten überhaupt nicht.... Mit Hilfe der Empfehlung Mahlers kam es schließlich doch zu meinem ersten Engagement, und ich wurde von 1907 bis 1910 bei Angelo Neumann in Prag als Chordirektor und Kapellmeister engagiert.«[70]

3 »Eine tief schmerzliche Verstimmung...«

Februar 1907. Noch ist Frieden in Wien. Noch spürt man scheinbar nichts vom Aufbegehren der Slawen gegen die Österreicher, von der drohenden Gefahr eines Krieges mit Serbien und dem fernen Donnergrollen des Ersten Weltkrieges. Eine gewisse Teuerung ist zu bemerken, die wie immer besonders die unteren Schichten trifft. Draußen auf der verschneiten Straße demonstrieren Bäcker- und Schneidergesellen für bessere Arbeitsbedingungen und für mehr Lohn. Die Polizei greift ein. Viele werden verhaftet. Überall sieht man Bettler und Obdachlose, darunter auch Kinder. Man liest Aufrufe in der Wiener »Neuen Freien Presse«, dass Geld für Asyle und »Wärmestuben« benötigt werde. Doch die feine Gesellschaft lenkt sich ab, amüsiert sich, geht mit Begeisterung auf Bälle und in Operetten, besonders gern in »Die Lustige Witwe« von Franz Lehár, die in wenigen Wochen über vierhundert Mal gespielt wird. »Sie ahnen gar nicht, was die Leute hier... für ein Taumel ergriffen hat über diese fesche Dame«, schreibt Sigmund Freuds Tochter Mathilde an einen Münchener Freund.

Kritiker sprächen von einer wahren »Demonstration des Publikums«, das jahrelang mit Hauptmann, Sudermann etc. gequält worden sei und nun seinen wahren Geschmack deutlich genug dartue. Wien sei nur empfänglich für diese leichte, tänzelnde, liebelnde Musik, und die hie und da gezeigte Vorliebe für ernstere, schwerere Kost nur anerzogen gewesen.[1]

Klemperer spürt und erwähnt von diesen Entwicklungen nichts. Er spürt oder ahnt auch nicht, wie sehr sein Förderer Gustav Mahler gerade jetzt an der Wiener Hofoper zu kämpfen hat. Unter der Herrschaft des antisemitischen Bürgermeisters Lueger mehren sich die Attacken und Intrigen gegen ihn. Zwar bringt er im Jahr etwa 54 Opern und 16 Ballette heraus. Aber man wirft ihm vor, dass er zu oft im Ausland sei, um dort eigene Werke zu dirigieren. »Direktor Mahler«, schreibt die nationalistische »Deutsche Zeitung«, habe sich in Wien »ein Rieseneinkommen sichergestellt, das in Anbetracht seiner schändlichen Tätigkeit geradezu als exorbitant bezeichnet werden« müsse, reise wie ein jüdischer Hausierer »in Symphonien eigener Marke«, während in der Hofoper alles drunter und drüber gehe.[2]

Immer wieder wird heftige Kritik an seinem Spielplan geübt: zu wenig »Deutsche«, zu viele »Zeitgenossen«, zu viele Obszönitäten. Richard Strauss' Oper »Salome« hat ihm die Zensurbehörde glatt untersagt, weil die Handlung in das Gebiet der »Sexualpathologie« gehöre. Das und vieles andere hat ihn bitter gemacht. Er ist amtsmüde geworden, denkt an Kündigung, zumal die Hofoper nur noch Defizite erwirtschaftet. »Die Repertoireoper ist hin«, sagt er zu seiner Frau. »Ich bin froh, dass ich den Abstieg hier nicht mehr selbst miterleben soll.«[3]

Doch auf der Bühne merkt man ihm seine fortschreitende Bitterkeit nur selten an. Er dirigiert immer vom dramatischen Vorgang aus, nimmt an der Freude und Verzweiflung seiner fiktiven Helden heftigen Anteil, verteilt sausende Hiebe mit seinem Taktstock, den er wie ein Stilett auf die Sänger richtet, singt ihren Text mit, wirft ihnen beschwörende Blicke zu, bricht auf offener Szene in Wut aus, wenn die Leute spontan applaudieren, anstatt das Ende eines Aktes abzuwarten.

Die Szenerien, die der Bildhauer Alfred Roller für ihn entwirft, sind extrem reduziert. Wenig Kostüm und Kulisse, dafür viel Farbe, Schatten und Licht, Einsatz von Drehbühnen und Projektionen. Mahler führt in jeder wichtigen Neuproduktion selbst Regie, lässt die Sänger agieren, tanzen, sprechen, Charaktere darstellen, keine singenden Prototypen und Marionetten. Was er anstrebt, ist ein Gesamtkunstwerk, eine Einheit von Raum, Farbe, Licht, Wort, Gestik, Psychologie und Musik, ein Konzept, das Klemperer später an der Berliner Krolloper reaktivieren wird.

Es ist Hochsommer, als der zweiundzwanzigjährige Klemperer

in Prag eintrifft. »Schön, staubig und grau« sei die Stadt damals gewesen, schreibt die hier geborene Ullstein-Lektorin Grete Fischer. »Es gab den Baumgarten an den Sonntagvormittagen und sonst den Stadtpark, wo man auf Sandwegen gehen, aber nicht ein Gänseblümchen am Wegrand pflücken durfte. Im Sommer wurde es heiß, stickig heiß, aber nie hell; wenn man von den Hügeln herunterschaute, hing immer grauer Dunst wie eine Kappe über der Stadt. Am Fluss standen verkrüppelte Akazien im Pflaster, sie dufteten an Sommerabenden, sie und der Fluss dufteten, wenn man vom Konzert im Rudolfinum nach Hause ging. Am Abend war Prag am schönsten. Ich habe es so geliebt, dass ich nie mehr wage, es wiederzusehen.«[4]

Prag hat um diese Zeit etwa 400 000 Einwohner. Auf den Straßen hört man Deutsch, Tschechisch und Jiddisch. Doch das alte Getto steht bis auf einige Reste nicht mehr. Es ist abgerissen, »assaniert«, durch Jugendstilbauten ersetzt worden: Bauten wie das Hotel Central, die Prager Versicherungsanstalt und das Hotel Europa mit seinem monumentalen Kaffeehaus. Aber ein Blick in das deutschsprachige »Prager Tagblatt« macht deutlich, wie präsent das religiöse Judentum hier noch ist, diese scheinbar versunkene Welt, in der Klemperers Vater Nathan groß wurde. Die Buchhandlung Jakob Brandeis verkauft Bücher mit »Festgebeten der Israeliten«, die Bäckerei Wilhelm Löwits »Barches« für die jüdischen Festtage, ein »intelligentes Schadchen vom Lande« bietet seine Dienste als Heiratsvermittler an, in Proppers Geflügelhandlung gibt es koschere Stopfgänse, Enten und Hühner, jüdische Handwerker und Geschäftsleute suchen »israelische« Praktikanten und »Lehrknaben«. Eigentlich ist es hier wie im Hamburger Grindel. Beinahe heimatlich. Aber Klemperer will diese jüdische Welt gar nicht sehen und meidet sogar die Verwandten, die immer noch in der »Goldenen Stadt« leben. Vielleicht hat er Angst, sie näher kennenzulernen, weil dann zwangsläufig über das Thema »Pogrom« gesprochen würde, das ihm aus dunklen Kindheitserinnerungen schmerzlich vertraut ist und ihn in Träumen vom schwarzen Hund und vom schwarzen Mann immer wieder einholt. Diesmal sind es »schwarze Hundertschaften« von Bauern und Handwerkern, die in Odessa am Schwarzen

Meer auf die Juden einschlagen.«»Sie morden und plündern und wollen das Krankenhaus stürmen«, schreibt das »Prager Tagblatt«. »Die Hospitäler sind von verwundeten Juden überfüllt. Die Polizei sieht dem Treiben teilnahmslos zu. Sie bezieht ihren Sold wohl aus derselben Quelle, aus welcher die ›schwarzen Hundertschaften‹ bezahlt werden.«[5]

Klemperer mag sich nicht mit diesen Dingen belasten. Die politischen Verhältnisse sind schon verwirrend genug. Zwar hat er keine Verständigungsprobleme. Denn in den »besseren Kreisen« spricht und liest man nur Deutsch. Aber wer sind diese »Deutschen«? Eine Minderheit von nur knapp sieben Prozent, neben der gebildeten jüdischen Oberschicht vor allem Wiener, Tiroler, Steiermärker, Schlesier, Triestiner und Sudetendeutsche, die Tschechisch als Sprache der Handwerker und Dienstboten betrachten. Doch inzwischen ist das Nationalbewusstsein der Tschechen erwacht. Sie haben eigene Theater, Zeitungen, Cafés, ja sogar Spielplätze und Irrenanstalten, fordern eine eigene Universität in Brünn, und führen in ihren eigenen Opernhäusern Werke ihrer eigenen Komponisten auf, Werke von Smetana, Janáček und Dvořák, die im Deutschland dieser Zeit noch so gut wie unbekannt sind. Dabei ist Smetanas »Verkaufte Braut« mit ihren leicht ironischen Anspielungen auf die »Institution« des Schadchens schon 1866 an der tschechischen Nationaloper in Prag uraufgeführt worden und hat, so der Schriftsteller Max Brod, durch ihre »triumphale Schönheit als Bauernoper... viele Einwohner Prags« zum ersten Mal darauf aufmerksam gemacht, »dass sie inmitten einer künstlerisch hochstehenden, andersnationalen Umgebung lebten«.[6]

Auch Klemperer fühlt sich sofort magisch angezogen von dieser Musik, für die er sich später in vielen Uraufführungen einsetzen wird, auch hier eine deutliche Parallele zu Mahler, der als junger Mann an den Leipziger Operndirektor Staegemann geschrieben hat:

»Übrigens war ich hier einige Male im böhmischen Nationaltheater und habe mir manches von Smetana, Glinka und Dvořák usw. angehört, und muss gestehen, dass mir besonders ersterer sehr bemerkenswert erscheint. Wenn seine Opern in Deutschland auch nie Repertoire werden können, so wäre es doch immerhin der Mühe wert, einem gebildeten Publikum... einen so durchaus originellen und ursprünglichen Musiker vorzuführen.«[7]

Kurz nach der Ankunft Klemperers im August 1907 wird der Geburtstag des Kaisers Franz-Joseph gefeiert. Militärkapellen ziehen mit klingendem Spiel durch die Stadt und blasen die alten, von allen Österreichern geliebten Märsche und Polkas. Kanonenschüsse werden abgefeuert, Feldgottesdienste abgehalten, ganz Prag ist geflaggt und mit Blumen geschmückt, aus dem Veitsdom klingen Fragmente einer Messe, an der Professoren, Geistliche und Offiziere teilnehmen. Das Deutsche Landestheater in Prag, an dem Klemperer sein erstes Engagement hat, gibt Gala-Vorstellungen mit Militärmusik und Operetten. Es steht unter dem Regiment des fast siebzigjährigen Angelo Neumann, der noch ganz im Geist des 19. Jahrhunderts lebt, eine echte Opern-Erscheinung, immer erlesen und teuer gekleidet, Träger eines stattlichen Kaiser-Wilhelm-Schnurrbartes. Er stammt aus Wien, hat eine Ausbildung als Kaufmann und Sänger, ist als junger Mann Bariton an der Kölner Oper gewesen, später Operndirektor in Leipzig, kennt Richard Wagner aus zähen Verhandlungen über die Aufführung des »Ring«, den er 1878 komplett in Leipzig herausgebracht hat, zum ersten Mal außerhalb von Bayreuth. Wagner ist zuerst strikt dagegen gewesen. Neumanns Plan kam ihm wie eine Profanierung dessen vor, was er »für die Welt zur Geburt bringen wollte«.[8] Aber dann musste er von drückenden Geldsorgen gequält schließlich einsehen, dass der »Jude« Neumann viel für ihn tun konnte, besonders durch die Idee eines »fliegenden Nibelungen-Theaters«, für das er ein hochkarätiges Wagner-Ensemble nebst komplettem Bühnenbild in einem Sonderzug auf Europa-Tournee schickte, um den »Ring« an über hundert verschiedenen Bühnen herauszubringen.[9]

Als Neumann 1885 Pächter des Deutschen Landestheaters in Prag wurde, ein von Privatleuten betriebenes Unternehmen, das aber staatliche Zuschüsse erhielt, engagierte er als Erstes den jungen Mahler als Kapellmeister. »Heute Abend«, schrieb Mahler an seine Mutter, »dirigiere ich Don Juan, und ist dies ein Zeichen des besonderen Vertrauens Neumanns, daß er mir gerade diese Oper übergibt, weil dieselbe für Prag von großer Bedeutung ist, denn sie ist von Mozart für Prag komponiert und von ihm selbst hier einstudiert und dirigiert worden. Die Prager machen gerade da die größten Ansprüche.«[10]

Seit dem Engagement des jungen Mahler in Prag sind mehr als zwanzig Jahre vergangen. Neumann ist alt und müde geworden. Er ist nieren- und gallenkrank, wittert überall Feinde, versteht die neue Zeit nicht mehr: den Siegeszug des Sports und des Varietés, dem die Zeitung mehr Platz einräumt als dem Theater, die Kritik der Presse an seiner Alleinherrschaft und den immer mehr erstarkenden Panslawismus, der sich in hasserfüllten Demonstrationen vor *seinem* Haus, einem »deutschen« Theater, Luft macht.

Klemperer muss in Prag gleich ins kalte Wasser springen. Knapp drei Wochen nach seiner Ankunft hat er den »Freischütz« zu dirigieren. Ob er es könne, wisse er nicht, schreibt er an eine Freundin.[11] Aber es bleibt kaum Zeit zum Grübeln und Selbstzweifeln. Schon nach zwei Proben findet die Premiere statt. »Am Dirigentenpulte saß zum erstenmale Herr Otto Klemperer«, berichtet das »Prager Tagblatt«. »Er machte sich die guten Traditionen, welche in unserem Orchester seit langen Zeiten gerade bezüglich dieser Oper fortleben, sehr bald zunutze und brachte mit einer einem Anfänger alle Ehre machenden Sicherheit eine im ganzen ziemlich glatte Aufführung zuwege. Im einzelnen wäre allerdings noch ein strafferer Rhythmus und ein beschwingteres Tempo zu wünschen, um die den unvergänglichen Melodien innewohnende Frische noch mehr in Erscheinung treten zu lassen. Auch der Kontakt zwischen Bühne und Orchester muß noch reger und weniger auffällig werden. Die in ansehnlicher Zahl erschienenen Abonnenten ließen es an aufmunterndem Beifalle nicht fehlen.«[12]

Noch im gleichen Monat steht Wagners »Lohengrin« auf dem Programm. Klemperer soll die Fanfaren neu einstudieren. Auch dieser Aufgabe widmet er sich mit dem größten Elan, »läßt die Bläser in seine Bude in die Weinberger Divisgasse kommen und probiert mit ihnen ... bei offenem Fenster«, so ein Zeitzeuge. »Ein kleiner Straßenauflauf ist die Folge, und Neumann muß dem ungezügelten ›Kapellmeister Kreisler‹ bedeuten, daß Straßenaufläufe in Prag nicht gern gesehen werden. Aber es wird trotzdem ein ›Lohengrin‹, wie Prag ihn noch nicht gehört hat.«[13] Klemperer muss sich allerdings eine neue Wohnung suchen, obwohl er die alte erst vor vier Wochen bezogen hat. Der Vermieter glaubt wohl, es mit einem Verrückten zu tun zu haben, von dem noch ganz andere Überraschungen zu erwarten sind.

Inzwischen ist im Theater das Chaos ausgebrochen. Das Orchester streikt. Schon 1904 hat es eine Gagenerhöhung gefordert, statt 60 Kronen mindestens 100 Kronen im Monat, das sei weniger als der Lohn eines Handwerkers und das Existenzminimum, vor allem in dieser Zeit allgemeiner Teuerung, in der ein Herrenhemd aus Flanell fünf Kronen, ein Sack Holz mit Zustellung ins Haus eine Krone, fünf Kilo Böhmerwald-Preiselbeeren vier Kronen und die Monatsmiete in einer Familienpension hundert Kronen kosten. Offenbar ist es den Musikern bitterernst. Sie riskieren die Kündigung. Im Philharmonischen Konzert vom 16. Oktober 1907 muss der holländische Bariton Johannes Meschaert, »ein bereits älterer Herr mit gelichtetem Haar, aber ein Meister des Gesanges«, wie man ihn seit Julius Stockhausen nicht mehr gehört habe, Mahlers »Kindertotenlieder« mit Klavier- statt mit Orchesterbegleitung singen. Am Flügel: Otto Klemperer, der seine Aufgabe souverän erledigt. Die Presse würdigt die musikalische Leistung der beiden, fragt sich aber, ob die »Kindertotenlieder« wirkliche Konzertstücke seien oder »elegische Ergüsse, die einer streng persönlichen Empfindung entsprossen sind und... sich schon aus diesem Grund für den zahlenden Markt nicht eignen«.[14]

Wochenlang beherrscht das Thema »Orchesterstreik« die Prager Presse. Es ist wichtiger als die bedrohliche Krankheit des Kaisers, wichtiger als die Wiener Börsenkurse, die Blatternepidemie und die Diskussion um das Frauenwahlrecht. Als sogar der »Vorwärts« in Berlin darüber berichtet, wird es zum handfesten Politikum. Orchester aus ganz Österreich-Ungarn schicken den Prager Musikern Sympathieadressen. Auch das Orchester des tschechischen Nationaltheaters solidarisiert sich, eine seltene Demonstration von Einigkeit zwischen Tschechen und Deutschen, die dem sonst keineswegs chauvinistischen Angelo Neumann die Bemerkung entlockt, sein Theater als »Bollwerk des Deutschtums« sei in höchster Gefahr.[15] Auf dem Höhepunkt des Streiks muss Klemperer die Operette »Das Wäschermädel« vom Klavier aus dirigieren. Das Publikum, anfangs noch missmutig, ist begeistert. Denn im Verein mit Klemperer schwingt sich die Hauptdarstellerin Hansi Riese zu einer Komik auf, die die farblos-wässrige Musik von Rudolf Raimann vergessen lässt. Da wird gegurgelt, geschmachtet, gekreischt, geträllert, tremoliert, alles ist einfach nur »fesch«, man fühlt sich wie im Altwiener Varieté oder im Kaffeehaus, das Publikum ist in der »animiertesten Stimmung« und nimmt es dem jungen Mann am Klavier nicht einmal übel, dass er in einem altmodischen, nicht ganz sauberen Hemd auf die Bühne tritt, um den nicht enden wollenden Applaus entgegenzunehmen.[16] Mehrmals muss die Vorstellung in dieser Form wiederholt werden. Jedes Mal ist das Haus ausverkauft. Neumann zitiert seinen jungen Kapellmeister zu sich und schenkt ihm mit patriarchalischer Geste sechs neue Hemden – Maßhemden. Das erregt den Groll eines blutjungen Korrepetitors namens Erich Kleiber, der ebenfalls nur ein Hemd, einen Anzug und einen Mantel besitzt. Manchmal kommt er penetrant nach Fisch riechend zu seinen Klavierschülerinnen und verlangt rot vor Scham nach etwas Hyazinthenparfüm, weil ihm sein Nachtmahl, ein Paar saurer Heringe, in der Manteltasche ausgelaufen sei.[17]

Am 22. Oktober 1907 ist das Chaos im Theater beendet. Neumann bewilligt den Musikern den geforderten Lohn. Unbeirrt von der Aufregung hat Klemperer mit dem Opernchor weiter studiert, mit einer Intensität, an die sich die Pragerin Grete Fischer noch Jahrzehnte später erinnert. »Geruch von Holz und Staub auf der alten Treppe. Geruch von Kulissenstaub in dem kahlen, schlecht gedielten Chorsaal. Meist alte Herren im Chor und wohlwollende alte Jungfern unter den Damen. Und dann hob sich vom Klaviersessel die ellenlange Figur mit dem schönsten Kopf, den ich je gesehen hatte. Klemperer war ganze 23 Jahre alt. Er hatte eine hohe, in der Erregung überschnappende Stimme, und er war immer erregt. Aber das verbrauchte Probenklavier klang unter seinen riesigen Händen, und vom ersten Augenblick an folgte man ihm gebannt, als wäre der Chor nicht nur mir, der Fünfzehnjährigen, sondern all den alten Männergesangvereinlern eine Offenbarung.... Jede Minute dieser Probenzeit sitzt in meinem Gedächtnis, wir lebten von einem Sonntagvormittag zum anderen. In der Woche lauerten wir den Musikern auf der Straße auf, was leicht war, denn wir wohnten nicht weit vom Theater und wußten genau, wann und wo unsere Sterne den Wenzelsplatz herunter oder hinauf gingen.... Klemperer beglückte mich durch seine Fähigkeit, eine Partitur fast wie ein Röntgenbild in ihrer ganzen Struktur zu durchleuchten. Wenn er am Pult steht, gibt es im Orchester keine tote Stelle, keine sinnlose Begleitfigur, keine überflüssige Harmonisierung, sondern jedes hat seine Bedeutung. Und diese ist nicht hineingedacht oder künstlich herausgeholt, er realisiert im Klang nur, was da ist. Er lehrte mich Beethoven hören mit dem Glücksgefühl: Ja, so ist es! So war es gemeint.... Diese Einstellung hat sich nie geändert.«[18]

Schon in den ersten Monaten seiner Prager Zeit ist Klemperer weit über die Grenzen seiner Kraft hinausgegangen. Er wird krank, bekommt hohes Fieber, Schwellungen am Hals, starke Ohrenschmerzen und kann vor Heiserkeit kaum noch sprechen. Ärzte diagnostizieren eine Schilddrüsenentzündung. Wahrscheinlich rät sein Berliner Vetter Georg zur Operation, die im Frühjahr 1908 durchgeführt wird, in welcher Stadt und in welchem Krankenhaus, ist nicht bekannt. Als Neumann ihn nach der Entlassung zum ersten Mal sieht, bekommt er einen Schreck. Klemperer, ohnehin überschlank, hat dramatisch abgenommen, sieht elend aus und schwitzt bei der kleinsten Anstrengung. Er will sofort wieder dirigieren. Aber Neumann schickt ihn vier Wochen lang nach Meran, wo auch Rilke, Kafka und die Töchter von Sigmund Freud Heilung suchen, wo man sich zwischen Himalaja-Zypressen und Atlaszedern ergehen kann, wo reiche Russinnen nach passenden Ehemännern Ausschau halten und abends im Musik-Pavillon Wiener Walzer erklingen.

Doch Klemperer bleibt immun gegen diese Pracht. Es ist Mai und er will am liebsten gleich wieder zurück nach Prag, weil sein Idol Gustav Mahler erscheinen wird, um ein Konzert zu Ehren des Kaisers zu dirigieren. Beethoven, Wagner und Smetana stehen auf dem Programm. Ein aus tschechischen und deutschen Musikern zusammengestelltes Orchester wird spielen. Die Presse jubelt. Mahler, der »deutsche Tonkünstler aus Böhmen«, ist heimgekehrt, weltberühmt, als moderner Dämon des Taktstocks. »Wie auf einer lichtempfindlichen Platte malt sich in seinem Geist die zarteste Regung des Kunstwerkes«, schreibt Richard Batka im »Prager Tagblatt«. »Oft ergänzt ein scharf eindringender, analytischer Verstand das intuitive Gefühl, ... oft schlägt er mit faustischem Drange die schöne Welt um sich herum in Stücke, um sie aus den Trümmern neu zu erbauen.«[19] – »Ich konnte nur eine Probe hören«, erinnert sich Klemperer, »und hatte nach dieser Probe nur die eine Empfindung: den Beruf aufgeben, wenn man nicht so dirigieren kann.«[20]

Und trotzdem sind diese Erinnerungen merkwürdig unscharf und unpersönlich. Kein Wort über die seltsame Veränderung, die Mahler auf den ersten Blick anzusehen ist, kein Wort über seinen plötzlichen Wechsel von Wien an die New Yorker Metropolitan Opera, kein Wort über den Tod seiner nicht einmal fünfjährigen Tochter Maria Anna im Juli 1907, durch den die »Kindertotenlieder« aus dem Jahr 1901 tragische Aktualität erhalten haben. Mahler ist seit diesem Tag ein gebrochener Mann, der oft an den eigenen Tod denkt. Er leidet unter Herzrasen, hält strengste Diät, unterlässt jeden Sport und gerät bei der kleinsten Aufregung außer Atem. An seinen ehemaligen Assistenten Bruno Walter hat er geschrieben, dass er seit jenem »panischem Schrecken« nichts tue, »als wegzusehen und wegzuhören«, »mit einem Schlage alles an Klarheit und Beruhigung verloren« habe und »am Ende seines Lebens« – er ist 48 – »als Anfänger wieder gehen und stehen lernen« müsse.[21]

Doch Klemperer nimmt nichts von Mahlers seelischen Nöten wahr, auch nicht, als er im August 1908 ein zweites Mal zu Besuch nach Prag kommt, um die Uraufführung seiner 7. Symphonie einzustudieren. »Jeden Tag nahm er das ganze Orchester-Material mit nach Hause, verbesserte, feilte, retuschierte«, schreibt er über diese Zeit. »Wir anwesenden jüngeren Musiker, Bruno Walter, Bodanzky ... und ich, wollten ihm gerne helfen. Er duldete es nicht.... Am Abend waren wir gewöhnlich mit ihm in seinem Hotel. Da war er entspannt und sehr lustig.«[22]

Völlig anders der Bericht Alma Mahlers, die zu den letzten Proben mit dem Zug angereist kommt. »Mahler war sehr übermüdet. Er... empfing mich im Bett liegend,... nervös und fast krank. Sein Zimmer war übersät mit den ausgeschriebenen Orchesterstimmen.... In Prag... war er zerfetzt von Zweifeln, mied die Geselligkeit der Musiker, die er sonst sehr suchte, ging nach dem Nachtmahl immer gleich zu Bett, um am Morgen die Spannkraft für die Proben zu haben.«[23]

Als der Lektor des Zürcher Atlantis-Verlages mehr als 50 Jahre später das Manuskript von Klemperers »Erinnerungen an Gustav Mahler« zu Gesicht bekommt, ist er entsetzt. Diese Kälte, diese schlechte Beobachtungsgabe, diese Ichbezogenheit, dieser Mangel an Stimmung und Lokalkolorit: Ist das nicht ein Schlag ins Gesicht aller Verehrer des inzwischen weit über Siebzigjährigen, der trotz Alter und Krankheit immer noch auf dem Podium steht und gerade Mahler so überzeugend dirigiert wie kaum ein Zweiter?

»Es scheint mir fraglich, ob sich die Buch- und Musikalienhändler für eine solche Publikation... richtig einsetzen werden«, meint er vorsichtig. »Auch wenn Sie sich nicht dazu entschließen können, eigentliche *Memoiren* zu schreiben, so haben Sie doch sicher aus Ihrem Leben... das eine oder andere zu erzählen.... Sonst wäre es, wie wenn man ein Konzert mit einer Ouvertüre beginnen und dann nach Hause gehen würde.«[24]

Der Lektor weiß nicht, dass Klemperer nicht viel mehr über diese Tage schreiben *konnte,* weil sein Prager Zusammensein mit Mahler von einer Krankheit überschattet war, die man »manische Depression« oder »bipolare Störung« nennt, einer Krankheit, die sein Leben bis zu seinem Tod wie ein schwarzes Tuch überschatten sollte. Viele Psychologen und Psychiater haben sich seit dem Ende des 19. Jahrhunderts mit ihr beschäftigt, jahrzehntelang vergeblich nach Heilmethoden gesucht und sogar von »manisch-depressivem Irresein« gesprochen.[25] Den melancholischen Aspekt hat Sigmund Freud in seiner Schrift »Trauer und Melancholie« besonders plastisch beschrieben: er sei »seelisch ausgezeichnet durch eine tief schmerzliche Verstimmung, eine Aufhebung des Interesses für die Außenwelt, durch den Verlust der Liebesfähigkeit, durch die Hemmung jeder Leistung und die Herabsetzung des Selbstgefühls, die sich in Selbstvorwürfen und Selbstbeschimpfungen äußert und bis zur wahnhaften Erwartung von Strafe steigert«.[26]

Nach Mahlers Abreise dirigiert Klemperer noch einige Repertoirestücke wie den »Waffenschmied«, den »Evangelimann« und den »Trompeter von Säckingen«. Zum Jahresausklang komponiert er ein Lied für Sopran und Klavier, das er seiner Mutter Ida zum Geburtstag widmet. Der Text stammt von der jungen Dichterin Anja von Mendelssohn[27] und lautet:

> Und einmal kommst du doch nach Haus,
> den Kopf in meinen Schoß zu legen.
> Ich ahne nichts von deinen Wegen.
> Ich ahne doch und harre aus.
> Ich weiß, so klingt das Leben aus,
> wie Vöglein heim zum Neste fliegen,
> vom Kämpfen müd
> und müd vom Siegen
> so kommst du doch zu mir nach Haus.[28]

Ida Klemperer versteht die Wahl dieses Textes als Warnzeichen und macht sich sofort auf den Weg nach Prag, um Angelo Neumann zu sagen, dass er ihren Sohn Otto psychisch ruiniert habe und sein ganzes Theater ein Schmierenbetrieb sei. Doch als sie Otto gegenübersteht, wird sie nachdenklich. Ist es nicht *ihre* Krankheit, die sie da ausbrechen sieht, *ihre* Veranlagung zur Schwermut mit Angstzuständen, Nachtschweiß, Magenschmerzen, Migräne, chronischer Schlaflosigkeit, Lähmung des Arbeitswillens und Selbstmordgedanken? Wer so krank ist, sollte in eine Klinik gehen. Aber wohin? Etwa in die Prager deutsche »Landesirrenanstalt«, in der auf 1200 Kranke 800 Betten kommen, in der sich Krätze, Flöhe und Läuse ausbreiten, in der verweste Kutteln zum Essen gereicht werden, sodass sogar die Ärzte und Wärter in den Streik gehen? Ein Gesunder, schreibt das »Prager

Tagblatt«, könne in dieser Anstalt durchaus verrückt, aber ein Verrückter niemals gesund werden. Da solle man sich doch lieber gleich »auf den unsentimentalen antiken Standpunkt stellen und die Tötung der Geisteskranken fordern«.[29]

Auch auf den Straßen von Prag fühlt man sich wie im Irrenhaus. Es herrscht Ausnahmezustand. Tschechische Studenten und Arbeiter prügeln sich mit deutschen, Kutschen werden umgeworfen und angezündet, Schaufenster deutscher und vor allem jüdischer Geschäfte demoliert, deutsche und tschechische Abgeordnete attackieren sich im böhmischen Landtag, werfen mit Tintenfässern, reißen sich an den Haaren, steigen auf Bänke und schlagen wild aufeinander los. Der Grund für die Ausschreitungen ist die österreichische Annexion der damals noch zum Osmanischen Reich gehörenden Provinzen Bosnien und Herzegowina am 6. Oktober 1908, die zu einer Welle slawischer Opposition gegen die Regierung geführt hat. Zwar verspricht der Kaiser Freiheit des Glaubens, der Sitten, der Presse und des Bildungswesens. Und doch fürchten die slawischen Einwohner der Monarchie, dass man ihnen nehmen wolle, was ihr »Blut«, was »Bestandteil ihrer Seele« sei,[30] ihre Sprache, ihre Kultur, ihre Würde. Serbien droht offen mit Krieg. Die Türkei reagiert mit einem Boykott österreichischer Waren. »Werden wir Krieg haben?«, fragen die Zeitungen.[31]

Auch an der Oper herrschen höchst unerfreuliche Zustände, da Neumann seit dem Streik eine Art Verfolgungswahn entwickelt. Dauernd setzt er »Offene Worte« und »Erklärungen« in die Zeitung. Eine vernünftige Arbeit ist kaum mehr möglich. Otto Klemperer fragt seinen alten Lehrer Hans Pfitzner, ob vielleicht in Straßburg etwas für ihn frei sei.[32] »Es ist von mir ein Verzweiflungsschritt, da ich es hier nicht mehr ertrage. Ich bin auf dem besten Wege, alle Freude an meinem Beruf zu verlieren, durch die hiesigen unkünstlerischen Verhältnisse nämlich, die mich in jeder Hinsicht ruinieren.«[33]

Das Band zwischen Lehrer und Schüler ist also nie ganz abgerissen, so schwierig und griesgrämig Pfitzner auch ist. Aber er hat auch Humor. Und er kann sehr hilfsbereit sein. Und wird selber so oft von »Nervenfieber« und Schwermut gequält, dass

Klemperer es wagt, ihm am 29. Januar 1909 unumwunden zu schreiben:

»Ich leide unter einer nervösen Depression, die, sicher hervorgerufen durch die künstlerisch so sehr traurigen Verhältnisse am Theater, mich sehr peinigt.«[34] Dieser Zustand daure nun schon seit drei Monaten an.

Klemperer spricht mit erstaunlicher Offenheit über seine Erkrankung, was mit dem fortschreitenden Siegeszug der Psychoanalyse zu tun haben mag. Im Dezember 1899 ist Sigmund Freuds »Traumdeutung« erschienen, ein Schlüsseltext zur Erforschung des Unbewussten, der Gründungstext einer neuen Wissenschaft, einfach, kühn, genial, revolutionär, mit vielen konkreten Beispielen aus dem Traumleben des Autors, die auch dem Laien ohne Weiteres verständlich sind. Freud ist zum außerordentlichen Professor ernannt worden, zieht Patienten und Schüler aus ganz Europa nach Wien, die Schweizer Binswanger und C. G. Jung, den Engländer Ernest Jones, den Berliner Karl Abraham und den Ungarn Sándor Ferenczi. 1908 hat der erste psychoanalytische Kongress in Salzburg stattgefunden. Dichter wie Stefan Zweig und Arthur Schnitzler begeistern sich für die neue Wissenschaft von der Seele und setzen ihre Erkenntnisse in Literatur um. Die Anstaltspsychiatrie wird zwar noch von Mitteln wie Zwangsjacke und Fußfessel beherrscht. Aber für den Intellektuellen und Künstler ist es keine Schande mehr, psychisch krank zu sein, sondern im Gegenteil eine Art Ehrenzeichen, das auf besondere Tiefe und Sensibilität schließen lässt.

Erstaunlich ist, dass Klemperer nach dieser einleitenden Klage über seinen Seelenzustand gleich dazu übergeht, sachlich und professionell von den Proben zu Pfitzners Oper »Die Rose vom Liebesgarten« zu berichten, die am 12. Februar 1909 in Prag aufgeführt werden soll. Er selbst soll den Chor einstudieren. Der zweite Kapellmeister, Artur Bodanzky, wird die Gesamtleitung haben. Klemperer bedauert, dass er, belastet durch den täglichen Repertoirebetrieb, nicht genügend Zeit für die Arbeit an der »Rose« habe. Der Chor singe das schwierige Stück schon »unerhört gut«, auch die Solo-Rollen seien vorzüglich besetzt. Er sei sich sicher, dass Neumann Pfitzner zur Premiere einladen werde.

Doch Neumann lädt Pfitzner *nicht* ein. Vielleicht, weil wieder einmal gerade Fasching ist und der deutsche Theaterverein ausgerechnet am Abend der Premiere fünfundzwanzigjähriges Jubiläum feiert. Erzherzog Karl Franz Josef persönlich ist angereist. Die Damen tragen mit echten Spitzen besetzte Korsagen und Abendkleider aus Seide und Crêpe de Chine. Das »Prager Tagblatt« berichtet mit größter Akribie über jedes einzelne Abendkleid, während es über die »Rose vom Liebesgarten« spottet:

»Die Sternenjungfrauen, Sonnenkinder, Waldelfen, Waldschrate, Tugendwächter, Klingsore und Kundrys erscheinen uns... eigentlich nur mit neuen Namen bekleidet. Doch dies wäre vielleicht noch nicht der Dichtung größter Fehler. Das, was wir als einen größeren Mangel empfinden, liegt in dem Abgange jeder logisch-dramatischen Entwicklung,... in der gewaltsamen Erstickung jedweder natürlichen... Empfindung.«[35] Nach zwei Aufführungen wird das Stück wieder abgesetzt. Neumann habe »gar kein Verhältnis« zu seiner Kunst, schreibt Klemperer an Pfitzner,[36] die große Mehrheit des Prager Publikums ebenso wenig. Er verzichte darauf, ihm die miserable Besprechung aus dem »Prager Tagblatt« zu schicken, da der Kritiker »nicht ernst zu nehmen sei«.[37]

Und trotzdem ist er bereit, sich noch einmal mit Prag und dem Deutschen Theater zu versöhnen, als Neumann ihn vom Chorleiter zum zweiten Kapellmeister befördert, eine Stelle, die durch den Weggang von Artur Bodanzky vakant wird. Eigentlich ist es schade, dass Bodanzky geht. Denn der acht Jahre ältere Dirigent aus Wien ist einer seiner wenigen Freunde in Prag gewesen. Er ist wie er selbst ein Verehrer Mahlers und Busonis, stammt wie er selbst aus dem assimilierten Judentum, ist ein ähnlich schmaler, dunkler, asketischer Typ und ein Liebling der Frauen.

Ein anderer Freund ist der Musikkritiker der Zeitung »Bohemia«, Felix Adler, ein begabter junger Mann mit großem Faible für Brahms, Bruckner und Mahler, der an Parkinson leidet und sich mühsam auf Krücken fortschleppt. Die Prager Mütter verbieten ihren Töchtern den Umgang mit ihm, weil sie ihn für geschlechts- und »rückenmarkskrank« halten. Als Klemperer am 13. Juni 1909 Wagners »Lohengrin« dirigieren darf, mit »ekstatisch erhobenen, geballten Fäusten«, wie sich ein Zuschauer erinnert, schreibt Adler in der »Bohemia«:

»Herr Kapellmeister Klemperer hatte an diesem Abend sein erstes Probestück als Wagner-Dirigent zu liefern. Wer das bisherige Wirken dieses außerordentlich fähigen jungen Musikers verfolgt hat, konnte nicht im unklaren sein, daß es ihm gelingen werde. Ein Künstler, ganz erfüllt mit eigenen Intentionen, setzt er diese mit glühendem Enthusiasmus durch, was allerdings nicht ohne einen gewissen Überschuss an Gebärden vor sich geht, der bei einiger Selbstbeherrschung leicht zu hemmen wäre.... Lange schon hat man den Lohengrin nicht mit so viel Wärme und Leben musizieren hören.«[38]

Am 20. Juni 1909 ist die Spielzeit zu Ende, sodass Klemperer nicht zur Hochzeit seiner ältesten Schwester Regina fahren kann, die am 1. Juni in der Neuen Dammtorsynagoge in Hamburg gefeiert wird. Schon die Wahl dieses Ortes dürfte ihn einigermaßen überrascht haben. Denn das 1894 im orientalischen Stil gebaute Gotteshaus gehört der deutsch-israelitischen Gemeinde von Hamburg und steht für ein dezidiert konservatives Judentum. Es gibt keine Orgel. Es gibt immer noch eine vergitterte Frauengalerie. Die Trauung wird »unter dem Segen und Beistande Gottes« von einem Rabbiner namens Dr. A. Loewenthal vollzogen, wahrscheinlich ein Freund des Bräutigams Dr. Ismar Elbogen.

Elbogen, 1874 in der Provinz Posen geboren, ist einer der prominentesten und gelehrtesten Judaisten Deutschlands, ein engagierter Vorkämpfer für die Pflege der jüdischen Glaubenslehren im Zeitalter eines immer aggressiver werdenden Antisemitismus. Er war Dozent an einem rabbinischen Kolleg in Florenz, ist Mitglied eines Komitees für jüdische Jugendliteratur, Verfasser vieler wichtiger judaistischer Bücher[39] und einer der Gründungsdozenten der »Hochschule für die Wissenschaft des Judentums« in Berlin.

»Seit einem Jahrhundert etwa«, schreibt er 1907 in einer Festschrift für diese Hochschule,[40] »machte die deutsche Judenheit eine schwere innere Krisis durch. Der Eintritt der Juden in die bürgerliche Gemeinschaft, ihre Teilnahme am allgemeinen Kulturleben waren von gefahrvollen Erschütterungen begleitet, die die Grundlagen ihrer Gemeinden zu untergraben drohten. Zwischen den Anhängern der alten Überlieferung und den Vertretern der modernen Bildung tat sich eine unüberbrückbare Kluft auf. Das neue Geschlecht fühlte sich durch die verwilderte Form abgestoßen, es fehlte ihm an Verständnis für die Grundlagen des Glaubens der Väter, an Unterweisung über den Kern seiner Lehre. Das... Wissen vom Judentum nahm in erschreckender Weise ab, die einst zahlreichen und stark besuchten Lehrhäuser waren... verwaist,... ihre einseitigen... Methoden... veraltet; es war nahe daran, daß die Juden in Deutschland ihr Judentum nicht mehr kannten.«[41]

Fast jedes Wort aus dieser Vorrede könnte auf seinen Schwager Otto gemünzt sein, einen jener vielen Juden im modernen Preußen, denen ihre Herkunft und Religion nichts mehr bedeuten. Sie stehen »der Religion gleichgültig gegenüber. Religion schien im Zeitalter der Naturwissenschaft und Technik eine überlebte Einrichtung, ein Aberglaube. Das Judesein war vielen eine Last.« Der »politische Antisemitismus« im Kaiserreich habe das Gefühl dieser Last noch erhöht. Denn »gerade unter den mittleren und unteren Bevölkerungsschichten« habe »die schnelle industrielle Entwicklung... großes Elend verursacht. Die Parole: ›Die Juden sind unser Unglück‹« sei »das Ventil dieser Erbitterung« und ein »nützlicher Stimmenfänger bei den Wahlen« gewesen.[42]

Einer der prominentesten Propheten des Antisemitismus auf dem Gebiet der *Kunst* heißt für Elbogen: Richard Wagner. Mit seiner bekannten Kampfschrift »Das Judentum in der Musik« habe er der »Agitation gegen den ›zersetzenden‹ Einfluß der Juden auf dem Gebiet der Kunst« gute Dienste geleistet. Dieses »Werk« sei vor allem eine »Hetzschrift« gegen Meyerbeer und Mendelssohn, ein Pamphlet, das an Fanatismus nur noch durch ein Buch seines Schwiegersohns, des Engländers Houston Stewart Chamberlain, mit dem Titel »Die Grundlagen des 19. Jahrhunderts«[43] überboten werde. Chamberlain lehre, so fasst es Elbogen pointiert zusammen, »daß alle Staatsschöpfer, Denker und Künstler, die das ›Schicksal der Welt‹ bestimmten, Angehörige der ›arischen Rasse‹ gewesen seien und noch wären. Die gesamte Kultur sei das Werk dieser einen und einzigen großen Rasse. Merkmal dieser ›Schaffenden‹ sei ihre Blondheit sowie der

›längliche Schädel, den ein ewig schlagendes, von Sehnsucht gequältes Gehirn ... nach vorn hinaushämmert‹.« Dem reinen Germanentum stelle Chamberlain »den Juden« als Gegenpol gegenüber. Er sei eine »Rassenmischung« und der Ausbund aller Verworfenheit. Der Jude in der modernen Welt müsse als »fremdes Element« betrachtet und als »Schädling« von jedem Einfluss ferngehalten werden.[44]

Am 1. Juni 1909 hat Klemperers Schwester Regina den orthodox-jüdischen Ismar Elbogen geheiratet.[45] Am 13. Juni hat Klemperer Wagners »Lohengrin« dirigiert, eine seltsame Koinzidenz. Ist er wirklich nur aus Termingründen nicht zur Hochzeit gefahren? Oder wollte er seinem neuen Schwager aus dem Weg gehen, der ein ganz anderes Verhältnis zum Judentum hatte als er selbst und im Gegensatz zu ihm akademisch hochdekoriert war, was ihn mit starken Komplexen erfüllt haben muss? Offenbar hat auch seine Schwester Regina, genannt Regi, ihre Einstellung geändert und sich wieder stärker ihrer Herkunft, dem Judentum, zugewandt. Das wird schon durch die Wahl ihres Arbeitsplatzes deutlich. Sie ist Lehrerin an der Jakob-Loewenberg-Schule in Hamburg, einem Lyzeum für jüdische Mädchen, das allerdings auch Christinnen aufnimmt. Ihr Direktor und Namensgeber, Sohn eines jüdischen Hausierers aus der Gegend um Paderborn, hat sich aus kleinsten Verhältnissen zum Pädagogen und Germanisten emporgearbeitet und eine Reihe von Erzählungen und Gedichten geschrieben.[46] Er ist ein enger Freund des Dichters Detlev von Liliencron,[47] Pazifist, Patriot, nicht orthodox, aber der Prototyp eines »selbstbewußt«[48] säkularen Juden, der in seinem Gedichtband »Lieder eines Semiten« ausruft:

Und schallt es nun aus Red' und Schriften:
Du Fremdling, fort aus unsren Reih'n!
Das Leben könnt ihr mir vergiften,
rein bleibt und treu die Seele mein.
Ihr könnt mir das Gefühl nicht rauben,
das freudig stolz die Brust mir schwellt:
trotz euer: Deutschland über alles,
ja, über alles in der Welt.[49]

Als Klemperer sich nach Ende der Spielzeit endlich aufrafft, nach Hamburg zu fahren, ist die Stimmung im Elternhaus eine Katastrophe. Alle sind tief zerstritten. Vater Nathan befindet sich angeblich in »Kur« in Marienbad, wo er Skat spielt und den Sommer genießt. Ida »befiehlt« ihrem Sohn, ihn zurückzuholen, denn sie hat entdeckt, dass das Bankkonto wieder einmal leer ist. Nathan hat dafür eine einfache Erklärung: die Kosten der Hochzeit, die nach alter Sitte von den Brauteltern zu tragen gewesen seien. Klemperer redet ihm ins Gewissen und fährt irritiert wieder ab. Ausgerechnet nach Bayreuth, wo er den »Lohengrin« unter Karl Muck sieht. Er ist entsetzt über die steife Inszenierung, die um Welten von Mahlers modernen Wagner-Produktionen entfernt ist. Über Bayreuth und den ganzen Wagner-Kult könne man Bände schreiben, berichtet er Pfitzner.[50] Irritiert von der seltsamen Atmosphäre auf dem Hügel, die schon damals – 1910 – surreal und antiquiert auf ihn wirkt, fährt er wieder nach Prag, um »Wilhelm Tell« von Rossini einzustudieren. Die Depression der letzten Monate scheint überwunden. Er nimmt sogar Briefkontakt mit seinem alten Vorbild Ferruccio Busoni auf und bemüht sich gemeinsam mit Angelo Neumann intensiv, aber vergeblich um die Uraufführung von dessen hoffmannesk-surrealer Oper »Die Brautwahl«.

»Hochverehrter Herr Professor«, schreibt er in einem Brief vom 31. August 1909, »kaum weiß ich, ob Sie sich meiner noch erinnern. Ich war... vor ca. zwei Jahren einige Male in Ihrem Hause zu Besuch und gestatteten Sie mir sogar einmal, Ihnen eine Arbeit vorzuspielen. Ich bin jetzt seit zwei Jahren hier als Kapellmeister tätig. Vor einigen Tagen sagte mir nun Herr Direktor Neumann, daß er Ihre Oper ›Die Brautwahl‹ zur Aufführung vorgenommen habe. Er gab mir das Buch zum Lesen, wovon ich außerordentlich entzückt war. Ich bat nun Herrn Direktor Neumann, mir die Einstudierung gerade dieser Oper zu übertragen.... Ich wäre Ihnen, hochverehrter Herr Professor, nun herzlich dankbar, wenn Sie bei Herrn Direktor Neumann für mich in diesem Sinne eintreten wollten. Prinzipiell hat Neumann meine Bitte schon gewährt. Es hängt nur von Ihnen ab. Ich hörte, daß Sie in diesen Wochen nach Prag kommen würden, um das Wesentliche zu besprechen, da hätte ich gleich Gelegenheit, mich Ihnen als Dirigent und Musiker zu präsentieren.«[51]

Doch Klemperers Mutter Ida hört nicht auf, die Verhältnisse in Prag und besonders Angelo Neumann schlechtzumachen, weil sie eifersüchtig auf dessen zunehmenden Einfluss ist und ihren Sohn lieber wieder mehr in ihrer Nähe hätte. »Otto ist überbürdet, deshalb kann er nicht zur Freude an seinem Beruf kommen«, schreibt sie an ihre Tochter Regina. »Er müßte sich jetzt drei Wochen ausruhen können,… aber das Monster Neumann nimmt erst Rücksicht auf seine Angestellten, wenn sie auf dem Rücken liegen, er beutet sie in gemeiner Weise aus. Na – im Augenblick ist Otto ja durch den Kontrakt gebunden, aber daß er seine ganzen fünf Jahre da nicht bleibt, steht mir bombenfest.«[52]

Es ist schwer, solchen Suggestionen zu widerstehen, besonders, wenn sie von der eigenen Mutter kommen. Wem soll er folgen? Ihr oder Neumann? Klemperer ist zwischen zwei Polen und Autoritäten hin- und hergerissen, denn Neumann ist längst wie ein zweiter Vater für ihn, der ihn nach Kräften mit großen Aufgaben betraut und seine Krankheit mit fast übermenschlichem Langmut erträgt. Doch die Mutter siegt. Klemperer verstrickt sich in alberne Querelen mit Neumann, die durch seinen Freund, den Musikjournalisten Felix Adler, geschürt werden. In seinen zahlreichen Artikeln in der Prager »Bohemia« gibt Adler Neumann und seiner Programmpolitik durchweg die schlechtesten Noten und lobt Klemperer im Gegenzug über den grünen Klee. Neumann glaubt, dass Klemperer gegen ihn intrigiert habe, ein Verdacht, den sogar Heyworth für nicht ganz unbegründet hält.[53] Hat er die Opernsängerin Marie Stolz etwa dazu angestiftet, in einem Prozess vor dem Prager Landgericht auszusagen, »man habe an sie unmoralische Anforderungen gestellt, mit dem Bedeuten, daß sie auf größere Rollen Aussicht hätte, wenn sie sich den maßgebenden Personen gegenüber weniger spröde zeigen würde«?[54]

Das Gericht weist ihre Klage zurück, aber Neumanns moralischer Ruf ist schwer angeschlagen. Aus Rache lässt er das nächste Philharmonische Konzert[55] mit Mendelssohns Schottischer Symphonie, Griegs a-Moll-Klavierkonzert und Pfitzners

»Christ-Elflein«-Ouvertüre, ein Programm, das Klemperer wie auf den Leib geschrieben wäre, nicht von ihm, sondern von Kapellmeister Ottenheimer[56] dirigieren und verbannt Klemperer als Begleiter einiger Hugo-Wolf-Lieder an den Flügel. Das ist zu viel. Es kommt zum offenen Streit. Bitterböse letzte Worte werden gewechselt. Neumann überreicht ihm die Kündigung. Klemperer bittet seinen alten Freund Mahler erneut um ein Empfehlungsschreiben und wird im Januar 1910 an die Hamburger Oper berufen. Auf der Hinfahrt besucht er seinen Vetter Georg in Berlin und beschließt, aus der jüdischen Religionsgemeinschaft auszutreten.

4 Wie das Fliegen im Traum

Otto Klemperers Vetter Georg hat sich trotz bester wirtschaftlicher Aussichten nicht dauerhaft als Privatarzt in einem Nobelviertel der Reichshauptstadt niedergelassen, sondern ist Chef des Krankenhauses von Berlin-Moabit geworden. Dieser kasernenartige Bau an der Turmstraße, eine ehemalige Seuchenstation, in dem Typhus- und Cholerakranke behandelt wurden, liegt mitten in einem riesigen Arbeiterviertel von ca. 190 000 Einwohnern. Viele Bewohner sind Polen und sprechen kaum ein Wort Deutsch. Sie arbeiten für Hungerlöhne in den neuen Fabriken von AEG, Borsig oder der Brauerei Schultheiss. Die meisten sind streng katholisch und extrem kinderreich. Georg Klemperer richtet Sexualberatungsstellen ein, in denen zwei jüdische Ärztinnen vielen Opfern von Kurpfuscherinnen das Leben retten. Andere Mitarbeiter der Klinik kümmern sich um suchtkranke Obdachlose und Prostituierte, um tuberkulöse Heimarbeiterinnen und rachitische Kinder, die in den feuchten Mietskasernen zu verkümmern drohen. Fast täglich werden in der Ambulanz Schwerverletzte eingeliefert. Denn Moabit ist eine Hochburg der Sozialdemokraten und Kommunisten, in der es immer wieder schwere Zusammenstöße zwischen Bürgern und Polizei gibt, ob im März 1910 bei der großen Demonstration gegen das Dreiklassenwahlrecht, das Nicht-Preußen, Arbeits- und Obdachlose, »Schlafburschen«, Wohlfahrtsempfänger und Frauen von den Reichstagswahlen ausschließt, oder nach langen Streiks der Kohlearbeiter und Milchjungen, die die Versorgung des Krankenhauses zeitweise lahmlegen.

Trotzdem nimmt Georg Klemperer sich Zeit für seinen Vetter

Otto, als er im Juni 1910, wenige Tage nach seiner letzten Vorstellung in Prag, zu Besuch kommt. Bei diesem Besuch soll Georg ihm angeblich gesagt haben: »Nun, da du deine deutsche Karriere anfängst, wirst du dich natürlich taufen lassen.«[1] Ein wahrscheinlich völlig falsch verstandener Sarkasmus, da er selbst erst einen Tag vor seiner Hochzeit mit einer Protestantin, also vermutlich unter familiärem Druck, übergetreten ist, an seinem Krankenhaus fast nur jüdische Mitarbeiter beschäftigt und sich nicht im Mindesten darum schert, dass es in den Augen der Außenwelt als typisch »jüdisch« gilt. Nach dem Abklingen der schweren depressiven Episode in Prag wirkt Otto jetzt merkwürdig hyperaktiv, selbstbewusst und euphorisch. Im August sollen die Proben in Hamburg beginnen, mit Wagners »Lohengrin«, einer riesigen Aufgabe, auch wenn ihm das Werk aus Prag schon vertraut ist. Doch anstatt sich in Ruhe auf den neuen Ort und das neue Ensemble vorzubereiten, will er von Berlin aus gleich weiter nach München zu Richard Strauss, dann nach Mannheim zu Artur Bodanzky, dann wieder nach München, um Gustav Mahler zu sehen, zwischendurch zur Erholung nach Sylt und an den Starnberger See, wo er vorhat, Lieder und eine große Orchesterballade zu komponieren, ein wahrhaft schwindelerregendes Programm!

Georg Klemperer ist zwar in erster Linie Internist, kennt sich aber auch mit psychiatrischen Krankheitsbildern sehr gut aus. In seinem »Grundriss der klinischen Diagnostik«, der in vielen Auflagen erschienen ist, rechnet er »Manie« und »Melancholie« zu den schweren »Geisteskrankheiten«, die nur im »Irrenhaus« zu behandeln seien.[2] Versucht er den jüngeren Vetter zu bremsen? Ihn zu mehr Ruhe oder gar einer Behandlung zu bewegen? Wie auch immer: es ist zwecklos. Otto lässt sich von seinem Aktivitätsdrang nicht abbringen und mischt sich auch noch in die Angelegenheiten seines Lehrers Hans Pfitzner ein, dem er unbedingt zu einer konzertanten Aufführung seiner Oper »Der Rose Pilgerfahrt« in Berlin verhelfen will.

»Sehr verehrte gnädige Frau!«, schreibt er an Pfitzners Frau Mimi, die er nur flüchtig kennt. »Sie sind gewiss erstaunt von mir einen Brief zu erhalten, doch zwingt mich eine meiner Ansicht nach für Ihren Mann nicht unwichtige Angelegenheit, mich gerade an Sie zu wenden, da ich höre, daß Herr Pfitzner während der Sommermonate absolut von Berufssachen nichts wissen will und dringend der Ruhe bedarf. – Wie Sie gewiss wissen, beabsichtigte Oskar Fried im Laufe des nächsten Winters in einem seiner Berliner Konzerte den Waldakt aus der ›Rose‹ unter Mitwirkung des Berliner Philharmonischen Orchesters in Konzertform aufzuführen... Es war schon alles in Ordnung, da schreibt Ihr Mann, er wäre empört über die Idee, die ›Rose‹ im Konzertsaal zu machen, und wehrte sich durchaus gegen diese Aufführung.... Dass der geplante Abend nur ein Surrogat sein kann, weiß Fried doch auch, es soll nur mit dieser Aufführung ein moralischer Druck auf die Intendanz in Berlin ausgeübt werden. Das ist der ganze, meiner Ansicht nach nicht zu gering zu bewertende Zweck der Sache. Ich schreibe diese Zeilen auf Frieds Bitten und hoffe, dass es Ihnen, gnädige Frau, gelingen wird, Pfitzner umzustimmen.«[3]

Klemperer versteht nicht, dass es keinen Zweck hat, sich an Mimi Pfitzner zu wenden, da sie wieder einmal vor ihrem schwierigen Mann geflohen ist und verzweifelt erwägt, ihn endgültig zu verlassen. Wie immer in den »manischen« Phasen seiner Krankheit hat er kein Gespür für die Menschen in seiner Umgebung und ahnt nicht im Mindesten, was in seinen engsten Freunden und Kollegen vorgehen könnte. Das gilt auch für seine Wahrnehmung von Gustav Mahler, der gerade von einer langen, schmerzlichen Besprechung mit Sigmund Freud zurückkommt, als er ihn im Sommer 1910 in München wiedersieht, wo er sich bei den Proben zu seiner 8. Symphonie nur noch mühsam aufrecht hält, »das Gesicht ... weiß wie ein Bettlaken, die Augen ... in unnatürlicher Schwärze ..., abgezehrt ..., ein Bild des Jammers«,[4] wie enge Freunde beschreiben. Es sei »ein schöner Sommer« gewesen, meint Klemperer arglos in seinen Erinnerungen[5] und erwähnt auch im Nachhinein mit keinem Wort, dass Mahler damals in einer doppelten Krise war, weil Alma sich dem jungen Architekten Gropius zugewandt hatte, der in einem Münchener Hotel auf sie wartete.

Menschen, die an Manie leiden, verlieren nicht nur jede soziale Hemmung, sondern auch den Blick für die Gefühle und Probleme anderer. Das menschliche Gegenüber habe nicht mehr den »Charakter des Alter Ego«, sondern eines bloßen »Alius«, eines »austauschbaren Fremden«, schreibt Ludwig Binswanger in seinem wichtigen Buch über dieses Krankheitsbild.[6] Sie neigten dazu, ihre Vorbilder zu glorifizieren, ohne autonome Personen in ihnen zu sehen.[7] Hohe Verehrung könne plötzlich in heftige Ablehnung umschlagen, Bemühen um Pflichterfüllung und Wohlverhalten in sinnlose Opposition und Zerstörungswut. Auch die Sicht auf die Eltern könne sich in dieser Zeit dramatisch verändern, denn in der Manie gehe der Kranke »wie über alle Hindernisse, so auch über das Ärgernis und Hindernis ›Vater‹ hinweg«, heißt es bei Binswanger.[8]

Ist es ein Zufall, dass Klemperer gerade jetzt seine Religion verlässt, die seinem Vater, seiner Schwester und deren Mann so viel bedeutet? Ohne Aussprache, ohne Vorankündigung, ohne Erklärung – sodass Nathan sich nur noch tieftraurig fragen kann, wer denn den Kaddisch für ihn sprechen werde, wenn er tot sei?[9] »So entschloss ich mich, die jüdische Gemeinde in Hamburg zu verlassen, und wurde Dissident«,[10] sagte Otto Klemperer später, was zu dieser Zeit gerade in Hamburg *nicht* nötig gewesen wäre, denn seine Vorgesetzten am neuen Arbeitsort sind ebenfalls jüdisch: der Theaterdirektor Max Bachur, der Oberspielleiter Siegfried Jelenko und der erste Kapellmeister Gustav Brecher.

Seitdem Klemperer Hamburg als Fünfzehnjähriger verlassen hat, um bei James Kwast in Frankfurt am Main Klavier zu studieren, hat sich seine Heimatstadt dramatisch verändert. Überall, wo man hinsieht, wird gebaut. Ein neuer Elbtunnel, neue Theater, Schulen, Kirchen und Synagogen, vor allem aber neue Werften und Hafenanlagen, zu deren Eröffnung Kaiser Wilhelm II. persönlich anreist. Seit der Jahrhundertwende hat die Bevölkerung um mehr als sechzehn Prozent zugenommen. Allein auf den Werften arbeiten über 30 000 Männer und Frauen, von denen 10 000 im August 1910 in den Ausstand gehen, um höhere Löhne und bessere Arbeitsbedingungen zu fordern. Fast drei Monate lang bleiben sie ausgesperrt. Die gesamte deutsche Presse erregt sich darüber, nicht, weil sie politisch auf ihrer Seite stände, sondern weil der Bau von Kriegsschiffen zu stagnieren droht, der Bau von Panzerkreuzern, U-Booten und Torpedos, die für das Wettrüsten mit der großen Seemacht England benötigt werden.

Im Hamburger Opernhaus an der Dammtorstraße spürt man von alldem noch nichts. Es ist ein Haus mit einer mehr als zweihundertjährigen Tradition, 1678 von kunstliebenden Hanseaten gegründet, die frühere Wirkungsstätte von Händel, Telemann, Hans von Bülow und Gustav Mahler, neben der Staatsoper in Berlin eine der größten und bedeutendsten Bühnen Deutschlands. Hier hat Wagner 1844 seinen »Rienzi« inszeniert. Hier fand die deutsche Erstaufführung von Tschaikowskys »Eugen Onegin« statt. Hier sind große Stars wie Enrico Caruso zu hören, für den die Hamburger Fackelzüge an der Alster veranstalten oder auf Feldstühlen stundenlang nachts im Regen sitzen, um an die begehrten Karten zu kommen. Max Bachur, der Pächter und Direktor, setzt ähnlich wie Angelo Neumann in Prag auf ein konservatives Programm und auf große Namen. Denn er kennt sein Publikum, den hanseatischen Geldadel, der nicht eben als sonderlich innovationsfreudig gilt. »Der Hamburger«, spöttelt ein zeitgenössischer Journalist, »ist in seinen Feiertagsstunden, wenn er sein Hauptbuch zugeschlagen und gut gegessen hat, der idealste ... Opernmensch. ... Er will Schauspiel und Musik, er will Gesang und Spiel. ... Er will die buntscheckige Mannigfaltigkeit und den unterhaltenden Wechsel von Stilstrenge und Stillockerheit. Er studiert den Spielplan so eifrig und so regelmäßig wie die Börsenberichte, ist ein bequemer und dankbarer Genießer und reitet im Smoking keine ästhetischen Prinzipien.«[13]

Max Bachurs rechte Hand ist der Oberregisseur Siegfried Jelenko, ein cholerischer Hüne mit rotem Vollmondgesicht, vor dessen Wutausbrüchen das ganze Ensemble zittert.[14] Klemperer kommt offenbar so schlecht mit ihm aus, dass er einen lebenslangen Hass auf Opernregisseure entwickelt, die ihm überflüssig, inkompetent und diktatorisch erscheinen. »Ich finde, daß man an dem großen Mozart-Wort ›Die Poesie muß immer die gehorsame Tochter der Musik sein‹ festhalten muß«, wird er später sagen. »Damit ist eigentlich alles gesagt. Mein ganzes Leben hatte ich eigentlich immer einen gewissen Kampf mit den Regisseuren, weil ich nicht wollte, daß die Musik in irgendeiner Weise gestört wird.«[15]

Einen spannenden Partner und Vorgesetzten findet er dagegen im ersten Kapellmeister des Hauses, Gustav Brecher, der nur sechs Jahre älter ist als er selbst und bei seinem Idol Gustav Mahler in Wien assistiert hat. Er ist Sohn eines jüdischen Arztes aus Böhmen und einer Hamburgerin, deren Vater Rabbiner ist, stammt also aus ähnlichem Milieu wie er selbst, sieht sogar verblüffend ähnlich aus mit seinem schmalen, nachdenklichen, sensiblen Gesicht und seinen dunklen Locken.

Brecher hat bei Salomon Jadassohn Komposition studiert, Bücher über Richard Strauss und Hector Berlioz geschrieben, ist ein guter Mozart-Dirigent und bekannt für akribische Probenarbeit. Was ihm besonders am Herzen liegt, ist das Problem der Adaption fremdsprachiger Opernlibretti für die deutsche Bühne. Er hat »Carmen«, »Margarete«, »Die Weiße Dame« und viele andere Repertoirestücke aus dem Original übersetzt. Und er hat ein theoretisches Standardwerk zum Thema »Opern-Übersetzung« geschrieben, das fast hundert Jahre lang Gültigkeit haben wird.[16] Brechers intellektuelle Überlegenheit wird Klemperer schon bald schmerzlich bewusst. Denn er weiß, dass es ihm an der nötigen außermusikalischen Basis fehlt, weil er seine Schulbildung viel zu früh abgebrochen und sich niemals Zeit genommen hat, Bücher zu lesen. Anfangs ist er noch ganz begeistert von seinem Vorgesetzten. Aber dann wird seine Eifersucht immer größer. *Er will der Größte, der Einzige, der Unnachahmliche sein. Er* will die besten Kritiken von Hamburg haben und die wichtigsten Uraufführungen dirigieren. Darum schmerzt es ihn auch tief, dass es Brecher gelingt, was ihm selbst seinerzeit in Prag nicht gelungen war, im April 1912 die Uraufführung von Busonis Oper »Die Brautwahl« durchzusetzen,[17] die allerdings beim Hamburger Publikum durchfällt. An seinen alten Berliner Freund Oskar Fried schreibt Klemperer über Brecher:

»Er war oft sehr liebenswürdig zu mir und zeigte viel Interesse für mein Musizieren. Auch *ich* fand seine Art zu musizieren oft interessant und wohl auch ihm eigen. Etwas schwer zu Definierendes stößt mich aber zurück.«[18]

Die zweiundzwanzigjährige Sopranistin Lotte Lehmann, Tochter eines kleinen Beamten aus der Mark Brandenburg, die gleichzeitig mit Klemperer nach Hamburg engagiert wird, ist sofort hingerissen von ihm. Noch Jahrzehnte später schwärmt sie von dem »baumlangen, schlanken jungen Mann mit den düster brennenden Augen und bleichen Wangen«, den ein seltsam romantischer Zauber umgeben habe.[19] Kapellmeister Brecher bevorzugt die Kollegin Elisabeth Schumann, die auf den ersten Blick hübscher und anmutiger wirkt und den klareren, knabenhafteren Sopran hat. Aber Klemperer erkennt schnell, dass auch in Lotte Lehmann eine große Sängerin steckt, und bietet ihr für seinen »Lohengrin« die Rolle der Elsa an:

»Natürlich hatte ich die Elsa für mich vorstudiert und kam stolz zur Probe«, berichtet sie später. »Aber wenn ich glaubte, die Rolle zu können, so sah ich diesen Irrtum nach fünf Minuten ein: Klemperer saß wie ein böser Dämon am Klavier, in das er seine langen Hände wie Tigerpranken schlug, und riss meine erschreckte Stimme in den Feuerwirbel seines fanatischen Willens. Elsas träumende Verklärtheit wurde ekstatische Entrückung, ihre angstvolle Bitte fordernde Frage. Zum ersten Mal fühlte ich die hemmende Scheu von mir abfallen und sank in die Flamme inneren Erlebens. Immer hätte ich so singen mögen – es war wie das Fliegen im Traum: körperlos in eine selige Unendlichkeit gleiten. ... Aber aus so schönem Traum erwacht man gewöhnlich mit dem Schrecken des Falls. Und so riss mich Klemperers Stimme aus allen Hingegebenheiten: ›Keine Ahnung von der Rolle! Da müssen wir fest studieren, wenn Sie's schaffen wollen!‹ Ich schaffte es.«[20]

Die sonst nicht zu übertriebenem Enthusiasmus neigende Hamburger Presse ist von Klemperers Debüt absolut hingerissen und vergleicht ihn mit dem jungen Gustav Mahler und einem »vom Himmel gefallenen, noch glühendheißen Erz«.[21] Er wisse »einen Akt logisch zu gliedern«, fühle »jede dichterische Zäsur mit derselben Sicherheit wie die musikalische«. Kein Akzent der Partitur entgehe ihm. Das Vorspiel habe gewirkt wie ein »geöffneter Himmel«.[22] Besonders »schön« sehe sein Dirigieren allerdings nicht aus, und man möchte seiner ungebärdigen

Wildheit manchmal »den Schutz des verdeckten Orchesters« wünschen.[23]

Es muss dem jungen Klemperer wie ein Traum vorgekommen sein, dass man ihm gleich in den ersten Hamburger Wochen erlaubt, mit dem berühmtesten Tenor aller Zeiten, Enrico Caruso, zu arbeiten, der im Oktober 1910 nach Hamburg kommt, um die Hauptrollen in »Rigoletto«, »Carmen« und »Martha« zu singen. »Ich hörte ihn zuerst als Don José«, schreibt Lotte Lehmann über seinen Auftritt in »Carmen«. »Ganz aus dem Gesang heraus erschütternder Schauspieler, war er eine Offenbarung für mich.«[24] Der aus Neapel stammende »Lieblingssohn der Götter« arbeitet schon seit Jahren an der Met in New York, wo er über sechzig Rollen gesungen hat. Mit seiner weichen, voluminösen, relativ dunklen Tenorstimme hat er die Bühnen der ganzen Welt erobert. Hamburg ist noch relativ neu für ihn. Im Herbst 1906 ist er hier zum ersten Mal aufgetreten – als Herzog von Mantua im »Rigoletto«. Der Saal des Opernhauses an der Dammtorstraße war bei der Premiere halb leer. Denn die sparsamen Hamburger wollten erst einmal prüfen, ob sich die hohen Eintrittspreise auch lohnten. Doch mit jedem Takt wurden sie feuriger, stampften und klatschten schließlich rhythmisch mit und brachen schließlich in stehende Ovationen aus. Seitdem hatte er ihre Herzen erobert. Max Bachur kann die Eintrittspreise um das Vierfache hochschrauben. Karten gibt es schon Tage vorher nur noch auf dem Schwarzmarkt.

Caruso kann kein Wort Deutsch. Aber Klemperer verständigt sich trotzdem mit ihm. Er ist überrascht, dass er ohne Kostüm ganz und gar unspektakulär wirkt, ein kleiner, untersetzter Mann mit breitem Gesicht und zu kurzem Hals, den man auf der Straße nicht weiter beachten würde. Er ist witzig. Er spielt gerne den Clown. Obwohl er die Rollen schon Hunderte Male gesungen hat, lässt er sich ohne Weiteres von dem jungen Klemperer korrigieren, als der ihm sagt, er singe zu schleppend.[25] Er erkennt sofort, dass Klemperer jüdischer Herkunft ist, und erzählt ihm freimütig, »wie viel er von den polnisch-jüdischen Kantoren gelernt habe«. Wann immer er in einer Stadt mit einer Synagoge sei, gehe er »am Freitagabend hin, um dem Gesang zuzuhören«. Die osteuropäischen Kantoren seien »hervorragend«. Meistens hätten sie ähnlich wie er selbst »hohe Baritonstimmen«, keine typischen Tenöre.[26]

Bald nach Carusos Abreise wird Klemperer wieder schwer krank. Er quält sich mühsam durch die gängigen Repertoire-Opern, hat Gedächtnislücken, erntet Verrisse, muss sich von der Kritik, die ihn einst so sehr lobte, vorhalten lassen, dass er die in ihn gesetzten Erwartungen nicht erfüllt habe. »Meine Stimmung wurde dunkler und dunkler. Ich konnte keinen Ausweg mehr sehen«[27], wird er sich später erinnern. Er schreibt verzweifelt nach Prag, möchte Lehrling in einer Buchhandlung werden, nie mehr in einem Opernhaus dirigieren, die Musik ganz aus seinem Leben streichen. Am 31. März 1911 hat er seine vorerst letzte Hamburger Vorstellung. Dann fährt er zu seinem Vetter Georg nach Berlin, um sich in ein Sanatorium für psychisch Kranke einweisen zu lassen.

Georg Klemperer empfiehlt das Sanatorium Kohnstamm im Taunus und bietet sich an, alle Kosten zu übernehmen, verlangt aber, dass er sich ein ganzes Jahr Auszeit gönnt: Keine Proben mehr, keine Aufregungen, kein Dirigieren, nur Lektüre, Partiturstudium und Reisen. Erst danach könne man darüber entscheiden, ob er seinen Beruf wirklich aufgeben solle.

Es ist Frühling, als Klemperer in Königstein im Taunus ankommt. Die kleine Stadt liegt in der Nähe von Frankfurt am Main, malerisch eingebettet zwischen Hügeln, Tälern und Wäldern. Eine mächtige Burgruine aus dem 12. Jahrhundert überragt den Ort. Nach Süden hin breitet sich die Mainebene aus. Felix Mendelssohn und Wilhelm Busch haben diese Gegend sehr geliebt. Der Herzog von Nassau hatte hier seine Sommerresidenz. Viele reiche Frankfurter Juden haben sich Villen in Königstein bauen lassen, die dem kleinen Ort etwas ausgesprochen Nobles geben. Die Luft ist klar und frisch, ideal zur Erholung. Hier soll Klemperer aufatmen. In diesem 1905 erbauten »Kurpensionshaus« am Ölmühlenweg, einem prächtigen Jugendstilbau mit mehr als 20 exklusiven Balkonzimmern, mehreren Liege- und Wandelhallen, einem großen Park, einem Musiksalon und einer erstklassigen Bibliothek.

Oskar Kohnstamm, der Leiter und Gründer des Hauses, kommt aus einer sephardischen Familie, die vor langer Zeit aus Spanien nach Süddeutschland geflohen ist. Eigentlich praktischer Arzt, hat sich der Neurologie, Psychiatrie und Psychologie zugewandt, mit viel beachteten Arbeiten zur Zwangsneurose, Katatonie, Intelligenz, Anpassung, Sensibilität, Hypnose und Psychobiologie.[28] Er ist ein Freund des Freud-Schülers Ludwig Binswanger, mit dem er in enger kollegialer Beziehung steht, hat sich intensiv mit den Schriften von Freud befasst und erkennt an, dass er die Bedeutung des Unbewussten entdeckt habe, hält aber seinen »Hypersexualismus« für »wenig nützlich« und »falsch«. Kohnstamm interessiert sich leidenschaftlich für Kunst, Musik und Literatur, zitiert gern Verse von Christian Morgenstern, hat den »Simplicissimus« abonniert und forscht über die Zusammenhänge zwischen künstlerischer Arbeit und Psyche.[29] »Seine Botschaft lautete«, schreibt sein Sohn Peter, »daß es neben unseren bewußten bzw. unbewußten nützlichen und zielgerichteten Aktivitäten eine zweite, uneingeschränkt autonome Form des Lebens gebe, die eine ›ziellose Ausdruckskraft‹ beinhalte. ... Die Nachtigall singt nicht nur mit dem Ziel der Paarung, sondern weil sie gerade Lust hat zu singen. Er schrieb in seinem grenzenlosen Idealismus: ›Idealität scheint mir nicht eine Sublimierung der Erotik zu sein – wie Freud gesagt hat – die Erotik ist vielmehr eine Gelegenheit, Idealität zu sublimieren.‹«[30]

Sein besonderes Interesse für Kunst und Künstler macht in den entsprechenden Kreisen bald die Runde und lockt Scharen von Wissenschaftlern, Dichtern, Malern und Musikern in sein Haus: den Kunsthistoriker Botho Graef, den Theaterintendanten Ernst Hardt, den Schauspieler Alexander Moissi, die Frau des Verlegers Anton Kippenberg, den Reformpädagogen Kurt Hahn, später auch Carl Sternheim, Ernst Ludwig Kirchner und Henry van de Velde, die zum Teil gleichzeitig Patienten des Sanatoriums sind und sich dort intensiv über ihre Arbeiten austauschen.[31] Auch Stefan George gehört zu den engen Freunden des Hauses. »Man sah ihn oft«, schreibt Peter Kohnstamm, »in seinem majestätischen Cape, den Samthut auf dem Kopf, (auf der Straße) einherwandeln. Zwei ähnlich gekleidete ›Jünger‹ folgten dieser gebieterischen Erscheinung mit langem, wehendem Haar über scharfgeschnittenen Gesichtszügen.«[32] So kann man dieses Sanatorium als Gewächshaus der geistig-kranken Elite jener Zeit bezeichnen, als eine Mischung aus »Zauberberg« und »Irrenanstalt«, wie es Kohnstamms Sohn formuliert.[33]

Kohnstamms Vater war ein profunder Talmud-Kenner; Kohnstamm selbst aber hat die jüdische Religion aufgegeben und begreift sich als Dissidenten und Freigeist. »Könnte die Menschheit nur fromm sein, ohne den Geistlichen zum Opfer zu fallen!«, ist einer seiner Lieblingssätze.[34] Er ist mit einer Protestantin verheiratet, hat vier Kinder, die evangelisch erzogen werden, ist ein guter, deutscher Patriot, kümmert sich im Stadtrat von Königstein um die Verbesserung der Kanalisation und den Bau von Schwimmbädern. Ein Charismatiker, der mit beiden Füßen auf der Erde steht, aber auch ein humorvoller, gebildeter, empathischer Mensch, dem die Patienten »mit fast religiöser Begeisterung« folgen. »Es ging vielfach so weit«, schreibt sein Sohn, »daß er ... in der Lage war, Menstruationsstörungen, die mit verschütteten psychischen Traumata einhergingen, durch Telehypnose oder sogar per Telegramm zu heilen.«[35]

Kohnstamm hat keine fest umrissene Methode oder Lehre wie Sigmund Freud. Seine Hauptfähigkeit besteht darin, zuhören zu können und den Patienten wieder Mut zum Leben zu machen. »Die Einwirkung des Arztes zielt auf pädagogisch-ärztliche Leitung der gesamten Lebensführung«, heißt es in einem Hausprospekt von 1908.[36] Sein Konzept hat viel von der heutigen Verhaltenstherapie: strenger Tagesrhythmus, gemeinsame Mahlzeiten mit den Ärzten, Pflegern und ihren Familien, Gartenarbeit, anstrengende Wanderungen, genügend Schlaf, Verzicht auf Tabak und Alkohol und die Ermutigung, trotz Krankheit künstlerisch aktiv zu bleiben. Carl Sternheim wird hier sein Theaterstück »Tabula rasa« schreiben, Ernst Ludwig Kirchner einige große Gemälde schaffen, darunter das eindrucksvolle »Bildnis des Doktor Kohnstamm«.

Als Otto Klemperer in Königstein ankommt, ist er in einer trostlosen Verfassung, schwankt stündlich zwischen Verzweiflungs- und Erregungszuständen und muss vermutlich mit Medikamenten beruhigt werden.« »Ich habe nie einen Mann wie Klemperer gesehen«, erinnert sich Peter Kohnstamm, »ungeheuer stattlich, sehr hohe Stirn, sardonische Unterlippe, flammende Augen hinter einer randlosen Brille, schiefsitzende Schmetterlingskrawatte. Seine Stimme dröhnte wie die größte Orgelpfeife unserer Kirche.... Er fegte durch unsere gemeinschaftlichen Mahlzeiten wie ein Tornado, hinterließ Tischdecke und Fußboden in einem Zustand größter Verwüstung, während er die anderen Gäste mit seinem scharfsinnigen Verstand und seinem stürmischen Enthusiasmus unterhielt.... Meine Eltern stellten ein Klavier für ihn in ein Zimmer.... Zu dieser Zeit komponierte er seine Oper ›In dem Sanatorium‹[37], und abends versammelte sich eine kleine ausgewählte Gesellschaft, um die neuesten Stücke zu hören. Der Maestro spielte die Partitur und brüllte alle Gesangspartien. Hier eine der ›Doktor‹-Arien für eine an Schlaflosigkeit leidende Patientin:

> Sie schlafen ganz gewiß,
> Sie schlafen ganz gewiß,
> Sie fliegen ganz gewiß im Traum
> noch einmal durch den weiten Raum.
> Sie schlafen ganz gewiß.«[38]

Kohnstamm animiert Klemperer, sich mit Fontane und Goethe auseinanderzusetzen. Er liest zum ersten Mal »Effi Briest« und »Faust II«, diskutiert mit seinen Mitpatienten darüber und lernt dabei einen seltsamen mecklenburgischen Adligen kennen, Gerdt von Bassewitz-Hohenluckow, der einmal Leutnant der preußischen Landwehr gewesen ist, sich aber zum Entsetzen seines Clans der Literatur zugewandt hat. In Königstein schreibt er ein Märchen für zwei der vier Kohnstamm-Kinder, Peter und Anneliese, drei und elf Jahre alt, dem er den Titel »Peterchens Mondfahrt« gibt. Es ist die Geschichte vom Maikäfer Sumsemann, der so traurig ist, weil ihm sein sechstes Bein fehlt. Vor hundert Jahren ist es einem seiner Vorfahren abgerissen worden. Nun hängt es oben an einem Birkenzweig auf dem Mond. Nur zwei Kinder, die noch nie ein Tier gequält haben, können es wiederfinden...

»Es war totenstill in der Stube und sehr geheimnisvoll. Der Mond sah groß und gelb durch die Blumen vor dem Fenster und der Maikäfer erzählte langsam und feierlich mit einem leisen brummenden Stimmchen die Geschichte vom Beinchen, von der Nachtfee und dem Mondmann. Staunend hörten die Kinder zu. Ja, das war wirklich eine wunderbare und geheimnisvolle Geschichte! Es war ihnen ganz seltsam zu Mute, als der Maikäfer nun mit dem Erzählen fertig war und sie mit zwei großen Tränen in seinen runden Glotzäugelchen fragend anguckte.«[39]

5 Väter, Mütter und der liebe Gott

Im Sommer 1911 verlässt Klemperer das Sanatorium Kohnstamm gestärkt und mit neuem Mut. Er ist nicht »geheilt«. Seine Veranlagung zur Manie und zur Depression bleibt bestehen und wird ihn immer wieder einholen. Aber er hat verstanden, dass sein Leben nicht nur aus Dirigieren besteht, dass er lesen, reisen und sich bilden muss, um sich gegen neue Anstürme dieser Krankheit zu wappnen. Dass es Korrelationen zwischen Musik, Kunst, Literatur, Psychologie und Philosophie gibt, dass er sich den Nachbarkünsten und -wissenschaften öffnen muss, so wie es auch sein Idol Gustav Mahler zeitlebens getan hat. Mahler ist von früher Jugend an ein begeisterter Leser gewesen;[1] er hat Bücher oft als seine einzigen wahren Freunde bezeichnet und zu Schönberg und Zemlinsky einmal gesagt: »Lassen Sie die jungen Leute, die bei Ihnen lernen, doch Dostojewski lesen – das ist wichtiger als der Kontrapunkt!«[2]

Im Dezember 1910 ist Klemperers alter Chef Angelo Neumann gestorben, im Mai 1911 Gustav Mahler. Jetzt ist Pfitzner die Vaterfigur, an die er sich wendet, als es darum geht, den geeigneten Ort für die Auszeit zu finden, die sein Vetter Georg ihm verordnet und finanziert hat. Dieser Ort ist Straßburg, die »wunderschöne Stadt« an Ill und Rhein, in der Pfitzner seit 1908 Direktor des Konservatoriums und seit 1910 Leiter der städtischen Oper ist.

Pfitzner und seine junge Frau Mimi, deren viertes und jüngstes Kind gerade geboren und schon wieder gestorben ist, nehmen Klemperer mit offenen Armen auf. Vielleicht sind sie froh, dass er etwas Ablenkung in ihr Leben bringt, denn ihre Ehe ist seit Jahren in einer Krise. Mimi hat Schauspielunterricht bei Max Reinhardt genommen, ist nach Düsseldorf gezogen, wieder zurückgekehrt, hat sich einem anderen Mann zugewandt und sehnt sich doch nach der inneren Gemeinschaft, die Pfitzner ihr nicht bieten kann oder will, weil er nur seiner Musik lebt und sich sogar durch die Präsenz seiner Kinder gestört fühlt.

Doch Klemperer ahnt die Schwierigkeiten dieser Dreierbeziehung und zieht deshalb nicht zu den Pfitzners oder in ihre Nachbarschaft, sondern in die kleine Stadt Schiltigheim in der Nähe von Straßburg, die romantisch an den Hängen des Rheins liegt und von einem alten Schloss mit einer Kapelle überragt wird. Seine Wirtsleute in der Kanalstraße 2 sind Franzosen und sprechen kaum ein Wort Deutsch. So *muss* er die Sprache lernen. Ein paar Grundkenntnisse hat er noch aus seiner Schulzeit.

Er geht viel spazieren und schwimmen, lernt Bratsche, studiert Partituren, belegt Philosophie-Vorlesungen an der Universität, liest die von Kohnstamm empfohlenen Klassiker und fährt gelegentlich zu den Pfitzners, legt sich, so Heyworth, »Verhaltensmaßregeln auf, die fast so spartanisch (sind) wie im Sanatorium«.[3] Um seine Gesundheit kümmert sich Robert Wollenberg, der Leiter der psychiatrischen Universitätsklinik, ein großer Shakespeare-Kenner, der ihm von Kohnstamm und seinem Vetter Georg empfohlen worden ist.

Klemperer ist begeistert von der Hauptstadt des Elsass und wird später immer wieder gern dorthin zurückkehren: in die Altstadt, die von den Franzosen liebevoll »Petite France« genannt wird, zu den Bildern von Grünewald und Cranach im Museum, zum alten Fischmarkt, wo Goethe in seiner Studienzeit gewohnt hat, zu den Renaissance-Häusern an den Ufern der Ill, zu den Weinstuben, den gedeckten Brücken und zum Straßburger Münster, in dem er zum ersten Mal in seinem Leben an einem katholischen Gottesdienst teilnimmt.

Bis jetzt hat er im Gegensatz zu vielen anderen Juden seiner Zeit noch nie daran gedacht, sich taufen zu lassen, weil ihm Religion generell nichts bedeutet, egal, in welchem konfessionellen Gewand. Doch hier, im Straßburger Münster, muss er feststellen, dass ihn »die Musik und die Farben, das ganze Theater der katholischen Liturgie, und auch die Disziplin« faszinieren. Diese ganze Szenerie und Choreographie hat viel Ähnlichkeit mit der großen Oper, mit einem Bühnenbild aus Rundpfeilern, Spitzbögen, Kreuzrosen und Gewölben. Er geht immer wieder in das Straßburger Münster und denkt zum ersten Mal ernsthaft an Konversion. »Ich dachte, mein Gott, Leute wie Mozart, Beethoven und Schubert waren katholisch, es kann nicht allzuschlimm sein«, wird er später darüber sagen.[4]

Sigmund Freud glaubt etwa um dieselbe Zeit (1907) beobachtet zu haben, dass praktizierte Religiosität einen beruhigenden Einfluss auf psychisch Kranke habe, weil es Parallelen zwischen den »Zwangshandlungen Nervöser« und der Einhaltung religiöser Gebote und Verbote gebe. »Nach diesen Übereinstimmungen... könnte man sich getrauen, die Zwangsneurose als pathologisches Gegenstück zur Religionsbildung aufzufassen, die Neurose als eine individuelle Religiosität, die Religion als eine universelle Zwangsneurose bezeichnen.«[5]

Drei Jahre später wird er es etwas freundlicher ausdrücken: dass nämlich »Gottgläubigkeit« eine Kompensation des »Vaterkomplexes« sei, weil »der persönliche Gott psychologisch nichts anderes ist als ein erhöhter Vater.... Der Schutz gegen neurotische Erkrankung, den die Religion ihren Gläubigen gewährt, erklärt sich leicht daraus, daß sie ihnen den Elternkomplex abnimmt, an dem das Schuldbewußtsein des einzelnen wie der ganzen Menschheit hängt und ihn für sie erledigt, während der Ungläubige mit dieser Aufgabe allein fertig werden muß.«[6]

Tatsächlich ist Klemperer in dieser Zeit dauernd auf der Suche nach Männerfiguren, die ihm den schwachen eigenen Vater ersetzen könnten: Kohnstamm, Pfitzner, Wollenberg und ein Straßburger Jesuit, dessen Argumente ihn allerdings nicht überzeugen: »Wir redeten viel, und dann fragte ich: ›Aber Sie als Katholik, glauben Sie, daß Goethe ein Sünder war?‹ – ›Natürlich‹, sagte er. So sagte ich Adieu.«[7]

Im Juli 1911 liest er per Zufall eine Notiz in der »Frankfurter Zeitung«, die sich enthusiastisch über eine Gluck-Inszenierung in der französischen Schweiz äußert: »Orpheus und Eurydike«, dirigiert von dem Schweizer Komponisten und Kapellmeister Gustave Doret im neu erbauten »Théâtre du Jorat« im Waadtland. Klemperer fühlt sich wie elektrisiert und fährt sofort hin, »denn das Gluck'sche Meisterwerk stilvoll zu hören, ist an unseren deutschen Opernbühnen leider ausgeschlossen«, schreibt er in einem unveröffentlichten Aufsatz.[8] »Den nächsten Mittag um zwei Uhr war ich in Mézières. Das Theater machte einen sehr primitiven Eindruck. Es ist ein amphitheatralisch ansteigender unbekleideter Holzbau. Im Inneren wird einem schon heimlicher.... Jetzt bemerkt man auch die scharf geschnittenen Züge Gustave Dorets am Dirigentenpult. Man könnte Ähnlichkeiten herausfinden, doch es ist nur die Ähnlichkeit, von der Schopenhauer sagt, daß sie alle bedeutenden Menschen verbindet.... Endlich wird es still und die Ouvertüre beginnt. Man merkt nach den ersten Takten, von welch ausgezeichneter Qualität das Orchester ist. Später erfuhr ich, daß es durch den Schweizer Musikerbund unter Heranziehung mancher deutscher Musiker... aus dem Grundstein des Lausanner Orchesters gebildet ist. Auch Dorets eminente Qualitäten dokumentiert der Vortrag dieser so herrlich ›charakterlosen‹ Ouvertüre. Er nimmt sie in gemessenem Tempo, nicht zu rasch, so daß man alle Melismen deutlich und eindrucksvoll vernimmt. In Deutschland wird dieses Stück immer presto heruntergehudelt, oder... einfach fortgelassen.... Mit den ersten Takten des Eingangschores in c-Moll teilt sich der Vorhang. Von dem Zauber der von Lucien Jusseaume entworfenen Bühnenbilder... einen Begriff zu machen, hält schwer. Das erste Bild (Le Bois funèbre) atmet ein wenig Böcklinschen Geist. Von erschütternder Wirkung war für mich der Auftritt des Chores, der aus den beiden... Seitentüren langsam auftritt und sich stets zwischen Bühne und Orchester aufhält. Den Orpheus singen abwechselnd Mme. Bressler-Gianoli und Mlle. Marie Charbonnel. Namentlich Frau Bressler steht auf ganz einsamer Höhe. So, denke ich, muß die berühmte Schröder-Devrient gewesen sein. Frl. Charbonnel (von der großen Oper in Paris) besitzt eine prachtvolle Alt-Stimme und eine schöne Figur. Der einzige Fehler, den sie hat, wird von Tag zu Tag geringer, sie ist nämlich noch ein wenig zu jung für diese Rolle.... Den Amor singt höchst charakteristisch und überaus stilsicher Frl. Irma Castel. Sie hat jenen hellen französischen Stimmklang, über den Deutsche sich so oft entrüsten, sie finden das ordinär und operettenhaft..... Ich kann nur noch einmal sagen, daß ich mir den Amor in Glucks Orpheus nicht charakteristischer dargestellt denken kann.... Der Chor liegt wie eine graue, von Angst gepeinigte Masse auf den Stufen zwischen Orchester und Szene. Die sehr hoch ansteigende Dekoration wird oben durch einen schmalen Spalt unterbrochen, der wie ein Hoffnungsschimmer den blauen Himmel sehen läßt.«

Im Vergleich zu Klemperers früheren Briefen und Texten klingt dieser Essay wie ein sprachliches Feuerwerk. Da ist Witz, Ironie, Kenntnisreichtum, Begeisterung, Sinn für Details und Atmosphäre, vielleicht auch ein Quäntchen jugendlicher Übermut. War es Kohnstamms Therapie, die ihn so befreit hatte? Oder war diese Gluck-Inszenierung wirklich so viel besser als die von Mahler und Roller, deren »Iphigenie in Aulis« er 1907 in Wien gesehen hatte und über die er später nur zu berichten weiß, sie sei schlichtweg »vollendet« gewesen?[9] Wie auch immer: das Erlebnis im »Théâtre du Jorat« hat sein Verhältnis zur Oper verändert. Auch *so* kann Musiktheater also funktionieren: ohne staatlichen Zuschuss, ohne Plüsch und Pomp, von wenigen Idealisten und Avantgardisten getragen, sorgfältig einstudiert, mitten auf dem Land, in einem 500-Seelen-Dorf namens Mézières, in einer grob zusammengezimmerten, waadtländischen Holzscheune. Drei Tage und Nächte bleibt er dort, um die Oper mehrmals sehen zu können. Es sei die erste »wirkliche Theateraufführung«, die er erlebt habe, schreibt er an Pfitzners Frau Mimi. »Hier ist es ideal, ich habe nicht gewußt, daß die Welt so schöne Dinge aufzuweisen hat wie diesen See und die ... Theateraufführung.«[10]

München, im August 1911. Max Reinhardt inszeniert Aischylos' »Orestie« in der Musikfesthalle auf der Theresienwiese. Die moderne Übersetzung des Universalgenies Karl Gustav Vollmoeller, der Rennfahrer, Schriftsteller, Flugzeugkonstrukteur, Industrieller, Politiker und Philologe in Personalunion ist, wird von der Kritik wegen ihrer staccato-artigen Knappheit hochgelobt. »Ein Meisterwurf«, schreibt Siegfried Jacobsohn in der »Schaubühne«.[11] In den Hauptrollen sind einige der prominentesten Schauspieler aus Berlin zu sehen: Max Reinhardts Ehefrau

Else Heims, Alexander Moissi und Fritz Kortner. Die Bühnenbilder stammen von Mahlers Freund Alfred Roller. Otto Klemperer hat durch Vermittlung seines Berliner Freundes Oskar Fried den Auftrag erhalten, eine Bühnenmusik für die Münchener Produktion zu schreiben, ein gewaltiges, orchestrales Werk, das der österreichische Komponist und Dirigent Alexander Zemlinsky mit dem 97 Mann starken Münchener Tonkünstlerorchester aufführen soll. Ein großer Auftrag. Eine große Ehre. Reinhardt kennt und schätzt Klemperer als Dirigenten von Offenbachs »Orpheus in der Unterwelt« in Berlin.[12] Aber kennt er ihn auch als Komponisten? Anscheinend nicht genug. Denn das ganze Projekt scheitert. Zemlinsky prüft die Partitur, die Klemperer in wenigen Wochen zusammengeschrieben hat, »in einer mindestens leicht manischen Phase«, wie es bei Heyworth heißt,[13] und hat seine Probleme mit dem offenbar recht unfertigen Werk. Sein Schwager Arnold Schönberg findet es vollkommen indiskutabel. Er ist unerwartet aus Hietzing bei Wien zu Zemlinsky nach München geflohen, weil er sich mit seinem Vermieter beinahe duelliert hätte, nachdem seine neunjährige Tochter bei »Doktorspielen« mit dessen Sohn erwischt worden ist. Jetzt ist er, ohne einen Pfennig Geld, in sehr desolater Verfassung und sucht dringend nach neuen Arbeitsmöglichkeiten außerhalb von Wien.[14] Es ist Klemperers erste Begegnung mit Arnold Schönberg. Bis dahin hat er noch »keine Note« von ihm gehört und kennt offenbar nicht einmal seinen Namen,[15] was kein Wunder ist, denn weder die »Gurre-Lieder« noch die Musikdramen »Erwartung« und »Glückliche Hand« sind bisher irgendwo uraufgeführt worden.

Weder in Prag noch in Hamburg hat man die Klavierstücke op. 11 oder 19, die »Kammersinfonie« oder die »Verklärte Nacht« hören können, und die später berühmte »Harmonielehre« ist gerade erst in Wien erschienen. Die Stimmung zwischen den beiden Männern ist zum Zerreißen gespannt. Schönberg kommt Klemperer stolz, abweisend und »bitterböse« vor[16], sehr herablassend und sehr von sich selbst überzeugt, während Zemlinsky offenbar versucht zu vermitteln und das Werk zu retten.

Klemperer fühlt sich schrecklich gedemütigt, vernichtet die gesamte Partitur und wird später höchst ungern über den Vorfall sprechen. Er scheidet beschämt und bedrückt von dem kleinen Mann mit der hohen Stirnglatze, nicht ahnend, dass er eines Tages viele seiner Werke uraufführen und sogar sein Kompositionsschüler werden wird. Statt seiner bekommt ein anderer den Auftrag für die Bühnenmusik zur »Orestie«, ein dänischer Komponist namens Einar Nilsson, einer von Reinhardts vielen Bühnenmusikern, den heute niemand mehr kennt.

Dass er nach dieser Begegnung nicht in tiefe Depression verfällt, ist vermutlich das Verdienst von Richard Strauss, der Klemperer im September 1911 in seiner neuen Villa in Garmisch empfängt, einer schlossähnlichen Residenz mit Türmen, Erkern und Balkonen. Der siebenundvierzigjährige, heiter und unkompliziert wirkende Bajuware, den Klemperer seit seiner Berliner Studienzeit flüchtig kennt, steht um diese Zeit auf dem Höhepunkt seines Ruhms. Er ist Leiter der Berliner philharmonischen Konzerte und der Berliner Hofoper, Komponist sensationell erfolgreicher Opern wie »Salome«, »Elektra« und »Rosenkavalier«, kongenialer Partner von Hugo von Hofmannsthal, mit dem er seit einigen Jahren eng zusammenarbeitet. Klemperer hat Strauss im Münchener Residenztheater Mozart dirigieren gesehen und ist begeistert davon. »Das war entzückend. Er hat die Rezitative selber am Cembalo begleitet und hat reizende kleine Verzierungen gemacht. ›Don Giovanni‹, ›Figaro‹ und ›Così fan tutte‹ waren alle hervorragend.«[17]

Natürlich spricht er mit Richard Strauss über Gustav Mahler, der vor einigen Monaten gestorben ist und den auch Strauss sehr verehrt hat. »Dann aber behauptete Strauss, er hätte immer nach Erlösung gesucht.... Er sagte wortwörtlich: ›Ich weiß nicht, von was ich erlöst werden sollte. Wenn ich des Morgens an meinem Schreibtisch sitze und mir was einfällt, so brauche ich doch gar keine Erlösung.‹ Was meinte Mahler damit?«[18] Klemperer findet das unsensibel und pietätlos. Ein Gefühl der Fremdheit beschleicht ihn. »Sehen Sie, er war ein großer Mann, das weiß ich. Aber Gott, wie soll ich das bloß erklären?... Im Charakter von Strauss fehlte... etwas. Er war immer bereit, Konzessionen zu machen.... Es gab irgend etwas Opportunistisches in seinem Charakter.«[19]

Über Schönberg urteilt Strauss extrem negativ, was wie Balsam auf Klemperers Wunden wirken muss, jedenfalls in diesem Moment. »Der sah die Partitur von Schönbergs ›Fünf Stücken für Orchester‹ und sagte: ›Ich kann das nicht ernsthaft diskutieren, das ist Unsinn.‹ Er fand das nicht nur unverständlich, sondern krank und pathologisch.«[20]

Klemperer folgt Strauss im Oktober 1911 zum Heidelberger Tonkünstlerfest, wo er das zweite Klavierkonzert von Franz Liszt mit Busoni als Solisten dirigiert. »Am nächsten Morgen«, schreibt Klemperer an seine Eltern, »holte ich ihn im Hotel ab und wir gingen eine Stunde in dem reizenden Neckartal spazieren. … Er riet mir, zuzusehen, so bald wie möglich an ein großes Orchester zu kommen (München oder noch besser Berlin) und vorderhand auf zu große Kompetenzen keinen Wert zu legen. … Es wäre aber höchst förderlich für mich als Dirigenten, mit einem erstrangigen Orchester, wie z. B. dem Berliner, zu verkehren. Ich sagte ihm darauf, daß *er* in dieser Hinsicht sicher mehr für mich tun könnte wie ich selber[21] und ich einen Antrag nach Berlin wohl kaum ausschlagen würde. Er meinte, gerade *mir* könnten so ein paar Jahre ›preußischer Drill‹ nur nützlich sein, sagte aber auch, er wäre als junger Mann genauso wild und in idealen Dingen so anspruchsvoll gewesen wie ich. Dann saßen wir zusammen und nach Tisch spielte ich ihm im Hotel meine Orchesterlieder vor.[22] Er las in der Partitur mit und war ganz reizend. Namentlich das erste und letzte mochte er sehr, fand allerdings das letzte stark *mahlerisch*, aber wie er sagte, meisterhaft hingestellt. Die beiden mittleren waren ihm im ganzen zu outriert. Jedenfalls sagte er zum Schluß, er würde die Sachen der nächsten Tonkünstlerversammlung zur Aufführung empfehlen. … Du kannst Dir denken, wie sehr mich sein Interesse erfreute, denn schließlich ist er doch der bedeutendste deutsche Musiker *momentan*. …«[23]

Richard Strauss hat eine echte Sympathie für den jungen Kollegen. Dass er psychisch krank war oder noch ist, schreckt ihn nicht. Denn seine eigene Mutter, die vor kurzem gestorben ist, hat zeitlebens unter schweren Angstzuständen und Depressionen gelitten und viele Jahre in Heilanstalten verbracht. Strauss hat übrigens Wort gehalten und die »Orchesterlieder« an Max von Schillings, den Präsidenten des Allgemeinen Deutschen Musikvereins, weiterempfohlen.[24] Aber sie tauchen auf den Programmen der folgenden Jahre nicht auf.

Am 20. November 1911 fährt Otto Klemperer noch einmal von Straßburg nach München, um die Uraufführung von Mahlers »Lied von der Erde« zu hören, die von Bruno Walter dirigiert wird. Er hat zunächst Schwierigkeiten mit diesem Spätwerk, das Mahler zwischen 1907 und 1908 nach chinesischen Gedichten komponierte, ein großer symphonischer Liedzyklus von tiefer Melancholie:

… Wenn der Kummer naht,
liegen wüst die Gärten der Seele,
welkt mir und stirbt die Freude, der Gesang.
Dunkel ist das Leben, ist der Tod.

Vielleicht war das nicht die richtige Nahrung für einen Depressiven. Oder Klemperer fühlte sich durch die Tatsache gestört, dass sein alter Konkurrent Bruno Walter dirigierte, der langjährige Freund und Assistent Gustav Mahlers, der in seinen Augen wohl daran schuld war, dass er selbst nie ein Engagement bei seinem Idol bekommen hatte. Klemperer hat Walter diese Kränkung nie verzeihen können und nie aufgehört, schlecht über ihn zu reden. Ein amerikanischer Musikerkollege, der mit den beiden im kalifornischen Exil oft zusammen war, sagte 1972 zu dem Filmemacher Philo Bregstein: »Er hat Bruno Walter antelefoniert, den nannte er ›Brudo Walzer‹, und hat gesagt: ›Ich habe die Vierte Mahler gehört, es war sehr schön, aber warum verjüdeln Sie es so, es ist doch schon so jüdisch?‹«[25]

Im Umkreis der Uraufführung des »Liedes von der Erde« trifft Otto Klemperer Alma wieder, die jetzt zweiunddreißigjährige Witwe des Komponisten, die mit ihrem Liebhaber nach München gekommen ist. Sie ist nicht mehr »das schönste Mädchen von Wien«, wie sie sich selbst so oft und so gern genannt hat, sondern eine reife, vollbusige Frau, die zu viel trinkt und die Männer hinter ihrem schwarzen Trauerschleier verführerisch anlächelt. Aus der Beziehung zu Gropius ist zunächst nichts geworden. Denn der junge Mann hat sich tief verletzt von ihr abgewandt, als sie ihm gestand, dass sie die intime Beziehung zu Mahler nie ganz beendet und in seinen letzten Tagen noch einmal mit ihm geschlafen habe. Für ein paar Wochen war der Komponist Franz Schreker an ihrer Seite. Jetzt erscheint sie mit Dr. Paul Kammerer, einem Biologen aus Wien, der zwar mit einer echten Baronesse verheiratet ist, aber damit gedroht hat, sich auf Mahlers Grab zu erschießen, wenn Alma nicht seine Frau werde. Er sieht gut aus und trägt eine wehende dunkle Künstlermähne. Im Nebenberuf ist er Musikkritiker und Komponist. In charmantem österreichischem Dialekt erzählt er von Experimenten, die er mit Kröten, Salamandern und Gottesanbeterinnen mache, um an ihnen die »Vererbbarkeit erworbener Eigenschaften« zu beweisen, eine These, mit der er viel Aufsehen erregt, weil sie die gesamte Evolutionslehre infrage stellt.[26] Er versteht viel von Mahlers Musik, die er sehr liebt, ist ein glänzender, wenn auch ein wenig bizarrer Unterhalter. Aber Alma ist trotzdem nicht zufrieden mit ihm, sondern flirtet heftig mit Otto Klemperer, der um diese Zeit wirklich hinreißend aussieht.

Klemperer, der bisher nie wahrhaben wollte, wie magisch anziehend er auf Frauen wirkt, weil er immer viel zu tief in seiner Depression steckte, ist sofort wie elektrisiert und tritt in intensiven Briefwechsel mit Alma. Noch im gleichen Monat kann er seinen Eltern stolz berichten:

»Ihr wißt, daß ich neulich mit Frau Mahler in München zusammen war und sie so äußerst gut zu mir war.... Da kommt Donnerstag früh ein Geldbrief aus Wien mit einliegenden 2000 Kronen und dabei ein Brief von Frau Mahler, worin sie mir ungefähr folgendes schreibt: ich hätte ihr in München lachend von meinen Schulden erzählt.... Sie bäte mich nun, von diesem Geld *nicht* meine Schulden zu bezahlen, sondern mich in ein mildes, schönes Klima zu geben und dort zu bleiben, solange das ›dumme‹ Geld reicht.... Alles, was ich von dem Brief schreibe, gibt natürlich auch nicht annähernd einen Begriff, was an Schönem und Wundersamem in diesem Brief stand. Zuerst war ich beinahe erschrocken, wollte das ganze Geld zurücksenden, jetzt aber will ich's frohen Herzens behalten, denn von wem ... möchte ich mich lieber *in dieser Art* beschenken lassen als durch die Frau Mahlers? Mir wird vieles dadurch erleichtert, ich werde u. a. die Möglichkeit haben, ganz ohne Vorschuss ins Engagement zu gehen. ... *Keiner* soll von dieser Sache etwas wissen. Wenn ich Euch wiedersehe, zeige ich *vielleicht* mal die Briefe von Frau Mahler, so schön sind sie.«[27]

Durch Alma Mahlers großzügige Spende finanziell unabhängig geworden, geht Klemperer im Januar 1912 auf Konzertreise mit der jungen Sängerin Eva Leßmann. Sie ist die Tochter des einflussreichen Musikkritikers Otto Leßmann, »ein sehr zierliches Persönchen«, das schon durch seine »äußere Erscheinung« anziehend wirkt,[28] als Sängerin aber umstritten ist, wobei die Zeitungen immer wieder durchklingen lassen, dass sie ihre Engagements als Lied- und Oratoriensängerin nur dem Einfluss ihres Vaters verdanke. Klemperer hat ein rein zeitgenössisches Programm mit ihr erarbeitet: Mahler, Pfitzner, Oskar Fried und einige seiner eigenen Lieder, die sie direkt aus dem Manuskript singt.[29]

Fast schon tollkühn wagt er sich mit diesem Programm nach Prag, die Stadt seiner Auseinandersetzungen mit Angelo Neumann. Doch das »Prager Tagblatt« begrüßt ihn recht freundlich als einen Künstler, der »allen Musikkennern noch in bester Erinnerung« sei.[30] Umso niederschmetternder ist die Reaktion auf den Abend selbst, der am 20. Januar 1912 im Spiegelsaal des Deutschen Kasinos stattfindet. Es sei Eva Leßmann als »Mut«, ja als »Opfermut« anzurechnen, dass sie solch ein Programm öffentlich vortrage.[31] Ein Programm, das nur aus tieftraurigen, das »Gemüt« nirgendwo erheiternden Liedern bestehe. Alles sei Grau in Grau gewesen. Ein deprimierendes Hör-Erlebnis. Die Lieder von Oskar Fried kamen dem Kritiker nicht originell genug vor. Und über Klemperers eigene Lieder heißt es: »Sie gehören offenbar einer noch fernen Nacht an, in der meine Sterne hoffentlich nicht mehr strahlen werden. Wenn Herr Schönberg Recht hat, daß die Melodie als eine Kinderkrankheit der Musik angesehen werden muß, dann wird an der Großjährigkeit dieser Musik gewiß nicht gezweifelt werden können. Ich für meinen Teil aber ziehe die Kinder vor – denn ihnen gehört das Himmelreich. Das nicht allzu zahlreich vertretene Auditorium schien derselben Ansicht zu sein.«[32]

Nach einem kurzen Besuch bei Alma Mahler in Wien, die diesmal »wunderbar gut« zu ihm gewesen ist und ihm von ihren eigenen Liedern erzählt hat,[33] wiederholt Klemperer den Liederabend noch einmal in Hamburg,[34] gegen den dringenden Rat seines Vaters Nathan, der sich vor allem mit den Texten nicht anfreunden kann, die von Heine, Goethe, Johann Martin Miller und Klemperer selbst stammen. »Ich muß gestehen, daß ich Ottos Liedern sehr skeptisch gegenüberstehe«, schreibt er besorgt an seine Tochter Regina, die inzwischen mit ihrem Mann Ismar Elbogen in Berlin lebt. »Mir will der Text absolut nicht gefallen und ich kann im Lied den Text nicht von der Musik trennen.... Sehr wünschte ich, mit ganzer Objektivität den Sachen gegenüberstehen zu können, aber kann ich das? Zittert nicht jeder Nerv in mir, wenn ich mir sage, daß er den Mächten der Kritik preisgegeben ist?«[35]

Klemperer hat in seiner Straßburger Zeit religiöse Lyrik verfasst, die von seinen Besuchen im Münster inspiriert ist: »Aus tiefer Not schrei ich zu dir« und »Herr, mein Gott, der du erhöret hast«. Diese Texte haben Nathan Klemperer wohl stark irritiert. Was ist los mit seinem atheistischen Sohn? Bahnt sich da etwas wie religiöser Wahn an, der für Manisch-Depressive nicht untypisch sein soll? Klemperer versucht in diesen Liedern die Grenzen der Tonalität und der Postromantik zu verlassen. Man spürt den Einfluss der Ganztonharmonik von Debussy, dessen »Pelléas et Mélisande« er in seinen Prager Jahren tief beeindruckt gehört hat. Man meint auch, eine relativ frische Auseinandersetzung mit Arnold Schönberg herauszuhören, der seit Jahren nicht mehr »tonal« komponiert, programmatische Aufsätze für den Almanach des »Blauen Reiter« verfasst und an Busoni über sein ästhetisches Konzept geschrieben hat, er strebe »vollständige Befreiung von allen Formen« an, »von allen Symbolen des Zusammenhangs und der Logik«, wolle »weg von der Harmonie« und »weg vom Pathos«.[36] Parallelen zu Schönberg hört auch der Hamburger Kritiker Ferdinand Pfohl, der über die Lieder bei weitem nicht so negativ urteilt, wie Nathan Klemperer befürchtet hat: »Das Gemeinsame dieser seltsamen, höchst seltsamen Gesänge ist zunächst eine allen Traditionen von Wohlklang und sanktionierten Akkorden hohnlachende Harmonik,... die... vor keiner Kakophonie und auch vor der beißendsten Dissonanz nicht zurückschreckt... und sich Reibungsmöglichkeiten schafft, wie man sie bisher nur in der ›Elektra‹ und in der Musik des Sezessionisten Arnold Schönberg erlebt hat.«[37] Doch bei aller musikalischen Fortschrittlichkeit spüre man, dass es sich um die Lieder eines tief Depressiven handle: »Sie klingen alle wie aus dem Grab heraus..., es sind Schlaflieder voll Lebensweh und todessehnsüchtiger Müdigkeit, in der Vibration ihres Schmerzes, in ihrem Pessimismus tief ergreifend. Das seelisch Schrecklichste... ist die Komposition des kleinen... Heineschen Gedichts ›Ich will mich im grünen Wald ergehen‹. Das ganze Stück baut sich über einem unheimlich pochenden... Ton auf... und läßt uns... an die Schauerlichkeit eines lebendig Begrabenen denken, der an den Deckel seines Sarges klopft.... Man friert, wenn man dieses Lied hört.«

Eine Woche vor diesem Liederabend hat Klemperer sein erstes Orchesterkonzert in Hamburg dirigiert, das er von Alma Mahlers Spende selbst finanziert hat. Er hat die Hamburger Musikhalle gemietet, seine alte Freundin und Mitstudentin Ilse Fromm als Solistin engagiert, ein Orchester aus Musikern der Philharmoniker zusammengestellt und ein Programm mit Werken von Bach, Beethoven und Mahler konzipiert, über das er mit der Pianistin ausführlich diskutiert hat. Es soll vor allem ausgewogen und nicht zu lang sein. Zu lange Konzerte seien eine »peinigende«, »grauenvolle Unsitte«. Ilse Fromm hatte sich gewünscht, je ein Konzert von Bach und von Beethoven zu spielen. Das sei zu viel. Sie soll sich auf eines beschränken. »Lassen Sie sich nicht durch andere Leute irritieren, auch durch Ihre Mutter nicht, die natürlich ihre Tochter lieber zwei- als einmal spielen hört. Glauben Sie mir fest, daß es besser ist, der Zuhörer sagt beim Fortgehen: schade, daß es schon vorbei ist, als: endlich erlöst! Am liebsten würde ich mit Ihnen sprechen, da ich Angst habe, Sie fassen die Zeilen falsch auf.«[38] Die Reaktion ist trotz dieser minutiösen Vorbereitung gespalten. Der eine vergleicht ihn mit einem wilden

Reiter, der – beim Dirigieren auf einem Stuhl (!) sitzend – das Orchester »zügelt, bändigt, peitscht, spornt«.[39] Der andere sieht in seiner exaltierten Art etwas »Beleidigendes«, ja beinahe »Lebensgefährliches«. Man habe Angst, dass er plötzlich auf die Musiker losgehe und sie erschlage. Doch dieser »feurige Geist« sei mit »unerhörter musikalischer Gewissenhaftigkeit« gepaart, mit der Fähigkeit zu »wundervoller Plastik« der Gestaltung, einem Piano, wie man es noch nie von den Philharmonikern gehört habe. Unverkennbar wachse hier »ein Dirigent großen Stils heran«. Klemperer sei für Hamburg »nicht nur eine große, sondern fast die einzige Hoffnung«.[40] Trotzdem hat er selbst das Gefühl, nicht lange genug geprobt zu haben, eine Grundangst, die ihn niemals verlassen wird. »Gut probieren ist das Allerschwerste«, schreibt er am 7. Februar 1912 an Alma Mahler. »Wir wissen beide, wer das konnte.«[41] Vor allem habe es ihn sehr verdrossen, daß die Kritiker so viel »über Äußerlichkeiten« geschrieben hätten. »Alles hat sich sehr erregt, daß ich ›sitzend‹ dirigiere. Ich fühle mich bei meiner übergroßen Statur stehend geniert und tue es deshalb.«[42]

Nach den Konzerten in Hamburg fährt er gleich wieder nach Schiltigheim und fühlt sich wie vor einem unbezwingbaren hohen Berg stehend, wenn er daran denkt, wieder zurück ins Engagement zu müssen. Er schreibt herzzerreißende Briefe an Alma Mahler, die er im Januar auf der Reise nach Prag wiedergesehen hat:

»Ich schrieb so lange nicht, weil ich so sehr herunter bin. Ich habe jeden Mut und jede Hoffnung verloren und lebe in einem schlimmen Zustande, nicht körperlich fehlt's mir, ich habe ja schon oft Zustände dieser Art gehabt, doch so arg wie diesmal scheint's mir noch nicht gewesen zu sein. Gewiss war es voriges Jahr auch schlimm, aber meine Hauptsorge damals (ich fühlte mich so unfertig als Operndirigent) wurde mir genommen durch ein freies Jahr, das man mir ermöglichte. Ich hoffte mich tüchtig zu vervollkommnen. Nun habe ich ja auch gearbeitet, aber wohl nicht genug, oder zu schwerfällig. Nun liegt diese wahnsinnige Angst im Hinblick auf den nächsten Winter wieder auf mir. Ich glaube, ich werde elend scheitern. Und was das für mich und vor allem für meine Eltern bedeutet, können Sie sich denken. Neulich besuchte ich von hier aus Bodanzky in Mannheim. Der riet mir sehr, nach dort zu kommen. Ich wäre hier zuviel allein. Ich kann mich nur nicht entschließen, was ich tun soll. Ich würde dort mehr Menschen sehn wie hier und habe jetzt eine Scheu, ja Angst, Menschen zu sehen. Als ich bei Ihnen in Wien war (im Januar), war ich schon nicht mehr so frisch, wie ich wohl in gesunden Tagen bin, doch ich wollte mich nicht dieser Stimmung hingeben. Als ich nach dem Konzert hierher zurückkam, war es ganz schlimm. Ich arbeite, ich meine erlerne mir unbekannte Werke so furchtbar schwer, soviel Zeit gibt's, glaube ich, nicht auf der Welt, wie ich brauchte, um ein fertiger Dirigent zu werden. Wie es also mit mir werden soll, weiß ich nicht. Es ist wohl Mangel an Befähigung oder energischer Zuversicht (das ist ja auch Befähigung). Bodanzky will mir natürlich alles ausreden, auch ein hiesiger Nervenarzt.[43] Sie werden mich in Mannheim[44] sehen, vielleicht wohne ich dann schon dort. Sie werden mich aber nicht wiedererkennen.... Bitte, seien Sie mir dieses schrecklichen Briefes halber nicht böse. Ich bin ganz gewiß nicht wert, einen solchen Menschen zum Freund zu haben wie Sie. An Komponieren ist natürlich gar nicht zu reden.[45] Reisen oder mich wohin zur Erholung begeben, hätte, glaube ich, keinen Sinn, da ich nur *einige* Ruhe finde, wenn ich an dem arbeite, was mir fehlt, an Kenntnis so vieler Werke. Nochmals, ich bitte Sie, verzeihen Sie mir diesen Brief, ich *konnte* nicht anders schreiben. – Ich hoffe *von Herzen*, daß Sie sich wenigstens wohl fühlen.... Ihr ganz trauriger Otto Klemperer.«[46]

Alma antwortet ihm nie auf diesen Brief, was ihn tief verunsichert. Ist er vielleicht »durch Zufall in andere als in Ihre Hände« gelangt?[47] »Er war wahrhaftig *nur* und ausschließlich an Sie gerichtet.« Offenbar fürchtet oder ahnt er, dass er ihr zu viel von sich mitgeteilt hat, dass man ihr besser nichts Intimes anvertraut, besonders nicht, wenn man psychisch krank ist. Ihre jüngere Halbschwester Gretel ist gerade in eine Irrenanstalt eingeliefert worden und schwankt dort zwischen Apathie und wilder Raserei hin- und her. Alma hat große Angst, selber wahnsinnig zu werden, und verschließt sich Klemperers seelischen Nöten. Sie werden sich zwar noch ein paar Mal begegnen, aber ihre anfängliche Emphase ist dahin. In ihren Memoiren wird sie ausgesprochen gehässig über ihn und seine Kompositionen berichten.[48]

Im Juli 1912 rafft Klemperer sich endlich auf, zurück nach Hamburg zu fahren und seine Arbeit am Theater wieder aufzunehmen. Dort findet er neue Verhältnisse vor, die seine Angst vor der Zukunft vielleicht noch schüren. Ein noch junger Musikhistoriker und Opernregisseur namens Hans Loewenfeld ist Nachfolger von Max Bachur geworden, dessen Vertrag ausgelaufen ist. Er will mehr zeitgenössische Opern auf die Bühne bringen, setzt mehr auf Ensemble-Arbeit als auf große Stars, will die Saison mit Verdis »Aida« eröffnen, die Felix Weingartner dirigieren soll. Dieser knapp fünfzigjährige österreichische Aristokrat, der eigentlich »Felix Edler von Münzberg« heißt, ist Assistent von Cosima und Richard Wagner gewesen, hat Bücher über Beethovens Symphonien geschrieben, Werke in allen Gattungen vom Lied bis zur großen Oper komponiert, gilt als profunder Kenner Schopenhauers und der indischen Mythologie, allerdings auch als Antisemit und manchmal leicht versponnener Anthroposoph.

Weingartner war der Nachfolger Mahlers an der Wiener Hofoper. Mahler hat oft und laut schlecht über ihn gesprochen. Aber Klemperer hat kaum Zeit, sich näher mit ihm zu befassen, da er sofort an seine erste eigene Produktion, den »Fidelio«, gehen muss, den er bis dahin noch nicht dirigiert hat. Die Kritiken sind gut. Es folgen weitere große Aufgaben wie der »Ring des Nibelungen«, »Figaros Hochzeit« und »Der Rosenkavalier«. Klemperer gilt als schwierig, aber in höchstem Maße gewissenhaft, als jemand, der selten lacht, häufig Wutanfälle bekommt und die Sänger so oft in sein Zimmer in Groß Flottbek bestellt, bis sie ihre Partien perfekt beherrschen. Sonst lebt er sehr isoliert. Er hat wenig Freunde. Manchmal sieht man ihn zusammen mit Ewald Dülberg, einem mageren jungen Mann, der als Bühnenbildner in Hamburg engagiert ist. Dülberg ist oft krank, leidet unter »Herzneurosen« und beginnender Tuberkulose. Klemperer ist begeistert von seiner Holzschnittkunst, seinen scharfkantigen, expressiven Porträts, die fast wie Plastiken wirken, seinen puristischen

Bühnenausstattungen, die von der neuen Kunstrichtung des Kubismus inspiriert sind.

Am 19. Oktober 1912 wagen sich die beiden in ein Konzert *des* Mannes, der Klemperer noch vor einem Jahr so tief gekränkt hatte: Arnold Schönberg. Er ist inzwischen von Wien nach Berlin gezogen und hält Vorträge über Ästhetik und Kompositionslehre am Stern'schen Konservatorium. Seine Werke beginnen sich durchzusetzen. Im September sind seine »Fünf Orchesterstücke« op. 16 in London uraufgeführt worden, im Oktober der »Pierrot lunaire« in Berlin. Nun öffnet sich auch Hamburg für seine Musik. Schönberg dirigiert im kleinen Saal der Musikhalle. Die große Wiener Diseuse Albertine Zehme steht im Pierrot-Kostüm auf der Bühne und singt oder *spricht* Gedichte des Belgiers Albert Giraud:

Den Wein, den man mit Augen trinkt,
gießt nachts der Mond in Wogen nieder,
und eine Springflut überschwemmt
den stillen Horizont...

Es ist eine ganz neue Art des vokalen Vortrags, die entfernt an Chansons aus dem Kabarett erinnert. Es gibt keine »Tonhöhen« mehr, sondern nur »Lagen«; ein Ensemble aus Geige, Bratsche, Flöte, Klarinette, Klavier und Violoncello erzeugt Klänge, wie Klemperer sie noch nie gehört hat. »Eine musikalische Revolution«, wird er später darüber schreiben.[49] »Manchmal klang es wie ein Hundert-Mann-Orchester.«[50] Nach dem Konzert springt er über seinen Schatten und geht zu Schönberg, um ihm zu gratulieren. Er hat inzwischen auch die »Fünf Orchesterstücke op. 16« durchgearbeitet und gesteht, dass sie ihm unüberwindlich schwer vorkommen. Schönberg reagiert leicht arrogant. »Er ging nicht darauf ein«, erinnert sich Klemperer.[51]

Während der Proben zu »Figaro«, »Fidelio« und dem »Rosenkavalier« hat Klemperer sich leidenschaftlich in Elisabeth Schumann verliebt, eine junge Sopranistin aus dem sächsischen Merseburg. Sie ist die Tochter eines Lehrers und Organisten, hat in Dresden und Berlin Gesang studiert, ist von Bachur nach Hamburg engagiert worden, hat als Hirtenknabe im »Tannhäuser« debütiert, ist die große Konkurrentin von Lotte Lehmann, der Liebling des strengen Jelenko und des Hamburger Publikums, »knospenhaft, süß, innig«, wie ein Kritiker schreibt, »eine schlichte Gestalt, an der noch der Reiz einer ungebrochenen... Natürlichkeit haftet«.[52]

Sie ist vierundzwanzig und mit einem Architekten verheiratet, Walter Puritz, einem streng und korrekt wirkenden jungen Mann, der aus seiner Zeit als Korps-Student einige stattliche Schmisse im Gesicht trägt. Ein romantischer Typ ist er gerade nicht. Ganz anders als Klemperer. Während der Proben in seinem Zimmer in Groß Flottbek sind sie sich nähergekommen. »Es war die Gewissheit, dies sei die wahre, die große, die einzige Liebe«, schreibt ihre Enkelin später darüber. »Jetzt wurde ihr erst klar, wie viel ein Mann und eine Frau gemeinsam haben konnten.... Ein ganzes Leben verbringen – das konnte sie nur mit ihm. Nur mit ihm!... Die nun folgenden Monate waren ein toller Wirbel. Jede nur mögliche Gelegenheit, mit dem Geliebten zusammen zu sein, wurde ausgenutzt.... Elisabeth hetzte hin und her: Von der Probe nach Hause. Von dort zu einem Stelldichein irgendwo am Alsterufer oder weit draußen vor der Stadt.... Bald spitzten die Dinge sich zu. Am 28. November 1912 sang Elisabeth zum ersten und zum letzten Mal die Rolle des Octavian... unter Leitung von Klemperer.... Lotte Lehmanns Sophie fand großen Anklang; Elisabeth dagegen hatte keinen Erfolg bei den Kritikern, die meinten, man habe ihr die falsche Rolle zugeteilt, sie wirke zu mädchenhaft.... Am Abend darauf hörte sich Elisabeth Lotte Lehmanns Debüt als Elsa in ›Lohengrin‹ an. (Ihr Mann) Walter war nicht mit in der Loge, da er zu einem Kommers seiner alten studentischen Verbindung gegangen war. Er wollte aber nachher mit Elisabeth und den Freunden... Bontemps im... Restaurant zu Abend essen. Die Bontemps warteten und warteten. Nach einer Stunde gingen sie schließlich zur Wohnung von Walter und Elisabeth.... Das Dienstmädchen öffnete ihnen und sagte unter Tränen, es sei niemand zu Hause – mehr dürfe sie nicht sagen.... Elisabeth war mit Klemperer durchgebrannt. Daraufhin ließ Walter seine Frau nach einer Vorstellung in der Oper von

Hans Bontemps, der Psychiater war, abholen und in eine Irrenanstalt bringen, aus der sie ihr Rechtsanwalt nach drei Tagen auslöste. Doch schon zu Weihnachten 1912 nahm die Tragödie ihren weiteren Verlauf. Klemperer dirigierte ›Lohengrin‹ und Lotte Lehmann sang zum zweiten Mal die Elsa. In einer Loge hörte Elisabeth auch diesmal zu. ... Im Halbdunkel verborgen schaute sie auf die festliche Menge hinunter. Da erschrak sie. Dort kam doch Walter! In Frack und weißer Binde ging er mit ein paar Herren in die erste Parkettreihe und setzte sich direkt hinter das Kapellmeisterpult. ... Sie lief hinunter und hinter die Bühne, um Klemperer zu warnen. Als sie ihn nicht finden konnte, kritzelte sie auf einen Zettel...: ›Mein Mann sitzt hinter Dir!‹ und bat einen Angestellten, dies sofort Herrn Kapellmeister zu überbringen. Es war Klemperer nichts anzumerken, als er erschien, um den dritten Akt zu dirigieren. ... Abgesehen davon, daß Elisabeth sich in einem Zustand fürchterlicher Spannung befand, verlief die Vorstellung normal – ... bis auf die letzten Takte, wo nicht mehr gesungen wird. Hier sprang Walter auf und, eine Reitpeitsche aus seinem Frack ziehend, rief er: ›Klemperer! Umdrehen!‹ Als sich der Kapellmeister zu ihm umwandte, schlug er ihm die Peitsche zweimal ins Gesicht, so daß Klemperer in den Orchestergraben taumelte. Ein Höllenlärm brach los, während Walter von seinen Freunden eiligst hinausgeführt wurde. Klemperer krabbelte... aus dem Orchesterraum wieder an sein Pult. Von dort... sagte er in die mit Spannung geladene Stille...: ›Meine Damen und Herren! Herr Puritz hat mich geschlagen, weil ich seine Frau liebe. Guten Abend!‹«[53]

Das junge Paar sucht zunächst in einem Hamburger Hotel Zuflucht und flieht am nächsten Tag ein zweites Mal aus der Stadt. Am 28. Dezember 1912 steht in der Hamburger Neuen Zeitung, dass »Herr Klemperer als Dirigent seine bisherige Tätigkeit fernerhin nicht mehr ausüben« werde. Puritz schreibt Briefe an fast alle deutschen Theaterintendanten und warnt sie, das flüchtige Paar zu engagieren. In Wien wohnen sie für ein paar Tage bei Alma Mahler, die inzwischen mit dem jungen Maler Oskar Kokoschka zusammenlebt. Von dort geht die Flucht weiter nach Prag. Klemperer hofft, dass sie beide am deutschen Opernhaus

Arbeit finden werden. Aber er stößt auf eisige Ablehnung. Jetzt bleibt nur noch eine Rettung: das Sanatorium Kohnstamm. Gemeinsam fahren sie nach Königstein in den Taunus. Doch inzwischen hat Klemperers Liebesrausch nachgelassen. Er sieht das Unheil, das er mit dieser Affäre angerichtet hat, schämt sich abgrundtief vor dem Hamburger Publikum und vor seiner Familie, empfindet Elisabeth Schumann als Barriere auf seinem weiteren Lebensweg. Kohnstamm übernimmt es, ihr mitzuteilen, es sei besser, wenn sie sich trennten. Tieftraurig fährt sie zurück nach Hamburg und nimmt sich ein möbliertes Zimmer an der Alster. Nach ein paar Wochen steht sie wieder auf der Opernbühne. Das Hamburger Publikum verzeiht ihr alles und jubelt. Klemperer dagegen hat sein Renommee fürs Erste verspielt und nimmt nach vielen erfolglosen Bewerbungen eine Stellung in Barmen, mitten in der tiefsten bergischen Provinz, an.

6 Harlekin des Geschehens

»Arbeiterviertel einer Fabrikstadt im Wuppertale. Hintergrund bergiger Wald. Links im Tal fließt ein schmaler Wupperarm.... Rechts hinten ein Gäßchen mit hohen, alten, schmutzigen Arbeitermietshäuschen.... Links von der Wupper eine Wiese – in der Ferne sieht man dampfende Schornsteine von Fabriken.«[1] – So beginnt der erste Akt von Else Lasker-Schülers »böser Arbeitermär« »Die Wupper«, die wenige Jahre vor Klemperers Ankunft in Barmen erschienen ist. Das Stück, streckenweise in »Wopperdhalerplatt« geschrieben, wird von Herumtreibern, Pietisten, Färbern, Zuhältern, Webern und Fabrikbesitzern bevölkert und ist ein realistisches Abbild der sozialen Verhältnisse einer Region, die seit Jahrhunderten von der Stoffweberei lebt, seit der Niederlassung der Bayer-Werke in Elberfeld auch von der chemischen Großindustrie. »Hohe Ziegelschornsteine steigen... herrisch zur Höhe«, schreibt Lasker-Schüler in einem späteren Text über ihre Stadt. »Den Atem mußten wir einhalten, kamen wir an den chemischen Fabriken vorbei, allerlei scharfe Arzneien und Farbstoffe färbten die Wasser, eine Sauce für den Teufel.... Aber ich bin verliebt in meine zahnbröckelnde Stadt, wo brüchige Treppen so hoch aufsteigen.... Ich... bin stolz auf ihre Schwebebahn, ein Eisengewinde, ein stahlharter Drachen... Immer fliegt mit Tausendgetöse das Bahnschiff durch die Lüfte über das Wasser auf schweren Ringfüßen durch Elberfeld, weiter über Barmen zurück nach Sonnborn-Rittershausen, am Zoologischen Garten vorbei.«[2]

Hier also ist Klemperers neuer Arbeitsplatz. Mitten in der Provinz, aber in einem der größten Wirtschaftszentren des Deutschen Reiches, eingeklemmt im über 30 Kilometer langen Wuppertal, das im benachbarten Rheinland gern auch »Muckertal« genannt wird, weil hier Pietisten und Sektierer jeder Couleur leben: Zeugen Jehovas, Pfingstler, Adventisten, Quäker, Brüdergemeinden, Alt-Katholiken und Freikirchler, die sich fanatisch gegen alle Andersdenkenden abgrenzen und im ganzen Stadtgebiet ihre Bet- und Versammlungshäuser haben. Barmen hat um 1913 etwa 160 000 Einwohner, das benachbarte Elberfeld zehntausend mehr. »Barmen« ist proletarisch. Hier wohnen die »Armen«. In »Elberfeld« sitzt dagegen »das große Geld«. Hier ist der Stammsitz des mächtigen Bankhauses Von der Heydt, hier ist die Bankierstochter Lasker-Schüler geboren. Zwischen den Städten herrscht erbitterte Rivalität. Man kann zu Fuß von einer in die andere spazieren. Aber sie haben getrennte Verwaltungen, getrennte Schulen, Kirchen, Handelskammern und natürlich auch getrennte Theater. Es hat immer wieder Versuche gegeben, die Feindseligkeit wenigstens auf dem Gebiet der Kunst zu beenden und die Bühnen der beiden Städte zusammenzuführen. Vergeblich. Auf jede Fusion folgte gleich wieder die Trennung. Das Barmer Haus aus dem Jahr 1905 ist noch relativ neu, das Elberfelder etwas größer und älter. In Elberfeld gibt es außerdem ein Thalia-Theater, in dem Operetten gespielt werden, in Barmen eine Stadthalle für klassische Abonnementskonzerte zu zivilen Preisen. Wann immer in Barmen namhafte Solisten oder Dirigenten auftreten, werden in Elberfeld ebenso namhafte engagiert, der Cellist Pablo Casals, der Geiger Eugène Ysaÿe oder der Pianist Emil Sauer. Vor diesem Hintergrund ist auch Klemperers plötzliche Anstellung in Barmen zu sehen. Denn in Elberfeld steht seit kurzem ein junger Mann aus dem örtlichen Industrieadel am Kapellmeisterpult, ein gewisser Hans Knappertsbusch, der in Bayreuth bei Siegfried Wagner und Hans Richter assistiert hat und bei seinem Amtsantritt erst fünfundzwanzig ist, drei Jahre jünger als Klemperer. Da darf Barmen nicht zurückstehen.[3]

Es ist für Klemperer nicht leicht, eine Wohnung zu finden, denn alles, was mit Theater zu tun hat, gilt nach pietistischer Volksmeinung als Teufelswerk und verdirbt die Sitten. Also bezieht er zwei Zimmer bei seinem Chef Otto Ockert, dem Theaterdirektor. In der Musikerhierarchie steht jetzt niemand mehr über ihm. *Er* leitet die Oper und darf dirigieren, was er will: »Tiefland«, den »Troubadour«, »Tristan«, »Così fan tutte« und den ganzen »Ring«. Die lokale Presse jubelt über den neuen Star, und Freiherr Eduard von der Heydt unterstützt seine Aufführungen mit Geld. Doch die Gewissheit, alleiniger Herrscher zu sein, steigt ihm zu Kopf. Er wird laut und flegelhaft, schreit die Choristen, die sich aus Mitgliedern des »Barmer Volkschores« rekrutieren, grundlos an, verbietet ihnen, während der Proben auf die Toilette zu gehen, und gibt dem Hauptdarsteller des »Parsifal«, Max Anton, den guten Rat, wenn ihm die Blumenmädchen auf der Bühne im Weg seien, solle er ihnen doch einfach einen Tritt geben.[4] Dieses Verhalten kommt bei Frauen nicht besonders gut an und führt zu Protesten in der Presse. Seine Frauenfeindlichkeit passt einfach nicht in eine Zeit, in der Frauen zum Universitätsstudium zugelassen sind, sich vom Korsett und langen, unbequemen Röcken befreien, gegen den Paragraph 218 protestieren und in Clara Zetkin und Rosa Luxemburg prominente Fürsprecherinnen haben, die für ihre Überzeugung sogar ins Gefängnis gehen.

Am 31. Dezember 1913 endete nach langen Disputen in Fachkreisen und im deutschen Reichstag der urheberrechtliche Schutz für Richard Wagners »Parsifal«, auf den Bayreuth von nun an kein Monopol mehr hat. Ganz Europa, aber besonders Deutschland, wird von einem Parsifal-Fieber ergriffen, das in Zusammenhang mit der nationalistischen Stimmung am Vorabend des Ersten Weltkrieges steht.[5] »Es gibt in den 16 Bänden der Schriften Richard Wagners eigentlich nichts, was sich n i c h t auf deutsches Wesen, deutschen Kampf und deutsche Kunst bezieht«, heißt es in der »Allgemeinen Musikzeitung«. »Die Beschäftigung mit Wagners Schriften stählt. Deshalb ist sie heute und in der nächsten Zukunft notwendiger denn je.«[6] Im Januar 1914 wird das Werk allein im wilhelminischen Deutschland 491 Mal aufgeführt, davon 93 Mal in Berlin. Auch Klemperer bemüht sich frühzeitig um die Aufführungsrechte, sicher nicht aus politischen Gründen, sondern weil er weiß, dass es auch in Köln *und* in Elberfeld herauskommen soll. Wochenlang wird geprobt. Vor der Premiere bleibt das Haus zwei Tage geschlossen. Fanfaren eröffnen die Vorstellung vom zweiten Rang aus. Vor dem Haus weht die deutsche Reichsfahne. Nathan Klemperer ist aus Hamburg angereist. Zum Schluss wird Wagners Büste auf die Bühne gefahren und mit Blumen bekränzt. Klemperer dirigiert das Werk dreiundzwanzig Mal. Immer auswendig. Immer vor vollem Haus. Keine fünf Kilometer weiter kann man es fünfundzwanzig Mal unter Hans Knappertsbusch hören und sehen.

Doch so amüsant diese Provinzposse heute auch anmutet: Die Barmer Inszenierung muss bemerkenswert gewesen sein. Denn Klemperer hatte den Maler und Bühnenbildner Hans Wildermann engagiert, der in Köln schon »Elektra«, »Tristan«, die »Meistersinger« und die »Fledermaus« ausgestattet hatte. Dieser Wildermann, 1884 geboren, also ein junger Künstler aus Klemperers eigener Generation, war bekannt für seinen explosiven Stilmix aus Expressionismus, Kubismus, Neogotik und Neo-Antike, der verblüffend modern, aber auch verblüffend sakral wirken konnte, sich von realistischen Vorbildern weit entfernte und wichtige Anregungen aus der Architektur und Kunst der Region bezog: aus dem »grausigen Schwarz« der Kirchen und alten Bürgerhäuser von Münster, der Hässlichkeit der Fabriken rund um Köln, der Goldgrundmalerei alter Kölner Meister und den schlanken Säulen des Kölner Doms.[7] In Köln wurden seine Bühnenbilder oft scharf kritisiert. In Barmen werden sie ehrfurchtsvoll bestaunt und bewundert. »Stimmungsvolle Farbenpracht«, »großzügige Einfachheit«, »arabisch-indische Wunderwelt« – die Rezensenten der Parsifal-Premiere übertreffen sich in lobenden Metaphern. »Am besten«, schreibt die Freie Presse vom 5. Januar 1914, »ist Wildermann die Walddekoration des ersten Aufzuges gelungen und der Gralstempel mit seinen ins Unermessliche aufsteigenden schlanken Säulenbündeln, ganz in Lila und Grün getaucht. Wenn sich beim Enthüllen des Grals aus der unsichtbaren Kuppel ein heller Lichtstrahl ergießt und der Gral rot aufleuchtet, so ist das ein Bild, dessen Zauber man mit Worten nicht beschreiben kann.«

Klemperer hat dem Bühnenbildner auch die Regie übergeben, ein für die damalige Zeit unerhörtes Experiment, das in Hamburg undenkbar gewesen wäre. In Mozarts »Così fan tutte« führt er selbst die Regie und begleitet die Rezitative am Cembalo, wie er es von Richard Strauss gelernt hat. »Das wundervolle Werk löste lebhaften Beifall aus und erregte eine tiefe musikalische Wirkung«, schreibt die Allgemeine Musikzeitung.[8] Ein von ihm selbst verfasster Artikel in der Barmer Zeitung[9] beweist, wie eingehend er sich mit Entstehung und Rezeption dieser Oper, einem Werk von »sublimierter und feiner Geistigkeit«, auseinandergesetzt hat.

Ausgerechnet in der tiefsten Provinz wird ihm also eine künstlerische Freiheit zugestanden, wie er sie vorher nie irgendwo hatte. Auch die Probenbedingungen sind denkbar günstig. Für »Parsifal« habe er dreieinhalb Monate Zeit gehabt, schreibt er an den Dirigenten und Musikschriftsteller Rudolf Cahn-Speyer, für »Così fan tutte« immerhin sechs Wochen. »Es war ... zum ersten Mal, daß ich für die ganze Inszenierung verantwortlich zeichnete, was mich ungeheuer interessierte. Vielleicht lag aber der Grund zur Freude in diesem von mir ganz unsagbar geliebten Werk oder überhaupt in der Möglichkeit, einen Mozart ruhig herauszubringen.... Das sind doch andere Zeiten, wie es in Hamburg (und noch immer) üblich.«[10]

Ende Januar 1914 beschließt die Theaterkommission der Stadt Straßburg, Klemperer als ersten Kapellmeister an die dortige Oper zu engagieren. Der linientreu nationalsozialistische Musikschriftsteller Walter Abendroth, der von 1948 bis 1955 die Feuilletonredaktion der »Zeit« leitete, behauptet in seiner 1935 erschienenen Pfitzner-Biographie, Klemperer habe Pfitzner »bewegliche Klagebriefe« geschrieben, damit er ihn aus der Barmer Hölle befreie.[11] Das ist pure antisemitische Hetze. Denn erstens wird keiner dieser Briefe zitiert, und zweitens empfand Klemperer Barmen nie als Hölle. Die Version von Heyworth, dass Pfitzner ein Jahr Urlaub vom Tagesgeschäft haben wollte und Klemperer als seinen Stellvertreter empfohlen hatte, ist wesentlich einleuchtender. Denn Pfitzner war in seiner Dreifachfunktion als Leiter der Oper, des Konservatoriums und der städtischen Symphoniekonzerte vollständig überfordert. Er hatte zwar einige Fürsprecher, die ihn für einen der größten Komponisten der Zeit hielten. Aber das Gros der Presse und des Publikums mochte ihn nicht. Seine

Inszenierungen waren bieder und naturalistisch, seine Repertoire-Auswahl einseitig. In der Oper brachte er fast nur Weber, Marschner, Wagner und seine eigenen Werke. Zeitgenössisches und Französisches kam fast gar nicht vor, womit er viele Musikfreunde vor den Kopf stieß. Einer seiner Freunde, der Psychiatrie-Professor Robert Wollenberg, meinte zwar, Pfitzners Straßburger Gegner seien hauptsächlich »Französlinge« und »Undeutsche« gewesen.[12] Doch er übersah, dass es viele Familien in Straßburg gab, die in beiden Sprachen und Kulturen zu Hause waren. René Schickele war der Sohn eines deutschsprachigen Alemannen und einer Französin.[13] Der Vater des Zeichners Tomi Ungerer sprach »ein ausgesprochen gepflegtes Französisch und Deutsch mit einer Leichtigkeit, die etwas Bewundernswertes hatte«.[14] Der Vater des Künstlers Hans Arp stammte aus Schleswig-Holstein, seine Mutter aus Straßburg. Viele jüdische Elsässer sprachen »Judo-Alsacien«, Jiddisch mit alemannischer und französischer Färbung. Mit all diesen Kreisen hatte Pfitzner nicht nur keinen Kontakt, sondern grenzte sich aggressiv gegen sie ab. In einem Interview mit den »Frankfurter Nachrichten« sagte er, »diesen Leuten« sei »Schmiere lieber ... als eine programmatisch arbeitende Bühne«.[15] Später würde er sich bei Goebbels darüber beschweren, dass ihm keine »führende Stelle im kulturellen Aufbau« des NS-Staates angetragen worden sei, nachdem er »zehn Jahre in Straßburg im Elsass auf Grenzwacht für deutsche Kultur gestanden und einen harten und unerbittlichen Kampf gegen Verfälschung deutschen Wesens durch internationales Judentum und intellektuellen Kunstbolschewismus geführt habe. Heil Hitler!«[16]

Seine Unfähigkeit, die Elsässer zu verstehen, diese »einzige, große Schelmenzunft«, die »nie einen eigenen Staat« und »nie ihre eigenen Soldaten« hatten, aber »Tote auf allen Schlachtfeldern Frankreichs und Deutschlands«[17], machte ihn bald zum Feindbild der liberalen Presse. Der Schriftsteller Otto Flake schrieb in einer Opernkritik, »wenn die Statisten und Choristen« seiner Inszenierungen »schon wie die Hämmel« auf der Bühne herumständen, sei es an der Zeit, dass man ihnen einen vernünftigen »Leithammel« gebe.[18] Dieser »Leithammel« soll also Otto Klemperer sein, der junge, für seine Extravaganzen bekannte Kapellmeister aus Barmen, der im April 1914 seine ersten »Elektra«-Proben abhält.

Er hatte lange gezögert, dieses Angebot anzunehmen, weil er wusste, dass er in Straßburg zwischen die Fronten geraten würde. Dabei dachte er wohl mehr an die Fronten zwischen Pfitzner-Gegnern und Pfitzner-Freunden als an einen deutsch-französischen Krieg, den viele Elsässer schon seit Jahren kommen sahen. Beide Länder hatten koloniale Interessen in Afrika. Beide rüsteten ihre Flotten und Armeen auf. Im Juli 1911 ließ Kaiser Wilhelm II. das Kanonenboot »Panther« vor Agadir aufkreuzen, der Beginn einer sog. »Marokko-Krise«. Der Anteil der Rüstungsausgaben am preußischen Staatsetat betrug um diese Zeit 75 Prozent, mehr als je zuvor seit der Reichsgründung. Im September 1911 versammelten sich 200 000 Menschen in Berlin, um für den Frieden zu demonstrieren. Doch schon im Oktober 1913 wurde das Völkerschlachtdenkmal bei Leipzig enthüllt, vor dem man unter »Weihereden« des »deutschen Patriotenbundes« den deutschen Sieg über Napoleon und den hundertsten Jahrestag der Befreiung von Frankreich feierte. René Schickele hatte in dunkler Vorahnung geschrieben: »Wir können nie und nimmer gelten lassen, daß ein Krieg zwischen Deutschland und Frankreich unvermeidlich sei, weil dieser Krieg das Fürchterlichste wäre, was uns widerfahren könnte.«[19] Gerade in Straßburg war man besonders sensibel dafür. Denn die Grenzstadt war erst 1870 schwer beschossen und bombardiert worden, wobei die historische Stadtbibliothek in Flammen aufging. Nach der Annexion durch das Deutsche Reich hatte Bismarck eine Politik gnadenloser Germanisierung betrieben, die erst seit wenigen Jahren gelockert worden war, indem man dem Elsass mehr kulturelle Autonomie und eine eigene Verfassung und Verwaltung zugestanden hatte. Aber Intellektuelle wie Otto Flake spürten, dass »nur noch ein Wunder ... den Krieg verhüten« konnte. Über die Tage vor Kriegsausbruch schreibt er: »Da wir den behördlichen Nachrichten ... mißtrauten, fuhren wir öfter nach Kehl, und am 1. August vernahmen wir dort die große Tatsache: Kriegsbereitschaft. Es war am Samstag, sehr heiß. Am Abend wogte in den alten Gassen Straßburgs die ganze Bevölkerung hin und her, und wenn das Café Bristol sich an diesem Tage noch nicht in ›Café Vaterland‹ umtaufte, so tat es das doch gleich darauf, und an diesem Abend spielte seine Kapelle nicht mehr Tangos, sondern ›Die Wacht am Rhein‹.«[20]

Klemperer muss seine »Elektra«-Proben sofort abbrechen. Viele seiner männlichen Kollegen werden eingezogen. Das Theater verwaist.

»Von einem öffentlichen Musikleben kann in der Hauptstadt des Reichslandes seit Ausbruch des Krieges nicht mehr gesprochen werden«, heißt es in der »Allgemeinen Musikzeitung«. »Der Charakter der Stadt als einer der bedeutendsten deutschen Festungen und militärischer Konzentrations- und Stützpunkte, ihre Lage in nächster Nähe des Kriegsschauplatzes und die starke Inanspruchnahme aller Schichten der Bevölkerung für militärische Dinge... lassen es begreiflich erscheinen, daß die Interessen des Publikums auf ganz andere Dinge als Konzert und Theater gerichtet waren und sind.«[21] Da es schon in den ersten Kriegstagen viele Verletzte gibt, werden 57 Lazarette in der Stadt eingerichtet. Schulen und Klöster werden zu Krankenhäusern umfunktioniert. Musik liebende Damen arbeiten als ehrenamtliche Lazarett-Schwestern. Auch Klemperers Verwandtschaft ist von patriotischem Feuer ergriffen. Sein Vetter Georg, Mitglied der Nationalliberalen Partei, wird beratender Arzt in einem Gardekorps und stellt 250 000 Reichsmark als Kriegsanleihe zur Verfügung. Victor Klemperer meldet sich freiwillig, obwohl er eigentlich überzeugter Pazifist ist und 1906 unter dem Eindruck seines Militärdienstes eine Ballade »Der verlorene Haufen« gedichtet hatte, die von Schönberg und Zemlinsky vertont worden ist:

> Trinkt aus, ihr zechtet zum letztenmal,
> nun gilt es, Sturm zu laufen;
> wir stehn zuvorderst aus freier Wahl,
> wir sind der verlorene Haufen.
> ...
>
> Trinkt aus, schon färbt sich der Osten fahl,
> gleich werden die Büchsen singen;
> und blinkt erst der erste Morgenstrahl,
> so will ich mein Fähnlein schwingen.
> ...

Nun vollendet der Mond den stillen Lauf,
wir sehen ihn nicht verbleichen.
Kühl zieht ein neuer Morgen herauf –
dann sammeln sie unsere Leichen.[22]

Auch Otto Klemperer zeigt ein gewisses patriotisches Engagement, indem er »Unterhaltungsabende« für Soldaten dirigiert und sich als Kriegsfreiwilliger meldet. Aber nach einer schlaflosen Nacht zieht er diese Meldung unter dem Vorwand zurück, er müsse erst die Erlaubnis seiner Eltern einholen.[23] Wo er politisch steht, bleibt ein Rätsel. Am Ende nur auf Seiten der Kunst. »Der war gegen alles anti«, sagte sein damaliger Freund Max Hofmüller, der als Tenor an der Straßburger Oper engagiert war. »Er war weder französisch noch deutsch, sondern künstlerisch, romantisch und extrem. ... Wir wohnten drei Stockwerke hoch. Er kam bum bum bum mit seinen langen Beinen schnell die Treppe hinauf, klopfte nicht, klingelte nicht, sondern schlug mit der Faust oder dem Fuß gegen die Türen, damit wir schnell aufmachten. Wir machten dann sofort das Licht aus. Dunkel mußte es sein. Er machte den Flügel auf, es war ein sehr großer Konzertflügel, er machte Fortissimo, spielte im Dunkeln, was bei seiner momentanen Stimmung passte.«[24]

Am 10. Januar 1915 findet mit einem notdürftig zusammengestellten Ensemble endlich wieder eine Premiere statt. Nicht »Elektra«, sondern »Fidelio« unter Klemperers Leitung. Es ist ein großes, beinahe sakrales Ereignis, das die verschiedenen Fraktionen friedlich vereint: gebürtige und eingewanderte Elsässer, Franzosen und Preußen, Soldaten auf Genesungsurlaub, Frankophile und Deutsch-Nationale, den Klerus, die Professorenschaft und den kaiserlichen Statthalter Johann Dallwitz. Denn »Fidelio« ist eine Befreiungsoper, ein Monument gegen Ungerechtigkeit und Tyrannei, das mit seinem großen Gefangenenchor und Arien wie »Komm Hoffnung, lass den letzten Stern der Müden nicht erbleichen« die durch den Krieg verstörten Gemüter tröstet. Als Klemperer die Arme zur Ouvertüre hebt, herrscht gebannte Stille. Er beginnt die E-Dur-Ouvertüre nicht wie die meisten anderen Dirigenten überhetzt, sondern in einem gemäßigten Tempo, das sich im Verlauf von achtzehn Takten allmählich steigert, »um mit feurig beschwingtem Temperament Jubelweisen ertönen zu lassen«, schreibt eine Straßburger Zeitung. Es ist von »ätherischen, kaum hingehauchten« Pianissimi der Streicher die Rede, von »unerbittlich und dumpf dahinfließenden Triolen«, von »schneidigen und präzisen Chören«, von »atemloser Spannung« im Publikum.[25] Mit Klemperer habe man eine echte »Feuerseele« für Straßburg gewonnen, die seinem Vorbild Mahler in nichts nachstehe.

Auch die überregionale Fachpresse jubelt. Trotz nahen Geschützdonners und feindlicher Flieger habe sich in Straßburg wieder ein reges Musikleben entwickelt, schreibt die Allgemeine Musikzeitung. »Das Stadttheater ... hat sich seit Januar wieder in einen Kunsttempel gewandelt und auf dem Gebiete der ernsten Oper einige bedeutsame Höhepunkte gezeigt. Operndirektor Hans Pfitzner ist für ein Jahr aus Kompositionsrücksichten beurlaubt worden und hat als Ersatz einen früheren Schüler, den jungen Kapellmeister Otto Klemperer, herangeholt. Mit einer sehr gut vorbereiteten Aufführung des Fidelio führte er sich glänzend ein als einen selbständig mit Verstand und Schwung gestaltenden Musiker. Vor allem fiel bei seiner Leitung der ausgeprägte Sinn für das Dramatische und das Gegensätzliche auf, dem er durch seine wachsame Führung und Ökonomie der Tempi und eine fein nuancierte Dynamik seinen vollen Effekt verleiht.«[26]

Pfitzner, der im Publikum sitzt, ist gedemütigt. Es ist klar, dass er hiermit entthront ist. Er hat nichts von der Magie Otto Klemperers am Dirigierpult. Er selbst wirkt im Vergleich mit ihm nur verkrampft und peinlich. Obwohl er versprochen hat, ihm freie Hand zu lassen, beginnt er sofort mit einer Reihe von Vorwürfen: Warum er nicht die üblichen Striche im letzten Akt gemacht, warum er die Anzahl der Streicher im Gefangenenchor verringert habe und so weiter und so fort. Das Zerwürfnis ist da. Und vertieft sich, als die Theaterkommission Klemperer einen Jahresvertrag mit beträchtlicher Gagenerhöhung anbietet, der Pfitzner noch viel weitgehender als bisher entmachten soll. Aus Verzweiflung meldet er sich als Kriegsfreiwilliger, wird aber wegen seines schmächtigen Körperbaus abgewiesen, eine tiefe narzisstische Kränkung.

Februar 1915. Kriegswinter. Kohle- und Getreidevorräte sind rationiert worden. Man gewöhnt sich an den Verzehr von Kartoffelbrot. Es gibt Klippfisch als Fleischersatz. Die Presse wird scharf kontrolliert. Der Vorabdruck von Heinrich Manns anti-wilhelminischem Roman »Der Untertan« in der Münchener »Zeit im Bild« ist gestoppt worden, besonders wegen seiner beißenden Parodie auf Wagners Lohengrin.

»Überhaupt ward Diederich gewahr, daß man sich in dieser Oper sogleich wie zu Hause fühlte. Schilde und Schwerter, viel rasselndes Blech, kaisertreue Gesinnung, Ha und Heil und hochgehaltene Banner und die deutsche Eiche: man hätte mitspielen mögen.... ›Für deutsches Land das deutsche Schwert, so sei des Reiches Kraft bewährt‹: Bravo!«[27]

In der musikalischen Fachpresse erscheinen kaum noch ernst zu nehmende Analysen und Rezensionen, sondern Artikel mit Titeln wie: »Das deutsche Vaterlands-, Kriegs- und Soldatenlied«[28], »Aktuelle Kriegskunst«[29] oder »Die Militärkapellen – eine Kulturfrage!«[30]. Mit aller Schärfe wird gegen Tango und Cakewalk polemisiert, gegen »echte und unechte Negersänger«.[31] Die Bereinigung des Fachvokabulars von Fremdwörtern wird gefordert. Statt Cello: »Kniegeige«. Die Musiksprache muss wieder »deutsch« werden.[32] Vor allem aber soll eine »deutsche Opernbühne« geschaffen werden. Die Programme der meisten Bühnen seien »unvolkstümlich« und »undeutsch«. Dem deutschen Opernhaus in Berlin-Charlottenburg wird vorgeworfen, in der Wintersaison 1914/15 elf Opern, davon acht »ausländische«, herausgebracht zu haben, darunter Smetanas »Verkaufte Braut« mit ihrer für den Tschechen typischen »Herzensrohheit«. »Wir haben die Rechte dieser deutschen Sinne und der deutschen Seele immer unterdrückt. Die natürlichen Widerstände des deutschen Empfindens ... gegen französische und italienische Opern ... wurden immer zum Schweigen gebracht. ... Alles Fremdwüchsige muß einer geistigen Quarantäne unterworfen werden, bis es sich als wirklich unverdächtig erwiesen hat.«[33]

Unter diesen Umständen ist es Klemperer besonders hoch anzurechnen, dass er sein Fähnlein nicht nach dem nationalistischen Winde richtet und am 14. Februar 1915 »Carmen« auf die

Bühne bringt, die nicht nur von einem Franzosen, Georges Bizet, komponiert wurde, sondern noch dazu unter Zigeunern und Südspaniern spielt. Klemperer hat einen großen Fürsprecher im Straßburger Oberbürgermeister, Rudolf Schwander, einem überzeugten SPD-Mann. Andere rümpfen die Nase über Klemperers Programmpolitik, die ihnen zu »undeutsch« vorkommt. Im Mai 1915 gibt es sogar Rezensionen, in denen mokiert wird, dass er Mozarts »Figaro« auf die Straßburger Bühne gebracht habe, ein »mehr oder weniger frivoles ausländisches Vaudeville«, in dem Mozart sein Genie unnütz verschwende.[34]

Obwohl Klemperer in Straßburg Freunde hat, die ihm beistehen – den Tenor Max Hofmüller, den Philosophen und Soziologen Georg Simmel und den Doktoranden der Philosophie Siegbert Elkuss –, zermürben solche Polemiken seine Nerven. Er versucht, trotz der widrigsten Umstände großes Musiktheater zu machen, und muss sich als undeutsch und ausländerfreundlich beschimpfen lassen, zumindest von wichtigen Teilen der Presse. Dazu kommt sein Dauerzerwürfnis mit Pfitzner, der ständige Geschützdonner am Horizont, die täglich zunehmende Brutalität dieses Krieges. Im April setzen die Deutschen Giftgas in Belgien ein. 5000 alliierte Soldaten sterben. Im Mai wird der englische Passagierdampfer Lusitania versenkt. 1200 Zivilisten ertrinken. Italien kündigt den Dreibund mit Deutschland und Österreich und tritt an der Seite der Alliierten in den Krieg ein. Viele Bekannte Klemperers sterben den »Heldentod«. Wollenbergs psychiatrische Klinik füllt sich mit Morphinisten, Alkoholikern, Angstneurotikern und Schizophrenen. Für Klemperer ist die Grenze des psychisch Erträglichen überschritten. »Er war manchmal vier, fünf sechs Wochen lang unzugänglich, in schlimmem Zustand«, erinnert sich Hofmüller, »er war körperlich verfallen, er war für Proben nicht zu haben, er war unfähig sich zu interessieren für irgendeine musikalische Aufgabe. Ich glaube, daß er damals im Kampf mit sich selber lag und meinte: Du bist ein wertloser Harlekin des... Geschehens.«[35]

Als er in der Sommerpause nach Hamburg fährt, um sich für die kommende Wintersaison zu stärken, erleben ihn Ilse Fromm und ihre Freundin Elli Sternberg mitten in einer schweren manischen Phase. »Er ist wie ein unglaublich ungezogenes Kind«, schreibt Elli Sternberg, die Klavierstunden bei ihm nehmen will, »sagt fürchterliche Dinge, schimpft, schreit, haut auf den Tisch, neckt das Dienstmädchen, zieht über seine Mutter her in unglaublicher Weise und nimmt sie nachher in den Arm und macht sich ganz klein, damit sie nicht so klein neben ihm erscheint.... Ich war heute vier Stunden mit ihm und bin so müde, als ob ich sechs Tage ununterbrochen gewandert bin.«[36]

Jetzt gibt es nur eine Hilfe: Das Sanatorium Kohnstamm. Im Juli 1915 ist er wieder dort, um zu bleiben, bis die Wintersaison anfängt. Er trifft hier den ebenfalls schwer kranken Dichter Carl Sternheim, dessen Frau Thea in ihr Tagebuch schreibt:

»23.7.1915. Abends kommt wieder Klemperer. Erzählt aus seinem Leben Begebnisse, die man nicht erzählt, stellt unpassende Fragen, gerät durch unsere Antworten in immer größere Verwirrung und verlässt plötzlich Hals über Kopf unser Haus.... Abends steht Carl in der Veranda vor der Karte Russlands, malt blaue Linien, da wo die Heere um Warschau den Kreis, den furchtbaren Kreis ziehen. Diese blauen Linien bedeuten ... so ungezählte Tränen. All diese Toten! Alle diese Opfer! Mich friert. Ich fühle mich elend, krank. Die Karte Europas ist eine Tragödie geworden. Wann das Ende des Gemetzels?!«[37]

Der Krieg hat Kohnstamm so viele Patienten in die Arme getrieben, dass er sie gar nicht alle im Sanatorium unterbringen kann. Für einige mietet er Privatzimmer in der Nachbarschaft. Für die Sternheims gleich ein ganzes Haus, denn sie sind mit zwei Kindern und Personal gekommen. Sternheim ist siebenunddreißig Jahre alt, einer der erfolgreichsten Dramatiker Deutschlands. Mit seiner Halbglatze, seinem Schnäuzer und seinem korrekten Anzug mit Weste wirkt er auf den ersten Blick wie ein Bourgeois, der in Königstein Urlaub macht. Doch wenn er redet und gestikuliert, fällt alles Durchschnittliche von ihm ab. Er ist blitzgescheit, witzig, temperamentvoll, sarkastisch, gebildet, ein brillanter Gesprächspartner, mit dem Klemperer sich auf Anhieb versteht, zumal sie viele gemeinsame Bekannte haben, vor allem Max Reinhardt, der Sternheims Stücke herausbringt, auch wenn sie im Moment nicht so häufig gespielt werden wie früher, denn sie karikieren Bourgeoisie, Adel und Militär und passen nicht in diese patriotische Zeit. Trotzdem hat auch Sternheim sich freiwillig für den Kriegsdienst gemeldet, vielleicht, weil er wie so viele Schriftsteller in diesem Krieg eine Chance sieht, die Hoffnung auf Neuanfang, Umbruch, Revolution, Anarchie, auf das Ende der wilhelminischen Pracht und Erstarrung. Aber sie haben ihn nicht genommen, weil er zu krank ist. Nach einem Nervenzusammenbruch ist er mit seiner Familie zu Kohnstamm gefahren. Nachts wacht er auf und jagt Mücken, die nicht vorhanden sind.[38] Am Tag sieht er überall feindliche Flugzeuge.[39] Er hat unzählige Liebschaften gehabt. Er hat die Syphilis. Er geht seltsam zärtlich mit seiner zehnjährigen Tochter um, einem kleinen Mädchen mit schwarzem Pagenkopf, das er gern auf seinem Schoß fest umschlungen hält.

Sternheim arbeitet in Königstein eifrig an neuen Werken, zur Zeit an dem Theaterstück »Tabula rasa«, das von einem korrupten Arbeiterführer handelt, und an der Erzählung »Busekow«, in der ein kleiner preußischer Schutzmann einer Prostituierten verfällt, ein Stoff, von dem Klemperer so begeistert ist, dass er einen Besuch in Mainz dazu nutzt, wildfremde Leute nach dem nächsten Bordell zu fragen. Dabei verhält er sich offenbar so seltsam, dass die Polizei kommt und ihn in Gewahrsam nimmt.[40]

Wenn Klemperer nicht mit Sternheim durch den Park wandert, arbeitet er an mindestens zwei Opernprojekten,[41] einer Bühnenmusik zu »Faust«, einigen Liedern und den Einaktern »Eines schönen Tages«, »Lebenstanz«, »Das Ende« und »Entzücken«.[42] Heyworth meint, das alles sei nicht der Rede oder Besprechung wert, weil es aus einer manischen Phase stamme. Aber Max Hofmüller spricht noch Jahrzehnte später mit Hochachtung von der Musik zu »Faust«, die zumindest in Straßburg einmal erfolgreich aufgeführt worden ist:[43]

»Sie war extrem modern, beinahe im Sinne von Schönberg, mit zwölf Tönen, bitte! Klemperer hat damals schon zwölf Töne benützt, ohne Schönbergs Theorie zu kennen. ...[44] Er hat es visionär, schöpferisch gemacht, obgleich er vielleicht als Musiker mehr reproduktiv als produktiv war. Das ist eine Frage, die spätere Jahrhunderte entscheiden sollen!«[45]

Noch vom Sanatorium aus setzt Klemperer sich mit dem Musikverlag Schott in Mainz in Verbindung. Die Lieder werden sofort unter Vertrag genommen, »allerdings ohne eigentliche Entschädigung und nur gewissermaßen gegen ein Anerkennungs-Honorar von 100 Mark«. Er müsse, schreibt ihm der Junior-Chef Ludwig Strecker, ja wohl keine »langen Phrasen« machen, um ihm zu erklären, dass ein Verlag mitten im Krieg »mit neuen modernen Liedern keine Seide gewinnen« könne. Seine »Faust«-Musik sei »verlegerisch ein schwerer Brocken«, enthalte aber einige »stark rhythmische Tänze«, die ihn hoffen ließen, *er* sei der richtige Mann, um »unserer Zeit den ersehnten neuen Marsch zu schenken«. Er habe auch schon ein Thema: einen »Argonnen-Marsch«, ein Stück über das »wilde diabolische Ringen« im Argonnerwald zwischen Lothringen und der Champagne, wo seit Kriegsbeginn Tausende deutscher und französischer Soldaten gefallen waren.[46]

Klemperer geht auf dieses Ansinnen nicht ein. Er ist kein Militarist. Und er lässt sich nicht kaufen. Worauf Strecker leicht gekränkt reagiert und die Opern und Bühnenmusiken fast beleidigend brüsk zurückweist. Der Text sei zu wenig ausgearbeitet und zu frivol, die Musik einförmig, aber ohne roten Faden und habe allenfalls »das Niveau der Skizze«. »Abgesehen hiervon – nun komme ich zu dem Hauptpunkt – dürfen Sie Ihre Talente und Ihre Kraft nicht in solchen risikovollen Experimenten verbrennen. Es ist Verschwendung und kommt mir vor, wie wenn ein großer Künstler ein wertvolles Miniaturgemälde auf die Stiefelsohlen malen würde. Entschuldigen Sie meine bestgemeinte Offenheit und besprechen Sie sich einmal mit einem ehrlichen Freunde vom Fach.«[47]

Immerhin gehen die Lieder bald in den Druck und werden im Oktober 1915 in der Fachpresse angekündigt. »Vorliegende Lieder sind die ersten seiner Kompositionen, die sich Klemperer entschlossen hat, der Allgemeinheit zugänglich zu machen. Wer immer diesen außergewöhnlichen Musiker kennt, wird begierig nach seinen Werken greifen. Aber auch die ihm bis heute noch Fernstehenden werden… sich ihrem fast diabolischen Zauber und Temperamente nicht mehr entziehen können.«[48]

Klemperer freut sich über diesen Erfolg wie ein Kind und bittet um Zusendung von Freiexemplaren an Richard Strauss, Bruno Walter, Erich Kleiber, Gustav Brecher, Alexander Zemlinsky, Anna Bahr-Mildenburg, Ottilie Metzger[49], Max von Schillings, Arthur Nikisch, Arthur Schnabel und viele andere, beinahe an die gesamte musikalische Prominenz jener Zeit mit Ausnahme von Schönberg und Pfitzner.[50]

Seine Briefe aus dieser Zeit wirken vollkommen klar und sind in kräftigen deutschen Buchstaben geschrieben. Nur ganz selten verwischt und verflüchtigt sich seine Schrift, wahrscheinlich unter dem Einfluss von Veronal, einem starken Barbiturat, das Kohnstamm manischen Patienten gibt, um sie ruhigzustellen.[51] Thea Sternheim berichtet allerdings mehrfach über furchtbare Auftritte Klemperers, über Brüllen, Schimpfen, diabolisches Lachen, Umwerfen von Wasserflaschen usw.[52] Sie berichtet mit derselben schadenfrohen Akribie, mit der sie auch festhält, was ihr Mann wieder einmal »Verrücktes« gesagt und getan habe.

Es fällt auf, dass Klemperer seine schlimmsten »Anfälle« meistens in Gegenwart von Frauen bekommt, vor den Barmer Choristinnen, Ilse Fromm, Elli Sternberg und Thea Sternheim, die ihn in ihrer selbstgerechten und bestimmenden Art vielleicht stark an seine Mutter erinnert. Diese Frau lässt ihn immer noch nicht los, obwohl er schon dreißig ist. Sie bestimmt, was gut für ihn und was er zu tun hat. Sie schreibt an seine Hamburger Klavierschülerin Elli Steinberg, dass sie sich Sorgen um ihn mache, wenn er sich beim Dirigieren »abgesehen von der inneren Erregung, physisch... abarbeitet, so daß er die Wäsche wechseln muß«.[53] Sogar nach Prag ist sie ihm von Hamburg aus nachgefahren, um ihn zur Kündigung eines Engagements zu überreden, das ihr nicht passte. Böse sein darf er ihr nicht. Sie wird ja so schnell depressiv. Er muss allen Kummer und alle Aufregung von ihr fernhalten. Nur in der sogenannten »Verrücktheit« hat er Mut zur Abgrenzung und zum Protest, der sich dann oft gegen das *Prinzip Frau* an sich, gegen andere Frauen richtet. Einmal saß er mit Ilse Fromm am Klavier und spielte die Karfreitagsmusik aus »Parsifal«, erinnert sich Elli Sternberg. Plötzlich wurde er mittendrin »rasend, stampfte mit dem Fuß auf und schrie. Ich saß dahinter und fürchtete mich, hatte tatsächlich Angst. – Ich hielt ihn für fähig, Ilse umzubringen. (Jetzt weiß ich, daß absolut nichts zu fürchten ist.) Er mußte plötzlich nach Hause.«[54]

Als Klemperer im September 1915 wieder nach Straßburg zurückkommt, hat sich die Kriegslage extrem verschärft. Auf dem Hartmannsweilerkopf in den Hochvogesen, einem 900 Meter hohen Berg über dem Rheintal, tobt seit vielen Monaten ein grausamer Totentanz. Tag und Nacht bekämpfen sich Deutsche und Franzosen mit allem, was die moderne Rüstungsindustrie zu bieten hat: mit Maschinengewehren, Feldhaubitzen und Flammenwerfern, mit Benzolspritzen, Kanonen und Handgranaten, mit Fliegerbomben und sogar mit Gasbomben. An einem einzigen Tag wie dem 16. September 1915 sterben über 1500 Menschen, auf deutscher und französischer Seite ungefähr gleich viel. Dass im Straßburger Opernhaus unter diesen Umständen überhaupt noch gespielt wird und die wenigen noch verbliebenen Musiker nicht längst in Panik geflohen sind, ist, so die Meinung der Presse, nur »der Betätigung des ersten Kapellmeisters Otto Klemperer« zu verdanken. »Er besitzt eine weitaus stärkere Suggestionskraft dem Orchester gegenüber als Pfitzner und ist ... der erfolgreichere Dirigent.« Allein in der Winterspielzeit 1915/16 habe er die »Fledermaus«, »Aida«, »Tristan«, »Figaro« und Meyerbeers »Prophet(en)« vor vollem Haus dirigiert, während Pfitzner, dessen Urlaub inzwischen vorbei ist, nur zweimal in Erscheinung getreten sei.[55] Ist es ein Wunder, dass die Theaterkommission einen halben Monat später beschließt, Pfitzners Vertrag als Operndirektor nicht zu erneuern, sondern seine Vollmachten auf den Intendanten zu übertragen und Klemperer im Amt des ersten Kapellmeisters zu belassen?[56] Pfitzners erste Reaktion ist blinde Wut. Er will alle städtischen Ämter niederlegen, also auch die Leitung der Symphoniekonzerte und des Konservatoriums, und in eine andere Stadt, vielleicht nach München, ziehen, wo man ihn besser zu würdigen wisse. Für ihn steht fest, wer der Schuldige ist: nicht er selbst, sondern Otto Klemperer, der, wie er seinen Biographen erzählen wird, als typisch jüdischer Verräter überall gegen ihn intrigiert habe. Bei Walter Abendroth liest sich das so:

»Er hatte Beweise für Klemperers Verräterrolle. Denn als Mimi jenem Vorhaltungen wegen seines Undanks gemacht, hatte er erwidert: ›Wenn Ihr Mann verhungert, ist er doch unsterblich, denn er ist ein Genie; aber ich ohne Stelle bin ein kleiner Jude ohne Bedeutung.‹«[57]

Nur mit Mühe lässt Pfitzner sich von den Stadtvätern überreden, doch noch in Straßburg zu bleiben. Aber Klemperer empfindet den doppelten Kriegszustand als so bedrohlich, dass er schon im Mai 1916 wieder am Ende seiner Kräfte ist und zu Kohnstamm flieht.

Diesmal trifft er dort einen mageren jungen Mann, der aufgeregt gestikuliert und von wilder Unruhe getrieben ist. Er sieht fast noch wie ein Kind aus. Aber er soll ein bedeutender Maler sein. Sein Name ist Ernst Ludwig Kirchner. Man hat ihn als Rekruten zur Feld-Artillerie einberufen. Er aber hasst das »systematische Totmachen«.[58] Er hat sich nicht freiwillig gemeldet wie sein Kollege Franz Marc, der am 6. März 1916 bei Verdun gefallen ist. Er hat sich wie unter »uniformierten Teufeln« gefühlt, hat Morphium und Veronal gegen die Angst und den Ekel genommen, seine Mahlzeiten absichtlich ausgebrochen, sich selbst als Kranken und Kriegsversehrten gemalt, mit abgehackter rechter Hand, blutigem Armstumpf, mit Augen ohne Iris und Pupille, aber in korrekter preußischer Uniform, die Zigarette lässig im Mundwinkel hängend. Ein Mäzen hat ihn vorläufig aus dieser Hölle befreit und ihn zu Kohnstamm in Behandlung gebracht.

Kirchner skizziert Klemperer, wenn er am Klavier sitzt, die linke Hand, die wie skelettiert wirkt, knapp über die Tasten gehoben. Im Atelier, das Kohnstamm ihm eingerichtet hat, entstehen fünf Zeichnungen, eine Radierung und ein Holzschnitt. Klemperers Gesicht ist von tiefen schwarzen Furchen durchzogen, eine einzige Furchenlandschaft. Er ist erst einunddreißig, aber er sieht aus wie ein trauriger Greis.

Seine Depression ist diesmal besonders hartnäckig, auch wenn er versucht, sich durch Lektüre abzulenken, durch ein Manuskript, das der Straßburger Philosoph Georg Simmel ihm mitgegeben hat. Es heißt »Vom Geist der Utopie« und stammt von Ernst Bloch, einem jungen Mann aus Ludwigshafen, der in dieses lange philosophische Werk einen fast 150-seitigen Exkurs über die gesamte Musikgeschichte eingebaut hat, von der Antike über die Troubadoure bis hin zu den Zeitgenossen. Auch wenn Klemperer mit Kleinigkeiten nicht einverstanden ist, zum Beispiel mit der jugendlich-forsch dahingeworfenen Hypothese, Beethoven habe die Synkope »erfunden«,[59] ist er doch hingerissen von der Suggestionskraft und Poesie dieser Sprache, die sich selbst fast wie Musik liest. »Bei ihm wird es still«, heißt es in dem Abschnitt über Mozart. »Die Nacht geht auf und holde Gestalten ziehen uns in ihre Reihen.... Die Kerzen brennen weiter, alles bleibt von ihnen beschienen, liebenswürdiger, verklärender, als es dem Tageslicht gelingt.«[60]

Spätestens im Juni 1916 weiß Klemperer, dass auch Kohnstamm ihm auf Dauer nicht helfen kann, denn seitdem dessen ältester Sohn Rudolf mit nicht einmal neunzehn bei Verdun gefallen ist, ist alle Lebensfreude und Kraft von ihm abgefallen. Er wirkt apathisch und krank, äußert seltsame religiöse Ideen, spricht von »Stück(en) platonischer Ewigkeit«, die alle Menschen mit sich herumtrügen, und zitiert immer wieder aus dem letzten Brief seines Sohnes, in dem es hieß: »Wenn ihr diesen Brief bekommen solltet, dann wißt ihr, *wofür* ich gestorben bin, und wißt, daß ich das nicht gezwungen getan habe, sondern mit *frohem Mut*, obgleich ich erst vor der Pforte meines Lebens stehe. Es lebe das Land Goethes, unser deutsches Vaterland.... Euer Rudi.«[61]

Otto Klemperer ist erschüttert. Denn er hat Rudi, diesen freundlichen, jungen Mann, gut gekannt, hat im Speisesaal oft mit ihm an einem Tisch gesessen. Jetzt widmet er ihm ein »Geistliches Kampflied« für Chor, Orgel und Orchester, das »deutsche Sturmsignale« kontrapunktisch verdichtet und mit alten Choralmelodien collagiert. Die Partitur ist nicht, wie Heyworth angibt, verschollen,[62] sondern liegt wohlbehalten in der Library of Congress in Washington.[63] Klemperer selbst hat sie mit der handschriftlichen Widmung versehen: »Dem Andenken des Leutnants Rudi Kohnstamm gewidmet, der im Sommer 1916 vor Verdun fiel.«

Als Klemperer im Herbst 1916 wieder in Straßburg ist, entgeht er nur knapp seiner eigenen Einberufung, die sein Freund Wollenberg im letzten Moment mit einem Attest verhindert. Er bescheinigt korrekt, dass er an »Zyklothymie« leide, ein anderer Terminus für die bipolare oder manisch-depressive Störung, mit dem die Militärärzte nichts anzufangen wissen. Er ist kurz davor, einen Dreijahresvertrag zu unterzeichnen, als eine überraschende und erfreuliche Botschaft aus Köln kommt. Sein alter Chef Gustav Brecher, der 1911 von Hamburg an den Rhein engagiert worden ist, hat vom »fetten Selbstgefühl«[64] der »grobsinnigen«, »amusischen« Kölner[65] genug und freut sich auf neue Aufgaben in Frankfurt. Nun muss schnellstens ein Nachfolger gefunden werden. Brecher schlägt Klemperer vor. Klemperer zögert nicht lange und fährt in den ersten Tagen des Jahres 1917 nach Köln, um sich mit einem »Fidelio« vorzustellen. Er hat nur zwei oder drei Tage Zeit zum Proben. Orchester, Chor und Ensemble sind ihm vollkommen unbekannt. Aber die Presse spricht einmütig von seiner »Zäsarennatur«,[66] mit der er die Herzen der Kölner schlagartig erobert habe:

»Klemperer ist, wie Brecher, ein Schüler Mahlers«, schreibt das »Kölner Tagblatt«. »Der junge, hochaufgeschossene Musiker mit dem bebrillten Gelehrtenkopf und den nervösen, aber markanten Dirigierbewegungen erinnert auch äußerlich an Mahler. Er hält Bühne und Orchester rhythmisch musterhaft zusammen und erweist sich in dem Sinne als modern, daß er beständig im Wagnerschen Sinne bemüht ist, auch den seelischen Parallelismus von Bühne und Orchester aufzuzeigen. Sein Orchester interpretiert ... die Bühnenvorgänge, es hält geheime Zwiesprache mit den handelnden Personen. ... Läßt Beethovens Instrumentation ihn hierin im Stich, dann hilft Klemperer nach, wie das Wagner, Mahler und viele andere denkende Künstler taten. ... Mit ersichtlicher Pietät, unter strengster Wahrung des Beethovenschen Stils, Beethovenschen Orchesterklangs, setzt er dann der Partitur seine Lichter auf, stützt eine Äußerung Pizarros durch einen düsteren Posaunenakkord, belebt die ›namenlose Freude‹ der befreiten Gatten durch eine jubelnde Waldhornpassage, erzielt im Vorspiel des Kanons, indem er nur das halbe Streicherkorps spielen läßt, eine märchenschöne, erdenferne Klangwirkung und belichtet so ohne geistreiche Affektation das ganze Werk im Sinne des modernen Musikdramas. Diese eminent bühnenkundige Retouche verhalf allen dramatischen Höhepunkten ... zu atemberaubender ... Wirkung. Seine musikalische Grundauffassung ist urgesund und geschmackvoll, geringe Dehnungen des Zeitmaßes stören hie und da. Das Orchester spielte herrlich, es bot in jeder Untergruppe, in jedem Soloinstrument, ein unablässiges ... Espressivo von feinstem Reiz. ... Die ganze Aufführung trug außergewöhnliches Gepräge, so daß ich einem unserer ersten Tonkünstler beipflichten muß, der mir im Foyer das Wort ›Festspielaufführung‹ zuwarf.«[67]

7 »Deutsch-christlichen Geistes«

Die eifrigste Mitwirkende unter den Solisten des Kölner »Fidelio« ist die junge Soubrette Johanna Geisler. Sie spielt die Rolle der Marzelline, der Tochter des Kerkermeisters Rocco, die sich so unglücklich in Fidelio verliebt, von dem sich überraschenderweise herausstellt, dass er in Wirklichkeit eine Frau, Leonore, ist. »O wär' ich schon mit dir vereint und dürfte Mann dich nennen / ein Mädchen darf ja, was es meint, zur Hälfte nur benennen.« Sie ist die Einzige, die pünktlich zur ersten Klavierprobe kommt. Willig befolgt sie alle Anweisungen des Maestros und sieht ihn mit kindlich unschuldigen Augen an. Sie ist erst seit kurzem in Köln engagiert. Die Zeitungen loben ihre hohe Musikalität, ihre sauberen Koloraturen, vor allem aber ihr »ausgesprochenes Spieltalent« und ihre »drollige«, »kokette«, manchmal auch »elegante« Erscheinung, mit der sie Pagen- und Hosenrollen genauso überzeugend spielt wie die Carmen oder Frau Fluth und das Publikum mitten im Krieg aufheitern kann.[1]

Sie hat verblüffende Ähnlichkeit mit Elisabeth Schumann, von der sich Klemperer vor vier Jahren so dramatisch getrennt hat: ein rundes, mädchenhaftes Gesicht, lustig blitzende Augen und viel Temperament. Ein Typ, der bei Männern gut ankommt. Wenn sie auch seltsamerweise mit einer Frau zusammenlebt, einem Fräulein Schwab, das sich um ihren Haushalt und ihre Kostüme kümmert. Wie alt sie eigentlich ist, weiß niemand genau. Fünfundzwanzig? Siebenundzwanzig? Neunundzwanzig? Ihre eigenen Angaben dazu wechseln. In ihrem letzten Engagement in Mainz hat sie ins Programmheft schreiben lassen:

»Meine Biographie ist kurz, dafür möglichst uninteressant.

Geboren, ach nein, ganz noch nicht. 1890? Gesang studiert zuerst bei Frau Schröder-Kaminsky, da ich eigentlich glaubte, Altistin werden zu können; dann aber bei Frau Engelmann-Göttlich Unterricht nahm und zum Soubrettenfach überging.«[2]

Klemperer fährt in bester Stimmung nach Hause und beschließt, mit ihr in Kontakt zu bleiben. »Köln gefiel mir nicht besonders. Am besten die Koloratur-Soubrette des Theaters«, wird er später vor einer Berliner Schulklasse sagen.[3] Im Mai 1917 trifft er sie wieder. Er ist extra von Straßburg nach Würzburg gefahren, um sie als »Cherubim« in Mozarts »Figaro« zu sehen, ein Zeichen von Wertschätzung und Sympathie, wie er es lange keiner Frau mehr entgegengebracht hat. In Straßburg erzählt man sich zwar von seinen vielen Affären, aber etwas Konkretes weiß niemand. Es gibt nie eine feste Freundin an seiner Seite, obwohl die Frauen im Theatermilieu nicht sehr prüde und leicht zu haben sind. Doch er lässt sich nicht mit ihnen ein, sondern verspottet sie, lacht sie aus, demütigt anerkannte Künstlerinnen so sehr, dass er sich vor dem gesamten Ensemble dafür entschuldigen muss.[4] Für sexuelle Bedürfnisse ist das Bordell da. Eine schlimme Angewohnheit, findet sein alter Freund, der Philosoph Georg Simmel, denn »mit jedem Male, wo ein Mann sich für Geld eine Frau kauft, geht ein Stück von dem Respekt vor dem Menschentum verloren.... Diese völlige Verrückung der Werte... ist die moralische Syphilis, die der Prostitution folgt.«[5]

Doch vielleicht ist es gerade das, was Klemperer an Johanna so gut gefällt: ihr schillernder Ruf, ihre sexuelle Ausstrahlung, das leicht Unbeholfene ihrer Sprache und Orthographie, was die Herkunft aus unteren Schichten verrät. Sie ist 1888 in Hannover geboren, »lutherischer Religion«, die Tochter einer unverheirateten Frau namens Sofie Meyer. Gleich nach der Geburt ist sie zu einem Tagelöhner-Paar in Pflege gegeben worden, das sie »in sehr verschmutztem Zustand« in Empfang genommen hat.[6] Wer ihr leiblicher Vater ist, hat sie nie erfahren. Der Pflegevater soll starker Trinker gewesen sein. Ihre leibliche Mutter kommt nur zwei Mal zu Besuch. Dann verschwindet sie für immer aus ihrem Leben.

Eigentlich herrscht allgemeine Schulpflicht im Deutschen

Reich. Aber die Geislers – so der Name der Pflegeeltern – nehmen es nicht so genau damit und schicken sie schon mit elf als Verkäuferin in ein Spitzengeschäft. Immerhin darf sie im evangelischen Kirchenchor singen, wo ein Musikkenner ihr hübsches Aussehen und ihre gute Stimme entdeckt. Mit vierzehn wird sie Choristin des örtlichen Opernensembles und unterschreibt eine Hausordnung, in der es heißt:

»Die Beachtung des Schicklichen ist bei jeder theatralischen Darstellung ein bedeutender Vorzug, da das Schickliche mit dem Sittlichen so eng verwebt ist. Das wirkliche Küssen ist nur Personen einerlei Geschlechts erlaubt.... Alle Proben müssen mit Ernst, Anstand und Ruhe abgehalten werden.... Störende Konversation, Lesen, Essen, Trinken, Nähen, Stricken oder andere Handarbeiten sind untersagt.... Das Ausspucken auf den Boden der Garderobe ist, wie alles, was auf die Anzüge schädlichen Einfluß haben kann, verboten.«[7]

Ihren Vertrag hat sie mit »Johanna Meyer« unterschrieben. Die Geislers wissen von nichts. Tagsüber arbeitet sie weiter im Spitzengeschäft, und abends steht sie im Opernchor auf oder hinter der Bühne, in der »Zauberflöte«, im »Fliegenden Holländer«, der »Weißen Dame«, der »Fledermaus«, in »Figaro«, »Hänsel und Gretel« oder den »Meistersingern«. Bald fällt sie »in stimmlicher Beziehung« so angenehm auf, dass man ihr kleine Solorollen anvertraut, zum Beispiel den zweiten Edelknaben im »Tannhäuser«. Sie entschließt sich, das häusliche Elend zu verlassen, und nimmt sich ein Zimmer in einem eleganten Haus, das sich als Bordell entpuppt. Dort geht es ihr gut. Dort ist sie das Baby, das Nesthäkchen. Prostituierte und Freier verwöhnen sie mit Süßigkeiten und schönen Kleidern.

Sie ist sechzehn, als sie einen schneidigen preußischen Offizier kennenlernt, Carl Reinbach,[8] 29 Jahre alt, ein Mann aus bester patriotischer Familie, hochgewachsen, gebildet, Kavallerist, jemand, der sich gern mit Pickelhelm, Schärpe und Säbel fotografieren lässt – und beschließt, für Johannas geistige Bildung zu sorgen. In einem seiner hölzernen »Liebesbriefe« schreibt er ihr: »Als ich dich kennenlernte, warst du mir nicht Spielzeug oder Zeitvertreib. Ich suchte den Menschen in dir und fand ihn. Und ich habe versucht, dein Denken und Empfinden in bestimmte Bahnen zu leiten.«[9] Trotz dieser hohen moralischen Ansprüche schwängert er sie. Eine Ehe kommt nicht in Frage. Er will sogar, dass sie Hannover verlässt, und zwar schnell. »Ich glaube bestimmt, daß dein Zustand doch bekannt würde; und das will ich deinet- und meinetwegen nicht. Durch das Vormundschaftsgericht in Hannover würden Juristen mit der Sache zu tun haben, die... dich als Mitglied des Theaters kennen und Beziehungen zur Reitschule haben, so daß sehr bald der Tatbestand... zum Klatsch würde.«[10] Sie solle aber nicht traurig und mutlos sein, denn er werde immer gut für sie sorgen. »Du hast mir viel, sehr viel geopfert, hast kühn und vorurteilslos dein Recht geltend gemacht, dich auszuleben; und wir haben so manche schöne Stunde des Genusses durchkostet. Und dafür danke ich dir von ganzem Herzen. Es ist schmerzlich, aber die Erfahrung bleibt niemandem erspart, daß die Hefe des Freudenbechers, den man geleert hat, oft sehr bitter ist.«[11]

In aller Eile nimmt sie ein Engagement in Dessau an und lässt sich für die letzten Schwangerschaftswochen krankschreiben. Bis dahin hat sie ihren Zustand verbergen können, wahrscheinlich durch eiserne Disziplin und durch Einschnüren, bei zwei, manchmal drei Opernvorstellungen pro Tag. Im Juni 1906 bringt sie ein kleines Mädchen zur Welt, das sie »Carla« nennt. Sie ist gerade achtzehn geworden und noch nicht volljährig. Ihre inzwischen verwitwete Pflegemutter zieht zu ihr. Bald nach der Geburt geht sie als Opernchoristin nach Wiesbaden, wo sie vor allem durch kindlichen Übermut auffällt. Sie verspätet sich bei den Proben, zankt sich mit älteren Kolleginnen, lässt während der Vorstellung Gläser auf die Bühne fallen oder murmelt »Rhabarber, Rhabarber« in die Szene, sodass die »Theaterpolizei« sie mehrmals verwarnen muss. Jede dieser Verfehlungen wird mit einem Bußgeld bestraft. Die Beträge werden ihr vom Gehalt abgezogen. Doch der Intendant sieht ihr zähneknirschend alles nach, denn sie bildet sich fleißig durch Gesangstunden weiter und übernimmt immer mehr kleine und mittlere Solorollen, das Bürgermädchen im »Faust«, die Emmy im »Weißen Rössl« und einen der Knaben in der »Zauberflöte«. Während Reinbach fortfährt, ihr belehrende Briefe zu schreiben, verliebt sie sich in den Schauspieler Walter Zollin, eigentlich Zollinger,[12] einen Schweizer und kommenden Stummfilm-Star. Beide sind eifersüchtig, leidenschaftlich und impulsiv. Manchmal hört man bis auf die Straße, wie sie sich streiten. Im Februar 1909 ist sie wieder schwanger und bringt im Oktober eine Tochter namens Susanne zur Welt, die schon vier Tage später stirbt. Am Theater hat niemand etwas gemerkt. Wieder hat sie sich mit Krankheit entschuldigt. Zum Trauern bleibt keine Zeit. »Ich erlaube mir Euer Hochwohlgeboren die sehr ergebene Mitteilung zu machen, daß ich wiederhergestellt bin und am Donnerstag... in der Oper ›Die Meistersinger von Nürnberg‹ wieder mitwirke«, schreibt sie eine Woche nach dem Tod des Kindes an die Intendanz.[13]

Im Sommer 1912 zieht sie mit ihrer Mutter und der kleinen Carla nach Mainz, wo sie endgültig ins Solofach wechselt. Sie bleibt vier Jahre lang, ist beliebt und erfolgreich. »Fräulein Johanna Geisler als Stubenmädchen Adele[14] war schlechterdings unübertrefflich«, schreibt ein Rezensent. »Gesang und schauspielerisches Können vereinigen sich bei ihr zu einem untrennbaren Ganzen und zu einer einheitlichen und erstklassigen Leistung, ... an der man sich restlos erfreuen kann.«[15]

Im Ersten Weltkrieg ist sie teils in Mainz, teils auf Gastspielreisen. Zu Hause sorgen ihre Pflegemutter und Louise Schwab für Ordnung. Louise ist eine etwa gleichaltrige Mainzer Musikfreundin, unverheiratet und kinderlos, mit einem starken Faible für Frauen. Sie kauft sich die gleichen Hüte und Handtaschen wie Johanna, führt ihre Korrespondenz, backt, kocht, näht, erzieht Carla und beschafft alle wichtigen Lebensmittel, da sie als Gastwirtstochter vom Land gute Beziehungen zu den Bauern aus der Region hat. Reinbach hat Angst, dass Johanna es entschieden zu weit treibe. Ist etwas dran an den Gerüchten über ihr schillerndes Liebesleben? Über ein zweites Kind? Über ihr freizügiges Pendeln zwischen zwei Geschlechtern? Will sie tatsächlich, wie sie ihm geschrieben hat, nach Berlin gehen und dort sommerliche Vorstellungen für Soldaten geben? »Noch eins, Johanna: Berlin ist ein schlimmes Pflaster«, schreibt er ihr im Mai 1915. »Wenn ich dir das schreibe, so fühle ich eine innere Berechtigung dazu.... Bewahre dir immer deinen Frauenstolz. Tu nichts, was du nicht vor deinem besseren Selbst verantworten kannst und was du mir nicht erzählen möchtest, ohne zu erröten.«[16]

Aber Johanna fährt doch. Und tritt am 1. Dezember 1915 zur Probe in Köln auf, als Frau Fluth in den »Lustigen Weibern von Windsor«. – »Fräulein Geisler besitzt einen klangvollen und umfangreichen Sopran«, schreibt die Kölnische Zeitung. »Wir hörten das tiefe C und das hohe Es, ohne daß irgendwo Ungleichheiten oder Klangmängel in der Stimme auffielen. Koloraturen gelangen ihr ebenso gut wie getragene Noten, obschon die Stimme bisweilen ins Flackern geriet, was wohl auf ein wenig Aufregung zu schieben war.«[17]

Im September 1916 wird Johanna Geisler in Köln engagiert und zieht mit Carla und Louise auf die Mozartstraße 15 gleich hinter dem Opernhaus am Panoramaplatz, heute Rudolfplatz. Eine ihrer ersten Kölner Rollen ist die Laura im »Ring des Polykrates«, eine heute vergessene Oper des damaligen Jungstars Erich Wolfgang Korngold. »Von den wenigen neu verpflichteten Kräften hat sich die... Soubrette Johanna Geisler am glücklichsten eingeführt«, schreibt die Allgemeine Musikzeitung. »Bald wird über Neuheiten zu berichten sein.«[18]

Als Klemperer im August 1917 in Köln ankommt, ist vom Krieg auf den ersten Blick wenig zu merken. »Noch hat kein Feind den Boden unserer Stadt betreten«, sagt Konrad Adenauer in seiner Antrittsrede als Kölner Oberbürgermeister. »Noch hat kein Blut die Wellen des Rheins gerötet und unversehrt ragen die Türme des Domes zum Himmel.«[19] Auch das Theater, ein wilhelminischer Prachtbau, ist unversehrt. Es steht am Habsburger Ring gegenüber der Hahnentorburg, Ecke Panoramaplatz/Aachener Straße, bietet fast 2000 Zuschauern Platz und ist mit modernster Bühnentechnik ausgestattet: mit großen Versenkungsanlagen, eisernen Kulissenwagen, Maschinen zur Simulation von Donner, Regen und Wind, einem Hochdruckdampfkessel und unzähligen Blitz-, Handbogen- und Glühlampen. Der große Saal eignet sich nicht nur für Opernaufführungen, sondern auch für Konzerte. »Über die Akustik kann gesagt werden, daß sie hervorragend gut ist«, schreibt eine Fachzeitung nach der Eröffnung im Jahr 1902. »Das leiseste Pianissimo ist zu hören, ohne, wie so oft, dabei den poetischen Reiz durch überakustische Schallverhältnisse zu verlieren.«[20]

Manche Musikliebhaber fühlen sich dadurch gestört, dass so viele Leichenzüge vorbeiziehen, vom Panoramaplatz über die Aachener Straße nach Melaten, dem größten Friedhof der Stadt. Seit Wochen wütet die Ruhr in den Mauern Kölns. Kinder und alte Leute sterben wie die Fliegen. Es gibt viele Hungertote. Denn seit Juni sind die Kartoffel-, Mehl- und Brotvorräte fast völlig erschöpft. Fleisch gibt es schon lange nicht mehr, jedenfalls nicht für den einfachen Arbeiter oder Angestellten. Statt Brot werden eingesalzene Steckrüben ausgegeben. Kaviar, Wild und Geflügel sind aber nicht rationiert. In den Nobelrestaurants wird noch immer gut gegessen. Es kommt Klassenhass auf. In den Fabriken im Rechtsrheinischen wird gestreikt. Hungrige Frauen und Kinder plündern die Markthalle. »Die Bevölkerung der Stadt Köln ist von einer Erbitterung erfasst, die kaum noch einer Steigerung fähig ist«, schreibt die Rheinische Zeitung.[21]

Das Orchester der Stadt Köln mit seinem legendären holländischen Konzertmeister Bram Eldering wird allgemein als vorzüglich gelobt, ist aber durch den Krieg stark dezimiert worden. Sechsunddreißig Musiker stehen zur Zeit im Feld, das sind mehr als fünfundvierzig Prozent der Belegschaft.[22] Die Verbliebenen müssen in der Oper und in den Gürzenich-Konzerten spielen, in Volkskonzerten und Kriegsunterhaltungen auftreten, regelmäßig nach Bonn fahren, wo das Theater schon seit längerem geschlossen ist, und sind außerdem für die gesamte Schauspielmusik zuständig, eine heute kaum mehr vorstellbare Arbeitsbelastung, die von Anfang an zu schweren Konflikten führt. Klemperer leitet das Opernensemble. Im Gürzenich ist ein anderer Dirigent zuständig: Hermann Abendroth, der auch Leiter des städtischen Konservatoriums ist und gute Beziehungen zur örtlichen Politik, Presse und Bourgeoisie hat. Beide sind starke Persönlichkeiten. Beide sind es nicht gewöhnt, Kompromisse zu machen. Und so geht schon am ersten Tag das Gezänk los: Wer darf wie oft mit dem Orchester proben? Wer bestimmt über Neueinstellungen und Aushilfen? Wessen künstlerische Autorität gilt mehr? Wer ist, um es kurz zu sagen, der »Chef«? »An den großen Gürzenichtagen mußte die Oper pausieren«, analysiert eine Zeitung die vertrackte Situation. »Orchesternovitäten, für die vielleicht fünf bis acht Proben wünschenswert gewesen wären, mußten mit zwei Proben herausgebracht werden. Das städtische Orchester ist seltener in der Hand seines Chefs als in der eines der Theaterkapellmeister; seine Qualität muß leiden unter dem Wechsel zwischen sinfonischen und theatralischen Aufgaben.«[23] Eigentlich gibt es nur einen Ausweg aus diesen »Kölner Musiknöten«: ein zweites professionelles Orchester *und* einen neuen, professionellen Ansprüchen genügenden Konzertsaal, da der Gürzenich eine katastrophal schlechte Akustik hat. Aber beides ist mitten im Krieg nicht zu finanzieren.

Das Opernhaus ist zwar ein städtisches Unternehmen. Aber der Intendant, Fritz Rémond, führt ein Regiment wie ein Prinzipal alten Stils. Als ehemaliger »Kammersänger« und »Hofschauspieler« ist er für Oper *und* Theater in Personalunion zuständig und bestimmt an beiden Bühnen das Repertoire, das extrem altmodisch ist. »Mignon-, Martha-, Undine-, Cavalleria-, Bajazzo-, Evangelimann-Versumpfung«, klagt der Dramaturg Felix Dahn. Wer sollte da nicht »Sehnsucht nach etwas Neuem« bekommen?[24] In den meisten Opern führt Rémond selbst Regie. Streng altmodisch-naturalistisch, so als hätte es die Konzepte von Roller und Appia nie gegeben. Immerhin: Er ist ein guter Organisator und Verwaltungsfachmann und hat großes Geschick im Aufspüren schöner Stimmen und junger Talente. Dazu gehören neben Johanna Geisler der ungarische Bass-Bariton Friedrich Schorr, ein vorzüglicher Wagner-Sänger, der aus Ostgalizien stammende Modest Menzinsky, der Schubert- und Mozart-Experte Julius Gless, die lyrisch-dramatische Sopranistin Wanda Achsel und die Ungarin Rose Pauly, die später auf den Programmen der Berliner Krolloper wieder auftauchen wird.

Obwohl Klemperer allein in der ersten Spielzeit insgesamt 98 Vorstellungen zugemutet werden[25] – ein Wunder, dass er nicht wieder manisch-depressiv wird –, muss es auch Freude gemacht haben, mit diesen erstklassigen Künstlern zu arbeiten, sodass es etwas verkürzt wirkt, wenn Heyworth die Kölner Jahre als »Galeerenjahre« bezeichnet. Die kritische Kölner Presse ist jedenfalls von den ersten Neueinstudierungen unter Klemperer begeistert:

Kölnisches Volksblatt, »Zauberflöte«, November 1917:
»Es gibt ›Kriegsaufführungen‹, die notgedrungen solche sein müssen, und die ›Zauberflöte‹ könnte ... leicht eine solche ohne Zauber sein. Statt dessen wurden wir Zeugen fast einer Mustervorstellung. ... Wie köstlich klar dieser oft wie aus Seidenfäden gesponnene Orchestervortrag, so feierlich bei den tiefen Friedensklängen im Tempel Sarastros, wie fein schattiert die Dynamik, wie beredt die Sforzandi!«

Kölnische Zeitung, »Meistersinger«, November 1917:
»Das muß man Kapellmeister Klemperer lassen: auch Aufführungen in längst bekannter Besetzung erhalten durch ihn ein neues musikalisches Gesicht. Er ist eben eine Persönlichkeit und weiß dem Klangkörper suggestiv den Stempel seiner ... Individualität aufzudrücken. Was er macht, ist fesselnd, da gibt es auch nicht einen einzigen uninteressanten Takt. ... Im motivischen Gewebe der symphonisch gestalteten Partitur herrschte gestern ... denkbar größte Klarheit, und selten hat man die Vokalisten mit so viel Nuancierung singen hören.«[26]

Die Beziehung zu Johanna Geisler entwickelt sich zögernder als erwartet, da auch andere Künstler des Ensembles ein Auge auf sie haben, der Star-Bariton Friedrich Schorr zum Beispiel, der sie unbedingt heiraten will. Nach ihren vielen Enttäuschungen hat sie wahrscheinlich Angst, sich wieder fest zu binden, vor allem an Klemperer. Sie ist zwar vom ersten Moment an heftig verliebt in ihn, fürchtet sich aber auch vor seiner Dominanz und seinem seltsamen Verhalten bei den Proben, das manchmal wie »von allen guten Geistern verlassen, bis zur Ungezogenheit verletzend, verbohrt und fanatisch« wirkt.[27] Sie hat persönliche Sorgen, die sie im Theater nach Kräften verbirgt. Ihre Pflegemutter ist alt und muss von ihr unterstützt werden. Ihre Tochter Carla macht ihr große Probleme. Jahrelang hat man sie von einem Ort, von einer Schule zur anderen geschoben. Ihren leiblichen Vater hat sie noch nie gesehen. Jetzt ist sie endlich irgendwo »angekommen«, hat ein festes Zuhause, wenn Johanna auch verleugnet, dass sie ihre Tochter ist, und sie als ihre jüngere Schwester ausgibt. Auf dem Zeugnis des »Städtischen Lyzeums III« steht: »Tochter der Witwe Wilhelm Geisler«. Ihre Schulleistungen sind katastrophal. »Deutsch: genügend. Französisch: genügend, zuweilen geringer. Geschichte: genügend, teils besser. Erdkunde: genügend. Rechnen: Mangelhaft, zuletzt besser. Schreiben: Genügend schwach. Zeichnen: Mangelhaft. ... Singen: Mangelhaft. Turnen: Gut.«[28]

Monatelang ahnt wohl niemand etwas von Klemperers Zuneigung zu seiner Soubrette. Bis das Kölner Tageblatt im Mai 1918 plötzlich die süffisante Bemerkung bringt:

> »Fräulein Geisler ist offenbar der auserkorene Liebling der Bühnenleitung. Solche Sympathien sind sehr schätzenswert, wenn die Künstlerin sie nur nicht mit der Schönheit und Frische ihres Organs büßt, das heute schon mitunter forciert und hart klingt und anscheinend der Schonung bedarf, um wieder zu werden, was es war.«[29]

Seit einigen Monaten hat Klemperer wieder den Kontakt zu Ferruccio Busoni aufgenommen, den er seit seiner Berliner Studienzeit verehrt und bewundert. Sein Plan, die Oper »Brautwahl« in Prag herauszubringen, war gescheitert. Auch in Straßburg wollte er das Stück ins Programm nehmen, stieß aber auf den erbitterten Widerstand von Hans Pfitzner,[30] der sich mit Busoni eine schmutzige Fehde liefert, über die das ganze musikalische Deutschland spricht.

1916 ist Busonis »Entwurf einer neuen Ästhetik der Tonkunst« in einer zweiten überarbeiteten Auflage auf Deutsch erschienen. Nachdem das Original von 1907 kaum beachtet worden war, löst es jetzt, mitten im Krieg, heftige Diskussionen aus, besonders bei Pfitzner, der sich mit seiner kleinen Schrift »Futuristengefahr«[31] an die Spitze einer militanten Gegenbewegung stellt. Was ist es, das ihn an Busonis Buch so entsetzlich aufregt? Die Forderung nach Sprengung der diatonischen Skala? Nach dem Primat der Improvisation über die Notation? Nach neuen, elektronischen Instrumenten, die stufenlos Töne jeder beliebigen Höhe erzeugen können? Nach Abschaffung des Katalogs von »Verbotenem« und »Erlaubtem« in der Kompositionslehre und der Grenzen zwischen »Produktion« und »Reproduktion« in Musik? Pfitzner wird nirgends konkret, sondern wettert nur gegen die ganze Richtung, die ihm nicht passt, diesen »futuristischen Kitsch«, diese »Sprünge und Zickzackwege« der Gedanken, vor allem aber gegen die vermeintlichen Angriffe auf das »Deutschtum«, die bei genauerem Hinsehen nur darin bestehen, dass er zitiert, was Nietzsche in »Jenseits von Gut und Böse« über die »deutsche Musik« gesagt hat:

»Gegen die deutsche Musik halte ich mancherlei Vorsicht für geboten. Gesetzt, daß man den Süden liebt, wie ich ihn liebe, als eine große Schule der Genesung, im Geistigen und Sinnlichen, als eine unbändige Sonnenfülle und Sonnenverklärung, welche sich über ein selbstherrliches, an sich glaubendes Dasein breitet: nun, ein solcher wird sich etwas vor der deutschen Musik in acht nehmen lernen, weil sie, indem sie seinen Geschmack zurückverdirbt, ihm die Gesundheit mit zurückverdirbt. Ein solcher Südländer, nicht der Abkunft, sondern dem Glauben nach, muß, falls er von der Zukunft der Musik träumt, auch von einer Erlösung der Musik vom Norden träumen und das Vorspiel einer tieferen, mächtigeren... Musik in seinen Ohren haben, einer überdeutschen Musik, welche vor dem Anblick des blauen, wollüstigen Meeres und der mittelländischen Himmelshelle nicht verklingt, vergilbt, verblaßt, wie es alle deutsche Musik tut, einer übereuropäischen Musik, ... deren Seele mit der Palme verwandt ist und die unter großen, schönen, einsamen Raubtieren heimlich zu sein und schweigen versteht.«[32]

Pfitzner fühlt sich durch diese Zeilen so sehr in seiner deutschen Komponisten-Ehre beleidigt, dass er gar nicht merkt, wer sie geschrieben hat, nämlich der echt deutsche Nietzsche – Pfitzner glaubt, sie seien von dem »Italiener« Busoni verfasst worden:

»Die Stelle mit der ›überdeutschen Musik‹, der ›übereuropäischen Musik‹, deren ›Seele mit der Palme verwandt ist‹, ist ganz schon von einem Bohemien am Nachmittag im Kaffeehaus bei Kognak und Zigarette vorgebracht, hat aber mit einer ernsten Ästhetik der Tonkunst nichts zu tun!«[33]

Eigentlich hat diese Verwechslung etwas Komisches. Aber der sonst so vornehm zurückhaltende Busoni ist tief verletzt und schreibt in einem offenen Brief an Hans Pfitzner:

»Während ich, weder bei Ihren Leuten, noch bei irgend jemanden, Sie öffentlich künstlerisch verdächtigt habe, entwerfen Sie von mir ein unzutreffendes und häßliches Bild. Sie verkünden mich öffentlich als Verleugner und Verächter aller großen Komponisten der Vergangenheit, ohne Beweise für eine so ungeheure Beleidigung anzuführen, sondern Sie stützen sich lediglich auf ›den Gesamteindruck, den man von der Lektüre des Büchleins hat‹. Sie und Ihre Leser muß ich darum zunächst auf meine Ausgabe von Bachs wohltemperiertem Klavier verweisen, die gewiß nicht im Tone der Verleumdung und der Unehrerbietigkeit verfaßt erscheinen darf!«[34]

Paul Bekker schlägt sich in der »Frankfurter Zeitung« auf die Seite Busonis und fertigt Pfitzner mit ein paar sarkastischen Worten ab.[35] Thomas Mann dagegen gibt Pfitzner Recht und sieht in Busonis Schrift eine Gefahr für die deutsche Musik.[36] Auch Klemperer ergreift Partei, wenn auch nicht öffentlich. Im Juni 1917 schreibt er an Busoni:

»Ich möchte Ihnen gern noch sagen (obgleich mich die Sache ja gar nichts angeht) wie echt menschlich ich Ihre… Erwiderung auf die ›Futuristengefahr‹ fand. Der Verfasser muß Sie gröblich missverstanden haben. Nehmen Sie meine verehrungsvollsten und schönsten Grüße entgegen. Ihr stets sehr ergebener Otto Klemperer.«[37]

Januar 1918. Die in Köln erscheinende »Rheinische Musik- und Theaterzeitung« eröffnet das fünfte Kriegsjahr mit dem Vorwort: »Der große Krieg schweißt die Deutschen endgültig zu *einem* Individuum zusammen, er gibt ihnen das Bewußtsein der völkischen Eigenart; nun erst ist der Boden bereit, auf dem eine rein herrliche deutsche Kunst bewußt und stolz gedeihen kann.«[38] Dreizehn Millionen Menschen sind bis jetzt gefallen oder tödlich verletzt worden, elf Millionen schwer kriegsversehrt, fast zweihunderttausend allein in Deutschland an spanischer Grippe gestorben. Junge Witwen geben verzweifelte Annoncen auf und suchen neue Ernährer für ihre Kinder. Die Luftangriffe im Westen Deutschlands nehmen zu. Am 18. Mai fallen um die Mittagszeit 23 englische Bomben auf Köln. Sie treffen spielende Kinder im Volksgarten und eine voll besetzte Straßenbahn, die gerade den Waidmarkt passiert. Es gibt 41 Tote und 47 Verletzte. In der Oper ist ein normales Proben nicht mehr möglich. Immer öfter müssen die Musiker bei Alarm in den Luftschutzkeller. »Ich habe sehr viel auszuhalten«, schreibt Klemperer an den Maler und Bühnenbildner Ewald Dülberg.[39]

Im Sommer besucht er Ferruccio Busoni in Zürich, den er in äußerst desolater Verfassung antrifft. Er fühlt sich durch Pfitzner aus Deutschland geistig ausgebürgert, gefangen und eingeklemmt zwischen Bergen und Seen, hat wenig Kontakt zu anderen Intellektuellen, die in der neutralen Schweiz Zuflucht gesucht haben, zu René Schickele, Oskar Fried, Hugo Ball und Hans Arp, schreibt Tausende Briefe nach Deutschland und Italien, trinkt zu viel Wein und raucht unendlich viele Zigaretten. Klemperer spricht mit ihm über »Turandot« und »Arlecchino«, zwei Kurzopern, die gerade in Zürich großen Erfolg hatten und die er gern auch in Köln aufführen würde. Aber wie wird das möglich sein? Mitten im Krieg? Besonders nach Pfitzners gemeiner Polemik, die sogar von einem Thomas Mann unterstützt wird?

Nachdenklich fährt er wieder zurück nach Köln und träumt von einem »Zusammenschluss Gleichgesinnter«, von einer Art »internationalem Künstlerbund« als »Phalanx« gegen die »ewig vorhandene Gemeinheit«, wie er sich in einem Brief an Busoni ausdrückt.[40] Zum ersten Mal in seinem Leben entwickelt er eine gewisse Aversion gegen Wagner, dessen Werke ihm plötzlich nicht mehr gefallen. Diese Veränderung strahlt auf sein Publikum ab. War die Kölner Presse anfangs noch begeistert von seinem »Lohengrin« und seinen »Meistersingern«, so findet sie jetzt, dass er Wagner zu nüchtern und analytisch angehe, wenn nicht gar verfälsche. Seine »Walküre« sei »fein ausgearbeitet« gewesen wie alles, was er in die Hand nehme, aber in ihrer Detailtreue kein »Gesamtkunstwerk« mehr. Es fehle das innere Engagement. Die Musik lasse einen kalt.[41] »Wenn Wagner mir gefällt, gefalle ich mir nicht mehr«, soll Klemperer laut Auskunft seiner Schwester Marianne in diesen Wochen gesagt haben.[42]

Im Herbst 1918 stürzt er sich mit Energie in die Einstudierung von Leoš Janáčeks Bauernoper »Jenůfa«, ein vitales Stück über Frömmigkeit, Sexualität und Kindsmord in einem mährischen Dorf, das Max Brod für die deutschsprachige Bühne entdeckt und übersetzt hat. Nach der Uraufführung in Prag und in Brünn ist es im Februar 1918 nur wenige Male an der Wiener Hofoper gezeigt worden, weil der neue Kaiser von Österreich, Karl I., etwas für die tschechische Minorität tun wollte, die um diese Zeit leidenschaftlich für einen eigenen Staat kämpfte. Max Brod war von Anfang an überzeugt von dem Stück. »Ich sah nichts, ich hörte nur«, schreibt er in seinen Erinnerungen. »Plötzlich stampfen Urklänge eines Rekrutenliedes, eines Bauerntanzes zu mir herauf. Tränen der Seligkeit... standen mir im Auge.«[43] Trotz des kaiserlichen Plädoyers für diese Oper haben deutschnationale Kreise alles versucht, ihre Aufführung an der Wiener Hofoper zu verhindern. Die Inszenierung war plump, das Dirigat uninspiriert. Janáček, der im Publikum saß, fühlte sich verhöhnt und beleidigt. Die Kritik blieb lau oder schwieg.

Klemperer hat sich die Partitur von der Wiener Universal-Edition schicken lassen, mit deren Leiter, Dr. Emil Hertzka, er regelmäßig über interessante Neuerscheinungen korrespondiert. Wie er es gegenüber seinen Dienstherren Konrad Adenauer und Fritz Rémond durchsetzen konnte, das Stück eines »Kriegsfeindes« trotz des Wiener Misserfolgs in Köln auf die Bühne zu bringen, ist leider nicht mehr zu ermitteln, da Klemperers Personalakten im März 2009 beim Einsturz des Historischen Archivs der Stadt Köln verschüttet worden sind. Die Mitglieder des Opernchors unterstützten ihn jedenfalls nicht, sondern lehnten es ab, »die Oper eines Mannes zu spielen, dessen Landsleute deutsche Auen verwüsten und deutsche Frauen schänden.«[44]

Doch die Aufführung findet trotzdem statt. Am 16. November 1918. Ein historisches Datum. In Prag ist die tschechoslowakische Republik ausgerufen worden. Die österreichisch-ungarische Monarchie existiert nicht mehr. Ein Aufstand von Matrosen der deutschen Hochseeflotte hat von Kiel aus auf ganz Deutschland übergegriffen. Kaiser Wilhelm II. hat abgedankt und ist ins holländische Exil gegangen. Arbeiter- und Soldatenräte haben die Macht übernommen, auch in Köln, wo sie Flugblätter verteilen, auf denen es heißt:

»Die Ziele der Bewegung sind: 1.) sofortiger Friede. 2.) Vereidigung des Heeres auf die Verfassung. 3.) Freilassung sämtlicher politischer Gefangenen. 4.) Abschaffung aller Dynastien im Deutschen Reiche. 5.) Annullierung aller militärischen Einberufungen. 6.) Annullierung der Kriegsanleihen. Arbeiter, Soldaten, Bürger Kölns!... Keine Plünderungen!... Vorwärts für Freiheit und Ordnung!«[45]

Einen Tag vorher ist der Pianist Artur Schnabel in Köln gewesen. Rein zufällig auf der Durchreise zwischen seinen Konzerten. Auf dem Bahnhof haben sich Tausende von Menschen versammelt. Aber alles wirkt friedlich. »Was geschah, war, daß junge... und alte Soldaten absolut ruhig und ohne ein Wort zu verlieren auf Generäle und Oberste zugingen, ihnen die Epauletten abschnitten und die Säbel abnahmen«, schreibt er in seinen Erinnerungen. »Auch die Generäle sprachen kein Wort. Das Ganze ging so glatt und geräuschlos vonstatten, als wäre es angeordnet worden.... Ich ging in die Schalterhalle und dort sah ich aus Gewehren und Karabinern errichtete Pyramiden. Die Gewehre waren in zwei Teile zerbrochen und sorgfältig aufeinandergestapelt worden. Dann wurden sie auf Lastwagen geladen und in den... Rhein geworfen.«[46]

Die deutsche Erstaufführung von Janáčeks »Jenůfa« in Köln unter Otto Klemperer ist also mehr als ein wichtiges Opernereignis, nämlich das Symbol einer friedlichen Revolution. Fünf Tage nach dem legendären Waffenstillstand von Compiègne, der den Ersten Weltkrieg beendet hat, steht sie für Völkerverständigung und Weltoffenheit, für den Beginn einer kontinuierlichen Pflege von Werken des Auslands und der Avantgarde. Das Kölner Publikum ist zunächst verwirrt und weiß nicht, was es von dieser Oper halten soll. Von dieser grausamen und doch menschlichen Fabel über eine von krankhaftem Sexualhass besessene alte Frau, die das Kind ihrer Ziehtochter ertränkt, um deren Ehre wiederherzustellen, von dieser dunklen, fremdartigen Musik, die nicht dem Reim, sondern der Sprachmelodie folgt und sich leise an den mährischen Volkston anlehnt. Eigentlich, schreibt der Rezensent der Rheinischen Musik- und Theaterzeitung, habe er in dieser Zeit »der frechen Anmaßung kulturloser Slawen« keinen Grund, sich mit dem Werk näher zu befassen. Doch er könne nicht umhin, zuzugeben, dass ihn die glaubwürdige Menschlichkeit der Figuren und die »Feinhörigkeit für ... primitive Seelenäußerungen« stark beeindruckt hätten.[47] Klemperer wird von jetzt an für Janáčeks Musik kämpfen, in der Oper wie im Konzertsaal. Dem Musikverlag Schott berichtet er stolz von einem »sensationellen Erfolg« der »reichsdeutschen Uraufführung« von »Jenufa«.[48]

6. Dezember 1918. »Ein nasser, trauriger Tag in Köln«, schreibt ein anonymer Zeitzeuge. »Ein Hauch von Erwartung liegt über der Stadt. ... Die Hohe Straße ruht fast ganz verlassen. Viele Geschäfte sind geschlossen.«[49] Gegen zwölf Uhr fahren sechs Panzer vor dem Rathaus vor. Ein englischer General und einige Stabsoffiziere steigen aus und bitten höflich um ein Gespräch mit Konrad Adenauer. Der empfängt sie herzlich. Sie kommen ihm gerade recht, denn die Lage in der Stadt ist trostlos. Es gibt 25 000 Arbeitslose, unzählige Kriegsversehrte, viele Heimkehrer, die wieder integriert werden müssen, zu wenig Krankenhäuser, zu wenig Ärzte, zu wenig Essen. Adenauer hat Angst, dass es bald wieder losgehen wird mit der Revolution, diesmal nicht friedlich. Im Ruhrgebiet wird schon wieder gestreikt. In Berlin bahnen sich Kämpfe zwischen Aufständischen und Soldaten an. Deshalb bittet er die Besatzer, für Ruhe und Ordnung zu sorgen, und verspricht, sich mit ihnen zu arrangieren.

In den nächsten Tagen rücken 55 000 Engländer ein, die in Schulen, Hotels und Privatwohnungen einquartiert werden und das Leben in der Stadt dramatisch verändern. Es gibt eine Reihe von Verboten und Restriktionen: Post- und Zeitungszensur, Überwachung von Telefongesprächen, Konfiszierung von Pferden, Autos, Motorrädern und sogar Fahrrädern, Ausgangssperren ab neun Uhr abends, drastische Beschränkungen im Nah- und Fernverkehr. Aber es gibt auch viele neue Clubs, Kneipen und Bars, in denen Whisky und Gin ausgeschenkt wird, Restaurants mit brandneuen Speisekarten auf Englisch, englische Schallplatten, englische Schlager, englisches Publikum im Theater- und Opernhaus, das endlich wieder bis auf den letzten Platz ausgebucht ist und nicht mehr um seine Existenz fürchten muss. Richard Strauss wittert die Gunst der Stunde und schreibt nach langer Kommunikationspause an den »lieben Herrn Collegen« Klemperer, dies sei doch der richtige Moment, um »Salome« und »Elektra« herauszubringen, denn »Offiziere und Mannschaften« seien »sicher ein interessierteres Publikum« für *seine* Werke als »die lieben Cöllner«.[50]

Doch zunächst wird Weihnachten gefeiert, das erste Friedensweihnachten, ein richtiges deutsches Weihnachten mit Weihnachtsliedern und Arien von Bach, die Klemperer seiner verblüfften Familie auf dem Klavier vorträgt. In diesem Dezember 1918 sind sie alle nach Köln gekommen: Nathan, Ida und Marianne, die jüngere seiner beiden Schwestern, eine Studentin der Geisteswissenschaften,[51] die sich sehr über die Veränderung ihres Bruders wundert. Ist er etwa schon konvertiert? Oder wird er bald konvertieren? In seiner Stube habe »feierlicher Friede« geherrscht, schreibt sie an eine Freundin, »das allerreinste Wesen des deutsch-christlichen Geistes«.[52]

8 »Ihr müsst lachen, Kinder!«

10. Februar 1919. Erstaufführung von Busonis Kurzopern »Turandot« und »Arlecchino« in Köln. Klemperer hat schon im November 1918 mit den Proben begonnen, sich eine Inszenierung in Frankfurt angesehen, immer wieder mit dem Komponisten korrespondiert und sich nach langer Überlegung entschlossen, die Rolle des Arlecchino nicht mit einem Sänger, sondern mit dem Charakterschauspieler Paul Senden zu besetzen.[1]

Busonis Stück ist im Mai 1917 im neutralen Zürich uraufgeführt worden, eine moderne Commedia dell'Arte, eine bitterkomische, schon auf Brecht und Weill vorausweisende Parodie auf den Krieg, Pfarrer, Ärzte, Tenöre, betrogene Ehemänner und die barbarischen »Tudesken«, die »im Handumdrehen ihren Spieß« zücken, um auf den vermeintlichen Feind einzuschlagen. Bei der Uraufführung in Zürich hat der große Alexander Moissi die Hauptrolle gespielt. »Trapp, trapp, tschum, tschum, was ist ein Soldat? Etwas, das sich selbst aufgibt.... Der künstliche Mensch. Was ist das Recht? Was man anderen entreißen will. Was ist das Vaterland? Der Zank im eigenen Hause. Ihr seid Soldaten und kämpft für Recht und Vaterland! Merkt's euch!« Das Libretto zu dem Stück stammt von Busoni selbst.

Peter Heyworth meint, es hätte in Köln keinen Eindruck gemacht.[2] Aber das ist nicht wahr. Es war Karneval, und das Publikum freute sich, nach dem Elend der letzten Jahre über so etwas Ernsthaftes wie den Krieg und das Vaterland endlich einmal von Herzen lachen zu dürfen. Der anarchische Clown Arlecchino, für den es kein Recht und Gesetz gibt, der sich über Pathos und Spießigkeit lustig macht und die Frauenherzen im Flug erobert, stand dem kölschen Gemüt und dem kölschen Hänneschen so nahe, dass sogar die konservative Presse entzückt war,[3] besonders von den programmatischen Schlussworten, in denen es heißt:

> Die Welt ist offen!
> Die Erde ist jung!
> Die Liebe ist frei!
> Ihr Harlekins!

Seit November 1918 hat sich in Köln eine rege Kunstszene um die jungen Dadaisten Max Ernst, Hans Arp und Johannes Theodor Baargeld gebildet, die sich »zahllose Zigaretten rauchend und unentwegt Tee trinkend« in der Wohnung von Max und Louise Ernst auf dem Kaiser-Wilhelm-Ring Nr. 14 treffen, um »in endlosen Gesprächen eine neue Welt aufzubauen«.[4] Ihr Galerist, Verleger und Organisator ist Karl Nierendorf, ein gerade erst aus dem Krieg zurückgekehrter junger Mann, dessen Eltern lange Zeit Klemperers Nachbarn gewesen sind. Sie sind katholische Proletarier, eine Herkunft, auf die ihr Sohn Karl sehr stolz ist. Seit seiner Rückkehr von der Front schwer traumatisiert, beschließt er, nicht mehr in seinem erlernten Beruf – er ist Bankangestellter – zu arbeiten, sondern sich nur noch der Kunst und der Kunstvermittlung zu widmen, um »die jungen geistigen Kräfte des Rheinlandes (zu) sammeln..., die eine Erneuerung der Welt aus... dem Ich des Einzelnen fordern«.[5] Auf der Ehrenfelder Landmannstraße gründet er einen eigenen Verlag, Kairos, der die Zeitschrift »Der Strom« herausgibt. Sie steht »im Dienst des geistigen Wiederaufbaus«, »ablehnend zu allem Ästhetentum« und »unabhängig von jeder Clique«. Schon in der ersten, im Dezember 1918 erschienenen Nummer ist Max Ernst mit sieben graphischen Arbeiten vertreten. Etwas später zeigt der Kölnische Kunstverein Bilder aus dem geistigen Umkreis des »Strom«, Werke von Kirchner, Marc, Macke, Lehmbruck und noch einmal Max Ernst mit einem »Revolutionsbild, auf dem ein bombenwerfender Kuli einige Bourgeois durcheinanderwirbelt«.

Nierendorf, der ein guter Klavierspieler und Sänger ist, möchte auch Vertreter anderer Kunstgattungen aktivieren und gründet darum eine »Gesellschaft der Künste«, in deren Programm es heißt: »Im sozialen Staate sind Architektur und bildende Künste, Dichtung, Theater und Musik nicht... Alleinbesitz einer bevorzugten Minderheit, sondern sichtbar gewordener Ausdruck des Volkswillens.« Die neu gegründete Gesellschaft fordert »die Befreiung der Kunst von jeglicher Bevormundung durch Staat, Gemeinde und Partei«, die »Erhöhung der bisher für Kunst angewandten öffentlichen Mittel, gesetzliche Regelung der Schriftstellerhonorare« und vieles mehr.[6] Sie finanziert sich aus Genossenschaftsanteilen ihrer Mitglieder und hat ihr Büro in der Wohnung von Max und Louise Ernst.

Am 2. März 1919 findet im Festsaal des Kölner Nobelhotels Disch das erste Konzert der neuen Künstlervereinigung statt, eine Matinee mit Mahlers »Kindertotenliedern«. Es singt der Star-Bariton Friedrich Schorr, begleitet von Otto Klemperer am Klavier. Klemperer und Nierendorf begegnen sich bei dieser Matinee zum ersten Mal persönlich. »Der Saal war völlig ausverkauft«, schreibt Nierendorf nach dem Konzert an seine Eltern. »Viele mußten im Nebensaal stehen. ... Die Lieder sind unerhört schön und wurden bis ins Kleinste ausdrucksvoll und mit ganzer Hingabe gesungen. Über die Begleitung Klemperers (der mir auch als Mensch nahe gekommen ist) brauche ich nichts zu sagen. Was er tut und sagt, jeder Anschlag ist vom Feuer des Genies durchglüht, ob er sich in der innigsten Zartheit oder im rasenden Sturm gibt. Welch ein Mensch ist das!«[7]

Zwei Tage nach der Matinee müssen sie mit Bestürzung in der Presse lesen, dass sich antisemitische Töne in die Kritik mischen – zum ersten Mal seit Klemperers Amtsantritt im August 1917. Otto Neitzel von der »Kölnischen Zeitung« meint rassebedingte Ähnlichkeiten zwischen der Musik der »Semiten« Mahler, Goldmark und Meyerbeer feststellen zu können. Und die »Rheinische Musik- und Theaterzeitung« spielt süffisant auf das »dickleibige, nur für ästhetische und philosophische Adepten lesbare« Buch von Ernst Bloch, den »Geist der Utopie« an, in dem Mahler als »strenger, jüdischer Mann« bezeichnet werde, dessen Ethos allein aus »jüdischer Inbrunst« zu verstehen sei.[8]

Schon zwei Wochen vorher hatte das »Kölnische Volksblatt«[9]

eine ausgesprochen bösartige Rezension über ein Konzert gebracht, in dem der Bariton Modest Menzinsky einige von Klemperers Liedern gesungen hatte. Von »Zierblumenlyrik farbigster Klänge« war da die Rede, »kunstreich gefüllt, aber ohne Aroma«; von »gesuchter Unbekümmertheit«, mit der er in die »breite Heerstraße« eines Schubert oder Mahler einbiege, vom »Musikmorphinismus« seines Kompositionsstils gar, ein besonders perfider Vergleich, denn nach dem Krieg hatte der Drogenkonsum dramatisch zugenommen und fing an, ein großes gesellschaftliches Problem zu werden.

Was ist geschehen? Wieso plötzlich wieder diese alten Klischees, die allesamt auf Richard Wagner zurückgehen? Dieser hatte vor fast 70 Jahren in seinem Pamphlet über das »Judentum in der Musik« behauptet, dass der Jude nur zu süßlicher Nachahmung fähig sei und eine Musik schriebe, die nicht zu Herzen gehe. Warum jetzt wieder diese alten Phrasen? Weil seit Kriegsende »die Juden« wieder zu Sündenböcken für alles Elend gemacht werden, für die deutsche Niederlage, die Revolution, die Arbeitslosigkeit, die Besatzung, die Hungersnot und natürlich auch für den Niedergang der guten deutschen Musik. Ein paar Wochen später, nach Klemperers erstem eigenen Symphoniekonzert mit Mahlers Zweiter im städtischen Opernhaus, wird eine andere Zeitung sogar schreiben, Mahler habe alles bei Bruckner abgeschrieben und wirke im Vergleich zu Richard Strauss banal und blutleer, eine Mischung aus »Carmen, philosophischen Ideen, Promenadenkonzerten und Militärtrommelgeschmetter«, die der »Theatermann« Klemperer mit »bizarren Gesten ... pseudopathetisch gedehnt« habe.[10]

Der Rezensent ist der aus Sachsen stammende Pfitzner-Freund und Musikwissenschaftler Hermann Unger, der von Hermann Abendroth ans städtische Konservatorium geholt worden ist, um dort musikgeschichtliche Vorlesungen zu halten. Als treuer Gefolgsmann seines Chefs, leidenschaftlicher Antisemit und Wortführer einer sich in Köln formierenden Anti-Klemperer-Fraktion bezweifelt er heftig, dass in der »Musikstadt« Köln das Bedürfnis bestehe, »neben den altangestammten Gürzenichkonzerten weitere, mehr speziell modernistischen Tendenzen huldigende Veranstaltungen zu bieten«, deren Programm ganz den Wünschen einer »kunstdemokratischen Sonderpartei« – gemeint ist die »Gesellschaft der Künste« – folge.[11]

Tatsächlich hat sich Klemperer die Erlaubnis zu einer eigenen Konzertreihe im Opernhaus mühsam erkämpfen müssen, weil die städtische Theaterkommission der Meinung war, dass das durch Grippe und schlechte Ernährung geschwächte Orchester schon mit seinem normalen Dienst stark überlastet sei. Es dauert ewig, bis die Sache entschieden ist. Klemperer erwägt, Köln zu verlassen. Ihm sind Stellen in Aachen, Mannheim und sogar Wien angeboten worden. Die auswärtige Presse spricht von einem kulturpolitischen Skandal. Die Meinungen in der Kölner Zeitungslandschaft sind gespalten. Während die »Rheinische Zeitung« findet, »eine Persönlichkeit vom Range Klemperers«, die der Kölner Oper »draußen im Reich den Ruf einer der ersten Opernbühnen« eingebracht habe, müsse der Stadt unbedingt erhalten bleiben,[12] äußert sich der Stadtanzeiger in satirischer Form über den Fall:

Wenn die Blicke forschend werfen
wir auf unser künftig Los
bis zum Reißen unsrer Nerven
ist die Spannung riesengroß...

Deutschland bangt und Deutschland zittert.
Hörtet ihr das Donnerwort:
Rémonds Stellung ist erschüttert.
Klemperer geht vielleicht fort!![13]

Doch es kommt anders. Klemperer bleibt insgesamt sieben Jahre in Köln und wird die »Opernhauskonzerte« zu einer Kultinstitution machen. Neben dem klassischen und romantischen Repertoire wird er Werke von Schönberg, Bartók, Sibelius, Skrjabin und vor allem Mahler aufführen, Solisten wie Artur Schnabel und Emanuel Feuermann engagieren und sich sein eigenes Publikum heranziehen, dem Abendroths Gürzenichkonzerte zu hausbacken sind, Künstler des Dada-Kreises, Studenten und Professoren der neu gegründeten Universität, jüdische Rechtsanwälte, Fabrikanten und Ärzte, Sozialisten, Sozialdemokraten und katholische Geistliche. Auch der junge Hans Mayer hat ihn in dieser Zeit erlebt und bewundert, den »Mythos«, das »Ärgernis«, das »Gerücht« Klemperer, jemand, den man »mit keinem anderen der wohlbekannten musikalischen Zeitgenossen vergleichen konnte«, außer vielleicht mit Mahler, den er – so Mayer – manchmal ein wenig zu sehr imitiert habe.[14]

»Sein leidenschaftliches Dirigieren auch nur zu beobachten war schon Genuss«, erinnert sich ein anderer Kölner Zeitzeuge, Artur Joseph, »etwa der Übergang von stürmischen zu stillen Passagen, wobei er seine langen Hände wie beschwichtigend über die Köpfe der Musiker gleiten ließ, um dann, schmal über die Partitur gebeugt, fast ohne jede Bewegung fortzufahren. Auch die ältesten Orchestermitglieder bewunderten ihn, und mein Cello-Lehrer, der Konzertmeister Baldner, erzählte mir oft ganz erregt, wie Klemperer schon bei den ersten Proben einer schwierigen Neueinstudierung seine Überlegenheit gewann und meisterlich das Ganze beherrschte.«[15]

Im Frühjahr 1919 setzt Klemperer einen lang gehegten Plan in die Tat um und lässt sich katholisch taufen.[16] Ein Kaplan namens Joseph Orth an der Pfarrkirche St. Paul gegenüber der Ulrepforte hat das »libellum suplicem«, den Antrag zur Aufnahme des »hebraicus« Otto Klemperer in die Kirche, gestellt. Hans Mayer spricht von einer »gleichsam zufallhaft(en)« Entscheidung, einer Kölner »katholische(n) Phase«, die Klemperer wie alles, was er tat, »bis ins Extrem« getrieben habe.[17] Artur Joseph – damals Angestellter im väterlichen Schuhgeschäft auf der Schildergasse, später Journalist in Israel – geht das Thema etwas differenzierter an. Auch er als Sohn einer orthodox-jüdischen Familie sei jedes Mal seltsam ergriffen gewesen, wenn er sich, mit dem Zug von der rechten Rheinseite kommend, über die Hohenzollernbrücke der Kölner Altstadt genähert habe, »die mit ihrem Häusermeer und den unzähligen Kirchtürmen sich wie ein Buch aufblätterte«. Im »mächtigen Gebirge des Doms« und seiner »geheimnisvollen Überwirklichkeit« habe er nie »nur die katholische Kathedrale, vielmehr das Gotteshaus insgesamt« gesehen, »das zum Ruhm des Herrn erbaute Heiligtum. ... Voll Ehrfurcht folgte ich den von Kindheit an vertrauten, aufwärts strebenden Linien seiner Gotik, die in den Kreuzblumen der Türme nicht zu enden schien, und schaudernd gedachte ich beim Anblick der stets irgendwo angebrachten Baugerüste jener Prophezeiung des Teufels, der dem Dombaumeister Gerhard zugerufen hatte, das Werk werde nie beendet werden. ... Immer wieder wurde der Dom mir zum neuen Erlebnis, besonders, wenn an Vorabenden hoher Feiertage ... seine Kaiserglocke mich von fern herbeirief. ... Dann saß ich in der Gartenanlage am Südportal und spürte ›es‹ lebendig werden im traulich-geheimen Gestein. Dumpf und schwer schwebten von oben die Glockentöne herab, und in den Mauerschatten erschienen mir Cherubim mit Flammenschwertern.«[18]

Auch Klemperer ist magisch angezogen von den vielen romanischen und gotischen Kirchen in Köln, von ihren Bildern und Kunstgegenständen, dem Orgelspiel und der gregorianischen Liturgie, besonders aber von der Basilika St. Maria im Kapitol, die er vor wichtigen Konzerten oder Premieren immer wieder aufsucht, um vor dem schmalen, schmucklosen Holzkruzifix zu beten. Zwar hätte er dieses Erlebnis auch ohne Konversion haben können. Aber er glaubt wirklich an die Botschaft des Christentums, von der der überzeugte Katholik Nierendorf so oft spricht, an Christus, den Sozialisten, der gerade in dieser Zeit überall gebraucht werde, »bei den Armen, den Krüppeln, den Angestellten, den an die Wand Gedrückten«.[19] Vielleicht spielt auch der Einfluss Max Schelers eine Rolle, des ehemals jüdischen, mit 25 zum Katholizismus konvertierten Philosophen, den Adenauer als »geistigen Führer der Jugend«[20] an die neu gegründete Universität geholt hat. In seinen Kölner Vorlesungen, die brechend voll sind und auch von Klemperer und seiner Schwester Marianne besucht werden, spricht er mit großer Überzeugungskraft von einem »erhabenen Prinzip« deutsch-katholischer »Solidarität«, das er dem Individualismus und Kapitalismus der Moderne entgegensetzt, von der Idee »einer allverbindlichen, katholischen, einheitlichen ... Kirchenanstalt«, in der »*alle* Menschen in Adam sündigten und fielen und *alle* zusammen in Christo auferstanden«.[21] Marianne glaubt nicht recht an die Aufrichtigkeit dieses kleinen, aber seltsam faszinierenden Mannes, der »etwas Lauerndes, Skeptisches«[22] habe und in dessen Pathos sich manchmal unangenehm nationalistische, ja sogar antisemitische Töne mischen.[23] Doch Klemperer erliegt sofort seiner Magie und sucht seine Nähe, obwohl oder *weil* er weiß, dass er privat einen äußerst schillernden Ruf hat, viel zu viel raucht und trinkt, in Jena und München wegen skandalöser Frauengeschichten aus dem Universitätsdienst entlassen worden ist und seine derzeitige junge Frau Märit, eine Schwester von Wilhelm Furtwängler, öffentlich mit einer Studentin betrügt.

Scheler spricht nie davon, dass er Jude ist, und auch Klemperer wird es bis 1933 nicht mehr tun. Aus verständlichen Gründen. Am 15. Januar 1919 ist die Leiche der jüdischen Sozialistin Rosa Luxemburg im Berliner Landwehrkanal gefunden worden. Am 21. Februar sind in München tödliche Schüsse auf den jüdischen USPD-Politiker Kurt Eisner gefallen, den Führer der bayrischen »Räterepublik«. Auch Klemperer wird jetzt von seinen Feinden immer wieder als Sozialist, jüdischer Sozialist und jüdischer Edelkommunist bezeichnet,[24] weil er in der »Gesellschaft der Künste« engagiert ist und bei Arbeitskämpfen auf der Seite seiner Musiker steht. Wird die katholische Taufe ihm den erhofften Frieden bringen und ihn vor weiteren Attacken schützen?[25]

Für die Karwoche des Jahres 1919 zieht er sich in die Benediktiner-Abtei Maria Laach zurück, ein magischer Ort zwischen sanften Hügeln und Obstgärten, nicht weit von Rhein und Ahr in der östlichen Eifel, auf den ihn rheinische Bekannte aufmerksam gemacht haben, Karl Nierendorf, vielleicht auch Adenauer, dessen Schulfreund Peter Herwegen[26] Abt des Klosters ist, auf jeden Fall aber der Bonner Romanist Ernst Robert Curtius, der ihn für ein paar Tage begleitet. Klemperer ist hingerissen von der romanischen Klosteranlage und der Basilika mit ihren sechs mächtigen Türmen am Ufer des lang gestreckten, hellblauen Laacher Sees. »Es ist überirdisch schön hier, eine wahrhaft himmlische Ruhe«, schreibt er an Ferruccio Busoni. »Ich bin seit Samstag hier, mache die ganze Liturgie mit und muß (leider) Ostermontag in Köln sein, um den Parsifal zu dirigieren.«[27] Herwegen hat wichtige Bücher über den heiligen Benedikt[28], das römische Missale[29] und »Das Kunstprinzip der Liturgie«[30] geschrieben, über »Student(en), Kultur und Katholizismus«[31], ist gegen die Weimarer Republik, gegen den Sozialismus, vor allem aber gegen die Aufweichung der katholischen Liturgie durch moderne Einflüsse. In seinem Kloster singt man noch Psalmen, Hymnen und Responsorien in gregorianischer Reinkultur, nach einer tausendjährigen Tradition, die für Klemperer von fremdartigem Reiz ist.

»Trotz der vielen Arbeit konnte ich wunderbarerweise auch komponieren«, schreibt er weiter an Busoni. »Gestern gelang es mir die Partitur einer schon vor zwei Jahren entworfenen Messe zu beenden. Sie ist für die Liturgie gedacht (wenngleich ich auch gegen eine würdige Aufführung im Konzertsaal nichts einzuwenden habe). Die Besetzung sind 6 Solostimmen (3 Soprane, Alt, Tenor, Bass), gemischter Chor, Kinderchor, Orgel und (großes) Orchester.«[32]

Johanna Geisler kommt für ein paar Tage nach Maria Laach und nimmt auf der Rückreise die fertige Partitur mit, um sie von Köln aus an den Musikverlag Schott zu schicken. Sie haben beide lange gebraucht, um sich darüber klar zu werden: Aber jetzt wissen sie, dass sie sich lieben und heiraten wollen. Johanna verspricht sogar, ihm zuliebe zu konvertieren.

Heyworth meint, dass Klemperer um diese Zeit wieder »manisch« gewesen sei,[33] aber seine Briefe an Busoni wirken vollkommen klar und vernünftig. Er schreibt ihm, dass die Kölner Pianistin Lonny Epstein seine Kindersonatine und das »Indianische Tagebuch« in einem Konzert der »Gesellschaft der Künste« gespielt habe, dass die Kurzopern »Turandot« und »Arlecchino« immer noch erfolgreich aufgeführt würden, dass er eine Neueinstudierung von Rossinis »Barbier von Sevilla« »nach der bei Ricordi erschienenen Originalpartitur« vorgenommen habe, »mit den (von Neitzel übersetzten) Secco-Rezitativen. Und ohne die üblichen Streichungen. Die Arbeit machte mir Freude. Im Mai gibt es Così fan tutte.«[34] Im gleichen Brief bewirbt er sich vehement um die Kölner Uraufführung von Busonis großer Oper über den »Faust«, ein Antrag, den er noch oft wiederholen wird, leider vergeblich, denn Busoni wird diese Oper nicht mehr vollenden.

16. Juni 1919, fünf Wochen nach dem Friedensvertrag von Versailles. Otto Klemperer und Johanna Geisler heiraten in einer Jesuitenkapelle auf der Kölner Albertusstraße. Max Scheler und Louise Schwab sind Trauzeugen. Es gibt keine Feier, denn die Hungerblockade der alliierten Siegermächte ist gerade erst aufgehoben worden. Nur wenige gute Freunde sind zu dieser Hochzeit gekommen. Johanna hat keine Angehörigen außer Louise und Carla. Und Klemperer wagt es nicht, seine Familie in eine katholische Kirche zu bitten. Er befürchtet dramatische Auftritte seiner Mutter Ida. Sie meint, dass Johanna nicht die Richtige für ihn sei, weil sie zu ungebildet, zu ordinär und vor allem: nicht jüdisch ist, was Ida nun plötzlich doch als Manko empfindet, obwohl sie doch selbst fast keine Beziehung zu ihrer Religion hat. Vater Nathan reagiert toleranter. Er mag Johanna, weil sie so herzlich, tatkräftig und humorvoll ist und seinen Sohn oft zum Lachen bringt, was bisher noch keinem gelungen ist. Marianne schreibt mäßig begeistert an eine Freundin, Johanna habe »ein sehr lebendiges Gesicht« und sei »nicht gerade schlank«. Um Ottos schwierige psychische Disposition zu ertragen, müsse sie »Nerven aus Eisen haben.... Du würdest sehr lachen, wenn Du die beiden Unsinn machend erlebtest. Alles in allem scheint sie mir von allen Frauen, die ich kenne, für Otto die passendste zu sein.«[35]

Nach der Trauung eilen Otto und Johanna in den Kölner Gürzenich, wo um zehn eine öffentliche Probe der neuen »Messe« stattfindet, ein Hochzeitsgeschenk des Orchesters an seinen Prinzipal. Johanna singt die extrem schwierige Sopranpartie. Marianne hat sich bereit erklärt, im Chor mitzuwirken. Auch der zwölfjährige Hans Mayer, der das Stück »als ein Werk durchaus interessanter zeitgenössischer Musik« wahrnimmt, sitzt im Publikum. Er wird später darüber schreiben:

»Der wegen seiner Sarkasmen und Wutausbrüche gefürchtete Riese war auf der Probe ganz locker, heiter, offenbar dankbar für die Möglichkeit, die eigene Musik probieren zu dürfen. Er hatte sich einen Kinderchor an einigen Stellen ausgedacht;... er war ganz reizend, ganz ohne Herablassung. Er nahm seine jungen Interpreten ernst, erklärte ihnen den musikalischen Ablauf. Die

Kinder waren eifrig bei der Sache. Ich höre ihn noch, wie er abklopfte und dann sagte: ›Kinder, ihr müßt lachen! Das macht die Kehle rein!‹«[36]

Klemperer weiß um diese Zeit wahrscheinlich schon, dass er selbst Vater wird. Denn Johanna schreibt am 5. Juli 1919 aus Sils Maria an Nathan Klemperer:

»Unser herzallerliebster Papa! Nimm aus der Ferne von mir die innigsten Geburtstagswünsche und auch einen festen Geburtstagskuß, den ich Dir aber leider nur im Geiste geben kann. Ich wünsche Dir für das kommende Jahr die allerbeste Gesundheit und recht viel Freude. Um Letzteres wollen wir schon besorgt sein, unser guter Papa, Dein Otto und ich; und um Ersteres wollen wir Gott bitten, unser aller Gott, der einzige Gott, zu dem wir alle beten. Und bei Deinem nächsten Geburtstag, liebster Papa, wirst Du hoffentlich ein kleines Enkelkind in Deinen Armen halten, ein Kind Deines Otto; angemeldet ist es schon. Tausend Grüße: Johanna.«[37]

Obwohl das junge Ehepaar relativ gute Verträge mit der Kölner Oper hat, ist der finanzielle Druck vom ersten Tag an gewaltig, denn sie haben nicht nur für sich selbst und das zu erwartende Kind, sondern auch für Klemperers Eltern, seine Schwester Marianne, Johannas Pflegemutter, für die Haushälterin Louise Schwab und für Johannas Tochter Carla zu sorgen, die jetzt dreizehn Jahre alt ist und wegen ihrer schlechten Leistungen ständig die Schule wechselt. Dabei sind schon die Vorboten der Inflation deutlich spürbar. Kriegsfinanzierung und Reparationszahlungen haben die Wirtschaft an den Rand des Ruins gebracht. Die Preise für Lebensmittel, Miete und Heizung steigen ständig, während die Kaufkraft der Reichsmark immer weiter sinkt. 1919 hat sie nur noch 55 Prozent ihres Vorkriegswertes. Auch die Klemperers müssen eisern sparen und ziehen alle zusammen in eine Mietwohnung auf der Kölner Mozartstraße, was für Johanna eine schwere Geduldsprobe ist, da Ida Klemperer keine Rücksicht auf ihre Schwangerschaft nimmt, sondern sie täglich mit neuen Szenen und Reklamationen bearbeitet. Auch Marianne mäkelt oft an Johanna herum, weil sie eifersüchtig auf deren gute Beziehung zu ihrem Vater ist. »Er hängt sehr an Johanna«, schreibt sie am

15. Dezember 1919 an ihre Schwester Regina, »und es ist nur schade, daß sie viel liegen muß, da sie immer noch spielt und dann nebenher Ruhe braucht. Ich finde es sehr verkehrt, aber sie wollen es aus pekuniären Gründen, auch tut sie es gerne.«[38]

Am 5. Mai 1919 ist Hans Pfitzner fünfzig Jahre alt geworden. Hermann Unger hat ihm in der »Rheinischen Musik- und Theaterzeitung« einen Glückwunsch geschrieben, in dem es heißt: »Deutsch ist Ihre Art, eine Sache um ihrer selbst willen zu tun, deutsch Ihre von bloßer Reizsamkeit... entfernte Gefühlswelt, deutsch Ihre mangelhafte Geschäftstüchtigkeit, deutsch Ihre mangelhafte Anpassungsfähigkeit an die Wünsche einer ziel- und wahllosen Übergangsperiode, deutsch Ihre herzhafte Streitbarkeit und deutsch Ihr in der Ecke stehen.«[39]

Klemperer hat das Ereignis zum Anlass genommen, den Kontakt mit seinem alten Lehrer und Widersacher wieder aufzunehmen, der das französisch gewordene Straßburg fluchtartig verlassen hat und in einer verwunschenen Villa am Ammersee lebt, die ihm sein jüdischer Gönner und Freund Paul Nikolaus Cossmann geschenkt hat, damit er sich endlich ganz seiner Kunst widmen kann. Klemperer hat offenbar an Pfitzner geschrieben, dass er die 1917 durch Bruno Walter in München uraufgeführte Oper »Palestrina« auch in Köln herausbringen möchte, ob als versöhnliche Geste, Zugeständnis an die deutsch-nationale Fraktion in der Kölner Presse oder aus echter Begeisterung für diese Musik, ist nicht mehr auszumachen.[40] Erstaunlicherweise kommt der sonst immer zu Zank und Streit aufgelegte Pfitzner in seiner Antwort vom 31. Mai 1919 mit keinem Wort auf die Vorfälle in Straßburg zu sprechen, sondern schreibt frostig, aber sachlich an den »hochgeehrten Herrn Klemperer«:

»Ich kann mich nur sehr schwer entschließen, den Palestrina über München hinaus zu lassen. Seine Aufführung ist nur in ganz großen Theatern und in festspielartiger Aufmachung möglich.... Wenn ich meine Einwilligung zu einer Aufführung im Kölner Stadttheater unter Ihrer musikalischen Leitung gebe, so kann es nur unter folgenden Hauptbedingungen geschehen:

1.) ... wird mir die gesamte Regie von der ersten Probe an übertragen.

2.) Die Besetzung geschieht im Einvernehmen mit mir…
3.) Die Aufführung kann nur am Ende der Saison stattfinden.…
Ich denke mir Mai 1920.
4.) Ich verpflichte mich, mindestens vier, höchstens fünf Wochen zur Einstudierung nach Köln zu kommen, und erhalte für diese Leistung ein Gesamthonorar von 2500 Mark, was in Anbetracht dessen, was ich inzwischen versäume, ein sehr geringes ist.
5.) Der Palestrina wird von seiner ersten Aufführung an so oft als möglich angesetzt, und zwar verpflichtet sich die Theaterleitung… 10 Aufführungen herauszubringen.
…Ich möchte noch die Frage hinzufügen, ob Herr Direktor Rémond im Amt bleibt, was, wie ich höre, nicht der Fall ist. Im Falle er doch bleibt, müßte ich gewisse Sicherungen für meine Machtbefugnisse zur Probenaufstellung und -abhaltung haben.«[41]

Zu einer Vorbesprechung der geplanten Inszenierung nimmt Klemperer seine schwangere Frau Johanna mit, weil er weiß, dass sie mit ihrer Mischung aus Kompetenz und Charme beinahe jeden für sich zu gewinnen weiß, auch einen so schwierigen und verbitterten Menschen wie Hans Pfitzner. Dieser hat mit seiner Oper »Palestrina« seinen ersten, späten, durchschlagenden Erfolg errungen, was dazu geführt hat, dass man ihm endlich eine Professur an der Preußischen Akademie der Künste in Berlin anträgt, wo er nun Seite an Seite mit seinem ebenfalls nach Berlin berufenen Erzfeind Busoni Komposition unterrichten muss, eine wahrhaft geniale Personalentscheidung des preußischen Kultusministers.

Fast alle Kritiker sind nach der Uraufführung des »Palestrina« durch Bruno Walter der Meinung gewesen, dass es sich um ein herausragend bekenntnishaftes Werk handle. Paul Bekker hat in der »Frankfurter Zeitung« von »mystischer Ekstase« gesprochen, einer »zur Askese neigenden melodischen Linie«, »kühler Reinheit der Instrumentation« und einer »herben, sinnliche Reize und chromatische Mischungen… meidenden Harmonik«. Mit diesem an Wagner und Schopenhauer genährten Opus Magnum sei der Höhe-, aber auch der Endpunkt der deutschen romantischen Oper erreicht, die nun allerdings die Schwelle zur Moderne überschreiten müsse, um nicht in eine schwere Krise zu geraten.[42] Etwas später wird der gleiche Autor aber einschränkend sagen, es sei »bezeichnend, daß in ›Palestrina‹ keine einzige Frauenfigur« erscheine. »Das Mönchtum dieser Kunst« gehe »bis zur Verdammung des Eros von der Bühne«.[43] Tatsächlich hat Pfitzner nur zwei Sängerinnen in Hosenrollen für diese Oper vorgesehen, Palestrinas halbwüchsigen Sohn und dessen besten Freund. Die einzige »richtige« Frau, Gattin Lukrezia, schwebt nur sekundenlang als Geist aus dem Totenreich über die Bühne, um dem Herrn Gemahl einige gute Einfälle einzuhauchen.

Am 15. Januar 1920 beginnt Klemperer, die Oper in Köln zu proben. Der Rhein ist seit Tagen über die Ufer getreten und hat mit einem Pegelstand von fast zehn Metern das höchste Niveau seit 1784 erreicht. Fast die ganze linksrheinische Altstadt ist überschwemmt. Die ohnehin hoch verschuldete Berliner Regierung muss Unterstützung in Höhe von einer Million Reichsmark leisten. Das Opernhaus liegt zum Glück weit genug weg vom Rhein. Alles bleibt trocken. Aber die Musiker murren über den mystischen, unerotischen, völlig humorlosen Plot, der in einer Stadt wie Köln wenig Anklang findet.

Am 9. April 1920 kommt Hans Pfitzner auf dem Kölner Hauptbahnhof an. Otto Klemperer holt ihn persönlich ab. Erst am 22. März ist er Vater eines Sohnes geworden. Das Kind heißt Werner. Die Geburt war schwer, die medizinische Versorgung miserabel. Eigentlich würde Klemperer jetzt dringend zu Hause gebraucht, doch er muss sich um seinen alten Lehrer Hans Pfitzner kümmern, der »Wochen und Wochen« benötigt, bis er endlich mit seiner Inszenierung fertig ist, sich in seinem Quartier – er ist privat untergebracht worden – einsam und unwohl fühlt und auf einer Gesellschaft einen offenen Streit mit einem Freund Klemperers anfängt, der ein Gedicht von Claudel rezitiert – auf Französisch.[44] »Als er anfing, stand Pfitzner abrupt auf und ging. Ich ging ihm nach und fragte warum. ›Ich halte es nicht aus, wenn jemand in diesen Zeiten ein französisches Gedicht liest.‹ Das war seine Einstellung. Ein bißchen verrückt.«[45]

Pfitzner selbst ist begeistert von der Arbeit mit Klemperer. Eine

»vollendete Leistung«, schreibt er im Rückblick an Fritz Rémond.[46] Alle Rollen seien bestens besetzt gewesen. Die Kölner Oper könne sich mit den besten Berliner Ensembles vergleichen. – Doch bei der Premiere am 15. Mai 1920 glänzt die gesamte Kölner Presse durch Nichterscheinen, eine Antwort auf interne Querelen zwischen Journalisten und Opernchor, die mit dem Stück selbst gar nichts zu tun haben. Es wird zwar im Laufe des Jahres noch ein paarmal gespielt, mit dem Bassisten Ernst Osterkamp in der Rolle des Papstes,[47] aber für Klemperer hat die ganze Mühe nur dazu geführt, dass er sich gründlich zwischen alle Stühle setzt und sich den Ruf menschlicher und politischer Unredlichkeit einhandelt. »Über Klemperers Begabung und Können habe ich nie Zweifel gehabt«, schreibt Paul Bekker 1921 an Franz Schreker. »Meine Bedenken liegen auf einem anderen Gebiet, aber darüber läßt sich nicht schreiben.«[48]

1920 ist Pfitzners Pamphlet »Die neue Ästhetik der musikalischen Impotenz: Ein Verwesungssymptom?«[49] erschienen. In dieser Schrift, die im Titel ironisch auf Busonis »Neue Ästhetik der Tonkunst« Bezug nimmt, steigert sich Pfitzners Nationalismus zu »schäumenden Hasstiraden, die selbst in der überhitzten Atmosphäre der unmittelbaren Nachkriegszeit ungewöhnlich sind und an den Ton der NSDAP-Veranstaltungen der frühen zwanziger Jahre erinnern«.[50] Nach einer Klage über die »verleumderische Verhetzung« und die »satanische Grausamkeit«, die »unserem armen Land« im Ersten Weltkrieg angetan worden seien, geht er zu offen antisemitischer Polemik gegen seinen einstigen Kritiker Paul Bekker über, der das »nihilistische Geseires«[51] seiner »Frankfurter Zeitungslieblinge« für die »legitime Folge Beethovens und Wagners« halte und darum offenbar »geschissen von gemalt nicht unterscheiden« könne:

»Der geistige Kampf gegen den musikalischen Einfall steht auf sehr, sehr schwachen Beinchen. Er wird mächtig gestützt durch die Masse derer, in deren Interesse die Glorifizierung der musikalischen Impotenz liegt. Geführt aber wird er von dem jüdisch-internationalen Geist, der dem Deutschen den ihm ganz wesenfremden Wahnsinn des Niederreißens und Zertrümmerns einpflanzt. Das Ganze ist ein Verwesungssymptom. Ich sage: International-jüdisch, meine also nicht die Juden als Individuen. Der Grenzstrich der Scheidung geht nicht zwischen Jude und Nichtjude, sondern zwischen deutsch-national empfindend und international empfindend. Ich selbst kenne eine Anzahl von Juden, die so deutsch, national und ehrenhaft empfinden, wie es nur gewünscht werden kann; und umgekehrt leider allzuviele Deutsche, die gegenüber Deutschland internationaler, ja anti-nationaler empfinden, als es Fremde und Feinde tun. Das Judentum ist ein gefährliches Rätsel.... Wagners Stellung in der Judenfrage ist mild zu nennen gegenüber dem Radikalismus, den Juden aufbringen, wenn sie zur Erkenntnis der Gefahr ihrer selbst kommen. Otto Weininger, dieser geniale, seherisch begabte Jude, sagt geradezu: ›Das Judentum ist das böseste überhaupt.‹ Wenn dieses Judentum nun mit der ungesalzenen Einfalt und geistigen Wehrlosigkeit des deutschen Durchschnittsmichels zusammenkommt, gibt's ein verhängnisvolles Mixtum.«[52]

Paul Bekker, der katholisch getaufte Sohn eines Schneiders ostjüdischer Herkunft, kann sich so viel geballten Hass nur als Symptom einer Paranoia erklären, die Pfitzner unter dem Eindruck des Ersten Weltkrieges entwickelt habe. »Die Symptome wurden schon in der gegen Busoni gerichteten Streitschrift ›Futuristengefahr‹ erkennbar«, schreibt er in seiner Entgegnung. »Jetzt, in der neuesten ... Kundgebung kommen sie zum katastrophalen Ausbruch.... Seine Beweisführung beschränkt sich auf einige unflätige Schimpfworte und gipfelt in dem schönen Satz: ›Wer das nihilistische Geseires seiner (d. h. also meiner) Frankfurter Zeitungslieblinge für die legitime Nachfolge der Werke Beethovens und Wagners hält, der kann geschissen von gemalt nicht unterscheiden.‹ Das ist sozusagen das Wesentliche, in ebenso plastischen wie anmutigen Ausdruck gegeben. Wen meint nun Pfitzner, wer sind diese ›Frankfurter Zeitungslieblinge‹ mit ihrem ›nihilistischen Geseires‹? War es etwa eine Art Schamgefühl, den Namen eines Mannes, dem er zu tiefem Dank verpflichtet ist, öffentlich in den Kot zu ziehen: Gustav Mahler? oder fehlte es ihm bei allem Mut der Feder schließlich doch an der nötigen Zivilcourage, um die Opern Franz Schrekers als ›nihilistisches Geseires‹ zu bezeichnen? Oder wen sonst kann er meinen? Arnold

Otto Klemperer mit seinen Schwestern
Regina und Marianne, ca. 1893

Otto Klemperer in Prag, ca. 1907

Otto Klemperer und seine Schwester Marianne auf Sylt, 1908

Igor Strawinsky, Ewald Dülberg und Otto Klemperer, Berlin 1927

Die Krolloper am Platz der Republik in Berlin, ca. 1930

Hoffmanns Erzählungen, Bühnenbild von László Moholy-Nagy

Der Fliegende Holländer, Bühnenbild von Ewald Dülberg

Johanna und Otto Klemperer ca. 1937/38 am Lake Arrowhead, Kalifornien
(Archiv Lotte Klemperer)

Maria Schacko, ca. 1940
(Archiv Alexandra Kaufmann, Berlin)

Otto Klemperer 1947
nach einer Schlägerei in Los Angeles
(Archiv Lotte Klemperer)

Otto Klemperer 1958 am Pult des Londoner Philharmonia Orchestra
(Erich Auerbach, Getty Images)

Otto Klemperer 1964 mit Lotte
Klemperer im Londoner Hyde Park
(Erich Auerbach, Getty Images)

Otto und Lotte Klemperer, Jacqueline du Pré, Daniel Barenboim, London 1967
(G. MacDomnic, Stanmore)

Schönberg, etwa gar Anton Bruckner? Unter den von mir propagierten Musikern sind vorwiegend Deutsche, darunter allerdings zwei Juden: Mahler und Schönberg. Indessen: Jude oder Nichtjude, das ist einerlei, der Ästhetiker der musikalischen Potenz hat über diesen Punkt seine besonderen Ansichten. Der Jude ist Nichtjude, sofern er deutschnational empfindet, der Nichtjude ist Jude, sofern er nicht deutschnational empfindet, Hauptsache ist, daß man mit dem Wort ›jüdisch‹ jetzt ein neues deklassierendes Schimpfwort gewonnen hat, das man jedem entgegenschleudern darf, der nicht ›deutschnational‹ im Pfitzner-Stil empfindet. ... Herr Pfitzner verlangt ein ›Auflodern von Haß, Rache und Empörung des gesamten, fest zusammengeschlossenen Siebzig-Millionen-Volkes‹. Es muß dem *Menschen* Pfitzner überlassen bleiben, da zu hassen, wo er hassen zu müssen glaubt. Eines aber ist sicher: Der *Künstler* Pfitzner wird an diesem Haß verarmen. ... Der Tempel der Kunst steht weit außerhalb jener niedrigen Regionen des Völkerhasses, in die Pfitzner ihn herunterzerren möchte.«[53]

Klemperer hat sich durch seinen Einsatz für Pfitzner nicht nur bei Bekker unbeliebt gemacht, sondern auch bei Busoni, der sofort auf Distanz zu ihm geht und seine Briefe jahrelang nicht mehr beantwortet. Sosehr Klemperer sich auch bemüht, seine Opern in Köln wieder aufzunehmen oder ihn als gefeierten Klaviersolisten an den Rhein zu locken:[54] Busoni geht weder auf das eine noch das andere ein und hüllt sich in beharrliches Schweigen, sodass Klemperer am 15. September 1920 resigniert einsehen muss: »Ich weiß, wie sehr Sie überlaufen sind und daß Sie Wichtigeres zu tun haben wie an ein Kölner Konzert zu denken.«[55] Die Reaktion von Bekker und Busoni wird umso verständlicher, wenn man bedenkt, dass das Erscheinen von Pfitzners neuem Pamphlet mit einer Welle von Rassismus und Antisemitismus in Deutschland zusammenfällt: der Gründung der NSDAP in München, den Aufmärschen rechtsradikaler Freikorps, dem Kapp-Putsch gegen die Regierung der Weimarer Republik und den dramatischen Stimmgewinnen der Rechten bei den ersten Reichstagswahlen im Juni 1920. Als in der »Rheinischen Musik- und Theaterzeitung« eine gehässige Polemik gegen Busonis Berufung nach Berlin erscheint – schon wieder, schreibt ein ungenannter Autor, sei ein »bedeutsamer Posten« mit einem »Ausländer« besetzt worden, »während wir hier in Deutschland eine ganze Reihe von Persönlichkeiten besitzen, die das Amt mindestens ebensogut verwalten könnten«[56] –, hätte Klemperer zumindest seine Stimme für Busoni erheben können. Aber er tut es nicht. Er dirigiert und schweigt. Für Busoni ist das Thema Klemperer damit bis auf Weiteres erledigt.

9 Missa sacra und Faschistenhymne

Nach dem Eklat um Pfitzner bemüht sich Klemperer, seine Beziehung zu Bekker und der musikalischen Avantgarde zu verbessern. Schon im September 1920 nimmt er Kontakt zu Arnold Schönberg auf, dessen »Pelléas et Mélisande« er in einem Kölner Opernhauskonzert dirigiert hat – mit großem Erfolg bei einer »Minorität«, wie er schreibt, wenn die Presse auch »teilnahms- und lieblos« gewesen sei.[1] Er hatte den Komponisten vergeblich darum gebeten, ihm »Anweisungen« zu der »so sehr schwierige(n) Partitur« zu geben und vielleicht eine eigene Einführung für das Programmheft zu schreiben. »Daß ich keine Analyse meine, brauche ich wohl nicht zu betonen. Aber ein paar Worte würden, glaube ich, dem Publikum helfen, um so mehr, als die Maeterlinckschen Gestalten (noch dazu mit Debussys Musik) für den Durchschnittshörer bestimmte Umrisse erhalten haben, die Ihre Musik doch ganz gewaltig zerbricht.«[2] Jetzt versucht er noch einmal, Schönberg zu einem Dialog zu bewegen, und berichtet von einem ganzen Abend mit seinen Kompositionen, den er demnächst in der Berliner Philharmonie dirigieren werde: »Verklärte Nacht« und »Pelléas«, man gewähre ihm immerhin fünf Proben!derberg muss auf diesen Brief reagiert haben, denn gegen Ende des Jahres 1920 fährt Klemperer zu ihm, um die Partituren mit ihm durchzugehen, nicht nach Wien oder Berlin, sondern in das holländische Seebad Zandvoort nicht weit von Köln, wo Schönberg auf Einladung von Freunden den Winter verbringt.

Um die gleiche Zeit bewirbt sich Klemperer bei Franz Schreker um eine Aufführung von dessen Oper »Der Schatzgräber« in Köln.[4] Die beiden Männer kennen sich bislang nur flüchtig. Sie haben sich vor dem Krieg einmal kurz bei Alma Mahler gesehen, die ihre Begegnung als unfreundlich und gespannt schildert.[5] Schreker, sieben Jahre älter als Klemperer, Sohn eines ungarisch-jüdischen Fotografen und einer österreichisch-katholischen Aristokratin aus Österreich, ist gerade zum Direktor der Berliner Musikhochschule berufen worden, das höchste musikalische Amt, das die junge Weimarer Republik zu vergeben hat. Die vier Opern, die er bisher geschrieben hat, besonders »Der ferne Klang« und »Die Gezeichneten«, stehen auf den Programmen fast aller deutschsprachigen Bühnen und machen dem Werk von Richard Strauss heftige Konkurrenz. Er schwelgt in üppigen, farbenreichen Orchesterklängen, in »Klangrauschmusik«, wie sie oft genannt wird, und schreibt seine von Symbolismus, Impressionismus und Psychoanalyse gespeisten Libretti selbst.

Schreker freut sich über Klemperers Anfrage, denn seit Ende des Ersten Weltkriegs hat er sich gegen Jazz, Serielle Musik und Neue Sachlichkeit durchzusetzen, gegen Stimmen, die seine Orchesterbehandlung nicht mehr zeitgemäß finden und Kritik an seinen Libretti üben, in denen es fast immer um das Scheitern von Männern an lüsternen, halb wahnsinnigen Frauen geht. Sein Ruhm hat, trotz immer noch hoher Aufführungsziffern, etwas nachgelassen und bedarf der Festigung. Er fährt mehrmals zu Klemperer nach Köln und ist von ihm und dem Gürzenich-Orchester hell begeistert. »Nun habe ich«, schreibt er am 2. Oktober 1921 an Paul Bekker, »nachdem mir zahllose mehr oder minder miserable Aufführungen des ›Schatzgräber‹ das Werk verleidet hatten, vorgestern in Köln eine gehört, die mir... Trost und Freude bereitete. Musikalisch unter Klemperer alles von höchster Feinheit, präzis, voll Temperament, voll Freiheit in der Gestaltung, mit einem Wort – höchste Wonne, Vergnügen – Erstaunen, ja mehr.... Und ein Künstlerensemble von Niveau.... Das Nachspiel werde ich wohl nie wieder so schön und ergreifend hören, es war Erfüllung... Ein großer Erfolg übrigens – und sogar eine anständige Presse – ja, die Kölnische Zeitung mehr als das.... Köln war mir darum sehr wertvoll, weil es sich um die erste größere Stadt nach Frankfurt handelte.«[6] Am liebsten möchte er auch die Uraufführung seiner neuen Oper »Irrelohe« nach Köln geben. Doch Bekker rät ihm aufgrund seiner persönlichen Bedenken gegen Klemperer zur Vorsicht.[7]

Schon wenige Monate nach der Geburt ihres Sohnes Werner steht Johanna Klemperer als Zerlina in »Don Giovanni« und Adele in der »Fledermaus« wieder auf der Bühne. Im Dezember 1920 übernimmt sie die extrem schwierige Partie der Marietta in Erich Wolfgang Korngolds »Die tote Stadt«. Alle Fachleute sind der Meinung, dass dieser Part die stimmliche Kraft einer »Carmen« oder »Salome« verlange. Aber Johanna stellt sich dieser Herausforderung und nimmt sogar wieder Gesangsstunden, um ihre hohen Tonlagen zu verbessern. Ein Leben als Hausfrau und Mutter kommt für sie nicht in Frage, zumal das Zusammenleben mit Schwiegermutter Ida immer noch so anstrengend ist, dass es selbst ihre »Nerven aus Eisen«[8] überfordert, obwohl sie alles Erdenkliche dafür tut, dass die Schwiegereltern sich in ihrer Wohnung auf der Kölner Mozartstraße nicht wie geduldete Gäste, sondern wie in einem eigenen Zuhause fühlen. »Die Eltern«, schreibt Klemperers Schwager Ismar Elbogen nach einem Besuch in Köln an seine Frau Regina, »haben Ottos Zimmer nach dem Garten, haben es gemütlich eingerichtet mit i h r e n Möbeln. Rote Ripsgarnitur an der Balkontür, ein großer Kleiderschrank, eine Kommode, viele Bilder, alles recht wohnlich. Der Hauptgrund, weshalb sie es taten, war, daß Mama die Wirtschaft nicht mehr führen konnte. Es gibt natürlich Schwierigkeiten, aber darüber waren Ottos sich von vornherein klar, und sie hoffen darüber mit Humor hinwegzukommen.«[9] Trotzdem muss Klemperer immer wieder moderieren und versöhnen, da seine Mutter sich dauernd in die Erziehung des Enkels einmischt, sich über das Essen beschwert usw. Als sie einmal ausnahmsweise kein Frühstücksei bekommt, weil die Ernährungslage in Köln wieder besonders schlecht ist, fasst sie das als persönlichen Affront gegen sich auf und meint, dass Johanna sie verhungern lassen wolle. »Wenn du dich mit meiner Mutter nicht recht verstehen kannst, so denke an die grundsätzliche Verschiedenheit eures Wesens«, versucht Klemperer zu schlichten, »und sei du – als die Jüngere – die Klügere und Nachgebende. Sei überzeugt, daß du alles Gute, was du meinen Eltern tust, *mir* tust. Und denke an ihre Jahre.«[10]

Johanna singt die Rolle der verführerischen Tänzerin Marietta in Korngolds »Die tote Stadt« mit großem Bravour. »Sie entfaltete Glanz und dramatische Tonfülle«, schreibt die Kölnische Zeitung, »so daß das Soubrettenhafte ihres Stimmklangs völlig verschwand.«[11] Doch als sie wieder und wieder vor den Vorhang gerufen wird, weigert sich ihr Mann, neben ihr zu erscheinen. Nicht, weil er ihr diesen Triumph nicht gönnt, sondern weil er mit dem Stück völlig zerfallen ist, einem Stück, das wie ein »Potpurri aus Puccini, Strauss und Wiener Operette« klingt, nach »Pfefferkuchenharmonik« und »üblem romantischem Brei«.[12] So vernichtend urteilt selbst die konservative Fraktion in der Kölner Presse über das Werk des erst dreiundzwanzigjährigen Korngold, ein Indiz, dass Paul Bekker Recht gehabt haben könnte, wenn er von einer schweren Krise der modernen Oper sprach. In dieser Übergangszeit zwischen Postromantik und neuer Sachlichkeit ist es in Köln wie überall sonst in Deutschland unmöglich, ein Programm zu machen, das jedem gefällt. Es ist immer zu kühl oder zu emotional, zu konservativ oder zu futuristisch, zu vaterländisch oder zu international, also immer falsch.

Am meisten Übereinstimmung erzielt man immer noch mit den bewährten Klassikern, besonders mit Beethoven, dessen 5. Symphonie Klemperer am 11. Dezember 1920 im Opernhaus dirigiert, mit verdoppelten Hörnern und Fagotten, neun Kontrabässen und größeren kompositorischen Eingriffen im Finale. Ist das respektlos und frech? Oder mutig und kühn? Besonders die Musikwissenschaftler unter den Rezensenten können sich in diesem Punkt nicht recht entscheiden. Klemperers Schwester Marianne aber schreibt an eine Freundin, sie sei derart erschüttert und aufgewühlt gewesen, dass sie tagelang an nichts anderes habe denken können. »Es war nicht der übliche klassische Beethoven, der glatte, sondern der Revolutionär. ... Es war Himmel und Hölle, viele Tote und Auferstehung.«[13]

Seit Ende 1920 hat Klemperer Verpflichtungen in Barcelona, Wien und Berlin, sodass man in Köln schon befürchtete, er würde sich abwerben lassen. Aber gerade jetzt scheint er sich innerlich mit der Stadt arrangiert zu haben, in der der größte Teil seiner Familie lebt und wo er zum ersten Mal viele gute Freunde hat, den

Philosophen Max Scheler, den Romanisten Ernst Robert Curtius, den Kunsthändler Karl Nierendorf, der auch Taufpate seines Sohnes Werner ist, die Pianistin Lonny Epstein, die Künstler des Dada-Kreises und seinen neuen jungen, aus Hamburg stammenden Kapellmeister Paul Dessau. Klemperers Vorgänger Gustav Brecher hat während seiner Kölner Amtszeit oft darüber geklagt, dass die Stadt so grau und so hässlich sei und dass die Menschen auf der Straße alle gleich aussähen. Nirgendwo jemand, der »fesch« war. Fast nirgendwo Blumen, Springbrunnen, Fahnen und Farben wie in seiner Heimat, dem alten Österreich, keine monarchistische Pracht, kein Glanz und kein Chic.[14] Inzwischen sieht es in Wien allerdings nicht viel besser aus. Klemperer hat sich im Dezember 1920 selbst davon überzeugen können. Die Kellner, Drucker, Eisenbahner und Handlungsgehilfen streikten, fast alle Restaurants und Hotels waren geschlossen, ehemals Reiche versuchten verzweifelt, Schmuck und Antiquitäten zu verkaufen, ein einfaches Damenkleid kostete 500 Kronen und der Saal, in dem er Beethovens Zweite und Fünfte dirigierte – mit der »dämonischen Zeichenenergie des jungen Mahler«, schrieb die Neue Freie Presse[15] –, war nicht geheizt. Klemperer erkannte *sein* Wien, das alte Wien Gustav und Alma Mahlers, in diesem Winter kaum wieder, so kurz vor Weihnachten, aber ohne jeden Festtagsglanz, denn das ganze österreichische Imperium war zusammengebrochen, dieses riesige Weltreich mit seinen Kronländern Ungarn, Galizien, Kroatien, Slawonien, Mähren und Böhmen. Die Musiker spielten wie in wilder Verzweiflung, und Klemperer nahm ihre Stimmung auf und trieb sie an, ein »Bändiger, ein Hypnotiseur am Pulte«, hieß es in der Presse. »In der Fünften gingen die dramatischen Kraftäußerungen bis an die äußerste Grenze und auch über diese hinaus; der letzte Satz machte den Atem stocken. Alle Sforzandi müssen Rede stehen; jedes Paukencrescendo erhält Katastrophencharakter.... Das Orchester atmet, gestikuliert, spricht, schreit unter Klemperer, agiert zeitweilig wie vor einer unsichtbaren Bühne...«[16]

Die Verhältnisse in Wien sind also trostlos. In Köln dagegen wird trotz Arbeitslosigkeit und Inflation sogar wieder gebaut: eine Messe, ein neuer Rheinhafen, viele innerstädtische Parkanlagen, das zweitgrößte Stadion Deutschlands und ein riesiger Grüngürtel als Naherholungsgebiet an den Grenzen der Stadt. Adenauer hat drei neue Kapellmeister eingestellt[17], die Klemperer bei seinen vielen auswärtigen Auftritten vertreten, und lässt ihm bei der Planung von Ur- und Erstaufführungen relativ freie Hand. Er kann selbstständig mit Zemlinsky, Bartók, Janáček und Delius verhandeln und dem Direktor der Wiener Universal-Edition mit einem gewissen Lokalstolz erklären: »Seien Sie versichert, daß Köln heute mit seinen Erstaufführungen einen ganz anderen Widerhall findet wie früher. Es liegt dies an den merkwürdigen Umständen, in denen sich Köln befindet, die aber recht geeignet sind, alles künstlerisch Interessante, was bei uns vorgeht, in den Mittelpunkt des Interesses zu stellen. Unsere Uraufführungen haben in der letzten Zeit solche Anerkennung gefunden, daß Sie, glaube ich, Ihre Werke uns beruhigt überlassen können.«[18]

So entwickelt sich das Köln der frühen Zwanzigerjahre zu einer Metropole der zeitgenössischen Musik. Im September 1921 wird Schrekers Oper »Der Schatzgräber« aufgeführt, im November 1921 Braunfels' »Die Vögel« mit Johanna Klemperer in der Rolle der Nachtigall, im Mai 1922 Schönbergs »Pierrot Lunaire«, im gleichen Monat Zemlinskys »Der Zwerg« und Strawinskys »Petruschka«, im Dezember 1922 Janáčeks »Katja Kabanowa«, im November 1923 Mussorgskis »Boris Godunow« und im März 1924 Schrekers »Irrelohe«.

Ein Name fehlt allerdings in dieser stattlichen Liste, der Name Paul Dessau – was besonders erstaunlich und bedauerlich ist, da Dessau gerade in seinen Kölner Jahren von 1919 bis 1923 eine besonders spannende kompositorische Phase hat und im Begriff ist, in die vordere Reihe der musikalischen Avantgarde aufzurücken. Er ist zehn Jahre jünger als Klemperer, schlank, schmal, intelligent und sehr ehrgeizig, stammt aus Hamburg, ist Sohn eines »Zigarrenarbeiters«, Kommunist, aber doch gläubiger Jude, der mehrere Kantoren unter seinen Vorfahren hat und die synagogale Musiktradition in- und auswendig kennt. Im Ersten Weltkrieg hat er drei Jahre lang an der Front gedient, teils als aktiver Soldat, teils als Militärmusiker, hat eine »Sonate Nr. 1 für Pianoforte«

komponiert, die in Berlin uraufgeführt worden ist. Auch in Köln schreibt er neben dem Kapellmeisteramt intensiv weiter: »Beruhigung« für eine Singstimme mit Begleitung des Streichorchesters nach einem Text von Otto Julius Bierbaum, ein »Lyrisches Intermezzo« für Gesang und Orchester nach Heine-Gedichten, George-Lieder, eine Schauspielmusik und vieles mehr. Dessau verehrt Otto Klemperer über alles, weil seine Interpretation immer »etwas Kühles, Antikulinarisches« hat, das den Zuhörer zwingt, »wach zu bleiben und mitzudenken, anstatt sich im Sessel zurückzulehnen und zu träumen«.[19] Als Klemperer ihn für Köln engagiert hat, ist er »in die Luft geflogen vor Freude«. Er darf viele wichtige Aufführungen »nachdirigieren«, oft ohne Probe, wenn Klemperer auswärtige Engagements hat, zum Beispiel »Jenufa« oder »Katja Kabanowa« von Janáček.[20] Klemperer vertraut ihm blind und lädt ihn oft zu sich nach Hause auf die Mozartstraße ein, wo sie allerdings strikt beim »Sie« bleiben. Dessau spielt mit dem kleinen Werner, den er von Geburt an kennt, unterhält sich gern mit Johanna, die er auch als Frau »sehr charmant« findet, redet mit Klemperers alten Eltern über gemeinsame Zeiten in Hamburg, mit Klemperer selbst allerdings niemals über Religion oder Politik. »Ich konnte ihn nicht konvertieren zum Kommunismus, während er mich nicht konvertieren konnte zu dem, was ihm vorschwebte. Meine Freundschaft beruht auf einer riesigen Verehrung, und seine auf einer schönen Kameradschaft, mehr noch, übermäßigen Anhänglichkeit, möchte ich sagen.«[21]

1921 erscheint Paul Dessaus »Lyrisches Intermezzo« nach Texten von Heine in der progressiven »Zeitschrift Neuer Kunst«[22], zusammen mit Werken von Busoni, Erwin Schulhoff und Alban Berg. Diese Komposition »ist das Radikalste, das Dessau bis dato geschrieben hat. Das Gerüst fixierter Ton- und Taktarten ist aufgehoben. Ein polyphoner Instrumentalfluß unterspült die von Sekund- und Septschritten dominierte Gesangsstimme. Harmonische Beziehungen werden nicht gesucht. ... Dessau ist hier auf dem Wege zu einer Tonsprache, die er ... erst Ende der dreißiger Jahre, im Zuge der Aneignung von Schönbergs Zwölftontechnik, wieder aufgreifen wird.«[23]

Klemperers Desinteresse oder gar Weigerung, Dessaus Musik in Köln zu Gehör zu bringen, hängt ganz offensichtlich damit zusammen, dass er bei aller Zuneigung eifersüchtig auf ihn ist. Denn er selbst hat immer noch die Vision, eines Tages nicht nur als Dirigent, sondern auch als *Komponist* anerkannt und berühmt zu werden, und liefert sich deshalb eine verzweifelte Fehde mit seinem Verleger Strecker vom Musikverlag Schott in Mainz. Der hat zwar die »Messe« im Juni 1919 trotz erheblicher »verlegerischer Bedenken« als »nachträgliche Hochzeitsgabe«[24] unter Vertrag genommen, findet aber niemanden, der sie aufführen will, wobei Klemperer, der an prominente Orte wie Berlin, München oder Hamburg gedacht hat, die Idee einer Uraufführung durch die »Mainzer Liedertafel« als beschämend und zu provinziell zurückweist.[25] Strecker versucht, ihn auf den Boden der Realität zu holen, und schreibt ihm am 31. Oktober 1919: »Leider haben wir nun so ziemlich von allen denjenigen Leuten, bei denen wir auf eine Aufnahme der Messe rechneten,... einen Korb bzw. eine Vertröstung... erhalten. Einsam von allen Hoffnungen bleibt Mainz übrig, und wir müssen dankbar sein, daß wir wenigstens diese Aufführung zustande gebracht haben.«[26] Doch Klemperer lässt sich nicht darauf ein, sondern beauftragt seine Haushälterin Louise Schwab, Strecker in wenigen dürren Worten abzusagen, was zu einer erheblichen Abkühlung der Beziehungen führt.

Am 19. Juni 1922 kann Klemperer Strecker triumphierend mitteilen, dass die Messe demnächst unter seiner Leitung in Köln und in Barmen uraufgeführt werden soll.[27] Das ursprünglich für Dezember im Kölner Gürzenich geplante Konzert verschiebt sich zwar um einige Monate, weil die Inflation ein massenhaftes Orchester- und Theatersterben nach sich zieht und Köln neben Hamburg, Frankfurt, München und Berlin zu den wenigen Städten gehört, in denen überhaupt noch gespielt wird; aber sie findet am 13. März 1923 dennoch statt, wahrscheinlich ein Zugeständnis Adenauers an Klemperer, der nun immer verlockendere Angebote aus Berlin erhält und als Nachfolger Arthur Nikischs bei den Berliner Philharmonikern oder Leiter der städtischen Oper in Charlottenburg im Gespräch ist.

Arnold Schmitz, ein junger Kölner Musikwissenschaftler, hat

vorab eine enthusiastische Rezension geschrieben, in der er die Ähnlichkeiten mit dem gregorianischen Choral, die freie Rhythmik und die vielen Orgelpunkte und ostinaten Bässe heraushebt. Er spricht von stilistischen Merkmalen, die auf die Frühzeit der niederländischen Schule verwiesen.»Wer mit offenen Ohren... beobachtet, welcher Schlendrian... heute gerade auf dem Gebiet der katholischen mehrstimmigen Messekomposition herrscht, wie man sich krampfhaft Mühe gibt, in verwässerter Nachahmung Wagners ›modern‹ zu erscheinen, ... der wird Otto Klemperers Messe als ein verheißungsvolles Zeichen neu erstarkenden Geistes in der Musica Sacra begrüßen.«[28] Er empfindet die Melodik als »diatonisch«, während Anton Stehle im »Kölnischen Volksblatt« von einer »völligen Auflösung der Tonalität« und »gelenklos federnder Harmonik« spricht. In Anlehnung an Debussy und Schönberg werde hier den Sängern das Höchste abverlangt, »verminderte und übermäßige Intervallschritte, ... harmonische Trugfolgen, ... Sekundeinsätze und -fortschreitungen« und extrem hohe Lagen. Das Ganze sei eine »Zertrümmerung der alten Tabulaturtafeln und ... ungeheuerliche Steigerung aller Ausdrucksmittel«, ein »entschiedenes Bekenntnis zum Gottesglauben« im Gewand der »Kunstrevolution«.[29] Wenn sich diese Kritiken auch diametral widersprechen und die Frage nach der Seriosität des Genres »Musikrezension« aufkommen lassen, sind sie doch beide wohlwollend und respektvoll.

In anderen Blättern klingen dagegen offen antisemitische Töne an, diesmal sogar noch deutlicher als in den Vorjahren: Man wisse, »daß der Autor vor einiger Zeit vom Judentum zur katholischen Kirche übertrat« und »sich hier ein Geist« ausspreche, »der nicht von Kindheit an mit der Ideenwelt der katholischen Kirche und mit ihren Sitten und Gebräuchen vertraut« sei. Bedenklich seien die typisch jüdischen »Orientalismen« und die archaisch-psalmodierenden Melodiebildungen. Die »Qualität des Einfalls« sei zuweilen »peinlich gering«. Genialität lasse sich eben nicht lernen, sondern sei ein Geschenk der Götter und ruhe »verankert in dem Stammesuntergrund, den kein Sterblicher ganz verlieren oder ablegen« könne.[30]

Peter Heyworth hat die Tatsache, dass Klemperer und Abendroth in diesem Gürzenich-Konzert *gemeinsam* auftraten – Klemperer als Dirigent seiner eigenen Messe, Abendroth als Leiter des übrigen Programms –, als Zeichen von Einvernehmen und Kollegialität gewertet.[31] Aber in Wahrheit tobt ein gnadenloser Kleinkrieg hinter der Fassade. Abendroth ist neidisch auf Klemperers auswärtige Erfolge und seinen Ruhm als Uraufführungsdirigent. Zur Premiere von Zemlinskys Oper »Der Zwerg« im Mai 1922 sind außer dem Komponisten und seiner Frau Musikfreunde aus Prag und Wien angereist. Die anspruchsvolle Berliner Musikkritik hat seinen Schönberg-Abend in der Hauptstadt mit den überschwänglichsten Tönen gepriesen: »Der begabteste unter den jungen Dirigenten« – »Besessenheit eines Ergriffenen« – »vollkommene Überlegenheit« – »poesieerfüllte Genauigkeit«.[32] Auch sein Ruf als Mahler-Dirigent ist inzwischen legendär. Da kommt es Abendroth gerade recht, dass sich Hermann Hans Wetzler, ein seit 1919 in Köln engagierter deutsch-amerikanischer Komponist und Dirigent, der mit über fünfzig unter dem wesentlich jüngeren Klemperer arbeiten muss, bei jeder Gelegenheit darüber beschwert, dass er von Klemperer missachtet, gedemütigt und gemobbt werde. Auf sein Betreiben hin habe sich das Orchester gegen ihn, Wetzler, verschworen. »Vergewaltigungen« und »unerhörte Vorgänge« seien vorgefallen, ja sogar die bewusste »Erdrosselung eines Künstlers«.[33] Die Leitung von »Carmen«, »Rienzi«, der »Götterdämmerung« und zuletzt der »Josephslegende« von Richard Strauss sei vertragswidrig nicht ihm, sondern Paul Dessau und einem Herrn Sauer aus Bonn übertragen worden. »Ich beanspruche die Leitung dieses Werkes in Herrn Klemperers Abwesenheit mit aller Entschiedenheit.«[34] Er sei psychisch völlig heruntergekommen, habe den Theaterarzt konsultiert, sein Herz versage den Dienst, und er habe »krankhafte Angst, den Taktstock (überhaupt) wieder zu ergreifen«.[35]

Abendroth versucht nicht etwa zu moderieren, sondern spornt Wetzler an, von Adenauer und dem Kulturdezernenten zu fordern, dass auch er *eigene Werke* in den Gürzenich-Konzerten dirigieren dürfe, zum Beispiel seine »Shakespeare-Ouvertüre« oder die »Silhouetten«, denn »da Klemperer auch seine Messe selbst dirigiert, dürfen Sie im selben Fall nicht zurückstehen. Glauben Sie meinem Rat und befolgen Sie ihn.«[36]

Im Herbst 1922 nimmt die Kontroverse zwischen Abendroth und Klemperer absurde Formen an. Trotz Plünderungen und Hungerrevolten in Vororten wie Kalk, Mülheim und Ehrenfeld will Adenauer einen neuen Cellisten einstellen, da der große Star Emanuel Feuermann gekündigt hat, um eine Professur in Berlin anzunehmen. Für Abendroth war der junge Feuermann, einer der größten Cellisten des 20. Jahrhunderts, schon immer eine Nummer zu gut und zu spektakulär für Köln. »Solange wir Feuermann hier haben, wird es kaum möglich sein, einen Cellisten im Gürzenich durchzusetzen«, hat er an Wetzler geschrieben. Seine künstlerische Bedeutung stehe »der Verpflichtung anderer Cellisten im Wege«.[37] Jetzt ist der Weg frei, verschiedene Kandidaten haben vorgespielt, aber Klemperer und Abendroth können sich nicht einigen. Der Streit eskaliert. Abendroth hat sogar mit Rücktritt gedroht. Sie zanken sich wie die Kleinkinder und werden schließlich vor den Oberbürgermeister zitiert. Der sagt in seiner rheinisch-patriarchalischen Art, Klemperer wolle doch sicher nicht, dass Abendroth wirklich gehe? Klemperer verbirgt seine wahre Meinung und schweigt betreten. Abendroths Kandidat wird genommen. Um Klemperer zu versöhnen, verleiht Adenauer ihm den Titel eines »Generalmusikdirektors«, den er ab dem 8. Dezember 1922 offiziell führen darf.[38]

Kurz vorher hat Klemperer einen neuen Versuch unternommen, sich wieder an Ferruccio Busoni anzunähern und dessen hartnäckiges und verletztes Schweigen zu brechen. Er bringt ihm die frohe Botschaft, dass sein »Konzert für Klavier, Männerchor und Orchester« im Mai 1923 in Köln aufgeführt werde, unter Mitwirkung »des in Köln außerordentlich und klanglich wirklich ungewöhnlich guten Männergesangvereins«.[39] Er freue sich schon auf sein Kommen. Doch vorher müsse er noch nach Rom, um Wagners »Siegfried« zu dirigieren. Mit *italienischen* Sängern: »Ich kann mir kaum denken, wie das werden wird. Auch vor den Orchesterverhältnissen ist mir recht bange. Aber ich muß, da das Leben – namentlich hier in Köln – unerschwinglich teuer ist.«[40]

Busoni ist wahrlich kein italienischer Patriot, ganz im Gegenteil, aber diese Bemerkungen kränken nun doch seinen Nationalstolz: »Es tut mir leid, daß Sie so wenig sich erwarten. Wenn ein italienisches Orchester *will*, so steht es keinem nach; überragt aber manches an schnellem Erfassen.... Ich persönlich bedaure, daß es gerade der ›Siegfried‹ sein soll, der mein Land wieder einmal von seinem eigenen Wesen ablenken soll.«[41]

Er hat allen Grund, sich Sorgen zu machen, denn im Juni 1922 sind 50 000 faschistische Milizen in Schwarzhemden unter der Führung eines gewissen Benito Amilcare Andrea Mussolini in Bologna aufmarschiert und haben den Rücktritt des sozialistischen Präfekten erzwungen. Am 28. Oktober 1922 beginnen sie ihren Marsch auf Rom und stürzen die Regierung von König Vittorio Emanuele III. Einer der Ersten, die sich zur Wehr setzen, ist der legendäre italienische Dirigent Arturo Toscanini. Am 11. Dezember wird von ihm verlangt, dass er zu Beginn einer Aufführung in der Mailänder Scala die »Giovinezza«, die Faschistenhymne, dirigieren solle, aber er weigert sich, weil er das Stück nicht kenne und nicht geprobt habe, und wirft seinen Taktstock wütend auf den Boden. Anders Klemperer. Auch er kennt das Stück nicht und hat es noch nicht mit dem Orchester geprobt. Aber er tut ohne einen Moment des Zögerns genau das, was von ihm verlangt wird. »Um acht Uhr dreißig fing's an«, schreibt er über die römische Premiere des »Siegfried« an Johanna. »Sowie es dunkel wird, tritt der Dirigent ans Pult. Dann wird es sofort blendend hell und (da die königliche Familie anwesend war, an der Spitze der Kronprinz) dirigierte ich die Marcia reale (den Königsmarsch).... Den ganzen Marsch wird geklatscht. Darauf wird die Hymne der Fascisten gespielt.... Immer Applaus. Darauf wird es dunkel.... Zwei Minuten Lärm, ich erhebe den Stock. Totenstille und der Siegfried beginnt....«[42]

Am Neujahrstag 1923 hat er das fragwürdige »Glück«, den Duce auf dem Balkon des Palazzo Venezia sprechen zu hören, und ist beeindruckt von seinem »Programm der Arbeit und Disziplin«, aber auch von seinem schneidigen und markanten Aussehen. »Seinen Kopf vergisst man nicht«, schreibt er an Johanna.[43]

Auf der Rückfahrt macht er Station in Mailand, wo Toscanini

die »Meistersinger« dirigiert. Er möchte den weltberühmten Maestro natürlich persönlich kennenlernen. Eine bekannte Sängerin und Theaterdirektorin hat ihm einen Empfehlungsbrief mitgegeben. Aber der Maestro empfängt ihn nicht. Er wird seine Gründe gehabt haben.

Und auch in Köln hat Klemperer sich mit seinem Verhalten Feinde gemacht. Jean Meerfeld, der Kulturdezernent, ein überzeugter Sozialdemokrat und Gewerkschafter, übt zum ersten Mal offizielle Kritik an ihm und bemängelt in einem langen Brief an die Intendanz »das niedrige Aufführungsniveau ... und das Fehlen jeder musikalischen Führung an der Oper«.[44] Und die Rheinische Musik- und Theaterzeitung kritisiert, dass Klemperer sich in einer Zeit höchster Not aus Köln abgesetzt habe, um Ruhm und Geld »in dem Lande (zu erwerben), dessen Ingenieure zur selben Zeit damit beschäftigt sind, die deutsche Wirtschaft gewaltsam zu ruinieren«.[45] Diese Vorwürfe sind, auch wenn sie aus der rechtskonservativen Ecke kommen, nicht ganz unverständlich, denn am 11. Januar 1923 ist das benachbarte Ruhrgebiet von 60 000 französischen und belgischen Soldaten besetzt worden, weil die Regierung mit den Reparationszahlungen in Rückstand geraten ist. Die Bevölkerung leistet passiven Widerstand. Die Arbeit in den Kohlebergwerken ruht. Auch das Rheinland von Emmerich bis Mainz wird besetzt. Überall Straßenkämpfe, Panik, Verhaftungen, Demonstrationen, auch in Köln.

Reichspräsident Ebert lässt Flugblätter verteilen, auf denen es heißt: »Am 11. Januar haben französische Truppen wider Recht und Vertrag das deutsche Ruhrgebiet besetzt. Seit dieser Zeit hatten Ruhrgebiet und Rheinland schwerste Bedrückungen zu erleiden. Über 180 000 deutsche Männer, Frauen, Greise und Kinder sind von Haus und Hof vertrieben worden. Für Millionen Deutsche gibt es den Begriff der persönlichen Freiheit nicht mehr.«[46] Die Inflation ist ins Unvorstellbare gewachsen. Ein Exemplar des »Kölner Stadtanzeiger(s)« kostet in diesem Jahr 380 Milliarden Mark, ein Liter Milch 280 Milliarden Mark, ein Kilo Kartoffeln 333 Milliarden Mark.

Um den zwielichtigen Ruf, in den er geraten ist, wieder zu reparieren, reist Klemperer mit dem gesamten Opernensemble nach Belgien, Holland und Luxemburg und dirigiert den »Figaro« gegen harte ausländische Währung, die dieses Mal *allen* zugutekommt, nicht nur ihm selbst. Das versöhnt die aufgebrachten Gemüter allmählich wieder. Aber die Zeitungen schreiben immer noch, dass er zu oft von Köln abwesend oder in Gedanken schon auf einem höheren Posten irgendwo in Berlin sei. Doch zunächst hat er andere Sorgen. Am 13. Februar 1923 stirbt seine Mutter Ida im Alter von 74 Jahren. Und im März überrascht ihn seine Frau Johanna mit der Mitteilung, dass sie wieder schwanger ist.

Für sie wäre es schade, wenn sie gerade jetzt von Köln weggingen, denn seit der Geburt ihres Sohnes Werner hat sie ihren künstlerischen Höhepunkt erreicht und eine große Rolle nach der anderen gesungen: die Pamina und Königin der Nacht in der »Zauberflöte«, den Pagen Oskar im »Maskenball«, die Gilda im »Rigoletto«, die Konstanze in der »Entführung«, die Zerline in »Don Giovanni« und die Olympia in »Hoffmanns Erzählungen«. Ihren größten Erfolg hatte sie im Dezember 1921 als Nachtigall in Walter Braunfels' Aristophanes-Oper »Die Vögel«, nicht nur in Köln, sondern auch in Berlin, wo sie für einen erkrankten amerikanischen Star einsprang. »Johanna Klemperer hat lauteres, süßes Gold in ihrer Kehle«, jubelte die Allgemeine Musikzeitung. »Eine Stimme, die mitten ins Herz hinein trifft, die Sehnsucht nach Glück und Schönheit aufkeimen läßt. So etwa könnte der Sopran Jenny Linds geleuchtet haben, so innerlich keusch und herzbezwingend. Welche Weichheit und Ebenmäßigkeit der Kantilenen, welch geschmeidiger Fluß im Ziergesang und welch glockenreine, mühelose Intonation bis in die lichtesten Höhen hinein! Diese Nachtigall aus Köln möchten wir wohl gern für Berlin einfangen. Ob es wohl möglich wäre?«[47]

Es sieht ganz so aus. Denn am 22. Februar 1924, kurz nach der Rückkehr Klemperers von einer Konzertreise nach Barcelona, geben die Berliner Zeitungen bekannt, dass er Direktor der Großen Volksoper werden soll. Er kündigt seinen Kölner Vertrag. In der Presse entsteht große Unruhe. »Ziemlich überraschend«, schreibt die ihm sonst nicht eben wohlgesonnene Rheinische Musik- und Theaterzeitung, sei die Redaktion davon benachrichtigt worden,

»daß Generalmusikdirektor Otto Klemperer mit Ablauf der Spielzeit die Oper verlässt.... Für uns wird sein Weggang peinlich durch die Frage nach einem würdigen Nachfolger. Klemperer gehört immerhin zu den markanten Erscheinungen in der Dirigentenwelt... An Opposition hat es ihm daher auch in Köln nicht gefehlt.... Wir haben ihm des öfteren vorgeworfen, daß er mit Vorliebe moderne Werke zur Aufführung gebracht, die dem Wesen des Rheinländers nicht entsprechen: Schreker, Schönberg, Janáček, Strawinsky, Zemlinsky.... Dafür hat er uns eine ganze Reihe prächtiger Aufführungen geschenkt. Seine Neueinstudierungen sind stets vorzüglich, seine Darbietungen von Mozart-Opern werden... unvergessen bleiben.«[48] Klemperer dirigiert noch die seit langem vorbereitete Uraufführung von Schrekers »Irrelohe«, die am 27. März 1924 ganze Scharen von Kritikern, Musikfreunden und Intendanten aus Deutschland ins Kölner Opernhaus lockt, und fährt wieder nach Berlin, um ein Konzert mit den Philharmonikern zu geben. Auf dem Programm stehen Symphonien von Haydn, Mozart und Beethoven. »Es ›knisterte‹ im Saal, als der übergroße, mit seinem durchdringenden Augenausdruck an Mahler erinnernde Klemperer das Podium betrat«, erinnert sich der spätere Intendant des Orchesters rund ein halbes Jahrhundert später. »Seine imponierende Beherrschung des Orchesterapparats übertrug sich sogleich auf die Zuhörer, die... völlig in den Bann der auch physisch riesigen Erscheinung Klemperers gerieten.... Dabei vernahmen die Begeisterten ganz eigenwillige, alles andere als traditionsbewußte Interpretationen. Anstelle des gewohnten, weich-fülligen Tons der Philharmoniker stellte sich ein etwas spröder, allerdings überaus transparenter, ausgeglichener Orchesterklang ein.... Selten hat im Berlin der zwanziger Jahre ein relativ junger... Dirigent so eingeschlagen wie Otto Klemperer, mochten seine Auffassungen auch in einem fast diametralem Gegensatz zu denen von Furtwängler und Walter stehen.«[49]

Doch ausgerechnet in diesen Apriltagen sickert die Nachricht durch, dass die Große Volksoper durch die Inflation schwer geschädigt sei und unmittelbar vor dem Konkurs stehe. Klemperer kehrt reuig nach Köln zurück. Er will jetzt doch lieber bleiben, die Kündigung rückgängig machen, sein Schicksal nicht an eine so wacklige Institution wie die Große Volksoper binden, zumal er am 1. November 1923 wieder Vater geworden ist und jetzt für drei Kinder zu sorgen hat, Carla, Werner und die neugeborene Tochter Lotte. Doch Rémond und die Theaterkommission haben nun endgültig genug von seinen Launen und sagen Nein. Klemperer animiert einen seiner Kapellmeister, Unterschriften für ihn zu sammeln, und schreibt am 23. April 1924 an Adenauer:

»Hochverehrter Herr Oberbürgermeister!

Da ich zu meinem Bedauern gehört habe, daß Sie durch Krankheit schon seit Wochen an der Führung der leitenden Geschäfte der Stadt Köln verhindert sind, mir es also nicht möglich ist, Sie persönlich zu sprechen, halte ich es für meine Pflicht, Ihnen schriftlich Folgendes mitzuteilen. Als ich meinen Kontrakt mit der Stadt Köln löste, um mich der Großen Volksoper in Berlin zu verpflichten, tat ich dies aus dem dem Herrn Generalintendanten nicht verhehlten Wunsche aus einer in mancher Beziehung unerwünscht abhängigen in eine selbständige Stellung überzugehen, wie sie mir in Berlin geboten wurde. Ich habe, wie Ihnen aus der Presse bekannt sein wird, meinen Berliner Vertrag wieder gelöst, und zwar, weil die Zukunft des Institutes ... wirtschaftlich auf so schwachen Füßen steht, daß ich mit Rücksicht auf die notwendig zu sichernde Existenz meiner Familie eine enge Bindung mit der Berliner Volksoper nicht glaube verantworten zu können. Nach dem ungewöhnlichen Erfolge des Konzertes, das ich vor kürzester Zeit in Berlin dirigierte, sind mir nun andere z. T. sehr beachtenswerte Engagementsanträge verschiedenster Art gemacht worden, so daß ich mich wieder vor ernsteste Entscheidungen gestellt sehe.

Bevor ich mich entschließe, möchte ich mir erlauben, die Frage an Sie zu richten: Ist es in Ihrem Sinne, hochverehrter Herr Oberbürgermeister, daß die Leitung der städtischen Bühnen ... in diesem Augenblicke noch nicht einmal den Versuch macht, mit mir neue Möglichkeiten zu erwägen? Ich wäre Ihnen angesichts der dringenden Entscheidung für eine baldige Beantwortung dieser Frage aufrichtig dankbar.«[50]

Der raffinierte Diplomat Adenauer lässt seinen Generalmusikdirektor fast einen Monat ohne Antwort und nutzt die Zeit, um einen geeigneten Nachfolger, Eugen Szenkar, zu suchen, der am 9. Mai 1924 vertraglich verpflichtet wird. Die rechtskonservative Presse ist aufgebracht. Denn Szenkar, 33 Jahre alt, ist ungarischer Jude. »Wir haben immer den Ruf nach einem Deutschen betont, der vor allem für deutsche Kunst eintritt und deutsches Wesen in sich trägt!«, zetert die Rheinische Musik- und Theaterzeitung. »Jedenfalls würde auch für unsere Oper am deutschen Rhein ein Dirigent deutscher Geburt und deutschen Wesens zu finden sein, wenn man sich einige Mühe geben wollte, ihn zu suchen.«[51]

Klemperer nutzt die erregte Stimmung, um am 17. Mai 1924 noch einmal persönlich bei Adenauer vorzusprechen und sein Befremden darüber zu äußern, dass die Stadtverwaltung nichts getan hätte, um ihn in Köln zu halten. Ein Stadtverordneter namens Dr. Esch habe im Gegenteil angedroht, belastendes Material über ihn zu verbreiten, falls er nicht endlich Ruhe gebe und die Dinge so akzeptiere, wie sie nun einmal seien.

Am 19. Mai 1924 nimmt Adenauer Stellung zu diesem Gespräch und schickt Klemperer einen ungewöhnlich scharfen Brief, der noch nie irgendwo zitiert worden ist:

»Mein sehr verehrter Herr Klemperer!

Nach Ihrem Besuch am vorigen Samstag habe ich den zuständigen Dezernenten Herrn Beigeordneten Meerfeld gesprochen, der mir über die zwei wesentlichen Punkte Ihrer Beschwerde folgende Darstellung gegeben hat:

Mir ist durchaus nichts davon bekannt, daß Herr Stadtverordneter Dr. Esch von einem gegen Herrn Klemperer vorliegenden ›Material‹ gesprochen und mit dessen Verwendung gedroht habe. Es kann sich meines Wissens nur um die im Kleinen Theaterausschuß wiederholt besprochene Tatsache handeln, daß Herr Generalmusikdirektor Klemperer lange nicht in dem wünschenswerten Maße am Dirigentenpult erscheint und bei weitem nicht diejenige Zahl von Opern dirigiert, die bei gleichmäßiger Verteilung unter die drei vorhandenen Kapellmeister auf ihn entfallen würde. Ich kann dafür Zahlen angeben. In den ersten acht Monaten unserer Spielzeit... sind rund 240 Opern aufgeführt worden, von denen jedoch Herr Klemperer nicht etwa 80, sondern nur

45 dirigiert hat. Darunter befanden sich 15 Wagner-, 11 Mozart- und 8 Schreker-Opern.... Aus diesen Zahlen geht hervor, daß Herr Klemperer durchaus nicht zu sog. ›Kitsch‹ zu greifen brauchte, um eine größere Zahl von Opern dirigieren zu können, zumal auch ein großer Teil der übrigen hier noch nicht genannten Opern von höchst anerkannten Komponisten herrührt (C. M. v. Weber, Mussorgski, Verdi usw.) Ich halte die Auffassung des Herrn Dr. Esch für sachlich begründet und habe im Kleinen Theaterausschuss seiner Klage beipflichten müssen.... Zu Ihrer zweiten Klage: daß die städtische Verwaltung zu wenig getan habe, um Sie in Köln festzuhalten, und daß die Ankündigung Ihres Fortgangs auffallend ruhig hingenommen worden sei, erklärt Herr Beigeordneter Meerfeld: Diese Klage des Herrn Generalmusikdirektors Klemperer ist mir ganz unverständlich. Auch ich persönlich schätze Herrn Klemperer als einen ganz außerordentlichen Künstler und würde ganz unbeschadet seiner zahlenmäßig geringen Dirigententätigkeit die größten Anstrengungen gemacht haben, ihn Köln zu erhalten, wenn ich nicht von der völligen Aussichtslosigkeit solcher Versuche hätte überzeugt sein müssen. Herr Klemperer hat schon vor etwa Jahresfrist nach Berlin gestrebt, und es war vorauszusehen, daß er der nächsten Versuchung ganz bestimmt wieder erliegen würde. Er kam kurz nach seiner Rückkehr aus Spanien mit einem fertigen Vertrag in der Tasche zu mir und ersuchte mich sehr dringlich, dahin zu wirken, daß er aus seinem Kölner Vertrag entlassen werde. Ich war sehr unangenehm berührt und sagte Herrn Klemperer, er bereite uns eine hübsche Bescherung. Sein Abgang von Köln würde ein außerordentlich schwerer Verlust für unser Musikleben sein, den die gesamten musikalischen Kreise Kölns schmerzlich empfinden müßten. Andererseits müsse ich jedoch aus seinem eindringlichen Ersuchen ... entnehmen, daß alles Zureden nutzlos sein würde; ich sähe auch die Unmöglichkeit ein, auf den Buchstaben des Kölner Vertrages zu bestehen, denn er würde dann nur sehr widerwillig hier noch arbeiten. Herr Klemperer dankte mir sehr herzlich für mein Entgegenkommen.... Die Berliner Presse hat inzwischen schon das Engagement des Herrn Klemperer gemeldet und die Tatsache seiner festen Verpflichtung an die

Volksoper in allen Einzelheiten bestätigt.... Der Berliner Vertrag des Herrn Klemperer ist später wesentlich abgeändert worden. Herr Klemperer hat aber – das muß scharf hervorgehoben werden – nach keinem gangbaren Wege gesucht, der zu neuen Verhandlungen zwischen ihm und der städtischen Verwaltung hätte führen können. Wenn er mit dem Angebot solcher Verhandlungen an mich herangetreten wäre, würde ich sie ganz selbstverständlich nicht abgelehnt haben, trotzdem ein weiteres Verbleiben des Herrn Klemperer wahrscheinlich von sehr kurzer Dauer gewesen sein würde. – Soweit die Darstellungen des Herrn Beigeordneten Meerfeld, die mit meinen anderen Feststellungen durchaus übereinstimmen. Ich kann daher, sehr verehrter Herr Generalmusikdirektor, ebenfalls weiter nichts tun, als mein sehr lebhaftes Bedauern darüber auszusprechen, daß es zu diesen Misshelligkeiten ... überhaupt gekommen ist. Auch ich hätte von Herzen Ihr Verbleiben in Ihrem Kölner Wirkungskreis gewünscht und würde sehr gerne die Hand dazu geboten haben, dieses Verbleiben möglich zu machen.«[52]

10 Neue Visionen

Es gab viele Journalisten, die Adenauers Vorgehen zu hart und zu kompromisslos fanden. Sie führten es vor allem auf den Einfluss des Generalintendanten Fritz Rémond zurück, dessen altmodisches Theaterprogramm in den letzten Jahren immer wieder scharf kritisiert worden war. Johannes Theodor Baargeld meinte 1919, dass im Kölner Theater nur noch »klerikale Rülps- und Ritterschmieren« aufgeführt würden,[1] und die Rheinische Zeitung monierte im gleichen Jahr: »Noch niemals ist auf der Kölner städtischen Bühne ein Dichter wie Frank Wedekind zu Wort gekommen!«[2]

Der Protest gegen Rémonds Universalherrschaft wurde allmählich so groß, dass Adenauer sich entschloss, ihm die Verantwortung für das Sprechtheater abzunehmen und den jungen Gustav Hartung aus Darmstadt zu engagieren, der neben Erwin Piscator als einer der fortschrittlichsten Regisseure der Zeit galt und sofort Stücke von Carl Sternheim und Georg Kaiser auf den Spielplan setzte. »Wir werden bald in der Großstadt Köln die sonderbar und lächerlich wirkende Tatsache erleben können, daß im Schauspiel... bedeutend modernere Aufführungen zu sehen sind, während in der Oper der... vertraute Kitsch mumifiziert wird«[3], resümierte die Rheinische Volkswacht. Eugen Szenkars Engagement sei undemokratisch hinter verschlossenen Türen zustande gekommen, »ein in Köln beliebtes Verfahren«, gern auch »Klüngel« genannt. Bei etwas gutem Willen aller Beteiligten könne dieser Vertrag vielleicht wieder gelöst und ein »genialer Musiker« wie Klemperer der Messestadt Köln erhalten werden.

Am 11. Mai 1924 ist die Kölner Messe eröffnet worden. Dreitausend Aussteller aus dem In- und Ausland sind gekommen. Es gibt einen riesigen Festakt mit viel Musik. Aber Klemperer ist nicht einmal gebeten worden, zu dirigieren. Ihm vergeht langsam die Lust, weiter zu betteln. Als er hört, dass in Wiesbaden ein Opernkapellmeister gesucht wird, bittet er den dortigen Intendanten Carl Hagemann, ihn zu besuchen. Nach kurzer Verhandlung werden sie sich einig. »Er sollte sämtliche Konzerte des Theaters dirigieren und mit mir zusammen einige bedeutsame Neuheiten und Neuinszenierungen klassischer Opernwerke machen«, schreibt Hagemann in seinen Erinnerungen. »Ferner wurde ihm ein längerer Urlaub für auswärtige Gastspiele zugesichert.«[4] Ideale Arbeitsbedingungen also, in landschaftlich schöner Gegend und an einem Haus, das nicht von Lokalintrigen dirigiert wird, sondern als »Preußisches Staatstheater« dem Kultusministerium in Berlin unterstellt ist.

Am 24. Mai 1924, zwei Tage, nachdem Klemperers neues Engagement bekannt geworden ist, stirbt sein Vater mit 78 Jahren an einem Schlaganfall. Er hat sich bis zuletzt bei seinen Kindern und Enkeln sehr wohl gefühlt, ganz besonders seit der Geburt von Lotte, seinem Sonnenschein, da er zu den Kindern seiner Tochter in Berlin wenig Kontakt hatte. Vielleicht ist er zum Schluss etwas einsam gewesen. Er war herzkrank und konnte kaum noch ausgehen, nicht einmal in die Oper oder ins Konzert, was er immer so gern getan hatte. Klemperers Abschiedsvorstellung am 14. Juni 1924 mit Artur Schnabel als Interpreten von Schumanns Klavierkonzert hat er nicht mehr erlebt. Das Kölner Opernhaus am Panoramaplatz war an diesem Abend brechend voll. Das Publikum tobte. Klemperer soll sich nach dem Schlussapplaus durch eine Seitentür geschlichen haben, um der vor dem Haupteingang auf ihn wartenden Menschenmenge zu entgehen.

Er wohnt noch provisorisch im Wiesbadener »Hotel Vier Jahreszeiten«, als er schon Briefe an alle Welt schickt, um das Programm für die kommende Spielzeit vorzubereiten. Schönbergs »Gurre-Lieder« würden ihn interessieren, Maurice Ravels Einakter »L'heure espagnole«, Strawinskys »Geschichte vom Soldaten« und die neue, noch druckfrische Oper »Die Zwingburg« des erst vierundzwanzigjährigen österreichischen Komponisten Ernst Krenek, deren Libretto Franz Werfel geschrieben hat.[5] Dazu braucht er natürlich erstklassige Kräfte wie den ihm aus Hamburger Zeiten vertrauten Maler und Bühnenbildner Ewald Dülberg[6] und den jungen Kunsthistoriker Hans Curjel, der sehr musikalisch ist und ein guter Dramaturg zu werden verspricht. Aber Dülberg ist gerade an Tuberkulose erkrankt und kann nur an wenigen Produktionen mitwirken, und für das Engagement von Curjel ist kein Geld da.[7]

Das Orchester ist willig, aber Klemperer findet es im Durchschnitt zu alt. Er bittet Franz Schreker, ihm begabte Studenten der Berliner Musikhochschule zu schicken. »Wir brauchten einen 2. Solocellisten, einen 2. Solobratscher, zwei weitere Tutticellisten, einen Kontrabass, eine erste und eine zweite Violine, ferner einen guten Bläser für die Basstuba. ... Bitte entschuldige die Belästigung mit dieser Frage. Es ist so unendlich schwer, gute Musiker zu finden. Nimm im Voraus herzlichen Dank.«[8]

In den Sommerferien fährt er wie fast jedes Jahr nach Sils-Maria im Engadin, und von dort reist er an den Genfer See, um Ernst Krenek zu treffen.[9] Johanna beginnt währenddessen, eine Wohnung zu suchen. Sie meidet die Wiesbadener Innenstadt, weil es dort viele Leute gibt, die sie noch kennen, und mietet stattdessen eine Villa mit großem Garten im Nerotal, ideal für die Kinder, die nun nicht mehr wie in Köln mitten in der Stadt leben müssen, sondern die schönste Natur direkt vor der Tür haben. Trotzdem ist Johannas Stimmung um diese Zeit etwas gedrückt, denn sie weiß, dass sich ihre Karriere als Sängerin nun dem Ende nähert, obwohl sie erst 35 Jahre alt ist. Es geht nicht darum, dass sie stimmlich nachgelassen hätte. Noch im Januar hat sie in Berlin die Gilda im »Rigoletto« gesungen. Doch in Wiesbaden wird ihr Mann sie nie engagieren, denn das würde wie Protektion wirken und zu üblem Klatsch führen, umso mehr, als sich noch viele Leute daran erinnern, dass sie hier einmal eine kleine Choristin war, die ein Verhältnis mit dem Charakterdarsteller Walter Zollinger hatte,[10] der immer noch im Ensemble ist, wenn auch seit Jahren verheiratet.

Unter den Komponisten, die Klemperer in Wiesbaden aufführen will, ist auch Ferruccio Busoni, mit dem er immer noch hofft, sich zu versöhnen, was nach seinem Dirigat der »Faschistenhymne« in Rom allerdings unwahrscheinlicher denn je ist. Noch im Juni 1924 hat er ihm geschrieben, dass er den »Arlecchino« noch einmal herausbringen wolle, mit einem Bühnenbild des »genialen Dülberg«. »Ich freue mich aufrichtig darauf, Ihr Werk, das ich nach wie vor aufs Höchste bewundere, wieder dirigieren zu können.«[11] Doch es kommt nicht dazu. Denn Busoni stirbt am 27. Juli 1924 mit erst 58 Jahren in Berlin, ohne Klemperer wiedergesehen oder ihm geschrieben zu haben. Seine große Faust-Oper hat er nicht vollenden, sein Lehramt an der Akademie kaum noch wahrnehmen können, denn der Krieg, das Exil, die Polemik Pfitzners und die Machtergreifung der Faschisten haben ihn krank und müde gemacht. Auf einem Foto des großen Fotografen Man Ray wirkt er alt, blass und aufgedunsen, gezeichnet von Medikamenten und Alkohol. Nach seinem Tod trauern viele begabte Schüler um ihn, darunter Kurt Weill und Wladimir Vogel. Auch für Klemperer ist es ein schwerer Schlag. »Wie groß dieser Verlust ist, werden wir noch fühlen«, schreibt er an Johanna.[12]

Am 3. September 1924 gibt er seinen Wiesbadener Einstand mit »Fidelio«, zu dem der schwer kranke Ewald Dülberg Bilder von großer Kühnheit entworfen hat: keine Kulissen, Möbel und Naturnachbildungen, sondern nur große kubische Blöcke, die in jeder Szene anders gruppiert werden, einen von grellroten Mauern überragten Gefängnishof, kahle Räume, geschorene Köpfe und starre, weiß geschminkte Gesichter. Heyworth schreibt, diese Inszenierung habe »die halbe Stadt in Aufruhr« versetzt; doch Intendant Hagemann kann sich an nichts dergleichen erinnern. Denn die Wiesbadener seien damals viel zu brav und zu saturiert gewesen, um sich über »Theater« oder »Oper« zu streiten. Er nennt Wiesbaden eine der wenigen Städte Deutschlands, in der »eigentlich kaum ein Stück (habe) durchfallen« können und »Ur- und Erstaufführungen niemals... eine öffentliche Angelegenheit« gewesen seien. In Wiesbaden habe man nicht wie in Berlin oder Köln über ein Stück diskutiert, sondern abgewartet, »was die Presse sagt und was im Kurhaus, auf der Wilhelmstraße oder beim Tanztee gewispert wird«. Wer von der Wilhelmstraße, einer der »entzückendste(n) Promenade(n) Europas«, ins Theater gekommen sei, habe sich »einen angenehmen Abend und keinen Skandal (gewünscht). In diesem schönen und gepflegten Hause schon gar nicht, wo die Logenschließer Gentlemen und die Garderobenfrauen höflich und zuvorkommend« gewesen seien.[13]

Damit sind die Wiesbadener Verhältnisse jener Zeit schon hinreichend beschrieben: mildes Klima, guter Wein, feine Hotels, eine Spielbank, in der schon Richard Wagner sein Glück versucht hat, berühmte Thermalquellen und ein neobarockes Opernhaus, das 1894 von Kaiser Wilhelm II. persönlich eröffnet worden ist. Ein angestammtes Theater- oder Opernpublikum gibt es hier nicht. Die meisten Besucher sind amerikanische Kurgäste, russische Emigranten oder französische Besatzer. Der französische Oberbefehlshaber von Hessen-Nassau ist ein Herr Marquis, der grundsätzlich nur in Gehrock und Zylinder auftritt, mit dem Intendanten auf bestem Fuß steht und sich nie in den Spielplan einmischen würde. Keine französischen Stücke aus Protest gegen die belgisch-französische Ruhrbesatzung? Mais bien sur! »Auf keinen Fall möchte ich, daß Sie mit Berlin Schwierigkeiten haben – die Sache an der Ruhr wird überhaupt nicht mehr lange dauern!«

Wiesbaden boomt. Niemand braucht hier zu hungern. Gleich nach Kriegsende sind Menschen aus der ganzen Welt gekommen, »um sich ... einmal gründlich auszutoben«, Privatquartiere und Hotels sind belegt bis aufs letzte Bett, die feinen Restaurants wochenlang ausgebucht. Selbst die Inflation hat keinen Einbruch gebracht, ganz im Gegenteil, denn jetzt kommen Reisende aus dem »feindlichen Ausland«, darunter Schieber, Prostituierte und Heiratsschwindler, mieten sich im »Nassauer Hof« und im »Quisisana« ein und zahlen für ein mehrgängiges Menü mit Wein, Wodka, Likör und Zigarren weniger als zu Hause in Minnesota oder Pennsylvania für ein Glas Sekt.[14]

Dass Klemperers »Fidelio« unter diesen Umständen überhaupt beachtet wird, ist sicher nicht dem Wiesbadener Publikum, sondern der Fachpresse zu verdanken, die nahezu geschlossen aus dem benachbarten Frankfurt angereist ist und sich genauso beeindruckt und erschüttert äußert wie die Kölner Musikkritik im Jahr 1917.[15] Wieder heißt es, dass man »glaubte, die Oper zum ersten Mal zu hören«. Keinen Augenblick habe man »das Gefühl des Musizierens als Selbstzweck« gehabt. »Alle ... Unmöglichkeiten von Handlung und Text« seien »wie weggeblasen« gewesen. Aus dem Anekdotischen sei »ein Mythos« hervorgebrochen, »aus den Operntypen Menschheitstypen. Und das Herrlichste dieser Leistung war dann: daß Beethoven neu erstand, aus dem Erleben *unserer* Tage heraus neu geboren, ... aus unserem Raum- und Klanggefühl gestaltet. ... Man mag sonst den übertriebenen Personalkult der Gegenwart ... noch so sehr verurteilen: diesem wahren Diener am Werke Beethovens ... gegenüber ist er berechtigt.«[16]

So darf Hagemann mit Recht das Gefühl haben, dass es ein wahrer Geniestreich war, Klemperer nach Wiesbaden zu holen, denn er ist für ihn »der größte Theaterkapellmeister« aller Zeiten, größer als Furtwängler, Walter oder Bodanzky. »Er hatte hier keinen Rivalen, auch in Gustav Mahler nicht, der ... am Opernpult doch nur ein Vorläufer war. Mahler zeigte den Weg. ... Er riss Spuren auf. ... Erst Klemperer brachte die Erfüllung. Er ist als Schüler geworden, was der Lehrer immer wieder forderte ...: der Kapellmeister-Regisseur, der leitende Bühnenkünstler der Oper ... mit einer so ausgeprägten Besessenheit für diese seine künstlerische Sendung, ... daß mir seine Leistung jedesmal als religiös-mystischer Akt erschienen ist, als Befreiung von einem ungeheuren Druck schöpferisch-dämonischer Kräfte.«[17]

Der große österreichische Pianist Artur Schnabel hat Klemperer dringend zu einer Russlandtournee, besonders zu Konzerten in Moskau, geraten, wo er selbst seit der Revolution mehrmals aufgetreten ist. Die Russen, sagt er, seien ein besonders dankbares Publikum, nicht sehr verwöhnt, aber hochmusikalisch und begierig, die klassische westeuropäische Musik näher kennenzulernen. Klemperer geht begeistert auf diesen Vorschlag ein, da er in Wiesbaden eine Art Narrenfreiheit genießt und sich wochenlang von der Oper entfernen kann, ohne daß er deshalb ähnliche Schwierigkeiten bekommt wie in Köln.[18] Es ist höchste Zeit, dass er fährt, denn Russlandtourneen liegen im Trend. Nicht nur Solisten wie Artur Schnabel und Emanuel Feuermann, auch Dirigenten wie Felix Weingartner, Hermann Abendroth, Bruno Walter und Oskar Fried sind schon da gewesen. Da darf ein Klemperer nicht zurückstehen.

Sein Vetter Georg hat ihm viel von dem riesigen Land erzählt, in dem seit der Befreiung von der zaristischen Zensur eine unvergleichliche Aufbruchstimmung herrsche, gerade auf dem Gebiet der Künste, hat Namen wie Majakowski, Malewitsch, Eisenstein, Chagall und Kandinsky genannt, vom Bolschoi-Theater und den architektonischen Schönheiten Moskaus geschwärmt. Er ist 1922 an das Bett des bei einem Revolver-Attentat schwer verletzten Lenin gerufen worden, eine große Ehre, auf die er sehr stolz ist, hat hochpoetische Russland-Tagebücher nach Hause geschickt und mit Respekt von Nadeschda Krupskaja, Lenins Lebensgefährtin, gesprochen, die ihn in fließendem Deutsch über den Sozialismus und die neue russische Gesellschaft belehrt hat. Seitdem steht er selbst dezidiert links und unterstützt das soziale Engagement seiner Ärzte im Krankenhaus von Berlin-Moabit, die sich seit Ende des Ersten Weltkrieges mehr denn je um Süchtige, Obdachlose, Kriegsneurotiker, Straftäter und Geschlechtskranke kümmern müssen. Die Medizin, hat er gesagt, müsse sich politisieren. Fast keine der modernen Zivilisationskrankheiten, vom Nierenstein bis zur Gefäßverkalkung, sei losgelöst von der gesellschaftlichen Realität zu verstehen, von den »vielen Mühseligkeiten und Erregungen, mit denen die Arbeit im Laboratorium, Bureau und Konto verknüpft ist«, dem »hitzigen Wettbewerb und der Anstachelung des Ehrgeizes, den Sorgen des Ringens und dem Kummer des Misserfolges«, den »überflüssige(n) Gemütsbewegungen der Verstimmung... aus falscher Wertung äußerer Ereignisse.«[19]

Auch die Musik muss jetzt wohl politisch werden. Die Literatur ist es ja schon lange. Johannes R. Becher dichtet Verse des russischen Poeten Wladimir Majakowski nach und bringt ganz ungewöhnlich kraftvolle Töne in die deutsche Lyrik:

Knall die Faust dem frackgedrechselten Wohltätigkeitsherrn dort
in die Fresse!
Den Schlagring auf's Nasenbein!
Tabula rasa!
Schleif dein Gebiss,
beiß dich in die Zeit ein,
durchnage das Gitter...
Neue Antlitze! Neue Träume!
Neue Gesänge! Neue Visionen![20]

Der deutsch-sowjetische Freundschaftsvertrag von Rapallo und ein deutsch-sowjetisches Kulturabkommen machen es möglich, dass Klemperer im November 1924 problemlos nach Russland reisen kann, um in Leningrad und Moskau zu dirigieren. Er legt endlose Strecken mit der Eisenbahn zurück und absolviert endlos lange Programme: Beethovens Siebte und Neunte, Mozarts Symphonie Nr. 40, die Vierte von Brahms, Bizets »Carmen«, Bachs Erstes Brandenburgisches Konzert und Schönbergs »Verklärte Nacht«. Zuerst sind die Konzerte nur schlecht besucht. Denn neben den alten Liebhabern klassischer Musik, die noch aus dem Zarenreich übrig geblieben sind, gibt es eine junge, proletarische Generation, die Oper und Symphonie für dekadent und bourgeois hält und von »Maschinenkonzerten in Gewerkschaftspalästen« träumt.[21] Immer mehr Opernhäuser sind in den letzten Jahren geschlossen worden, weil das Interesse zu gering und der Betrieb zu teuer war. Auch die Begeisterung für lange Symphonien hält sich in Grenzen, besonders, wenn sie religiöse Botschaften verkünden. So bekam Oskar Fried, der die Vierte von Mahler spielen wollte, zu hören, er möge doch lieber ein anderes Stück wählen, denn »im neuen Russland dürfe man nicht von Himmeln und Engeln, von St. Peter und anderen Heiligen singen«.[22] Auch auf Klemperer reagiert die russische Presse anfangs eher skeptisch. Sein Dirigat spiegle die »neurasthenische Stimmung des zeitgenössischen Deutschland mit seiner Vorliebe für den Expressionismus« wider, schreibt eine Zeitung.[23] Auch Trotzki, der sich am 13. Dezember 1924 Beethovens Neunte unter Klemperer anhört, ist dieser Meinung. Leo Trotzki spricht fließend Deutsch, ist ein leidenschaftlicher Leser deutscher Zeitungen und deutscher Literatur und sieht die politische Entwicklung in Deutschland mit großer Skepsis. Mit der Republik, sagt er, sei es den Deutschen gar nicht ernst gemeint, sie sei für sie nur »ein untergeschobenes Kind der militärischen Niederlage«. Nur »kraft des Versailler Zwangs« seien sie Demokraten, nicht aus ehrlicher politischer Überzeugung, wie sonst könnten sie einen alten Militaristen wie »Hindenburg als demokratischen Präsidenten« akzeptieren?[24] Klemperer ist zuerst tief gekränkt, als Trotzki ihn einen »deutschen Expressionisten« nennt, lässt sich aber dann doch auf ein angeregtes Gespräch mit ihm ein, wobei er sich erlaubt, kritisch anzumerken, »es mangele russischen Chören und Orchestern ... an der nötigen Disziplin.«[25] Da lacht der Führer der russischen Revolution und sagt: »Disziplin werden Sie in Russland nie durchsetzen. Mir ist es auch nicht gelungen.«[26]

Bei den Proben mit dem Leningrader Orchester muss Klemperer feststellen, dass Geschrei und autoritäres Gehabe hier nicht ankommen. In Deutschland ist dieses Benehmen ein *Muss* und gehört zu seinem Beruf wie der Frack oder die Partitur. Kein Dirigent ohne ein gehöriges Maß an Cholerik, keine Probe ohne Wutausbrüche und Beleidigungen, die die Menschenwürde nicht nur verletzen dürfen, ja sogar *müssen*. Die Musiker lassen sich alles willig gefallen, trotz Sozialdemokratie und trotz Republik. Nicht einmal die Gewerkschaften protestieren dagegen. Anders in Russland. Es passiert öfter, dass jemand zu den Proben zu spät kommt, weil die Wege so weit sind und weil hoher Schnee liegt. Klemperer kann das nicht begreifen und tobt, wirft seinen Taktstock auf den Boden, springt von der Bühne hinunter in den Saal und schleudert seinen gewaltigen Pelzmantel in die Ecke. Dabei überschlägt sich seine Stimme zu Flüchen, die niemand versteht. Offenbar tun die Musiker genau das Richtige. Sie warten ruhig ab, bis der Anfall wieder vorbei ist und Klemperer wie ein riesiges schwarzes Insekt auf die Bühne zurückklettert.[27]

So erziehen sie ihn langsam zu mehr Freundlichkeit beim Probieren, was sich positiv auf die Qualität der Interpretation auswirkt. Seine Konzerte werden von Mal zu Mal voller und sind zum Schluss restlos ausverkauft. Er verausgabt sich bis zur völligen Erschöpfung und kehrt so begeistert von dem genialen Trotzki und dem neuen Russland zurück, dass er sogar erwägt, dorthin auszuwandern, was er aber angesichts der schrecklichen Wohnungsnot und der langen Schlangen vor den Lebensmittelläden lieber doch unterlässt. Jahr für Jahr wird er immer wieder hinfahren. Bis Stalin die Freiheit der Kunst radikal beschneidet.

Vor seiner nächsten Reise wird die Berliner Zeitschrift »Das neue Rußland« schreiben:

»Von der Aufnahme seiner Konzerte ist er immer wieder freudig überrascht, von dem guten Willen und von der Glut und Begeisterung des Publikums.... Klemperer... hofft, daß er nach Kräften mitwirken könne an dem guten Einvernehmen und der gegenseitigen Durchdringung der deutschen und russischen Kultur, an dem friedlichen Wettbewerb im Reiche der Künste zwischen Deutschland und seinem großen östlichen Nachbarn.«[28]

Bei der nächsten Russlandreise fährt Johanna mit, vielleicht, weil sie alarmiert von der großen Begeisterung ist, mit der ihr Mann über die russischen Frauen spricht. Sie sind vollkommen emanzipiert, dürfen nach der Ehe ihren Mädchennamen behalten und sind natürlich fast alle wunderschön, temperamentvoll und romantisch. Eine kleine Zwanzigjährige namens Natalja Saz hat es ihm besonders angetan. Sie ist die Tochter einer Sängerin und eines Komponisten, sieht aus wie ein Schulmädchen, ist aber schon Direktorin des Moskauer Kindertheaters, das sie gleich nach der Revolution, mit erst fünfzehn, gegründet hat, weil sie als überzeugte Kommunistin der Meinung ist, dass die musische Erziehung zu wichtig sei, um sie dem privaten Gutdünken der Eltern zu überlassen. Die meisten Texte schreibt sie selbst und beauftragt junge Komponisten, sie zu vertonen. Mit Klemperer bekommt sie gleich am ersten Tag großen Krach, weil sie ihm sagt, dass sie die klassische Oper verachte und hasse. Er rächt sich für diese Beleidigung und sagt: »›So, Sie sind Direktor, ist das möglich? Ha, ha, ha!‹ – Da war ich sehr böse, ich habe gesagt: ›Es ist gar nicht zum Lachen, ich *bin* Direktor!‹«, wird sie später erzählen. »Am nächsten Tag kam meine Mutter in mein Zimmer, mit einem Umschlag in der Hand, und da habe ich gelesen: ›Sehr verehrte, gnädige Direktorin vom Moskauer Kindertheater! Ich bitte um die Ehre, mein Konzert zu besuchen. Ihr sehr ergebener Otto Klemperer.‹ Ich habe gedacht: Der liebe Gott hat ihn für den Dirigentenberuf gemacht, denn er war so groß gewachsen, daß er gar kein Podium brauchte. Als er seine großen Hände hochhob, habe ich gedacht, das sind keine Hände, das sind Flügel, schwarze Flügel von einem Zauberer.«[29]

Eigentlich hat Johanna gar keinen Grund, eifersüchtig zu sein, denn ihr Otto ist ihr immer noch treu ergeben, geht auf Reisen ganz in seiner anstrengenden Arbeit auf und schreibt ihr rührende Liebesbriefe wie diesen:

»Mein geliebtes Alterchen! Heute ... ist Rembrandts Geburtstag und morgen unser Hochzeitstag. Wenn auch der Rembrandttag für die Welt weit wichtiger war ..., so wissen wir doch, was dieser Tag *uns* bedeutet. Denn wir haben uns eine kleine Welt aufgebaut, die, so Gott will, mit den beiden Kleinen im *Guten* halten soll. ... Daß ich froh und dankbar bin, mit Dir zu sein und zu leben, das weißt Du. ... Und Du weißt, daß ›hohe Worte‹ mir nicht recht liegen. Nimm – in Gedanken – einen innigen Kuß und glaube an unsere treue Verbundenheit. ... Leb wohl, mein Herzel, bleib mein Guter, wie ich immer der Deine bin. ... Dein sechsjähriger Otto.«[30]

Aber es gibt neuerdings wieder diese seltsamen Phasen der Wut, die seit der Hochzeit so gut wie verschwunden waren, diese furchtbare Aggressivität, die sich plötzlich auch gegen sie richtet, was sie ängstlich und unsicher macht. Sie versteht nichts von Psychologie, hat bisher noch mit keinem Arzt darüber gesprochen. Für sie ist die naheliegendste Erklärung die, dass ihr Mann eine andere hat oder sie nicht mehr liebt. Ernst Krenek, der die Klemperers einmal in Wiesbaden besucht hat, ist Zeuge einer solchen Szene geworden: »Ich sah eine ganz ausgezeichnete Aufführung der Hochzeit des Figaro, unter der Leitung von Klemperer, eine der besten, die ich je gesehen habe. Der Gesang war allgemein erfreulich und ausdrucksvoll, das Spiel zügig, lebendig und intelligent, die Regie klar, logisch und äußerst geschmackvoll. Besonders beeindruckte mich die Tatsache, daß jedes einzelne Wort des Textes zu verstehen war, was für mich stets eine Grundbedingung für eine gute Opernaufführung gewesen ist, die leider in der überwältigenden Mehrzahl der von mir beobachteten Fälle sehr vernachlässigt wird. Nach der Vorstellung aß ich bei Klemperers zu Abend, was ... eines der bedrückendsten Erlebnisse jener Zeit war. Es war eine Gruppe von sechs oder sieben jungen Leuten da, alle Assistenten des Chefs.... Der Meister schien sie in elender Sklaverei zu halten. Als wir uns zu Tisch setzten, stellte er eine Flasche Wein vor mich hin und erklärte, daß sie nur zu meinem persönlichen Gebrauch bestimmt sei und niemand sonst etwas von ihrem Inhalt haben dürfe. Dann begann er ein Gespräch mit mir, wobei er mich mit einer Art übertriebener Achtung behandelte und allen anderen absolutes Schweigen auferlegte. Die Armen wagten kaum zu flüstern, wenn sie sich Salz oder Brot reichen lassen wollten.... Als Frau Klemperer einmal ... flüsterte, hielt er gerade einen großen Teller voller Sardinen in der Hand. Ganz unerwartet verlor er die Beherrschung, brüllte mit voller Lautstärke etwas Schreckliches, drehte den Teller herum und schmetterte ihn auf den Tisch.«[31]

Meistens tun ihm solche Auftritte schon am nächsten Tag schrecklich leid, und er bemüht sich, alles durch Humor und besondere Freundlichkeit wiedergutzumachen. Für einen Liederabend am 18. Mai 1926 im Wiesbadener Kasino schreibt er Johanna ein »Liebeslied«, in dem es heißt:

Laß mich bei dir ruh'n,
deinen Willen tun,
meinen Willen meiden
...
Hörst du mich, fühlst du mich?
...
Hörst du meine Stimme nicht,
dringt sie nicht zu dir?
Fühlst du meinen Atem nicht,
fühlst ihn nicht in dir?

Einen Tag später erhält sie einen wunderschönen Blumenstrauß mit einem handgeschriebenen Brief eines Herrn namens »B. Gleiter«, der ihr zu ihrem großen sängerischen Erfolg gratuliert, es aber bedauert, dass sie »die abscheulichen Lieder ihres Gatten«

gesungen habe, »die es doch wirklich nicht verdien(t)en, aufgeführt zu werden.« Johanna rätselt tagelang, wer denn dieser seltsame Herr »B. Gleiter« sein könnte, bis ihr Mann sie endlich darüber aufklärt, er selbst, ihr Klavier*begleiter*, sei es gewesen.[32]

Als sie am 15. Januar 1926 mit dem Schiff in New York ankommen, wirken sie beide sehr glücklich und sehr verliebt. Klemperer hat beschützend den Arm um Johanna gelegt, die mit ihrer schief sitzenden Baskenmütze jung und mädchenhaft aussieht. Sie hält seine weiß behandschuhte Hand fest und strahlt dem neuen Kontinent zuversichtlich entgegen. Verleger Strecker aus Mainz hat die Konzertreise vermittelt. Vielleicht nicht zum günstigsten Zeitpunkt. Denn es ist bitterkalt. Schneestürme jagen durch die Stadt. Niemand mag um diese Jahreszeit gern ins Konzert gehen. Außerdem ist der große Toscanini gerade da. Und auch Furtwängler wird in den nächsten Tagen kommen. Ein immenses, beinahe unmenschlich langes Programm wartet auf Klemperer: 26 Konzerte in nur zehn Wochen mit dem New York Symphony Orchestra im Mecca Auditorium, in der Carnegie Hall und in Brooklyn. Werke von Haydn, Mozart, Beethoven, Brahms, Bruckner, Chopin und Strawinsky. Er hat keine Zeit, sich auch nur die Stadt anzusehen und sich einen Eindruck von dieser fremden Welt zu verschaffen. Er kann kaum ein Wort Englisch. Aber das Orchester soll, wie er hört, international besetzt sein. Jeden Tag soll es Cocktailpartys und Empfänge geben. Klemperer hasst dieses Geplapper. Er hasst auch die höfliche Konversation mit Sponsoren, die doch so wichtig ist, denn das Orchester wird rein privat finanziert und ist kein Staatsapparat wie sein Opernensemble in Wiesbaden. Manche Kritiker lehnen Klemperer schon wegen seiner Größe und seiner Herkunft aus Deutschland ab, diesen »wilden Stier der Symphonie«, der mit der einen Hand den Taktstock herumwirble, als wolle er ihn an die Decke werfen, und mit der anderen unsichtbare Nüsse knacke.[33] Ein anderer Rezensent vergleicht seine Interpretation der Fünften von Beethoven mit einem riesigen, echt-deutschen Stück Pumpernickel, außen hart, »im Inneren aber eine schlaffe Masse halbgaren Teigs«.[34] »Der Trompetenruf unter den Mauern von Jericho kann nicht so vernichtend gewesen sein wie die Ankündigung des

Schicksalsmotivs. Den Hornisten und Trompetern platzten fast die Backen, aber Klemperer wollte es lauter und immer lauter. Der ganze Satz taumelte und schwankte wie ein herrenloses Schiff auf dem wilden Meer, und ich wurde an Dickens' Beschreibung des Dampfers erinnert, der ihn und seine Frau zu unseren Küsten brachte. Seltsamerweise begleitete er den Pianisten Brailowsky im Chopinkonzert mit Wachheit, Zurückhaltung und hoher Musikalität. Er hätte die von ihm erwünschte Wirkung auch erzielen können, ohne solche Unmengen von Energie zu vergeuden. ... Mir wurde erzählt, Klemperer sei so überzeugt von dem, was er tue, daß er seine eigenen Extravaganzen gar nicht bemerke.«[35]

Aber es gibt nicht nur Feinde. Zum Glück nicht. Klemperer hätte die Reise vielleicht sonst noch abgebrochen. Die renommierte New York Times schreibt im Januar, das Publikum habe all diese Stücke von Haydn, Mozart und Beethoven zwar schon oft gehört, aber in Klemperers Interpretation sei nichts Durchschnittliches gewesen, alles lebhaft, beredt, gesanglich, von intuitiver Schönheit, wobei vor allem das Vorurteil widerlegt worden sei, dass man sich Haydn als höflichen alten Herrn vorzustellen habe, der unter seiner Perücke nicht viel zu sagen gehabt hätte. Nein, Klemperers Haydn sei humorvoll, ein echter Mensch, »a red-blooded-fellow«.[36] So fährt Klemperer leicht verwirrt, aber halb versöhnt wieder ab und verspricht, im nächsten Jahr wiederzukommen.

Doch bei allen Glanzlichtern und Privilegien, die sein Wiesbadener Engagement ihm bietet – Höhepunkt ist das Auftreten Strawinskys als Solist eines seiner eigenen Klavierkonzerte[37] –, wird ihm die kleine Kurstadt allmählich zu eng. Er habe den Aufenthalt dort als *diminuendo*, nicht als *crescendo* seines Lebens empfunden, wird er später einmal sagen.[38] Die schöne Villa, der Garten, die Natur vor der Tür, die Freude der Kinder, die in einem wahren Paradies leben – das ist nicht seine Welt. Er braucht keine Idylle. Er ist über vierzig, er will nach Berlin, wo sie inzwischen alle in Amt und Würden sind: Furtwängler, Bruno Walter und sogar Kleiber, sein alter Kollege aus Prag, über den die Klavierschülerinnen so gelacht hatten, weil er nur einen einzigen Anzug besaß und nach saurem Hering roch.³⁹ Jetzt ist er Chefdirigent der Berliner Staatsoper. Und Klemperer sitzt immer noch in seinem kleinen Kurnest in der Villa im Nerotal und lässt sich säuerlichen Gesichts mit den Kindern Lotte und Werner fotografieren. Wie zerfallen er um diese Zeit mit sich selbst gewesen sein muss, beweist eine Notiz des chilenischen Pianisten Claudio Arrau, der als junger Mann für Artur Schnabel einsprang, um Schumanns a-Moll-Klavierkonzert unter Klemperer in Wiesbaden zu spielen. »Klemperer benahm sich einfach abscheulich«, schreibt Arrau in seinen Erinnerungen. »Unmittelbar vor dem Konzert spielte er mir einzelne Stellen vor, um mir zu zeigen, wie ich sie zu spielen hätte. Das war eine meiner schlimmsten Erfahrungen. Er konnte es nicht glauben, als ich es ihm erzählte, wie sehr er mir damit geschadet hatte, zu einer Zeit, als ich mich noch in der Entwicklung befand.... So etwas habe ich nie mehr erlebt. Das Seltsame war, daß mir, obwohl ich furchtbare Angst hatte, natürlich nicht entging, wie Klemperer spielte,... es war schauderhaft. Aber er hielt es für wunderbar.«⁴⁰

Doch im Sommer 1926 wendet sich das Blatt. Leo Kestenberg, »Referent für musikalische Angelegenheiten im preußischen Ministerium für Wissenschaft, Kunst und Volksbildung«, bittet ihn, nach Locarno am Lago Maggiore zu kommen. Er habe etwas Wichtiges mit ihm zu besprechen. Sie treffen sich an einem schönen Tag im August. Johanna und Kestenbergs Frau Grete setzen sich ans Ufer »des herrlichen Sees« und beginnen zu plaudern, während die Männer – beide sind sportlich – weit hinausschwimmen. Nach ein paar hundert Metern eröffnet er Klemperer, dass er ihn zum Generaldirektor der Berliner Krolloper machen wolle – mit Zehnjahresvertrag, Pension, Auto und voller Verantwortung für Personal und Programm. Kultusminister Becker habe bereits zugestimmt. Die Sache müsse aber zunächst streng geheim bleiben. »Als wir dann strahlend zurückkehrten von unserer geglückten Besprechung«, schreibt Kestenberg in seinen Erinnerungen, »wurden wir von einer Lachsalve der beiden Damen empfangen, die uns erzählten, daß sie Wort für Wort unserer Unterhaltung gehört hätten, da sich das Wasser als ausgezeichneter Schallträger erwies! Wir nahmen die ganze Episode als ein gutes Omen.«⁴¹

11 »Seine Sache ist richtig...«

Januar 1927. Klemperers zweite Amerika-Reise. Johanna ist auch dieses Mal mitgefahren und tritt gemeinsam mit ihm in der New Yorker Steinway-Hall auf. Auf Zeitungsporträts schmiegen sie sich liebevoll aneinander. Sie sind ein Kultpaar. Johanna singt Brahms, Mahler, Strauss, Schönberg und Klemperer. Keinen Beethoven, dessen 100. Todestag kurz bevorsteht. Warum nicht?, wird Klemperer von der Presse gefragt. »Wenn Sie mich fragen, was der beste Weg ist, sein Jubiläum zu feiern, will ich Ihnen sagen: ihn ein Jahr lang nicht zu spielen. Er wird zu oft gespielt. Jeder spielt Beethoven, und niemand will mehr die heutigen Komponisten hören. Beethoven ist ein Geschäft für das... Management geworden. Der Manager weiß, wenn er die 5. oder 3. Symphonie gibt, ist das Haus ausverkauft. Ich meine nicht, daß er weggelassen werden sollte, aber auch den jungen Komponisten sollte man... zuhören.... Zu Zeiten Bachs, Haydns, Mozarts oder Beethovens gab es ein Publikum, das Beethoven oder Bach oder Mozart oder Haydn hörte. Sie hörten keine verstorbenen Komponisten. Ich weiß nicht, warum man so auf der Musik der Toten insistiert.... Ich will Ihnen von Hindemith erzählen. Aber Sie möchten ja nur etwas über Beethoven hören.«[1]

Als designierter Chef der Berliner Krolloper ist er nun weitaus selbstbewusster als beim letzten Mal. Und er hat Englisch gelernt, relativ flüssiges, grammatikalisch korrektes Englisch, wenn auch seine Aussprache immer noch typisch deutsch klingt. Wenige Wochen später ist er schon wieder in Russland. Und schreibt leicht manisch aus dem Grand Hotel Europe, Leningrad, an die Wiener Universal-Edition, dass er »märchenhaft enthusiastische

Erfolge« habe: »Es gibt doch kein schöneres Publikum wie das russische.«[2] In der Krolloper werde es hauptsächlich um Uraufführungen Neuer Musik gehen. »Wissen Sie eigentlich, daß ich in New York Kreneks op. 11 zur ersten Aufführung brachte?«[3] Er erkundigt sich nach dem Fortschreiten der neuen Einakter von Krenek, möchte sich auch die neuen Orchesterstücke reservieren lassen, denn er wird, wie schon in Wiesbaden und in Köln, auch in Berlin eigene Symphoniekonzerte geben, die sich von denen eines Furtwängler gründlich unterscheiden sollen. Doch der Verlag reagiert reserviert, ja pikiert. Die neueren Werke seien schon dem Staatstheater in Kassel versprochen, wo Paul Bekker seit einiger Zeit Intendant ist. »Im Übrigen möchten wir bei dieser Gelegenheit bemerken, daß wir Uraufführungen nur jenen Bühnenleitern geben können, die nicht einfach nur von der Uraufführungspsychose befallen sind, sondern sich sowohl dem Komponisten… als auch dem Verlag gegenüber… ein gewisses Anrecht auf diese Bevorzugung erworben haben. In den Jahren, in denen Sie die verantwortliche musikalische Leitung des Stadttheaters in Wiesbaden innegehabt haben, ist, was wir stets auf das Kränkendste empfunden haben, unser Verlag aus dem Repertoire… vollkommen ausgeschaltet gewesen.«[4]

Das ist starker Tobak. Klemperer reagiert nun ebenfalls pikiert und lässt Kreneks »7 Orchesterstücke op. 31« ungelesen zurückgehen, weil er vorläufig »keine Verwendung« dafür habe.[5]

Nach den Sommerferien des Jahres 1927 siedelt er mit seiner Familie von Wiesbaden nach Berlin-Schöneberg über, in die Maaßenstraße 35 in der Nähe des Nollendorfplatzes. Für die Kinder ist es ein Schock. Denn hier gibt es keinen Wald, keine Schaukel, keine alten Obstbäume, sondern nur graue, wenn auch komfortable Miethäuser mit den typischen Hinterhöfen und schmalen, vergitterten Balkonen. Zu Hause im Nerotal konnten sie allein losziehen und die Landschaft erkunden. Hier aber dürfen sie sich nur unter der Aufsicht von Louise Schwab bewegen, denn Berlin ist ein gefährliches, nicht sehr kinderfreundliches Pflaster, wo es von Zuhältern, Dirnen, Bettlern und Kleinkriminellen nur so wimmelt, Typen, wie Alfred Döblin sie in »Berlin Alexanderplatz« beschreibt, wo Straßen aufgerissen, U-Bahnen gebaut werden und Nazis und Kommunisten sich blutige Schlachten liefern. Es gibt zahllose Kinos, Nachtbars und Varietés, ein Meer von Zeitungen und Boulevardblättern, Aufklärungsfilme über Prostitution, Trunksucht, Spielleidenschaft, Heroin, Kokain.[6] Doch auch wenn nur »ein Fünftel der Bevölkerung… in einigermaßen menschenwürdigen Verhältnissen« wohnt, Selbstmorde und Abtreibungen dramatisch zunehmen und verwahrloste Kinder in dunklen Hausfluren herumstehen,[7] herrscht unter den Künstlern und Intellektuellen doch eine Stimmung der Anspannung und Erregung. »Der lange blutige Krieg war vorüber, war zum Gespenst geworden«, schreibt der Leiter des Theaters am Schiffbauerdamm, Ernst Josef Aufricht, in dem 1928 die »Dreigroschenoper« uraufgeführt werden soll. »Seine Opfer waren nicht umsonst gestorben, seine Leiden nicht umsonst gelitten, er hatte uns den Pazifismus gelehrt. … Die Armut kam uns in das Bewußtsein, und wir kannten das Rezept, sie auszutilgen: den Sozialismus. Man mußte die Tradition beseitigen, die das neue Leben behinderte. Auch in der Kunst. … Das Theater wurde von der Zensur befreit. Wedekinds ›Büchse der Pandora‹ durfte aufgeführt werden. Ein lesbisches Paar, ein Greis, der seine zwölfjährige Pflegetochter defloriert, der Lustmörder Jack, der Bauchaufschlitzer, waren die handelnden Personen. Nie hatte man ähnliches auf der Bühne gesehen, das Publikum drängte sich an die Kasse.«[8]

Auch die Krolloper gegenüber dem Reichstag am Platz der Republik ist ein Kind dieser neuen Zeit, ein »verspätetes Kind der Revolution«[9], ein *Wunschkind* des überzeugten Sozialisten Leo Kestenberg, der sich das hohe Ziel gesetzt hat, die Musikerziehung und das Opern- und Konzertwesen der Weimarer Republik von Grund auf zu ändern und zu demokratisieren. Er ist ein hochgebildeter Mann, drei Jahre älter als Klemperer, Sohn jüdischer Eltern aus der Slowakei, Pianist, Dirigent, ehemaliger Meisterschüler und Sekretär von Busoni, beliebtes Feindbild der Rechten, aber wegen seiner immensen Fachkenntnis so respektiert, dass selbst die Nazis einige seiner pädagogischen Ideen übernehmen werden. Was ihm vorschwebt, ist eine »Oper für alle Tage«, ohne Kitsch und Pomp, die auf hohem Niveau, aber mit sparsamen Mitteln arbeitet, auf Naturalismus, Herz-Schmerz-

Gesten und Starkult verzichtet, sich der Neuen Musik öffnet und den einfachen Arbeiter genauso anspricht wie den Künstler oder Intellektuellen. Diese Idee möchte er in der sogenannten Krolloper realisieren, einem aus dem 19. Jahrhundert stammenden Ball- und Festhaus, das seit 1923 Dépendance der großen Staatsoper Unter den Linden ist. Nach vielen personellen und politischen Streitigkeiten ist sie zur Zeit ohne feste musikalische Führung. Im Haupthaus dirigiert Klemperers alter Bekannter aus Prag, Erich Kleiber. Die musikalische Leitung eines dritten, *städtischen* Opernhauses, der sogenannten »Deutschen Oper« an der Charlottenburger Bismarckstraße, liegt in den Händen eines weiteren wohlbekannten Rivalen, Bruno Walter. Während Wilhelm Furtwängler als Dritter bzw. Vierter im Bunde seit 1922 Chef der Berliner Philharmoniker ist.

Klemperers Orchester setzt sich zum Teil aus Mitgliedern der Staatsoper, zum Teil aus neu engagierten Kräften zusammen, die kompliziert zwischen beiden Häusern hin- und herpendeln müssen. Er hat jedoch einen eigenen Chor, zwei eigene Konzertmeister[10] und ein vollständig neues Sänger-Ensemble. Oberster Herr der beiden staatlichen Häuser ist Heinz Tietjen, ein im marokkanischen Tanger geborener ehemaliger Kapellmeister aus Trier, der zugleich Verwaltungsdirektor der Oper an der Charlottenburger Bismarckstraße und Intendant aller preußischen Staatstheater ist, eine äußerst verzwickte und konfliktgeladene Konstellation, die wohl keiner der Beteiligten jemals richtig durchschaut hat. Doch auch die Berliner »Volksbühne« am Bülowplatz, eine 1890 gegründete Arbeiterorganisation, hat ihre Finger in diesem hoch komplizierten Konstrukt. Sie hat viel Geld in die teure Renovierung der Krolloper gesteckt und ein vom Kultusministerium verbrieftes Anrecht auf preiswerte Sondervorstellungen für ihre über 100 000 Mitglieder erworben.[11]

Noch bevor Klemperer sein Amt offiziell antritt, ist diese Volksbühne in eine schwere Krise geraten. Seit ihrer Koalition mit dem deutschlandweit agierenden »Volksbühnenbund« ist sie immer mehr in die politische Mitte gerückt und verrät ihre ursprünglichen proletarischen Ideale. So sehen es jedenfalls prominente Kritiker, die von einem »Gewitter über der Volksbühne«

sprechen.[12] Sie distanziert sich von ihrem eigenen Regisseur, Erwin Piscator, dessen Inszenierungen ihr zu progressiv und zu sozialistisch sind, und verkommt zu einer »Konsumgenossenschaft für Theaterbillette (in) gottgewollter Abhängigkeit von den Kulturbehörden des Reiches«. Der Verwaltungsapparat wird immer größer, undurchsichtiger und teurer. Stücke sozialistischer Autoren wie Toller, Mühsam und Johannes R. Becher werden aus den Spielplänen wegzensiert, weil der überwiegende Teil der Mitglieder der Meinung sei: »Lasst uns mit all diesen Problemen, Hunger, Revolution, Klassenkampf, Elend, Korruption, Prostitution zufrieden; wir haben davon ... in unseren Betrieben, unserem Heim, unserer Nachbarschaft übergenug!«[13]

Am 29. September 1927 eröffnet Klemperer seine Ära Kroll mit einem Symphonie-Konzert. Das Datum ist nicht sehr günstig gewählt. Denn am gleichen Tag wird in Berlin der 60. Geburtstag des ehemaligen Außenministers Walther Rathenau gefeiert, der 1922 von Rechtsradikalen brutal erschossen worden ist. Die Gedenkrede hält Gerhart Hauptmann. Auf Klemperers Programm stehen Bachs D-Dur-Suite, Mozarts d-Moll-Konzert KV 466 mit dem Pianisten Artur Schnabel und Janáčeks »Sinfonietta«, ein noch ganz neues Werk aus dem Jahr 1926, eine Huldigung an die junge Tschechoslowakei. »Janáček kam von Brünn, um der... Aufführung beizuwohnen«, erinnert sich Klemperers Dramaturg Hans Curjel. »Am frühen Morgen stieg er aus dem Zug, ein untersetzter Mann mit weich, aber bestimmt modelliertem Kopf, natürlich gewellten weißen Haaren und tiefen blauen Augen.... Janáčeks Bewegungsgestus war gesammelt, er erschien als ein Mensch, der nach innen hört und ... dem Getriebe der Welt fernsteht.... Wir gingen vom Anhalter Bahnhof zu Fuß nach einem nahegelegenen Hotel.... Vom Getriebe der Stadt schien Janáček nichts zu bemerken; ... am späten Vormittag... kam Janáček zur Generalprobe.... Es war... eindrucksvoll zu sehen, wie Janáček seine eigene Musik entgegennahm; stehend im leeren Parkett des großen Zuschauerraumes der Krolloper. Er hatte an der Aufführung nichts zu korrigieren, der er, gleichsam die musikalischen Phrasen mitsprechend, mit höchster Aufmerksamkeit gefolgt war. Was er besonders lobte, war die Klarheit, mit der der musikalische Satzbau von Klemperer zum Klingen gebracht worden war, dann der Verzicht auf vielleicht verführerische dämonische Übertreibungen und die Absage an klangliche Pathetik, zu denen der Einsatz der zwölf Trompeten hätte verleiten können.... Die abendliche Aufführung der ›Sinfonietta‹ löste unbeschreiblichen Beifall aus. Janáček empfing ihn mit höchster Natürlichkeit. Inmitten des Orchesters stand, Hand in Hand mit Klemperer, ein Vertreter einer Musikergeneration, der auch der um sechs Jahre jüngere Mahler angehörte.... Am darauffolgenden Tag erzählte uns Janáček von seiner Arbeit an einer neuen Oper nach Dostojewski,... ›Memoiren aus einem Totenhaus‹.... Auf die Frage, wann mit der Vollendung zu rechnen sei, wich Janáček aus. Eine solche Arbeit... sei ein Naturprozess, deren Abschluss nicht vorauszusehen sei.... Neun Monate später starb Janáček plötzlich. Aus den Planungen der Kroll-Oper war jedoch der Gedanke an die Möglichkeit einer Aufführung der Dostojewski-Oper nicht mehr auszulöschen.«[14]

Fast genauso viel Aufsehen wie die Sinfonietta erregt Klemperers Interpretation der D-Dur-Suite von Bach, deren berühmte und schon damals ein wenig abgedroschene »Air« er so unzeitgemäß-unsentimental auffasst, dass es für die Zuhörer fast wie ein Schock ist. »Nachdem wir uns an Hand der Originalpartitur mit den Bindebogen geeinigt hatten, war es besonders die Aria, die im Mittelpunkt des Aufführungsinteresses stand«, berichtet Konzertmeister Max Strub 35 Jahre später. »Wir sollten dieses Stück ohne jedes aufgesetzte Vibrato spielen, auch ohne die üblichen Bindungen, mehr mit einem inneren Beben. Es war für mich unvergesslich zu beobachten, wie Klemperer, ohne große Dirigierbewegungen, aufgrund der geistigen Konzentration in einen Schweiß sondergleichen geraten war.«[15]

Entgegen Klemperers Ankündigungen, nicht mehr so oft Beethoven spielen zu wollen, um den Meister vor seinem eigenen Mythos zu schützen, steht am 19. November 1927 doch wieder »Fidelio« auf dem Programm, mit dem er sich schon in Straßburg, Köln und Wiesbaden vorgestellt hatte. Doch obwohl er jede Note und Nuance des Werkes kennt und mit seinem Bühnenbildner und Co-Regisseur Ewald Dülberg bestens vertraut ist, geht er mit so viel Akribie an die Vorbereitung, dass die bühnenerfahrene Johanna ihn warnt, nicht zu viel zu »tüfteln«.[16] Aber er weiß, dass er gerade in Berlin gegen eine riesige Konkurrenz anzukämpfen hat, weniger auf dem Gebiet des Musik-, als auf dem des Sprechtheaters, dass Regisseure wie Jessner oder Piscator nicht einfach »nur« inszenieren, sondern auch politische und ästhetische Theorien über das Theater entwickeln, hinter denen er nicht als altmodisch zurückstehen möchte. »Das Theater«, schreibt Leopold Jessner in der Zeitschrift »Die Szene«, »hat seine Gültigkeit als exklusive Unternehmung für den Abend mehr und mehr verloren. Es ist Kampfobjekt geworden, aller Parteien und gesellschaftlichen Schichten.... Heute kommen auf ein Theaterhaus ungefähr hundert Lichtspielhäuser und auf hundert Lichtspielhäuser tausend Radioapparate. Und was ist eine Premiere im Vergleich zu einem Boxkampf zwischen dem italienischen Europameister und unserem deutschen Schmeling?! Die Konkurrenzen des Theaters sind gewachsen. Man kann für eine Mark auf einer Leinwand die Welt umsegeln, man kann in seiner Stube vor einem Glase Wein... vermittels eines Kopfhörers eine Opernaufführung über tausend Kilometer hinweg hören.... Es ist daher nicht zufällig, daß bei den wachsenden Zauberfähigkeiten der Filmtechnik das Theater sich von aller Zauberei abkehrt und den romantischen Effekten der Guckkastenbühne entsagt.... Das Theater der Vorkriegsepoche war romantisch und materialistisch zugleich. Das Auge, an den Prunk gesellschaftlicher und militärischer Paraden gewöhnt, wünschte, diesen Prunk auf dem Theater wiederzufinden. Der Krieg nun setzte an die Stelle bunter Uniformen die feldgraue Farbe.... Kein Wunder, daß die Bühne aufhören mußte, Gesellschaftstheater zu sein, daß sie spartanisch wurde und nicht mehr den Schein, sondern den unverhüllten Tatbestand der Dinge in Angriff nahm.... Statt des farbensatten Gemäldes, statt der photographischen Treue hat die strenge Architektur ihr Recht... Diese Sachlichkeit ist gegen das Wohlgefällige, das... Falsch-Pathetische. Sie ist... gegen die bibbernde Stimme des Schauspielers wie gegen die Limonadenfarbe des Lichtes. Sie will nicht an die Sentimentalität, sondern ans Mark des Menschen greifen.«[17]

Dülbergs Bühnenbild folgt genau diesen Maximen und ist wieder so streng und puristisch wie in Wiesbaden, ohne jedes Dekor, nur aus Kuben, Treppen und Emporen bestehend, während die Sänger in relativ »normalen« historischen Kostümen auftreten, nicht weiß geschminkt oder gar kahlköpfig wie beim letzten Mal, was Klemperer wohl als zu weitgehend empfunden hatte. Im Publikum ist die ganze Elite der Berliner Intelligenz versammelt, die sich von Klemperer eine Revolution des verstaubten Genres »Oper« erhofft, Walter Benjamin, Ernst Bloch, Grete Fischer, Gustav Stresemann, Alfred Flechtheim, Theodor W. Adorno, Alfred Kerr, Klaus Pringsheim, Klaus und Erika Mann, Hanns Eisler, Hans Heinz Stuckenschmidt, Karl Kraus, Heinrich Strobel, Gustaf Gründgens und viele andere. Auch Tietjen und Kestenberg sind natürlich dabei und verfolgen das Debüt ihres neuen Operndirektors mit gebanntem Interesse. »Rose Pauly als Leonore entsprach nicht nur künstlerisch, sondern auch äußerlich dem Idealbild Klemperers von dieser Rolle – sie war schlank und biegsam – die ganze Aufführung war von einem neuen Stil beseelt«, schreibt Kestenberg in seinen Erinnerungen. »Aber schon diese erste Aufführung ließ leider erkennen, daß Publikum und Presse nicht gewillt waren, auf den... routinemäßigen Aufführungsstil zu verzichten. So hat vor allem Prof. Dr. Adolf Weißmann in der BZ, einer der meistgelesenen Zeitungen Berlins, eine sehr unfreundliche Rezension über Kroll und Klemperer geschrieben. Schon von diesem Tage an begann die verhängnisvolle Problematik der Kroll-Oper, die sich im Laufe der nächsten Jahre immer mehr und mehr verstärken sollte.«[18]

Adolf Weißmann ist kein berüchtigter Antisemit und Reaktionär wie der Autor eines weiteren Verrisses, Paul Zschorlich, der Klemperers Inszenierung als »deutsche Schande« bezeichnet[19], sondern *der* jüdische Kritikerpapst der Weimarer Republik, ein musikalischer Reich-Ranicki der Zwanzigerjahre, Autor wichtiger Bücher über Dirigenten, Komponisten und Primadonnen. Zwar erkennt er die »unbestreitbare Persönlichkeit« Otto Klemperers durchaus an. Aber er spricht auch von »monomanischer Übertreibung«, »gefährlicher Tyrannei«, »Besessenheit eines Cerebralmenschen« und Durchführung »fixer Ideen«. »Mit Bedauern schreibe ich diese Sätze nieder. Denn ... ich ... habe ... für das Genie und den Idealismus Klemperers ... von jeher die höchste Schätzung. Hier aber geht es um Wesentliches. Ich kann nicht anders.... Der Fidelio unter Klemperer, der vollendete Sieg des Kapellmeisters und des Regisseurs über Beethoven, hinterläßt im großen und ganzen den Eindruck einer fühllosen Kuriosität.... Klemperer führt, im Namen der Sachlichkeit, ... einen Kampf gegen das sogenannte Espressivo; hat ... überdies bei häufigem Aufenthalt in Russland die systematische Vergewaltigung von musikalischen Bühnenwerken durch die Regie erlebt; ist schließlich durch Ewald Dülberg dem Bauhausprinzip gewonnen.... Was in Wiesbaden begonnen wurde, soll sich in Berlin vollenden.... Und das Schlimme ist: Klemperer ... bezieht die menschliche Stimme, als Instrument, in seine Deutung so rücksichtslos ein, daß der Ruin auch der schönsten Stimmen nach kurzer Zeit unweigerlich eintreten muß.«[20]

Hatte er vielleicht Recht? War die Kraft und Expressivität der Straßburger, Kölner und Wiesbadener Fidelio-Inszenierungen dem Bemühen um Versachlichung und Entmythologisierung gewichen? Lag Johanna richtig mit ihrer Befürchtung, dass ihr Mann das Stück diesmal zu angestrengt angehe, zu viel »tüftle«? Auch Hanns Eislers Begeisterung über diesen Abend hält sich in Grenzen. »Die schönsten Nummern, wie das Quartett und der Gefangenenchor, waren etwas steif und matt«, schreibt er in seinem Hausblatt, der »Rote(n) Fahne«. »Auf der Bühne fehlten vor allem schöne Stimmen. Klemperer duldet keine Stars an seiner Bühne; gewiß sehr richtig; aber deswegen kann man doch nicht auf schöne Stimmen verzichten?«[21]

Einer jedoch liebt diese Aufführung über alles: der Philosoph Ernst Bloch, ein großer Beethoven-Kenner, dessen »Geist der Utopie« Klemperer vor Jahren im Manuskript gelesen hat.[22] Er lebt als Mitarbeiter verschiedener Zeitschriften in Berlin und schreibt Aufsätze für die »Blätter der Staatsoper«. »Bloch war sehr angetan von dem Stil des neuen Hauses, er besuchte viele Proben, ich ging mit ihm, wann ich nur konnte«, schreibt seine spätere Frau Karola. »Klemperer und Curjel besprachen oft mit Ernst Fragen der Aufführungen und holten seinen Rat. Höhepunkt für Ernst war damals die Aufführung des Fidelio. Selten habe ich ihn so bewegt im Theater gesehen.«[23] Sein Aufsatz für das Programmheft der Staatsoper beginnt mit Worten, die in die Geschichte eingehen werden: »Zu Fidelio. Nirgends brennen wir genauer.«[24]

Es ist der »Beginn einer wunderbaren Freundschaft« zwischen Klemperer und Bloch. Sie sind nicht nur Altersgenossen, sondern haben auch sonst viele Ähnlichkeiten. »Dem lapidaren Musiker Klemperer entsprach der lapidare Denker Bloch«, meinte Curjel, der oft mit ihnen zusammen war. »Schnittpunkt war die Musik: unmittelbar aus den tiefsten, unerforschten Quellen, ohne kulinarische Zutaten oder gesellschaftliche Ornamente, die damals in der Interpretation eines Bruno Walter ... selbst im Monumentalen oder Tragischen etwas Genießerisches machten. Bloch und Klemperer: herb beide, streng, unerbittlich in den Konsequenzen des Denkens und der inneren Emotion, aber immer dem Menschlichen verbunden.«[25]

Klemperer hatte sofort nach seinem Engagement durch Kestenberg damit begonnen, »sein« Ensemble zusammenzustellen, wobei die »Sängerfrage« die schwierigste war, denn er wollte gute junge Kräfte, aber keine Primadonnen und Stars haben, die nicht mehr bereit waren, sich vom Regisseur führen zu lassen, oder ständig durch Gastspielreisen ausfielen. Rose Pauly, die Leonore im »Fidelio«, kannte er noch aus seiner Zeit in Köln; der Bassist Iso Golland kam vom russisch-jüdischen Theater »Habimah«, das er in Moskau gesehen hatte; den amerikanischen Tenor Charles Kullman engagierte er gleich von der Berliner Musikhochschule weg; Moje Forbach, die spätere Senta, lernte er in einer Aufführung in Stuttgart kennen. »Und dann sind wir zusammengekommen und er hat mich angeschaut, und das Erste, was er sagte: Sie sind zu dick! Ja, das geht nicht in Berlin, dieses Keksstück dürfen Sie zum Beispiel nicht essen, Sie sind zu dick!«, erzählte sie später.[26]

Selbst ein so kluger Kopf wie Hanns Eisler hat Klemperers Personalpolitik offenbar nicht verstanden oder gebilligt. Er meinte, dass er nur aus persönlicher Eitelkeit keine Stars haben wollte, denn »in der Staatsoper am Platz der Republik gibt es nur einen

Star und der sitzt am Dirigentenpult, heißt Otto Klemperer und duldet keine anderen Götter neben sich. Otto Klemperer ist nun an sich ein hervorragender Musiker und sicher der fähigste Opernleiter Berlins, das aber genügt noch nicht zu einer guten Aufführung.... Trifft nämlich das Modewort ›die neue Sachlichkeit‹ mit einem Opernstil zusammen, der Sängerpersönlichkeiten auf der Bühne erfordert, so entsteht folgender Unfug: der Star ist falsch plaziert, statt auf der Bühne, steht er am Dirigentenpult und führt die Regie. Alles ist wunderbar neu und sachlich, nur gesungen wird miserabel und kaum einer der Sänger hat genügende Kraft, diese Operngestalten wirklich zu beleben.«[27]

Das war sicher nicht ganz falsch beobachtet, aber faktisch doch stark übertrieben, denn viele der damals noch blutjungen Kroll-Sänger sollten später internationale Karriere machen: die Tschechin Jarmila Novotná an der New Yorker Met, der Bariton Willy Domgraf-Fassbaender in Opernverfilmungen der DEFA, Käte Heidersbach als Evchen in Bayreuth, um nur wenige Beispiele zu nennen.[28] Als auf dem Papier »gleichberechtigte erste Kapellmeister« engagierte er den deutlich älteren Alexander Zemlinsky und den deutlich jüngeren Fritz Zweig, die ihm beide an persönlicher Ausstrahlung weit unterlegen waren. Besonders für Zemlinsky waren die Berliner Jahre keine sehr glücklichen. Er hatte als Musikdirektor des Deutschen Theaters in Prag jahrelang hervorragende Arbeit geleistet und sah sich jetzt, mit fast sechzig, »von einer Galaxie (jüngerer) Stars umgeben – Furtwängler, Kleiber, Klemperer und... Walter«.[29] Klemperer gab ihm hauptsächlich Exotika und abgedroschene Repertoirestücke zu dirigieren, darunter mehrere Puccinis und die »Fledermaus«, also nur wenig, was »seine besten Eigenschaften zum Tragen« gebracht hätte, zum Beispiel Wagner, Mozart oder Richard Strauss.[30] Ein Werk von ihm selbst wurde in den vier Kroll-Jahren überhaupt nicht gespielt, weder in den Sinfoniekonzerten noch in der Oper, obwohl Klemperer doch mit seinem Œuvre bestens vertraut war und noch 1924 in Köln den »Zwerg« uraufgeführt hatte, eine psychologisch hochkomplexe Oper nach einer Novelle von Oscar Wilde[31], in der Zemlinsky sich seinen Schmerz über seine eigene Kleinwüchsigkeit von der Seele schreibt. Er war leicht verwachsen und nicht einmal einssechzig groß, »ein scheußlicher Gnom, ... kinnlos, zahnlos, immer nach Kaffeehaus riechend, ungewaschen«, wie seine ehemalige Kompositionsschülerin Alma Mahler ihn plastisch beschreibt.[32] Neben Otto Klemperer muss er wie eine Witzfigur gewirkt haben. Vielleicht hält Hanns Eisler gerade aus diesem Grund solidarisch zu ihm und lobt ihn als »wunderbaren Musiker, vielleicht einer der besten, die jetzt in Berlin sind«.[33]

Im Januar 1928 schreibt Hanns Eisler über das Musikleben in der Hauptstadt: »Das Jahr 1927 hat wenig an dem Gesamtbild des bürgerlichen Musikbetriebes geändert. In Berlin hat sich das Starwesen der Dirigenten bis zur Lächerlichkeit gesteigert. Es wimmelt geradezu beängstigend von Generalmusikdirektoren, eine Charge, deren Bezeichnung den militärischen Titeln nachempfunden zu sein scheint. ... Während der Konzertbetrieb... noch ein relativ sehr gutes Niveau hält, ist der Opernbetrieb... immer mehr in eine Sackgasse geraten. ... Man hat Klemperer einen neuen Generalmusikdirektorposten geschaffen, hat gleichzeitig den Umbau des Opernhauses Unter den Linden begonnen, und jetzt ist es so: zwei Generalmusikdirektoren[34] und ein Haus, man kann kaum probieren, und der Umbau wird erst gegen Ende der Saison fertig sein. Ganz abgesehen davon ist die ganze Art des Betriebes verfehlt, denn nichts hindert, folgendes Programm zu machen: Städtische Oper (Walter): Carmen; Staatsoper Unter den Linden (Kleiber): Carmen; Kroll-Oper (Klemperer): Carmen. Dieser Betrieb aber, in dem alles gegeneinander arbeitet, statt zusammen, kostet wahnsinniges Geld.«[35]

Wenn sich diese Kritik auch hauptsächlich gegen den Generalintendanten Tietjen richtet, der in letzter Instanz darüber zu befinden hat, welche Oper von wem wann an welchem Opernhaus dirigiert wird, muss sie Klemperer doch schmerzlich berührt haben, denn sie zeigt, dass sein schöner Kroll-Traum nicht aufgehen kann. Kestenberg hatte ihm vollständige Autonomie versprochen. Und nun muss er sich sein Haus mit Kleiber teilen, dessen Lindenoper gerade aufwendig renoviert wird. Er hatte von einem ambitionierten Spielplan mit alter *und* neuer Musik geträumt und muss nun immer erst Tietjen um Erlaubnis fragen, einen »mittelgroßen Mann mit... halbgeöffneten, stets zur Seite blickenden Augen hinter Brillengläsern«, mit »nervösem Gesichtszucken« und »schmallippigem, fest zusammengekniffenem Mund«, aus dem, so Bruno Walter, nie »ein spontanes oder gar interessantes Wort« gekommen sei.[36] Niemand weiß, wer dieser Mann eigentlich ist. Es kursiert die rhetorische Frage, ob er überhaupt »je gelebt« hätte? Ist er Sozialdemokrat? Nazi-Sympathisant? Traditionalist? Modernist? Pro-jüdisch? Antisemit? Seine Programmplanung ist so schwer zu durchschauen wie er selbst. »Wenn ich sagte: Ich will die Meistersinger spielen, dann sagte der Generalintendant: Nein!«, wird Klemperer später einem Untersuchungsausschuss darüber berichten. »Wenn ich sagte, ich will den Rosenkavalier spielen, dann sagte der Generalintendant ebenfalls: Nein! So blieb mir schließlich nur die ›moderne‹ Produktion, auf die ich ja angeblich eingeschworen bin. Ich bin überhaupt nicht eingeschworen, auch nicht auf die moderne Produktion! Nicht einmal hier bin ich eingeschworen! Das ist doch alles toll!«[37]

Im Februar will er verschiedene Strawinsky-Werke aufs Programm setzen. Ein zu großes Wagnis, wie ihm jetzt scheint. Am liebsten möchte er den Komponisten, der persönlich anreisen will, wieder ausladen. Seine Schwester Regina, mit der er oft zusammen ist, schreibt an die inzwischen verheiratete Marianne[38], dass ihr Bruder in einer schlimmen nervlichen Verfassung sei.[39] Doch der Abend kommt trotzdem zustande und wird »ein Datum der Theatergeschichte«, wie Hans Curjel schreibt.[40] Tietjen hat zwar die organisatorische Meisterleistung vollbracht, die gesamte Vorstellung an den »Verein Berliner Kaufleute und Industrieller« zu verkaufen, die den Namen »Strawinsky« noch nie gehört haben oder als Synonym für »Kulturbolschewismus« betrachten, aber immerhin ist es Hindemith, Schönberg, Ernst Bloch und der Fachpresse gelungen, Zutritt zu erhalten und an dem weinseligen Premierenfest teilzunehmen, auf dem Ernst Bloch und Strawinsky ein zierliches Menuett miteinander tanzen.

Strawinsky, damals um die fünfzig, ist schon Tage vorher aus Frankreich angereist. Er ist klein, elegant, drahtig, aristokratisch und spricht ein wundervoll gebrochenes Deutsch »mit all jenen charmanten Fehlern und Betonungen, ... die die ... Schriftsprache nur selten hervorbringt«.[41] Er ist Emigrant und ein Feind des stalinistischen Regimes in der neuen Sowjetunion, was er durch sein Benehmen sehr deutlich macht. »So etwa, als er bei einer Fahrt Unter den Linden sich aus dem Auto herausbeugte, als müsse er sich übergeben«, erzählt Curjel. »Auf meine Frage, ob ihm übel sei, kam die Antwort: Es war nur die russische Botschaft.«

»Zur Aufführung gelangten«, schreibt Curjel über die Premiere, »das Opern-Oratorium ›Oedipus rex‹ auf Jean Cocteaus Text, die Opera buffa ›Mavra‹ nach Puschkin und das frühe Ballett ›Petruschka‹. Klemperer und Dülberg, der auch den Bühnenbau geschaffen hatte, führten gemeinsam Regie. Eine szenische Einheit von seltener Größe und Intensität. Die Bühne ein fundamentaler Treppenbau abstrakter Struktur, auf einfachste Formen zurückgeführte Kostüme. Entsprechend die auf wenige Bewegungen zurückgeführte Gestik der Sänger und Choristen. Synthese von Urwelt, Klassik und moderner Abstraktion, belebt vom Atem und Sturm der musikalischen Interpretation durch Klemperer.«[42]

»Es war eine ›Uraufführung‹, also das, was wir in Frankreich eine première mondiale nennen«, schrieb Strawinsky selbst über diesen Abend, »denn als Oper wurde das Werk zum erstenmal in Berlin gegeben.... Die Oedipus-Aufführung war durchweg ersten Ranges.... Deutschland war unbestritten zum Mittelpunkt des neuen Musiklebens geworden, und es tat für seine Pflege alles, was in seiner Macht stand.«[43]

Die Kritik befasste sich hauptsächlich mit der Komposition des bis dahin noch nie gehörten »Oedipus«, den sie je nach politischem und ästhetischem Standpunkt geschmacklos oder ergreifend fand, war sich aber von links bis rechts darin einig, dass Klemperer hier das richtige Forum für seine »fanatische Herbheit« gefunden habe. »Maskenhaft, aber geradezu hinreißend die Chöre. Sie sangen auswendig.«[44] Der Dirigent sei ja hier scheinbar nur »Exekutor, der maschinelle Auslöser der ›objektiven‹ Musik, aber welche Arbeit, diese ›Objektivität‹ zu erzeugen, frei zu machen! Dies ist Klemperers Domäne, hier wird seine Art gesetzmäßig; beim ›Fidelio‹ geht es nicht, aber bei Strawinsky geht es nicht nur, sondern da wird ›Sachlichkeit‹ Triumph.«[45]

Wenige Tage nach diesem »Triumph« bricht Klemperer psychisch zusammen. Auf Fotos aus dieser Zeit wirkt er verspannt und starr, völlig geistesabwesend, unfähig, sich über die Anwesenheit Strawinskys zu freuen. Am 5. März 1928 schreibt sein Vetter Georg ihm ein Attest, mit dem er bestätigt, dass er seit einigen Monaten »infolge beruflicher Überanstrengung an Kopfschmerzen und Schlaflosigkeit« leide.[46] Klemperer dirigiert noch eine Fidelio-Aufführung und fährt dann mitten in der Spielzeit mit Johanna in ein Hotel an der Côte d'Azur, um sich bis auf Weiteres in Schweigen zu hüllen. Die Zeitungen melden einen »Nervenzusammenbruch« und kommentieren den Vorfall nicht ohne Häme. Nach einiger Zeit erhält Curjel zwei Briefe von Johanna, in denen sie schreibt, dass ihr Mann als Direktor der Krolloper zurücktreten wolle und eine längere Konzertreise nach Russland plane. Curjel wird nervös, denn es geht um die Zukunft seines Chefs und der Kroll-Idee. Er kennt Klemperers psychische Konstitution und hält Johannas abschirmenden Einfluss für fatal. Am 8. April 1928 schreibt er einen mehrseitigen, sehr persönlichen Brief an Kestenberg, den er um Unterstützung in dieser Sache bittet. Klemperer müsse dringend bis zum 20. April wieder in Berlin sein. Der Vertrag mit Russland müsse gelöst werden. Natürlich habe er Verständnis für Klemperers Krankheit. Und natürlich sei seine Aufgabe schwer. »Aber welche große Aufgabe wäre nicht schwer? Und Klemperer selbst hat doch zu der Zeit, zu der er noch ungehemmt über diese Aufgabe nachdachte, positiv dazu gestanden.... Es ist notwendig, daß sich Klemperer wieder auf den Boden seines ursprünglichen Programms stellt: mit verhältnismäßig geringen Mitteln anständig Theater zu spielen. Von dem äußeren Prunk und Aufwand sich frei zu halten. D. h., von vornherein auf die üppigen Mittel zu verzichten, wie sie ... dem Lindenhaus zur Verfügung stehen. Die Kritik hat uns mit falschen Maßstäben gemessen und ... Klemperer darf sich dadurch nicht beirren lassen. Seine Sache ist richtig ... und sie wird sich durchsetzen.... Schon gleich nach seiner Rückkehr aus Amerika haben wir ... bei ihm ... ein Maß von Entschlusslosigkeit bemerkt, das seiner Haltung in gesunden Tagen in keiner Weise entspricht. Daß Frau Klemperer ... vollkommen entgegengesetzt denkt (und in diesem Sinn auch mit aller Macht auf ihren Mann einwirkt) scheint uns am allergefährlichsten zu sein.... In Konsequenz dieser Einstellung ist *sie* die Triebfeder des Gedankens, Klemperer solle, um sich zu entlasten, den Operndirektorposten niederlegen.... Es wäre... eine Tragödie, wenn ein solcher Mensch und die mit ihm untrennbar verbundene Sache durch eine solche Verkettung von Missverständnissen zu Fall gebracht würde.«[47]

12 »Die Idee kann man nicht töten.«

Ende April 1928 kehren Klemperer und seine Frau nach Berlin zurück. Schon am 2. Mai dirigiert er wieder. Am 29. Mai bittet er Tietjen und Kestenberg um seine Entlassung. Aber Tietjen nimmt die Kündigung nicht an, sondern setzt ihm einen Verwaltungsdirektor und Theaterfachmann, Ernst Legal, zur Seite, der bis dahin Intendant in Kassel gewesen ist. Tietjen wird später selbstkritisch zugeben, dass man Klemperer völlig falsch eingeschätzt und auch überfordert habe, als man ihm die Direktion von »Kroll« übergab: »Man hat Fehler gemacht. Der Hauptfehler ist der gewesen, daß man voraussetzte von Klemperer: Wie sieht denn nun so ein Monstrum von einer staatlichen Verwaltung aus? Das wußte er nicht... Sine culpa ist er da hineingeschlittert, in den Operndirektor, und es erwies sich sehr bald als notwendig, ihm eine Hilfe nach der Verwaltungsseite zu geben.«[1] Ernst Legal ist zwar kein begnadeter Regisseur, aber ein guter Organisator und Menschenkenner, der Klemperers künstlerisches Konzept unterstützt, notfalls auch gegen Tietjen, Kestenberg und das Diktum der Presse.

Spätestens seit seinem Dirigat des »Oedipus« von Strawinsky hat Klemperer sich den Ruf erworben, einer der besten Dirigenten Neuer Musik in Deutschland zu sein. Die Wiener Universal-Edition ändert ihren leicht arroganten Ton und drängt ihm druckfrische Werke geradezu auf, ob von Weill, Bartók, Krenek, George Antheil, Webern oder Josef Matthias Hauer.[2] Der Musikverlag Schott wird in ähnlicher Richtung aktiv und wirbt massiv für die Oper »Cardillac« von Paul Hindemith, der nach dem Erfolg seines Bratschenkonzertes überall »unwidersprochene Anerkennung« genieße.[3]

Klemperer wählt sehr sorgfältig aus, studiert Partituren, tritt mit den Komponisten in intensiven Dialog, äußert sogar Änderungsvorschläge an schon gedruckten oder so gut wie druckfertigen Werken, sodass er quasi zum Mitschöpfer zeitgenössischer Kompositionen wird, ein Aspekt, der eine gründliche musikwissenschaftliche Untersuchung verdient hätte. An Josef Matthias Hauer, einen Außenseiter der neuen Musikszene, der ähnlich wie Schönberg ein eigenes Tonsystem entwickelt hat, eine »Bausteintechnik« mit 44 »Tropen«, schreibt er zum Beispiel: »Ihre drei großen Orchesterstücke erregen entschieden mein Interesse.... Aber ich gestehe offen, daß ich bei der Lektüre ... noch nicht sehr nahe an das *Wesentliche* gelangt bin. ... Da sehe ich zum Teil zarte Stimmungsmusik, zum Teil mich an alte Formen gemahnende Polyphonmusik, bei denen das Konstruktive die Oberhand hat. So fiel mir auf, wie oft Sie das Prinzip der *Umkehrung* ... verwenden. Im letzten Satz scheint auch irgendein Formprinzip zu walten, das ich aber noch nicht recht entdeckt habe. Es ist ja sehr schwer, sich von Ihrem Orchester einen Klangbegriff zu machen, doch glaube ich, daß viele zarte Stellen sehr schön klingen werden. Im F scheint es mir manchmal etwas dick. Glauben Sie nicht, daß der erste Satz etwas zu lang geraten ist? Bei dem gleichmäßig langsamen Tempo? Auch der Schluß des zweiten Satzes ist sehr lang, wenn auch vielleicht das gesteigerte Tempo und die Pauken-Wirkung den Eindruck erleichtert. ... Verzeihen Sie mir meine Offenheit. Ich möchte Ihr Stück gern machen, wenn ich so nahe kommen kann, daß ich es wirklich gut machen kann. Wollen Sie mir nochmal schreiben?«[4]

In einem zweiten Brief präzisiert Klemperer seinen Eindruck, dass er von Hauers Musik »immer im Anfang gefesselt« sei, im Laufe der Sätze aber ermüde. Er wiederhole darum seine Bitte um Kürzungen noch einmal, weil er überzeugt sei, »daß das in dem Stück überwuchernd *Chaotische* im selben Augenblick zur Spannung« werde. »*Wo* und *wie* man kürzen könnte«, wage er nicht zu sagen, denn er »*ahne*« seine Musik mehr, als er sie verstehe. »Wollen Sie es nicht mal durchdenken? *Ich* möchte nicht streichen, nur wenn Sie selber es empfinden und *selber* eine Konzentrierung Ihres Werkes vornehmen könnten, wäre ich froh.«[5]

Klemperer spricht hier wohl von der »Sinfonietta op. 50«, die er am 13. Dezember 1928 in einem Kroll-Konzert aufführen wird. Hauer hat alle seine Änderungsvorschläge berücksichtigt. Heinrich Strobel schreibt im »Berliner Börsen-Courier«:
»Man kannte den Wiener Volksschullehrer wohl als Entdecker... einer atonalen Zwölftontheorie, die sich auf das Melos gründet. Aber man hielt das für kaum mehr als eine unfruchtbare Eigenbrötelei und war aufs höchste erstaunt, als diese Zwölftonmusik nun einmal erklang. Man war gebannt von ihrer feierlichen Monotonie, von ihrem ungewohnten Kolorit.... Die ›Sinfonietta‹ ist... weniger starr als die früheren Arbeiten. Das Klangbild ist mannigfaltiger, bunter, aber auch die konstruktiven Melodielinien sind geformter und heben sich deutlicher voneinander ab. Hauers Musik gewann an Greifbarkeit, ohne... ihre absolute, abstrakte Haltung... aufzugeben.... Den weitaus stärksten Eindruck vermittelt der Schlußsatz mit der scharf konturierten, stechenden Marschpolyphonie seiner Blechbläser, die oft jazzmäßig synkopieren. Die Streicher geben durchgehend die Taktschläge an. Es ist das Unmittelbarste an Musik, was von Hauer bisher bekannt wurde. Theoretisch stehen Schönberg und Hauer in enger Beziehung. Aber während sich Schönberg immer mehr in einen toten Papier-Formalismus verbeißt, dringen bei Hauer zunehmend rein musikalische Kräfte in die Zwölftöne-Konstruktion.... Eine sinnvollere Wiedergabe der Sinfonietta als die unter Klemperer läßt sich nicht denken. Wie ist das durchgearbeitet – innere Aktivität bei äußerer Ruhe, prachtvoll geschlossenes Klangbild. Klemperer ist auf allen Gebieten vorwärtsweisend, in der Oper, im Konzert. Er hat sein Programm von allem Unwesentlichen gereinigt, von allem tausendmal und immer wieder Gespielten. Was bei ihm geschieht, hat Zeitnotwendigkeit.«[6]

Arnold Schönberg, der als Nachfolger von Busoni nach Berlin berufen worden ist, fühlt sich wegen dieser Herausstellung seines Konkurrenten tief gekränkt. Schon am 6. April 1928 hat er sich bei Tietjen darüber beschwert, dass er seit längerem weder zu den Aufführungen der Krolloper noch zu denen der Lindenoper mehr eingeladen werde, weil man ihn offensichtlich zur »zweiten Garnitur« rechne.[7] Am 18. Juni 1928 beklagt er sich bei

Kestenberg über eine »Kleiber-Klemperer-Bodanzky-Intrige« gegen ihn.[8] Und am 12. Oktober nennt er die Trias »Kleiber, Klemperer, Walter« gar »Affen der neuen Sachlichkeit«, die er nicht zu seinen Freunden rechnen könne.[9] Wahrscheinlich ist er auch nicht besonders erbaut darüber, dass Klemperer am 11. Mai 1928 Hindemiths »Konzertmusik für Blasorchester op. 41« und sechs Wochen später[10] den »Cardillac« aufführt, die auf E. Th. A. Hoffmann basierende Oper über einen Goldschmied, der so glühend in seine eigenen Werke verliebt ist, dass er ihre Käufer umbringen muss. Wo bleibt er selbst? Wo bleibt Schönberg? Doch anstatt Klemperer direkt darauf anzusprechen, meidet er jeden näheren persönlichen Kontakt und steigert sich immer mehr in eine Aversion gegen ihn, die sich in ungerechten Bemerkungen über sein Dirigieren äußert:

»Klemperer gilt in Berlin als ein großer Kenner, weil er etwas weniger ›gefühlsbetont‹ musiziert, als man es hier gewohnt war. In Wirklichkeit setzt er nur fort, was Mahler begonnen hat, übertreibt aber, denn während Mahler... die Kunst besaß, jede Phrase auf den kleinsten Raum unterzubringen..., verliert Klemperer an Form: er kommt eben nicht aus. Es klingt vielfach gepresst.... Manche Berliner ›Sachlichkeits‹anhänger..., die gegen die Romantik geschult sind, finden das offenbar sehr ihrem Prinzip gemäß. Wir leben ja in einer antiromantischen Zeit.«[11]

Ganz ähnlich argumentiert auch die deutsch-nationale Presse, die Klemperers Engagement für Hindemith zwar nicht als »antiromantisch«, aber als »undeutsch« wertet, weil diese Musik das »deutsche Gemüt« beleidige und verachte. Die Cardillac-Aufführung habe zwar im Zeichen »äußerster Korrektheit« gestanden. Aber es sei »peinlich und beschämend, wenn solche Erzeugnisse der Welt als Proben deutschen Musikschaffens angeboten« würden, »denn mit deutscher Musik hat dieses seelenlose Spiel mit Tönen und Misstönen, das die banalsten Einfälle mit Hilfe der schlau abgelauschten Jazz-Instrumentaltechnik aufputzt, schlechterdings nichts mehr zu tun.«[12]

Paul Zschorlich, der Autor dieser Zeilen, wird von nun an keine Gelegenheit auslassen, Klemperers künstlerisches Konzept als »undeutsch«, »kulturbolschewistisch« oder »jüdisch« zu diffamieren, ein Trend, der nicht nur in der »Berliner Luft« liegt. Auch in Wien, wo am 1. Januar 1928 Ernst Kreneks Jazzoper »Jonny spielt auf« uraufgeführt worden ist, hat sich lauter nationalsozialistischer Protest gegen die jüdisch-negerische Besudelung von Volk, Heimat, Moral und Kultur an der Wiener Staatsoper erhoben. Es gibt Stimmen, die ein Auftrittsverbot für die schwarze Tänzerin Josephine Baker in Deutschland und Österreich fordern – während der vorzeitig aus der Haft entlassene Adolf Hitler wieder überall öffentlich reden darf und besondere Unterstützung bei Winifred Wagner findet, die in ihm den Messias des neuen Deutschland sieht.

Ist es die Angst vor diesem neuen deutschen »Geist«, die Klemperer immer wieder zögern lässt, ein Stück von Kurt Weill uraufzuführen, »Mahagonny«, den »Protagonisten« oder »Der Zar läßt sich fotografieren«? Weill steht in enger, fast freundschaftlicher Beziehung zum Krollopern-Team, wird aber von Klemperer so oft weggeschickt und vertröstet, dass es schon fast etwas Beleidigendes hat: »Keineswegs sicher«, schreibt Weill an seinen Wiener Verleger.[13] »Wieder verschoben«.[14] »Offenbar ganz unentschlossen«.[15] Selbst als Tietjen schon sein Ja gegeben hat und die »Auswirkung der Dreigroschenoper… von Tag zu Tag größer« wird,[16] ja, eine »völlige Revolutionierung der gesamten Operettenindustrie mit sich bringt«,[17] kann Klemperer sich immer noch nicht für ein Stück von Weill entscheiden, sondern nimmt im Oktober 1928 lieber Strawinskys »Geschichte vom Soldaten« ins Programm, was Adolf Weißmann von der »BZ am Mittag« zu der Frage veranlasst, ob Strawinsky sich jetzt »endgültig im Hause am Platz der Republik niedergelassen« habe und Klemperer, der das Werk im Russenkittel dirigiert, sein persönlicher »Verbündeter« sei?[18]

Doch was Weißmann zu zögerlich und zu angepasst ist, ist der Volksbühne und ihren Freunden zu revolutionär. Bei einem Strawinsky-Abend am 23. Oktober 1928 wird gepfiffen, gezischt und gebrüllt, »alles sprang von den Sitzen auf, Polizei erschien,… Türen wurden aufgerissen und zugeknallt, kurzum, es schien das Ende.«[19] Immer lauter werden die Beschwerden der Volksbühne über die Kooperation mit Klemperer, immer höher die Berge von

Reklamationen, die auf den Schreibtischen von Tietjen, Kestenberg und Legal landen. Man will Star-Aufführungen, keine Experimente. Erstklassige Stimmen, keine Nachwuchskünstler. Schöne, gängige, kulinarische Repertoirestücke von Mozart bis Puccini, keine Neue Musik. Leider findet kein einziger Versuch einer sinnvollen Kommunikation statt. Klemperer und Dr. Nestriepke, der Leiter der Volksbühne, kennen sich absurderweise überhaupt nicht. Weder Tietjen noch Kestenberg kommen auf die Idee, sie miteinander ins Gespräch zu bringen, was Klemperer ihnen später als bösen Willen und mangelnde Loyalität auslegen wird.

Am 15. Januar 1929 findet die erste Wagner-Premiere in der Krolloper statt: »Der Fliegende Holländer« in einer Inszenierung von Jürgen Fehling mit Bühnenbildern von Ewald Dülberg. Moje Forbach singt die Senta, Fritz Krenn den Holländer. Klemperer dirigiert auf Anraten von Richard Strauss die Wagner'sche Urfassung von 1844, deren Ouvertüre in donnerndem Fortissimo ohne jedes Erlösungsmotiv schließt und in der der Holländer im zweiten Akt unter Posaunenschall auftritt, nicht mit einem leisen Pizzicato der Streicher. Zum ersten Mal seit seinem Amtsantritt in Berlin hat Klemperer es gewagt, einen prominenten Sprechtheater-Regisseur zu verpflichten, in der Absicht, Wagner gründlich zu entschlacken und zu entstauben, was auch gelingen wird. »Ich habe viele Dutzende von Aufführungen dieses Werkes gehört. Die Krollsche steht weit oben an«, wird Wagners Enkel Franz Beidler sich später daran erinnern. »Warum? Weil die ganze dramatische Wucht dieses Werkes mit einer Sinnfälligkeit herauskam wie sonst nie.... Der Sturmwind, der in der Partitur weht, der kam in dieser Aufführung wie sonst nie zum Ausdruck. Dann auch das Spukhafte, das dämonisch Spukhafte.... Und dann vor allem auch die Zeitlosigkeit! Die Aufführung konnte zu allen Zeiten spielen, dadurch kam heraus, was Wagner ... mit seinem Werk immer wollte, nämlich das allgemein Menschliche durch die Kunst nahezubringen.«[20]

Fehling verlangt seinen Darstellern extrem viel ab, läßt sie kriechen, springen, liegen, hocken. »Und da haben wir uns auch zuerst dagegen ein bissel verwahrt und gesagt: ›Da kann man nicht atmen, wenn man so hockt!‹«, erinnert sich die Senta-Darstellerin Moje Forbach. »›Das ist wurscht!‹ hat er gesagt.... Ja, und da haben wir es gemacht, und es war herrlich.... Ja, da hatte ich einen blauen Pullover an und einen grauen Rock aus einem ganz dicken Tuch... und eine knallrote Perücke... das war natürlich außergewöhnlich.[21] Wenn ich denke, wo ich die Senta schon überall vorher gesungen habe,... da war das alles von Lieblichkeit umschwebt und reizend und nett. Und plötzlich stand da eine Holzfigur. Aber das passte eben zur Musik, die der Klemperer machte, das war der Urholländer, der war viel härter.«[22] Zur Generalprobe sind Winifred und Siegfried Wagner erschienen. Winifred ist schockiert und empört. Aber Siegfried ringt sich immerhin dazu durch zu sagen: »Nun, ihr seht ja alle zum Piepen aus!« Worauf Klemperer ihm höflich einen Stuhl anbietet und sagt: »Bitte, Herr Wagner, ent-setzen Sie sich!«[23] Später soll Siegfried Wagner diese Inszenierung allerdings immer wieder als »kulturbolschewistisch« bezeichnet haben.[24]

Der Polizeipräsident von Berlin hat Ernst Legal telefonisch mitgeteilt, dass bei der Premiere mit Störungen von Nationalsozialisten zu rechnen sei, weshalb das Haus vorsichtshalber von 50 Polizisten umstellt werden solle. Der erste Abend verläuft aber noch halbwegs glimpflich. Für den zweiten kündigt ein »Hochschulring deutscher Art« an, Stinkbomben werfen zu wollen. Und der »Richard-Wagner-Verband deutscher Frauen« verlangt unter dem nachhaltigen Druck Winifred Wagners die sofortige Absetzung der Inszenierung. »Was war das eigentliche Sakrileg?«, fragt sich Hans Curjel über 30 Jahre später. »Die Wiedergabe des Holländers in der unsentimentalen Urfassung des Dresdner Revolutionärs..., daß der Holländer keinen Bart trug, die Mädchen keine Zöpfchen und sie, statt das Spinnrad schnurren zu lassen, Fischernetze durch die Finger gleiten ließen, daß Sentas Zimmer ein kleiner, schmuckloser Raum in einem Blockhaus war, durch wechselndes Licht in die Atmosphäre des Meeres getaucht. Und daß Klemperer..., ... Fehling... und Dülberg... die harten Seiten Wagners lebendig werden ließen.«[25]

Die völkische Presse tobt über den »natürlich bartlosen Holländer«, der wie ein »bolschewistischer Agitator« ausgesehen habe, über die Verwandlung Sentas in ein »fanatisch exzentrisches Kommunistenweib.... Man ändere die Methode oder man schließe dieses Haus sobald wie möglich.... Hinaus mit den Schädlingen!«[26] Völlig anders das Urteil der Liberalen und Linken unter den Journalisten. Sie lieben die kühne Fehling'sche Inszenierung und die harte, radikale Musik Otto Klemperers, beschreiben das Stück teilweise so plastisch, dass man glaubt, persönlich dabei gewesen zu sein. »Das sind moderne Seeleute, in Pullovern«, schreibt die »Frankfurter Zeitung« begeistert. »Ohne Schlapphut und Bart; das schwarze Schiff ohne die elektrischen Zauberfunken.... In dunklem Blaugrau lasten Himmel und Meer.... Schwarze Farbe macht Angst. Und die moderne Mannschaft fürchtet sich vor dem Grauen, das aus Nebel und schwarzem Wasser droht.... Das Haus der Senta ist gläsern wie ein Leuchtturm und steht mitten im Meerluftnebeln. Über das Dach ragen die pechschwarzen Rahen des Gespensterschiffs. Der Holländer kommt aus dem Nebel und verdichtet sich im Zimmer zur schwarzen Menschengestalt.... Ein unheimlicher Herr aus Rousseaus Bildern.... Senta, wie vom Teufel besessen, springt auf, singt die Ballade. Ihre Ekstase macht das ganze Haus verrückt. Moje Forbach hat die Besessenheit; die etwas belegte Stimme macht's viel weniger als die Körperspannung.... Eine sensible Bauernschönheit mit Fähigkeit zur Vision.... Die modernen Arbeiter-Matrosen überzeugen als Masse Mensch. Der Regie gelang es, bei diesem Operntext an Hamsun denken zu lassen – in geistigen Gegenden, die Edward Munch gemalt hat.«[27]

Doch so genial dieser »Holländer« auch gewesen sein mag – Wieland Wagner wird sich später heftig an seinem Vorbild orientieren –, er leitet das Ende der Krolloper und das Ende Klemperers in Berlin ein, denn die Wut nationalistischer Kreise kennt jetzt keine Grenzen mehr und wird alles daransetzen, diesen Mann und sein Werk zu vernichten. »Wir richten an das Preußische Ministerium für Wissenschaft, Kunst und Volksbildung im Hinblick auf die Tatsache, daß hier ein deutsches Kulturgut aufs schwerste geschädigt und bedroht wird, die Bitte, eine Vorstellung zu unterbinden, die mit ihren zahlreichen Verfehlungen dem Volke ein völlig falsches Bild von Wagners Werk darbietet und dem Ansehen einer staatlichen Bühne abträglich ist«, schreibt der »Richard-Wagner-Verband deutscher Frauen«. »Andernfalls sehen wir uns veranlasst, unsere Mitglieder und Freunde vor dem Besuch des ›Fliegenden Holländer‹ in der Oper am Platz der Republik zu warnen!«[28]

Diese Wellen von Hass treffen Klemperer so unvorbereitet, dass er am 17. Januar wutschnaubend in die Redaktion der Vossischen Zeitung läuft und die Absetzung eines ihm eigentlich wohlgesonnenen Redakteurs, Max Marschalk, verlangt, weil er Teile aus dieser Erklärung zitiert habe. Angeblich soll Klemperer sogar Morddrohungen ausgestoßen haben. Dann fährt er in Urlaub. Ernst Legal, der erst später von dem Zwischenfall erfährt, ist verzweifelt. Am 19. Januar 1929 schreibt er an Klemperer:

»Der Holländer hat alles auf den Plan gerufen, was *zu* unseren Bestrebungen steht, aber auch alle, denen wir unbequem und mehr als das sind. Es ist dabei gar keine Frage, daß ganz unverhüllt rein politische Gesichtspunkte... auftauchen und... für unser Haus eine nicht ganz ungefährliche Situation schaffen. Der Tenor aller Blätter von der Germania nach rechts lautet: Kroll und Klemperer müssen verschwinden! Es... regnet anonyme Zuschriften und offene Beschimpfungen, die uns zwar... nicht wankend machen können,... uns jedoch Publikum abgraben durch Verhetzungen, deren Unsachlichkeit irreparabler ist als es wirklich künstlerische Differenzen jemals sein können. Gut, damit ist immer zu rechnen gewesen. Leider ist nun aber die Situation kompliziert geworden durch Ihre Affäre mit der Vossischen Zeitung.... Man nimmt Ihnen die ganze Geschichte außerordentlich übel. Die Wohlmeinenden sagen: Was hat ein Künstler von Klemperers Gnaden es nötig gegen Argumente vorzugehen, die er jeden Tag vom Pult aus sieghaft zu widerlegen in der Lage ist?... Die Sache zieht immer weitere Kreise, und, wie ich höre, wollen heute... einige sogenannte Boulevard-Blätter Sensationsartikel mit entsprechenden Überschriften bringen, die... Unfrieden zwischen Ihnen und dem Generalintendanten stiften sollen.... Wozu, Lieber? Und in einem Augenblick, der Sie mit einer wunderbaren Leistung begnadete?«[29]

Die Befürchtungen Ernst Legals sind berechtigt gewesen. Denn schon am 30. April 1929 findet in Berlin eine Sitzung des »Landtags- und Unterausschusses für Theaterfragen«[30] statt. Auf der Tagesordnung steht das Thema »Krolloper«, die wie alle drei Berliner Opernhäuser Defizite erwirtschaftet – ein Zeitphänomen, sagen die Sozialdemokraten. Doch während die Fortexistenz der Linden- und Charlottenburger Oper unangetastet bleibt, sind die Abgeordneten des Zentrums und der deutschnationalen Volkspartei der Meinung, dass im Fall von Kroll über eine Schließung nachgedacht werden müsse, zumindest über weitreichende strukturelle Eingriffe: weniger Geld für Klemperer, mehr Macht für Tietjen, populärere Stücke und Inszenierungen, weniger »Neue Sachlichkeit«, Sozialkritik und Moderne. Tietjen versucht, das Konzept zu verteidigen, spricht von den »sozialen« und »erzieherischen« Aufgaben der Krolloper, die nicht zur Repertoire-Bühne verkommen dürfe, sondern ein experimentelles Institut bleiben müsse. Aber die politischen Angriffe gegen Kroll bleiben, obwohl Klemperer sich schon seit Monaten redlich bemüht hat, den Schaden, den er mit seiner Zeitungsaffäre angerichtet hat, wiedergutzumachen. Er hat den großen Laszlo Moholy-Nagy als Bühnenbildner für »Hoffmanns Erzählungen« engagiert, hat mit den »Brandenburgischen Konzerten« Nr. 4 und Nr. 6 eine Ära moderner Bach-Pflege bei Kroll eingeleitet, hat bei Kurt Weill die »Kleine Dreigroschenmusik« in Auftrag gegeben, acht Nummern mit den größten Hits der Dreigroschenoper »in ganz neuer, konzertanter Fassung teilweise mit Zwischenstrophen und durchweg neu instrumentiert«[31] für Bläser, Schlagzeug, Banjo und Klavier, eine »schmissige« Suite, die am 7. Februar 1929 in einem Kroll-Konzert uraufgeführt wird – zusammen mit Werken von Strawinsky und Bach (!). Eine Menge Prominenter sind gebeten worden, sich im »Börsen-Courier« zum »Fall Kroll« zu äußern. Sie tun es gern. Denn gerade jetzt, wo das ganze Aufbauwerk in Gefahr ist, strömen die Intellektuellen in Scharen in das Haus am Platz der Republik und beweisen Klemperer ihre Solidarität. Kurt Weill schreibt am 19. Februar 1929:

»Die Hetze gegen Klemperer ist eine der letzten Kraftanstrengungen der musikalischen Mummelgreise, eine Entwicklung aufzuhalten, die schon heute über sie hinweggeht. ... Da man an der Qualität seiner Leistungen keine Kritik üben kann, wendet man sich gegen die Zielrichtung seiner Arbeit.... In der kurzen Zeit seiner Berliner Tätigkeit hat Klemperer erreicht, daß die Oper wieder bei jenen Kreisen Interesse findet, die von der Existenz einer solchen Einrichtung kaum noch etwas gewußt hatten.... Und – das Peinlichste für seine Gegner: er hat Erfolg! In seinen Veranstaltungen kann man Beifallsstürme von einer angriffslustigen Frische erleben, wie sie in jenen Musentempeln, wo Kunst zelebriert wird, nicht zu erreichen sind.«[32]

Noch dreimal wird der Ausschuss in diesen Wochen zusammensitzen. Wochen, in denen Klemperer unter unerträglichem Druck steht und um die Existenz seines Lebenswerks bangen muss. Kann man es ihm unter diesen Umständen verübeln, dass sein Urteilsvermögen manchmal getrübt ist, dass er sich monatelang nicht entscheiden kann, ob er Weills »Mahagonny« uraufführen will oder nicht? Dass er ängstliche Bedenken wegen der Frivolität einzelner Szenen hat, von »Schweinerei« spricht, den ihm so wohlgesonnenen Weill zutiefst verletzt und am Ende sogar Gefahr läuft, sich die Loyalität seines engsten Vertrauten Hans Curjel zu verscherzen? Curjel stellt sich entschieden auf die Seite Kurt Weills und schreibt ihm am 31. Juli 1929: »Ich muß offen sagen, daß ich die Lust und das Vertrauen zu ihm fast ganz verloren habe.... Mit Otto Klemperer rechne ich... schon gar nicht mehr. Vielleicht ist es sehr ungerecht von mir. Ich möchte es hoffen. Vielleicht kommt ihm doch noch die Erleuchtung.«[33] Aber sie kommt nicht. Klemperer wird dieses Werk nicht aufführen. Er habe sich die Sache nicht leichtgemacht, sei in einen »völlig desolaten Zustand« geraten, schreibt Kurt Weill seinem Verleger, sei »mit Tränen in den Augen« in seine Wohnung gekommen und habe ihm erklärt, »er erkenne die Wichtigkeit des Ganzen, er sehe die musikalischen Schönheiten, aber das Ganze sei ihm fremd und unverständlich.«[34]

Am 7. Januar 1930, auf dem Höhepunkt der Weltwirtschaftskrise, wenige Monate nach dem großen Börsenkrach von New York, bringen die Deutschnationalen und Nationalsozialisten einen Antrag auf Schließung der Krolloper in den preußischen Landtag ein. »Das alte Spiel beginnt von neuem«, analysiert die

Vossische Zeitung, »rings marschiert gegen die lebendige Kunst der Gegenwart der Rückschrittler-Hass an.... Er bildet sich ein, im Namen der ›gesunden Kraft des Volkes‹ zu sprechen.... Von Weimar war kürzlich schon in der Vossischen Zeitung die Rede. Was ist es, was dort den Bannstrahl des nationalsozialistischen Unterrichtsministers erfuhr? Es sind Bilder von Paul Klee, dem typischen deutschen Romantiker. Zeichnungen und Graphiken von Ernst Barlach,... Arbeiten von Franz Marc,... ein Frauenakt von Lehmbruck.... Und so fort. Alle diese Künstler, die aus dem Weimarischen Schlossmuseum vertrieben wurden, haben teil an der eigenwilligen Entfaltung unserer nationalen Kunst während der letzten Jahrzehnte.... Ein ganz besonderer Stolz der deutschen Kunsttätigkeit von heute ist die großartige, von der Welt ringsum bewunderte Stellung unserer neuen Baukunst. Aber was geschieht nun? In den Organen der Partei, die das Deutschtum in jedem Satz im Munde führt, wird gegen die ›bolschewistische Architektur‹ gehetzt. Welch ein Unsinn!... Ganz besonders ist den Gegnern heutiger Architektur das flache Dach ein Gegenstand des Ärgernisses. Ihr Schamgefühl wird offenbar zumal hierdurch gröblich verletzt. Welche Wut wird dagegen ins Feld geführt! Als handle es sich um die Vertilgung einer frevelhaften Irrlehre. Will man sehr wirksam sein, so läßt man nebenbei die Bemerkung fallen, das flache Dach stamme aus dem Orient, etwa Palästina, und sei eben, nun ja, eine orientalische Erfindung.... Der Ansturm gegen literarische Werke, gegen moderne Musik, gegen Erzeugnisse der Filmindustrie verbindet sich logisch mit den Umzingelungsversuchen gegen die bildende Kunst der Gegenwart. Alle geistigen Menschen unseres Landes sollten aufstehen und diesem anmarschierenden Terror der Kunstfremdheit und Verstandesdumpfheit das Gewicht ihrer Namen, ihres Lebenswerkes, ihrer Überzeugungen entgegenwerfen!«[35]

Klemperer versucht, dieser Aufforderung zu folgen, bringt Ernst Kreneks »Leben des Orest« mit Bühnenbildern von Giorgio de Chirico heraus und entschließt sich endlich zur Aufführung von zwei Schönberg-Einaktern, »Erwartung« und »Glückliche Hand«, bei deren Vorbereitung es allerdings zu großen Spannungen kommt. Typisch für die aufgeladene Stimmung in der Krolloper, in der jeder weiß, dass ihre Tage gezählt sind, in der die Führungsspitze miteinander zerfallen und zerstritten ist. In der vor allem Klemperer keine echte Autorität mehr hat, sodass Tietjen den viel jüngeren Hans Curjel ermächtigt, gemeinsam mit Legal das »Kommando« zu übernehmen.

Am 7. Juni 1930 findet die Premiere statt. Klemperer und Zemlinsky dirigieren je eines der beiden Stücke. Moje Forbach, die Solistin des Monodrams »Erwartung«, ist vollkommen erschöpft, weil Schönberg sie während der Proben geradezu terrorisiert hat.[36] Paul Zschorlich schreibt erwartungsgemäß in der »Deutschen Zeitung«, dass Schönberg und Zemlinsky miteinander verwandt seien, dass hier also jüdische Vetternwirtschaft betrieben werde. »Er ist Autodidakt und, was wichtiger ist, der Schwager Alexander von Zemlinskys, des Kapellmeisters der Kroll-Oper. Dieser dirigierte auch die ›Erwartung‹. Vastehste! ... Das ›Schaffen‹ Schönbergs stellt sich dar als eine Verneinung aller deutschen Musikkultur, als eine Vernichtung des Geschmacks, des Gefühls, der Überlieferung. ... Schönberg aufführen heißt so viel wie Kokainstuben fürs Volk eröffnen. Kokain ist Gift. Schönbergs Musik ist Kokain. ... Das Allerschlimmste aber, daß die Hörer es mit Schafsgeduld hinnehmen. ... Zwar handelt es sich dabei nur um einen ganz kleinen Kreis, denn obwohl man überreichlich Frei- und Steuerkarten ausgegeben hatte, war das Haus am Pfingstsonntagabend nur mäßig besucht. Die Schönberg-Klemperer-Clique war ganz unter sich. ... Ich habe mich nicht überwinden können, die ›Glückliche Hand‹ noch anzuhören. ... Daß sein Opus 18 genauso indiskutabel ist wie sein Opus 17, weiß ich im Voraus.«[37]

Kurz vor der dritten, auf den 20. September 1930 angesetzten Aufführung haben die Nationalsozialisten sensationelle Stimmgewinne erzielt. Nach der SPD sind sie jetzt Deutschlands zweitstärkste Partei. Nach endlosen Verhandlungen im preußischen Landtag, bei denen Tietjen, Kestenberg, Klemperer und viele andere als Zeugen gehört werden und Klemperer in wilde Beschuldigungen gegen seine Vorgesetzten ausbricht, ergeht am 6. November 1930 der Regierungsbeschluss, die Krolloper zu schließen. Als Grund werden zu hohe Defizite angegeben, eine Lüge, rechnet

Klaus Pringsheim den Politikern vor, denn die Krolloper habe viel sparsamer gewirtschaftet als zum Beispiel die Lindenoper, deren aufwendiger Umbau allein zwölf Millionen gekostet habe.[38] »Ich kann eine solche Maßnahme nicht verstehen und will sie nicht glauben«, schreibt Igor Strawinsky an die Presse. »Ich kenne die Arbeit der Krolloper seit ihrem Bestehen, ich habe zahlreiche meiner Aufführungen gehört, ich habe dort Aufführungen klassischer und anderer moderner Opern gesehen. Ich hatte nach diesen praktischen Erfahrungen das Gefühl, daß es in Europa *eine* einzige Stelle gab, an der von Grund auf an der so notwendigen Erneuerung der Oper gearbeitet wird, mit ernstestem Willen, bestem Erfolg und weitreichender Resonanz. Eine Stelle, zu der man kameradschaftliches Vertrauen haben konnte. Und dieses von innen heraus lebendige, in seiner Arbeit saubere Institut, diesen einmaligen, nicht wieder zu belebenden Organismus will man umbringen? – Unmöglich! Igor Strawinsky.«[39]

Nach einer erfolglosen Audienz bei Reichskanzler Brüning führt Klemperer einen Prozess gegen den preußischen Staat, der ihm einen Zehnjahresvertrag an der Krolloper garantiert hatte, erreicht aber nur, dass man ihn als Kapellmeister an die Lindenoper übernimmt, wo er nun einer von vielen sein wird. »Ich verstehe nicht, wozu der Staat von mir verlangt hat, die Kroll-Oper aufzubauen und mich ihr nach besten Kräften… zu widmen, wenn jetzt der Staat plötzlich sagt: Wir machen zu. Komm rüber in die Lindenoper. Dort kriegst du eine Stelle als Portier oder sonst was, aber du wirst dich schon gut bei uns amüsieren«, sagt er vor Gericht.[40]

»In letzter Stunde« ergreift er noch einmal das Wort für die Krolloper und fasst in einem Zeitungsartikel zusammen: »Wir kannten keine Stargagen und keine ›Prunk- und Rauschoper‹. Wir strebten nach einer ›Spiritualisierung‹ der Oper, nach einer ›Neuen Romantik‹. Wie sie die Zeit geistig verlangte und ökonomisch diktierte. Wir sollen mitten auf dem Wege getroffen werden. Wir haben natürlich Fehler gemacht. Zeiten des Elans wurden von Perioden des Zögerns unterbrochen, wie das bei einem langen Feldzug sein muß.… Sei es drum. Dann muß der ›Nächste‹ das Begonnene fortsetzen. Aber – wann auch immer diese Idee von der Oper wieder aufgenommen werden wird, man wird dort anknüpfen müssen, wo wir nun aufhören sollen. Man kann unser Theater schließen, aber die Idee kann man nicht töten.«[41]

Gemeinsam mit Gustaf Gründgens und dem jungen Bühnenbildner Teo Otto macht er noch eine legendäre Inszenierung des »Figaro«[42] und geht dann, in Begleitung von Johanna, als Gastdirigent nach Buenos Aires, da er es nicht aushält, die Monate bis zur endgültigen Schließung der Krolloper mit anzusehen. Als letzte Neueinstudierung wird am 29. Mai 1931 Janáčeks nachgelassene Oper »Aus einem Totenhaus« gegeben. Klemperer ist strikt dagegen gewesen. »Er hat gesagt: ›Ihr dürft nicht das Totenhaus zum Schluß machen. Ihr müßt den Schluß fröhlicher machen mit Rosenkavalier‹«, berichtet Hans Curjel. »Das hat er aber nicht zu mir gesagt, sondern zu Tietjen. Tietjen, der indiskret war, hat in der nächsten Minute mich angerufen und mir erzählt: ›Eben ist der Lange bei mir herausgegangen. Wissen Sie, was er gesagt hat?‹ ... Klemperer fuhr ab. Er fuhr mit dem Schiff von Lissabon nach Südamerika. Nachts um drei Uhr ist bei uns zu Hause das Telefon gegangen. Am Apparat war Klemperer. ›Ich möchte mich nur von Ihnen verabschieden. Wir fahren in ein paar Stunden nach Südamerika. Aber ich verlange von Ihnen, daß Sie das Totenhaus (was schon in Arbeit war) absetzen und daß Sie Rosenkavalier spielen.‹ Da habe ich gesagt: ›Dann müssen Sie kommen und den Rosenkavalier dirigieren, und dann lehne ich es auch noch ab. Wir spielen das Totenhaus, denn das Haus ist ein totes Haus, und das ist der Abschluß.‹«[43]

Curjel kann ihm diese »Fahnenflucht« nicht verzeihen und macht ihm Vorwürfe, dass er zur letzten Vorstellung nicht einmal telegrafiert habe. Aber Klemperer verteidigt sich und schreibt zurück: »Was sollte ich sagen? Jedes Wort schien mir banal, ja lächerlich. Nach all dem, was ich *vergebens* für unser Theater *getan* und *geopfert* habe, schien es mir unmöglich, Worte zu machen. Es gibt Todesfälle, bei denen man nicht einmal kondolieren kann.«[44] Diese Schlussvorstellung, bei der ausgerechnet Klemperer fehlte, sei »etwas vom Traurigsten und Erschütterndsten« gewesen, das er je erlebt habe, sagte der Bühnenbildner Teo Otto, der Moment,

»als wir alle, jeder Bühnenarbeiter, jede Putzfrau, jedes Ballettmädchen, jeder Chorist, die Musiker, als wir alle oben auf der Bühne standen und nun von einem Berlin Abschied nahmen, das dann ja auch nicht mehr gekommen ist.«[45]

»Das Nachspiel der Schließung der Kroll-Oper ist ebenso kurz wie traurig«, resümierte Klemperer im November 1962 im Westdeutschen Rundfunk. »Ich wurde gnädigst übernommen. Ich habe in der Lindenoper nur Einstudierungen gemacht, vollständige Neueinstudieren, oder Übernahmen von Kroll-Aufführungen, ... Così fan tutte, Figaro und Falstaff aus der Krolloper. Und Konzerte, die mir übertragen wurden, ich weiß heute noch nicht, warum. Schließlich und endlich kam es zur Schlußvorstellung vom ›Tannhäuser‹. Diese Vorstellung war am 13. Februar 1933. Hitler war schon im Amt. Zwei Wochen vorher erhielt ich die Goethe-Medaille und acht Wochen später wurde ich aus Deutschland ausgetrieben, als Schädling. Hitler und Genossen waren in der Aufführung des ›Tannhäuser‹ anwesend, es kam vor dem dritten Akt zu einer namenlosen Demonstration, meine Freunde klatschten und meine Widersacher pfiffen und lärmten. Es dauerte ungefähr eine Viertelstunde, ich blieb ruhig am Pult sitzen. ... Und da ging ich eines Morgens zu meinem Vetter, ... der Arzt Georg Klemperer, ... und da sagt er: ›Denk' mal, heute morgen haben sie den Nervenarzt Goldstein[46] verhaftet.‹ Sag' ich: ›Was? Aus welchem Grund? Am hellichten Tag? Ja, wo ist er denn?‹ – ›Weiß man nicht.‹ – ›Weiß seine Frau auch nicht?‹ – ›Nein.‹ – Na, dann hab' ich gesagt: ›Dann muß ich wohl auch abreisen. Denn morgen kann mit mir dasselbe passieren. ... Am nächsten Morgen hab' ich Werner abgemeldet ... von der Schule, habe mir meinen ... Pass, daß man ausreisen kann, auf der Polizei geholt und hab' mich bei Tietjen verabschiedet. Und da sagte ich: ›Ich wollte Ihnen nur mitteilen, ich reise heute ab.‹ ... ›Urlaub bekommen Sie nicht!‹ Sag' ich: ›Ich brauche keinen Urlaub, ich reise ab.‹ Und da hat er gesagt: ›Ja, wohin reisen Sie denn?‹ Ich sage: ›Ich reise nach Zürich. Ich kann in zwölf Stunden wieder in Berlin sein, wenn Sie mich brauchen.‹ – ›Ja, wo wohnen Sie in Zürich?‹ – ›Ich gehe zu Bircher-Benner. Das ist ein schönes Sanatorium ... mit besonderer Kost. Also, vegetarische Kost und gemischte Kost.‹ Und da sagte er: ›Ja also, ziehen Sie eigentlich gemischte Kost vor oder Rohkost?‹ Dieses Thema haben wir mindestens zehn Minuten besprochen.... Und da sag' ich: ›Ich muß jetzt gehen, um halb drei fährt mein Zug.‹ Das war die Affäre Berlin.«[47]

Johanna und die beiden Kinder bringen ihn zum Bahnhof, um Abschied zu nehmen. Johanna weint. Die neunjährige Lotte will wissen, was los ist und warum er so plötzlich wegfährt. »Weil ich Jude bin«, sagt er unwirsch. Lotte ist völlig perplex. Ihr Vater Jude? Wieso das denn auf einmal? Hatte er nicht noch vor wenigen Tagen gesagt, sie müssten vor den neuen Machthabern keine Angst haben, da sie Deutsche und Katholiken seien?

Das zweite Leben

Bis zur Schließung der Krolloper und etwas darüber hinaus war Klemperers Ehe mit Johanna sehr glücklich. Sie machten weite Reisen zusammen, schrieben sich Gedichte und Liebesbriefe, wenn sie getrennt waren, gaben Liederabende und diskutierten über seine Inszenierungen. In Berlin hatte Johanna unter dem Pseudonym »Hanne Klee« ihre Karriere als Sängerin wieder aufgenommen, die in Wiesbaden etwas eingeschlafen war. Sie sang mehrmals in der Städtischen Oper unter Bruno Walter und manchmal auch als Gast an der Krolloper, zum Beispiel die Titelrolle in »Carmen« und die Adele in der »Fledermaus«.

Um 1932 kam es zu einer Ehekrise. Johanna hatte unter Klemperers psychischer Erkrankung und dem Scheitern des Kroll-Projektes offenbar mehr gelitten, als sie sich anmerken ließ, sodass sie manchmal zu viel aß und trank, um sich zu beruhigen. Er machte ihr bittere Vorwürfe. Sie sei zu dick und zu unbeherrscht. Zum ersten Mal wandte er sich ernsthaft einer anderen Frau zu, der jungen russischen Medizinstudentin Micha May, der er eine neu komponierte »Chanson russe« widmete.

Als die Nazis an die Macht kamen, war er keineswegs so schockiert, wie er es später in Interviews immer wieder darstellte, sondern freute sich herzlich über die geistige »Wiederauferstehung Deutschlands«. »Wir feiern den Sieg über die Teufelsmächte des Kommunismus«, schrieb er am 20. März 1933 – einen Tag vor der Konstituierung des neuen Reichstags in der Potsdamer Garnisonskirche – an seinen Sohn Werner, »der den Atheismus, die Gottesleugnung predigt. Du kannst ruhig und mit Recht die alten schwarzweißroten Farben im Knopfloch tragen. Dein Vater hat deutschnational gewählt.... Wir sind deutschnational denkende Katholiken.«[1] Im Freundeskreis nannte er sich einen katholischen Pfitzner-Schüler, der aus Protest gegen die »rote Flut« konvertiert sei. Jüdische Kollegen wie Max Strub und Carl Flesch wandten sich daraufhin von ihm ab. Hans Curjel war sogar davon überzeugt, dass Klemperer Deutschland niemals verlassen hätte, wenn er kein Jude gewesen wäre. »Klemperer hatte es ja leicht, von Deutschland wegzugehen, er wäre ja nie weggegangen, wenn er Arier gewesen wäre! Damit schließe ich die Sache!«, sagte er zu Philo Bregstein.[2]

Klemperer war lange Zeit davon überzeugt, dass die Schließung der Krolloper ein Werk der Linken gewesen sei, die ihn mit System in eine Falle gelockt hätten. Als frisch gekürter Träger der Goethe-Medaille war er sich sicher, dass die Nazis ihn in seinem Amt als Kapellmeister der Staatsoper Unter den Linden belassen würden, ging nach der »Machtergreifung« unbesorgt auf Konzertreise nach Italien und reagierte ungläubig und irritiert, als Tietjen ihm am 22. März 1933 nach Turin schrieb:

»Sie werden, obgleich Sie seit einiger Zeit von Berlin abwesend sind, sicherlich wohl darüber orientiert sein, in welcher Weise sich die Verhältnisse im deutschen Theater- und Konzertwesen in der kurzen Zeit verändert haben und weiter verändern werden. Inwieweit Ihr Tätigkeitsbereich an der Staatsoper davon in Mitleidenschaft gezogen wird, vermag ich im Augenblick noch nicht zu übersehen. Jedenfalls haben sich aber Maßnahmen für nötig erwiesen, die ich zunächst als vorbeugende aufzufassen bitte. Hierzu gehört, daß die Premiere von ›Kreidekreis‹ auf unbestimmte Zeit verschoben wird, und seit heute steht auch fest, daß das für nächste Woche angesetzte 4. Sinfonie-Konzert unter Ihrer Leitung nicht zu halten ist.«[3]

Offenbar wurden ihm erst die Augen geöffnet, als die Nazis seinen Nervenarzt Dr. Kurt Goldstein verhafteten. Noch kurz vorher hatte er zu seinem Schwager Ismar Elbogen gesagt, es sei die Pflicht der Juden, Hitler eine Schutzwache zu stellen. In der Familie regte sich niemand sonderlich darüber auf. Denn sie wussten ja, dass er krank war. Am 7. Februar war er bei einer Probe in Leipzig von der Bühne gestürzt, einige Zeit bewusstlos liegen geblieben und erst im Haus eines Freundes wieder aufgewacht, mit einer schweren Gehirnerschütterung und schmerzhaften Prellungen an der linken Körperseite. Doch als er jetzt plötzlich darauf bestand, seine neue Freundin Micha May mit nach Zürich zu nehmen, verlor sogar Johanna die Geduld mit ihm und bat Georg Klemperer um Intervention. Klemperer fuhr also allein, wandte sich aber in Zürich sofort einer anderen jungen Frau zu, einer Sängerin aus dem Philharmonischen Chor von Berlin. Johanna, die ihm mit den Kindern und Louise Schwab nachgereist war, dachte zum ersten Mal ernsthaft an Trennung.

Später fanden sie in Wien wieder zusammen. Klemperer dirigierte Konzerte in Ungarn und Österreich, bis man ihn im Frühjahr nach Los Angeles engagierte, wo er Chef des philharmonischen Orchesters wurde, das sich wie fast alle amerikanischen Klangkörper aus Privatmitteln finanzierte. Er war sich noch nicht sicher, ob er in Amerika bleiben würde. Denn die Verhältnisse in Los Angeles gefielen ihm nicht, das Klima, das Essen, die Zersiedelung, die ungewohnt großen Entfernungen, vor allem aber die Kulturlosigkeit. »Da der Geldgeber des hiesigen Orchesters (ein Kupfermagnat) verarmt ist, dürfte auch hier nach einem Jahr Schluß sein«, schrieb er an einen Kollegen. »Das wäre für das Land ein unersetzlicher Verlust, da das Orchester das einzige kulturelle Moment in dieser geistigen Wüste darstellt. Die Filme sind unter Null. Ich sehne mich schrecklich nach Europa, nach meiner Familie, nach Wien und last not least nach unserem Garten.«[4]

Nach der Ermordung von Bundeskanzler Dollfuß am 25. Juli 1934 in Wien war ihm klar, dass Johanna und die Kinder Österreich verlassen müssten. Im Juni 1935 trafen sie ein. Lotte war inzwischen zwölf, Werner fünfzehn, ein lebhafter Junge mitten in der Pubertät, der lieber Fußball spielte und ins Kino ging, als Klavierstunden zu nehmen. Er integrierte sich schnell in Amerika und lernte die Sprache so fließend und akzentfrei, dass er Schauspieler werden konnte. Lottes Englisch blieb ihr Leben lang stockend und gebrochen. Nach Köln, Wiesbaden und Berlin hatte sie nun auch ihr neues Zuhause in Wien verloren. »Da hatten wir eine herrliche Wohnung, die mein Vater für uns gefunden hatte«, erzählte sie Philo Bregstein. »Sie war nicht praktisch, aber sie war wunderbar, direkt am Garten in Schloss Schönbrunn.... Und dann gibt es da einen sehr schönen Brief, wo er erklärt, warum er findet, daß wir aus Wien wegsollten. Er meint, es wird nicht lange dauern, dann wird Hitler auch in Wien sein. Und er will meinen Bruder Werner davor bewahren, daß er in die Armee muß. Das war eine Fehlkalkulation, denn er mußte ja in die amerikanische Armee.«[5]

Otto Klemperer gab sich die größte Mühe, in Los Angeles ein kultiviertes Musikleben aufzubauen. Er organisierte Konzerte für Schüler und Studenten, etablierte ein weitgespanntes Repertoire und verfasste Einführungen zu jeder Premiere, die er persönlich am Konzertabend vortrug. Johanna und Lotte lebten sehr isoliert. Nur zu Schönberg und seiner Frau Gertrud, die in der Nähe wohnten, hatten sie manchmal etwas Kontakt. Klemperer nahm Kompositionsunterricht bei Schönberg, vermittelte ihm eine Stellung an der University of California und dirigierte seine Stücke, sooft man ihn ließ. Aber es kam trotzdem immer wieder zu Konflikten, die im Nachhinein fast infantil wirken und wohl nur durch die besonderen Verhältnisse des Exils zu verstehen sind. »Ich war gestern genötigt, die Einladung zu einem Bankett Ihnen zu Ehren abzulehnen«, schrieb Schönberg am 8. November 1934. »Ich finde es unerhört, daß Leute, die fünfundzwanzig Jahre lang meine Werke in dieser Gegend unterdrückt haben, mich nun als Staffage, als Statisten verwenden wollen, weil ich zufällig hier bin.... Jedenfalls werden sie erkennen müssen, daß man mich mit einem noch so guten Butterbrot nicht abspeisen kann.«[6]

In New York hatten sich inzwischen weitere Emigranten eingefunden, darunter Alma Mahler mit ihrem dritten Ehemann Franz Werfel und Paul Bekker, der alte Musikkritiker der »Frankfurter Zeitung«. Leider konnte keine Rede davon sein, dass die Vertriebenen sich im Exil unterstützt hätten, ganz im Gegenteil, sie setzten ihre Fehden noch heftiger fort als zu Hause in Deutschland. Bekker arbeitete als Musikkritiker für die Neue Zürcher Zeitung und rezensierte in dieser Funktion auch Klemperers Auftritte mit den Philharmonikern. »Die Konzerte, als deren offizieller Leiter Toscanini gilt, wurden in dem nun abgelaufenen

Teil der Spielzeit von Otto Klemperer geleitet mit betont reaktionär opportunistischer Programmhaltung. Klemperer, vordem ein Werber für zeitgenössische Musik, hat unter dem Druck der neuen Umgebung einen bemerkenswerten Stellungswechsel vorgenommen. Er hat plötzlich seine Beziehungen zu Tschaikowsky entdeckt und vertritt die Meinung, daß man Tschaikowsky bisher nur nicht richtig dirigiert habe. Daneben gab es viel Brahms, obwohl Toscanini erst in der vorigen Spielzeit einen sechs Abende umfassenden Brahms-Zyklus veranstaltet hatte.«[7] Das war unfair. Denn erst am 28. November 1935 hatte Klemperer Alban Bergs »Lulu-Suite« in New York dirigiert, über die er sich intensiv mit dem Komponisten ausgetauscht hatte. Alban Berg starb Weihnachten 1935.

»Als ich das letzte Mal an einem schönen Sommernachmittag ... bei ihm war, und er mir seine Oper Lulu vorspielte, hatte er das Violinkonzert noch nicht geschrieben«, schrieb Klemperer in einer Wiener Zeitung. »Wie konnte ich ahnen, daß dieses Werk sein Requiem werden sollte, das zugleich das Requiem für einen anderen Menschen war, den ... ich gleichfalls sehr gut kannte: der traumhaft schönen, blutjungen Manon Gropius, die ich im Hause Mahler auf der Hohen Warte kennengelernt hatte. Ganz blass und still sah ich sie vor mir in dem berühmten Zimmer, dessen Wände Glasvitrinen sind, hinter deren Scheiben die Manuskripte Mahlers aufbewahrt werden.«[8]

Im Juli 1936 stand die Existenz der Philharmoniker von Los Angeles auf der Kippe. Verschiedene Sponsoren hatten sich zurückgezogen, vielleicht, weil Klemperers Programm ihnen zu ambitioniert war. Doch anders als im preußischen Berlin, wo sich sofort »Untersuchungsausschüsse« für Orchester und Theaterfragen bildeten, gab man ihm Gelegenheit, sich selbst zu äußern. In einer flammenden englischen Rede sagte er, allein in der letzten Saison habe er vier Solisten engagiert, die noch nie in Amerika aufgetreten seien, nämlich Lotte Lehmann, Bronisław Huberman, Artur Schnabel und Emanuel Feuermann. Huberman baue zur Zeit ein Orchester in Palästina auf. »Stellen Sie sich bitte vor – ein neues Orchester in einem so kleinen Land wie Palästina! Und wir – nach einer Orchestertradition von rund achtzehn

Jahren in diesem großen Land, in diesem im Vergleich zu Palästina reichen Land: wir sollten nicht in der Lage sein, den Fortbestand unseres Orchesters zu gewährleisten? Ich kann es einfach nicht glauben.« Er, Klemperer, habe »die Ehre« gehabt, dieser Stadt noch nie gehörte Werke zu präsentieren, die 5. Symphonie von Sibelius, die 7. von Bruckner, das Klavierkonzert von Schostakowitsch und ein neues Cellokonzert von Schönberg, »Ihrem berühmten Mitbürger«. »Sie sehen, eine Menge interessanter Ereignisse. Ich sage, ›interessante Ereignisse‹, weil es auch dann, wenn nicht jede Neuheit unbegrenzten Beifall... finden kann, ... unter kulturellen Gesichtspunkten unbedingt notwendig ist, *neue* Musik, die Musik lebender Komponisten zur Aufführung zu bringen.... Wie Ihnen bekannt ist, war ich während etwa zehn Wochen als Gastdirigent in Europa. Sie alle wissen, daß Europa in dieser Zeit... kein friedvoller Ort ist. Doch herrscht bei diesen Orchestern mehr Frieden als hier, denn ihre Existenz ist gesichert, von den Regierungen gesichert, und das Defizit wird von den Gemeinden aus öffentlichen Mitteln gedeckt. Wo immer ich auch dirigiere, in Wien oder Prag, oder auch in kleineren Städten..., überall ist das Orchester aus öffentlichen Mitteln gesichert. Natürlich birgt das auch Gefahren. Spielten politische Einflüsse in eine rein künstlerische Sphäre hinein, so verhieße dies nichts Gutes. Ich glaube jedoch, daß es Wege gibt, die positiven Aspekte dieser europäischen Institutionen zu übernehmen und die negativen auszuklammern.... Erlauben Sie dem Teufel des Materialismus nicht, Ihr Orchester zu töten. Stehen Sie gegen ihn auf, bauen Sie Ihre Festungen, starke Festungen, die nicht einzunehmen sind. Ich wünschte, ich könnte die richtigen Worte finden, um sie immun gegen diese große Gefahr zu machen, die Sie bedroht.«[9]

So viel persönlicher Einsatz beeindruckte den Verwaltungsrat. Er beschloss nicht nur, das Orchester weiter zu betreiben, sondern sich außerdem dafür einzusetzen, dass Klemperer vom »Occidental college« die Ehrendoktorwürde eines »Dr. jur.« verliehen bekam. Klemperer ahnte wohl nichts davon, dass er um diese Zeit intensiv bespitzelt wurde, und zwar vom deutschen Generalkonsul in Los Angeles, Dr. Georg Gyssling, einem treuen

Nazi, der in erster Linie dazu eingesetzt war, Emigranten, die in Hollywoodfilmen mitspielten, zu überwachen. Offenbar hatte er aber nichts gegen Klemperer, zumal dieser immer wieder öffentlich betonte, dass er Katholik und kein Jude sei.

»Es trifft zu, daß Otto Klemperer seit etwa zwei Jahren das hiesige Philharmonische Orchester leitet. Er wohnt hier mit seiner Ehefrau und seinen beiden Kindern Werner und Lotte«, berichtet Gyssling am 24. Juli 1937 nach Deutschland. »Weitere Abkömmlinge sind aus der Ehe nicht hervorgegangen. Meinen bisherigen Erkundigungen zufolge will sich Klemperer nicht an der deutschen Akademie des Grafen Hubertus Maximilian Friedrich Leopold Ludwig von Loewenstein-Scharfeneck beteiligen. Wenn er auch, wie ich höre, im Privatverkehr gelegentlich unfreundliche Bemerkungen mit Bezug auf das heutige Deutschland zu machen pflegt, so hat er sich von einer öffentlichen Stellungnahme gegen uns bisher fern gehalten. Unter den hiesigen Immigranten, unter denen die Juden tonangebend sind, nimmt er eine Sonderstellung insofern ein, als er sich zu ihrem Ärger als orthodoxen Katholiken zu bezeichnen pflegt. Er ist hier praktisch abhängig von der philharmonischen Gesellschaft, insbesondere von dessen Präsidenten, des im Allgemeinen deutsch-freundlich eingestellten Kupferindustriellen Harvey Mudd, der dem Vernehmen nach aus seinen Gruben in Zypern zur Zeit große Kupfermengen nach Deutschland verkauft. Sollte Klemperer öffentlich gegen uns auftreten oder sonst versuchen, unsere Interessen zu schädigen, so würde ich zunächst versuchen, mit Mr. Mudd zu sprechen, der hierfür sicher großes Verständnis zeigen würde. Von einer Ausbürgerung möchte ich schon aus dem Grunde dringend abraten, weil Klemperer hier fast das ganze Musikleben beherrscht und auch gesellschaftlich eine sehr angesehene Stellung einnimmt. Die stimmungsmäßige Folge einer solchen Ausbürgerung, die von den Juden sofort gegen uns ausgebeutet werden würde, wäre daher eine höchst unerwünschte. Ich werde die Angelegenheit im Auge behalten und ggf. erneut hierüber berichten. Gez. Dr. Gyssling.«[10]

Doch trotz aller Aktivitäten und großen Erfolgen litt Klemperer mit jedem Jahr unter stärkerem Heimweh. »Es ist so seltsam hier, der Pacific ist gewiss sehr schön, starker Wellenschlag, aber (was mir so fehlt) kein Meergeruch (von Tang und Algen)«, schrieb er im Juni 1937 an seine Frankfurter Studienkollegin Lonny Epstein, mit der er in Köln oft zusammengearbeitet hatte. »Das Land ist wundervoll, aber ›etwas fehlt‹. Was ist es? Ich könnte mir denken, dass man sich in einem kleinen österreichischen Alpendorf, das landschaftlich gewiss nicht an Californien reicht, viel besser fühlt. Wieso schmeckt das Brot hier nicht wie in Wien? Es ist doch derselbe Weizen. Aber es ist nicht derselbe Boden! (im umfassendsten Sinne).«[11] Seit Neuerem quälten ihn immer wieder Magenkrämpfe, die er auf die fremde Ernährung schob. Aber die Ärzte sprachen von »Überreizungszuständen« und rieten ihm »to relax«. Doch wie sollte er? Denn inzwischen kamen immer mehr Emigranten nach Amerika, die ihn beschworen, finanziell für sie zu bürgen oder ihnen Jobs und Beziehungen zu verschaffen, Ernst Bloch und seine Frau Karola, Schwester Regina mit ihrem Mann Ismar Elbogen, Schönbergs Sohn Georg und viele andere. Zemlinsky hatte in New York einen schweren Schlaganfall erlitten. Bodanzky lag mit einem Herzleiden und Arthrose im Sterben. Sterben war teuer in Amerika. Aber Kranksein noch mehr. Johanna, jetzt neunundvierzig, erlitt im Mai 1939 einen Blinddarmdurchbruch und musste sich nach einer Notoperation in letzter Sekunde auch noch einer Hysterektomie unterziehen. Dazu kam die Miete für das Haus in Bel Air, in dem sie wohnten, »ein kleines Haus, für diesen Riesenmann viel zu klein, aber doch ganz gemütlich eingerichtet«, erzählte Paul Dessau, der sich in der Nachbarschaft niedergelassen hatte.[12] Da hieß es: immer wieder Konzerte geben. Im Sommer fuhr er mit Johanna und Lotte nach Mexiko, dirigierte Beethoven, Schönberg und Brahms, fühlte sich immer schlechter, litt unter Gleichgewichtsstörungen, konnte nur noch langsam und schlurfend gehen, auf dem rechten Ohr immer weniger hören, hatte so starke Kopfschmerzen, dass ihm jeder Akkord des Orchesters zur Qual wurde.

Zurück in Los Angeles hatte Johanna Mühe ihn zu überreden, dass er den Rat seines Vetters Georg einholen sollte, der in Cambridge in der Nähe von Boston wohnte. Georg bestätigte ihre Befürchtung: Gehirntumor. Am 18. September 1939 wurde ihm von einem Spezialisten, Gilbert Horrax, ein sogenanntes »akustisches Neurom« von der Größe eines Apfels entfernt. Die Operation dauerte viereinhalb Stunden. Als er aufwachte, waren der Schließmuskel des rechten Auges und die rechte Seite der Zunge gelähmt. Auch den rechten Arm konnte er nur noch mit Mühe bewegen. An Klavierspielen war vorläufig nicht mehr zu denken. Wenige Tage später kam eine Meningitis hinzu. Prognose unsicher, aber keinesfalls ungünstig, prophezeite Georg.[13] Johanna harrte bis Dezember an seinem Krankenbett aus. Als er wieder aufstehen konnte, erklärte er ihr, dass er die Trennung wünsche, jedenfalls bis auf Weiteres. Sie war fassungslos. Was hatte sie ihm getan? Sicher nichts. Er wusste nicht mehr, was er sagte und tat, weil er nach dieser Tumor-Operation manischer als in seinen schlimmsten Zeiten war. Es blieb ihr nichts anderes übrig, als nach Los Angeles zurückzufliegen und seinen Chef, Mr. Mudd, über die neue Lage zu informieren.

Es begann eine schreckliche Zeit. Das Orchester kündigte ihm, zahlte Johanna aber aus sozialen Gründen eine Unterstützung. Nun wollte er Geld von ihr haben, beschimpfte und bedrohte den gemeinsamen Anwalt, Dr. Hilborn, protestierte gegen die Kündigung, machte überall Schulden, verlangte, dass seine Kinder, Lotte und Werner, ihn ernähren sollten, wenn seine Frau nicht dazu in der Lage sei, erklärte in Zeitungsinterviews, er habe von dummen, alten, amerikanischen Frauen die Nase voll. Der Staat solle ihren Einfluss im Musikleben beschneiden.[14] Überraschend, meistens bei Nacht, tauchte er immer wieder bei verschiedenen Freunden auf. Seit Mai 1940 mit einer schönen, fünfunddreißigjährigen Frau, Maria Schacko, der Tochter der berühmten Sängerin Hedwig Schacko,[15] die einmal die Geliebte von Mahler gewesen sein soll. Auch sie selbst war Sängerin, allerdings keine sehr gute, verheiratet mit Maurice Abravanel, einem Dirigenten sephardischer Herkunft, der sich in Deutschland auf die Musik von Kurt Weill spezialisiert hatte und seit einiger Zeit im amerikanischen Exil lebte. Sie glaubte nicht, dass Otto Klemperer krank sei, sondern hielt ihn für ein Opfer der Ärzte und seiner Familie.

»Ein tiefes Gefühl des Dankes ist in mir, daß ich diesen großen Künstler und Menschen kannte«, schreibt sie in einer unveröffentlichten Autobiographie.[16] »Es war im Mai 1940. Klemperer war nach monatelanger schwerer Krankheit und geglückter Accusticus Tumor Operation... nach New York gekommen. Seine Frau war nach Los Angeles gefahren und er lebte allein in einem möblierten Zimmer – er konnte kaum noch gehen – die eine Seite war wie gelähmt durch die Operation. Man hatte einen Nerv durchschnitten – den Nerv, der das Kommando gab in die Hände und Gliedmaßen. Es war rührend zu sehen, wie er die Rechte übte.... Meine Managerin... wollte, daß ich Klemperer vorsänge. Ich lehnte dreimal ab – wie im Märchen – hatte Angst vor diesem mir schon in frühester Jugend in Konzerten als dämonisch erschienenen Menschen.... Am 10. Mai ging ich dann doch... in die Höhle des Löwen. Ein Hüne kam mir entgegen, er gab mir seine große, schöne Hand und sagte: ›Ach, Sie sind die Tochter der Schacko, die ich als Student in Frankfurt oft hörte und verehrte.‹ Ich sang als erstes Lied die Soldatenbraut von Schumann.... Klemperer saß sehr gelangweilt da, nach ein paar Takten richtete er sich auf, hörte aufmerksam zu und sagte,... er fände es ausgezeichnet. Er wollte noch eine Opernarie hören und ich sang die erste Cherubim-Arie. Er selber begleitete mit der linken Hand. Er nahm so ein rasendes Tempo, daß ich kaum mitkam.... Nun begann ein Kreuzverhör, wo ich studiert habe. Ich sprach von meiner Mutter, von meiner wunderbaren Lehrerin Mme. Fourestier in Paris – dann von Lotte Lehmann.... Er... lud mich zum Abendessen in das französische Restaurant ›La Parisienne‹. Er aß sehr gern sehr gut.... Am nächsten Tag ging ich zu Klemperer und arbeitete Lieder mit ihm, Schumann, Brahms und seine eigenen Kompositionen: Ich will mich im grünen Wald ergehn – ein erschütterndes Lied auf einen Text von Heine.... Dies alles war der Beginn... einer großen Liebe. Er schickte mir damals einen halben Fliederbusch ins Haus. Hinter allem Zynismus fand ich einen Menschen voller Zartheit des Gefühls.... Er war gütig, hilfsbereit, generös. Er gab damals an viele Juden, die er gar nicht kannte, Affidavits und half ihnen, aus Hitlers Hölle zu entkommen. Er war damals dem Katholizismus eng verbunden –

ging früh in die Messe und dankte, daß wir uns gefunden hatten. Er ruhte nicht, bis ich übertrat.... Wir waren in Riverdale bei Steinberg[17] zum Tee gewesen und fuhren abends am Hudson zurück. Die Sonne ging flammend rot unter. Da sagte er plötzlich ›Das ist die Schlacht in Flandern‹. Am nächsten Tag bestätigten das die Zeitungen.... Unvergesslich sind mir diese Sternennächte und die häufig fallenden Sterne – immer gefolgt von meinen Gebeten und meinem heißen Wunsch für Klemperers Gesundung.... Dann die Bitte nach Kalifornien zu kommen. Ich flog am 13. Juli ab.... Ich war immer furchtlos, lachte und sagte: ›Selbst wenn das Flugzeug abstürzen sollte, wäre es doch der schönste Tod auf dem Flug zu dem Menschen, den man über alles liebt.‹... In Los Angeles war brütende Hitze und Klemperer nicht im Hotel, das er mir angegeben hatte. Seine Frau hatte ihn in eine Nervenanstalt gebracht. Ich fuhr stundenlang mit einem Taxi durch Orangenhaine und verbrannte Erde, bis ich das Haus fand. Dort war er eingesperrt in eine Zelle – mit einem Gitterfenster. Völlig verstört. Er hatte Angst, man verfolge ihn. Die Ärzte ließen mich zu ihm, ich durfte mit ihm spazieren gehen und sie baten mich, ihn zu betreuen. Ich sagte ihm, ich würde schießen, wenn einer käme und ihm was tun wolle. Von der Zeit an nannte er mich seinen kleinen Offizier, ›petit lieutenant‹. Wir verließen diesen entsetzlichen Ort und fuhren nach Santa Barbara in ein Märchenhotel ›Samarkand‹.... Klemperer erholte sich langsam, las, schrieb, komponierte. Oft brachte er mir früh eine taufrische Rose und Musik, die er komponiert hatte.

... Klemperer ging zu seiner Frau und sagte ihr, daß er mit mir nach New York gehen würde, daß er mich liebte. Wir flogen nach New York und nahmen da zwei Wohnungen. Von nun an lebte ich völlig für Otto Klemperer, für sein geistiges und seelisches Wohl und Weh. Ich war noch mit Maurice Abravanel verheiratet. Er hatte Verständnis für mich – nannte es eine Senta Mission – warnte mich allerdings.... Für mich gab es kein Zurück.... Verschiedene Ärzte warnten mich, er könne mich umbringen. Ich lachte damals und sagte, das sei der schönste Tod.... Toscanini und Bruno Walter rieten mir ab zu versuchen, ihm Konzerte zu verschaffen, er sei erledigt.... Ich wußte, er würde wieder ganz groß werden.... Elisabeth Schumann, Jascha Horenstein,... Paul Dessau, Ernst Bloch waren unsere Freunde, auch Carl Nierendorf, der eine schöne Klee-Sammlung hatte. Alma Mahler, Franz Werfel, mit denen wir oft in tschechischen oder österreichischen Restaurants aßen.... Wir waren oft bei Schönberg – waren auch bei Thomas Mann eingeladen.... Auf der Heimfahrt erlebten wir in Texas einen Wildwestroman. Ein Wagen fuhr mir in die Quere – er hatte Schuld, beschimpfte mich aber in der gemeinsten Weise. Es bildete sich gleich eine Menschenmenge um uns – sie waren feindlich – es war schon Krieg und sie hatten uns als Deutsche erkannt. Da zückte Klemperer seine Spielpistole – der Sheriff kam, nahm ihn fest und brachte ihn ins Gefängnis. Ich ging sofort zum Anwalt – gegen Zahlung einer hohen Summe bekam ich ihn frei – ich fuhr die ganze Nacht durch, um aus diesem entsetzlichen Staat herauszukommen.... Sehr beeindruckte Klemperer der Freitod Stefan Zweigs. Er kam eines Abends zu mir, hatte eine Rolle Schlaftabletten und sagte, wir beide sollten zusammen Schluss machen. Ich konnte ihn davon abbringen – aber es war sehr schwer. Sein Vetter Klemperer und ein anderer Arzt brachten ihn in eine Nervenklinik und... wollten ihn dort festhalten. Er war aber so schlau und blieb draußen im Auto sitzen.... Als es gefährlich wurde, liefen wir davon – man gab State-Alarm – da es aber in New Jersey war und wir den Zug nach New York erwischt hatten, konnten sie nichts machen.... Er steckte mir damals einen Ring an – ›Maria Klemperer‹ – ich habe ihn später dem Heiligen Antonius geopfert.«

Nach drei Jahren kehrte Klemperer zu Johanna zurück, die inzwischen eine gebrochene alte Frau war. Es war schwer, wieder mit ihm zusammenzuleben. Sie waren sich fremd geworden. Johanna hatte öfters an Scheidung gedacht, schaffte es aber nicht, ihn zu verlassen, und begleitete ihn seit 1946 wieder auf Konzertreisen nach Europa, wo er enthusiastisch empfangen wurde und drei Jahre lang Chefdirigent der Oper in Budapest war. Weitere Katastrophen und Unfälle folgten, mehrere Verbrennungen und schwere Stürze. Im Oktober 1951 ein Oberschenkelhalsbruch auf dem Flughafen von Montreal.

1940 war Otto Klemperer amerikanischer Staatsbürger geworden. Doch wegen seiner vermeintlichen Sympathie für den ungarischen Kommunismus machte man ihm immer wieder Schwierigkeiten mit seinem Pass und ließ ihn nur widerstrebend zu Gastspielen ausreisen. Im Mai 1954 beschloss er, nicht mehr in die Staaten zurückzukehren. Lotte, Johanna und er nahmen wieder die deutsche Staatsbürgerschaft an, und ließen sich aber nicht in Deutschland, sondern in Zürich nieder. Werner blieb als Fernsehschauspieler in Amerika. Die Regisseure ließen ihn am liebsten deutsche Nazis spielen, deren Akzent er so hinreißend komisch nachahmen konnte. Besonders populär wurde er als Oberst Klink in der Serie »Ein Käfig voller Helden«, die bis 1971 im amerikanischen Fernsehen lief. – Da Johanna herzkrank und reisemüde war, gab Tochter Lotte den Gedanken an ein eigenes Leben auf und begleitete ihren Vater auf seinen Tourneen als Agentin, Sekretärin und Krankenschwester, eine Funktion, die sie bis zu seinem Tod beibehielt. Aus Rücksicht auf ihn hat sie nie studiert oder geheiratet. Johanna blieb allein in der Züricher Wohnung und schrieb in ihr Tagebuch:

Diese große Einsamkeit
lang schon liegt sie über mir,
ob ich nahe dir zur Seit
oder ob allein bin hier.

Ganz hat sie mich eingesponnen,
traurig sein ist einzg'e Lust,
die noch unter dieser Sonnen
spürbar ist in tiefer Brust.

Manchmal – kaum ist's zu ertragen,
das, was hell einst von Natur,
Freud' und Liebe soll entsagen,
einsam leben immer nur.

Großer Kosmos, gib die Kraft mir
Untragbares zu ertragen,
dieser großen Traurigkeit
Herr zu werden – nicht zu klagen.[18]

Doch trotz aller Erfolge und eines Vertrages mit EMI, den er 1952 unterzeichnet hatte, war Klemperer wieder auf der Suche nach einem festen Engagement, nicht zuletzt mit Rücksicht auf die Gesundheit von Johanna. Freunde fragten bei Furtwängler an, ob er ihm vielleicht helfen könne. Aber er lehnte kategorisch ab. »Die Tätigkeit von Klemperer habe ich in den letzten Jahren immer mit Sorge verfolgt«, schrieb er im Juni 1953 an die Schriftstellerin, Malerin und Schauspielerin Käthe Schröder-Aufrichtig. »Ich hatte früher, besonders als junger Mensch, einen guten persönlichen Kontakt zu ihm, der dann freilich im Lauf der Zeit schwächer geworden ist. In der letzten Zeit habe ich ihn nie mehr gesehen. Er hat sich in Westdeutschland leider durch seine eindeutig kommunistischen Sympathien vieles noch schwerer gemacht, als es für ihn durch die Wirkung seiner Erkrankung sowieso schon war. Und ich fürchte, daß in dem so eng gewordenen Westdeutschland, in dem die eigenen Musiker schon bei weitem nicht mehr den Platz finden wie früher, für einen Mann wie Klemperer, der so lange draußen war – wenn auch er als Künstler noch sehr viel Kredit besitzen mag – wenig Platz ist.«[19]

In dieser Notsituation traf Klemperer auf einen Konzertagenten, der ihn an das Londoner Philharmonia Orchestra vermittelte, eine noch junge Gründung des englischen EMI-Chefs Walter Legge, der als begnadeter musikalischer »Headhunter« galt und auch Furtwängler und Karajan zu ihren Nachkriegskarrieren verholfen hatte. 1959 wurde Klemperer Chef des Orchesters. Das war die Rettung. Allerdings nicht für Johanna. Sie starb im November 1956 auf einer Konzertreise in München. Klemperer ließ zwei Choräle von Bach für sie singen und folgte, auf einen Stock gestützt, ihrem Sarg, ohne sich von Lotte helfen zu lassen. In der Nacht rief er seinen alten Straßburger Freund Max Hofmüller an, mit dem er seit 25 Jahren kein Wort mehr gesprochen hatte. Hofmüller erzählt, dass er ins Telefon gerufen habe: »Meine Frau ist gestorben! ... Sie müssen mir helfen, Sie müssen mit mir sprechen, ich muß mit Ihnen sprechen! – Und so hatten wir in stockender Form plötzlich alles vergessen.«[20] Johanna hatte sich von Klemperers Schwestern immer verachtet gefühlt. Aber nach ihrem Tod schrieb Regina an die nach Israel ausgewanderte Marianne:

»Wir sind Hanne zu ewigem Dank verpflichtet. Du weißt ja zum Glück nicht, was sich alles nach der Operation abgespielt hat, von Schacko gar nicht zu reden. Mehrmals haben die Ärzte verlangt, daß er in eine geschlossene Anstalt gebracht wird, und er wäre nie wieder herausgekommen. Aber sie weigerte sich standhaft ›to commit him‹. Ihre Einwilligung war erforderlich. Und nun denke: dieser Aufstieg in Europa! Sie war so stolz. Sie haben sich trotz allem gut verstanden, dann und wann ein Krach hat sie beide nicht gestört.«[21]

Trotz vieler Spannungen mit den Orchestermitgliedern und mit Walter Legge, von dem er sich 1964 förmlich distanzierte, blieb Klemperer Chefdirigent der Londoner Philharmonia, dirigierte aber auch andere Orchester in der ganzen Welt, am liebsten die Wiener Philharmoniker. Er machte Hunderte von Schallplattenaufnahmen, die noch heute Kultstatus haben. Laut »Bielefelder Katalog« sind noch 159 Aufnahmen von ihm lieferbar. Das deutsche Musikarchiv in Leipzig verzeichnet 298 Einspielungen von Bach bis Wagner. »Von den fünfziger Jahren an wird der Dirigent endgültig zu einer der ganz großen Gestalten der Musik, zum maßgeblichen Interpreten des deutsch-österreichischen Orchester-Repertoires, zur Instanz besonders für die Symphonien Beethovens, Bruckners und Mahlers«, fasst Nadja Geer in einer Kurzbiographie zusammen. »Bei Klemperer verbinden sich große Architektur und lebendiges Detail auf unverwechselbar plastische und spannende Weise. Als Subjekt nimmt er sich zurück, weder die Beschwörungen Furtwänglers noch das Bekennende Bernsteins ist ihm nah. Mit bezwingender Klarheit und Stringenz lässt er die Meisterwerke jeglicher Epoche in ihrer Modernität real werden, ohne dass je etwas forciert würde.«[22] Doch trotz dieser Klarheit und Modernität seiner Interpretationen hat er die Musik *seiner Zeit* nie auf Schallplatte eingespielt, hörte aber gern Kompositionen von Boulez, Stockhausen, manchmal auch Henze. Seine Tochter Lotte wurde nach seinem Tod oft gefragt, warum er fast nichts mehr von Strawinsky, Weill, Berg oder Schönberg dirigiert hätte, all jene Klassiker der Zwanzigerjahre also, für die er in seiner Kölner Zeit so viel getan hatte? Das wirke fast wie eine Distanzierung von sich selbst, eine Diskreditierung seines »ersten Lebens«? Aber Lotte meinte, es seien ausschließlich kommerzielle Gründe gewesen, »von EMI hauptsächlich,... die wollten natürlich das bringen, was sich gut verkauft. Vielleicht, wenn er zwanzig Jahre jünger gewesen wäre, wären auch diese Sachen noch drangekommen. Aber er war ja schon sehr alt. Und wollte erst einmal das etablierte klassische Repertoire haben. Und einer der Gründe, warum es überhaupt zu diesem Überfluß an Aufnahmen kam,... war natürlich auch... materiell. Er hat nicht sehr gerne Schallplatten gemacht, und der Sinn war, daß man davon leben kann. Er war alt, er konnte nicht mehr alleine reisen, er hatte nichts, worauf er zurückfallen konnte, als er wieder nach Europa kam, er war viel krank gewesen und allerlei Katastrophen, kurz und gut, es war eine Art Wiederbeginn. Aber ein Wiederbeginn hoch in den Sechzigern. Und da waren die Schallplatten... eine Art Lebensrettung.«[23]

In den Sechzigerjahren kam er ein wenig zur Ruhe und nahm sich in seinem Hotel am Londoner Hyde Park und in seiner kleinen Wohnung auf der Zürcher Dufourstraße, die er mit Lotte, einer Haushälterin und einer Krankenschwester teilte, wieder Zeit zum Lesen und Briefeschreiben. Er rekonvertierte zum Judentum, pflegte Freundschaften, besonders zu Dessau und Bloch, las Bücher von Jean Améry und Anna Freud und verfolgte die politische Entwicklung in Deutschland und im Nahen Osten. Einige Fundstücke aus dieser Zeit seien hier zitiert:

Otto Klemperer an Oskar Kokoschka, 3. Mai 1961[24]
Sehr verehrter, lieber Herr Kokoschka!
Ich freue mich also sehr darauf, Sie am 12. Mai in Zürich kennenzulernen.... Die Hauptsache unseres Zusammenseins wird sein, ob wir uns künstlerisch verstehen. Ihr Brief, in dem Sie von Ihrer »geliebten Zauberflöte« sprechen, füllt mich voll Hoffnung. Ich habe dieses Werk mehrfach gemacht. In Berlin mit meinem Freund, Ewald Dülberg, dessen Arbeit mir noch heute Freude macht, wenngleich es mir allzu stilisiert erschien.... Die Schwierigkeit ist, daß für mich das Wort *modern* zugleich *modern* heißt. Bitte verstehen Sie mich nicht falsch. Ich bin auch kein Reaktionär, bin kein Faschist, aber auch kein Kommunist. Ich weiß, daß Sie die Zauberflöte vor einigen Jahren in

Salzburg schon gemacht haben. Leider habe ich sie nicht gesehen. Auf negative oder positive Urteile Anderer gebe ich gar nichts. ...[25]

Otto Klemperer an Soma Morgenstern, 4. April 1967[26]
Lieber Herr Morgenstern!
Ich weiß, daß Sie sich immer wünschten, ich würde mich wieder auf mich besinnen. Das ist vor einigen Wochen geschehen. Ich bin aus der Kirche ausgetreten. Ich schreibe das nur Ihnen und bitte Sie meinen Entschluss durchaus geheim zu halten. ... Es wäre schön, wenn Sie dieses Jahr wieder einmal nach Europa kämen. Da gäbe es viel zusammen zu reden. Schalom, Ihr OK

Otto Klemperer an Günter Grass, 14. April 1967[27]
Obgleich ich nicht das Vergnügen habe, Sie persönlich zu kennen, wollte ich Ihnen heute nur schreiben, daß ich von Ihrem Roman »Hundejahre« entzückt bin. Daß die Weichsel rechts und links fließt, ist ein vorzügliches Symbol. Ich glaube beinahe, daß ich Sie durch Ihren Roman besser kennengelernt habe als durch eine persönliche Bekanntschaft. Sollte Ihr Weg einmal nach Zürich führen, so würde ich mich freuen, wenn Sie mich anriefen. ... Ich habe auch zwei Lieder aus Ihrem Roman (»Die Mühle geht langsam« und »Mit Haken und Oesen«) komponiert. Sollten wir uns irgendwo mal treffen, so werde ich sie Ihnen vorspielen.

Otto Klemperer an Paul Dessau, 25. Juli 1967[28]
Lieber Dessau!
... Es tat mir leid, daß Ihnen mein »J'accuse«[29] nicht gefällt. Schönberg, dem ich das Stück auch zeigte, fand den Text durchaus gelungen, die Musik allerdings so wenig wie Sie »nicht entwickelt genug«. Ich erlaube mir Ihnen zu sagen, daß es meine *Absicht* war, daß sich diese Musik *nicht* entwickelt. Der Text ist das Wichtigste und muß deutlich hervortreten.

Ich habe auch anderes geschrieben – eine Sinfonie für Streicher, eine Oper und viele Lieder. Was soll ich sonst sagen?! Wohin das alles führen soll, weiß ich nicht. Wie ich wohl schon schrieb, wir bleiben den Sommer hier mit Unterbrechungen. So will ich Ende dieses Monats zwei Vorstellungen in Bayreuth hören – Parsifal unter Boulez. Das interessiert mich ganz besonders. Und am 15. August wollen wir alle wieder auf ungefähr zwei bis drei Wochen nach Jerusalem – erstens um Marianne zu besuchen, die – wie Sie wohl wissen – sehr krank ist, und zweitens um den Staat Israel zu besuchen, der – wie Sie wohl wissen – auch sehr krank ist. *Ich* tue, was ich kann, um diese Krankheit zu lindern, u. a. gab ich hier ein Konzert mit der Zweiten von Mahler Pro Israel, das Frs. 22 000 einbrachte. Sie schreiben mir, Sie sind zwar Jude, aber nicht Israelit – eine Unterscheidung, die ich überhaupt nicht verstehe. Sechstausend Jahre lang oder länger hat sich dieses Volk gehalten. Rom fiel, Griechenland fiel, England als Kolonialmacht fiel, Deutschland fiel am tiefsten – es *blieb* das Judentum. Trotz aller Verfolgungen, trotz aller Zufuhr zu der europäischen Kultur: Ich nenne nur Hillel, Jesus, Maimonides, Spinoza, Marx, Lassalle, Freud, Einstein, Mahler, Schönberg etc. Alle diese Leute waren Juden. Und das Volk, dem diese Leute entsprossen sind, will man ausradieren? Es ist so ungeheuerlich, daß mir die Worte fehlen, um das unermessliche Unrecht zu erklären, das die Majorität der Welt Israel antut.

Otto Klemperer an Ilse Fromm-Michaels, 21. Mai 1969[30]
Liebe Ilse!
Dein Geburtstagsbrief hat mich sehr gefreut.

Es hat mich auch gefreut, dass Du frisch weiter komponierst. Glaube mir, es ist meistens Alles Schwindel. Es kommt nämlich nicht drauf an, ob eine Musik tonal oder atonal ist, – ob sie zwölftönig oder aleatorisch ist, – sondern nur darauf ob sie gut oder schlecht ist. Mir geht es ähnlich. Ich folge der grossen Lehre Schönbergs, dass es eigentlich Dissonanz und Konsonanz nicht gibt. Manchmal klingt C Es E G sehr gut, und manchmal muss es ein reiner Dreiklang sein. So machte mir Musik von Stockhausen, die ich in London hörte, grossen Eindruck, – allerdings von Boulez dirigiert. Auch weiss ich, dass die übermässig atonale Musik von Bach unbeschreiblich schön ist. Sich *nicht* um die Umwelt kümmern ist das Einzige, was uns bleibt. Ich habe seit 1961 sehr viel geschrieben, Sinfonien, Quartette, sogar eine Oper. Ich zeige Dir das Alles, wenn wir gelegentlich mal wieder zusammen kommen. Was ist Nachruhm? Pfitzner ist nahezu vergessen. Man spielt allerdings gelegentlich in Deutschland eines seiner Werke, aber im Ausland keine Note. Ich glaube Du und ich sind etwa gleichaltrig. Also herzlichen Glückwunsch für? Am 1. Juni sind wir wieder zu Hause in Zürich. Alles Gute!
Dein Mitschüler
O.K.

Otto Klemperer an den »Spiegel«, Leserbrief vom 29. Mai 1966[31]
In dem Artikel über das hundertjährige Bestehen der Wiener Staatsoper wurde der Name Gustav Mahler nicht erwähnt. Man fühlt sich in die Jahre 1933 bis 1945 zurückversetzt. Ich verlange eine Richtigstellung dieser Ohrfeige ins Gesicht aller Musiker und des gesamten Publikums.

Otto Klemperer an Paul Dessau, Jerusalem, 11. Juni 1971[32]
Ich schreibe diesen Brief im Land unserer Väter – Ihrer und meiner Väter. Ich glaube zu wissen, daß Sie noch nicht hier waren. Aber ich würde Ihnen raten, es nicht zu lange zu verschieben. Es ist nämlich sehr schön hier, nur die Bevölkerung besteht aus Juden. Das ist natürlich sehr peinlich. Aber worüber kommt man nicht hinweg in »dieser schlechtesten aller Welten«?

Wenn Sie sich aber nicht entschließen können hierher zu kommen, so werde ich Sie ebenso herzlich in Zürich empfangen....

Nach langer Krankheit und Bettlägerigkeit starb Otto Klemperer am 6. Juli 1973 in seiner Wohnung in Zürich. Er wurde nach jüdischem Ritus auf dem Friedhof Friesenberg beerdigt. Seine Tochter Lotte starb am 1. Juli 2003. Zehn Jahre nach seinem Tod hatte sie im Fischer-Verlag »Die Personalakten der Johanna Geisler«, ein Buch mit Dokumenten über das Leben ihrer Mutter, herausgegeben.

Zeitzeugen über Otto Klemperer

Ernst Krenek, 1935[1]
Die Wiener Sektion der IGNM[2] war... zu etwas Geld gekommen... und man beschloss, diese Summe für ein Kammerorchesterkonzert zu verwenden. Als wir hörten, daß Klemperer auf seinem Weg von Moskau zurück nach Los Angeles (diese alljährliche Pendeltour bezahlte ihm die Sowjetregierung...)[3] in Wien vorbeikommen würde, traten wir mit der Frage an ihn heran, ob er einwilligen würde, dieses Konzert zu dirigieren, ohne Gage natürlich. Er sagte gleich zu, unter der Bedingung, daß das Programm nur Werke enthalte, die er schon dirigiert habe, weil er zum Studium neuer Partituren keine Zeit habe.

Man stellte ein Programm zusammen, das ein Fragment aus den Gurreliedern und Weberns Symphonie[4] enthielt, die Klemperer mehrere Jahre vorher in Berlin dirigiert hatte. Aber als Klemperer begann, das Webern-Stück zu proben, gab es Schwierigkeiten. Er schien nicht richtig zu wissen, was er da tat, und das zarte Stück mit seiner Spinnwebstruktur und seinem konzentrierten, aber unendlich empfindlichen Phrasenverlauf ergab keinen Sinn. In der Pause erklärte Klemperer einigen Mitgliedern unseres Komitees, daß es verrückte Musik sei, die bei der allgemeinen Abneigung gegen solche Musik und der angespannten Lage in Österreich zwangsläufig einen Skandal auslösen werde, und daß er nicht bereit sei, seinen Ruf aufs Spiel zu setzen, wobei er offenbar an das Echo in Los Angeles dachte. Das war außerordentlich unangenehm, da Webern als Generalsekretär der IGNM-Sektion natürlich keine Schritte unternehmen konnte... und alle anderen panische Angst vor dem brüllenden Riesen zu haben schienen. Das brachte mich auf die Palme, und ich bat den gefürchteten Kerl um ein Gespräch. Als er mir gegenüber seine Argumente wiederholte, erwiderte ich, daß ich seine Haltung nicht ganz verstehe, nachdem er die Symphonie doch vor einigen Jahren dirigiert habe. Darauf sagte er, daß die Situation damals eine andere gewesen sei. Das war das Stichwort, auf das ich gewartet hatte. »Jetzt verstehe ich, was Sie meinen..., vor zehn Jahren war es schick, diese Art Musik aufzuführen, daher haben Sie das getan. Jetzt, seitdem die Nazis da sind, halten Sie es für sicherer, die Finger davon zu lassen. Das mag eine menschlich verständliche Haltung sein, aber wir lassen uns das nicht gefallen.... Die Nazis warten nur auf eine Lücke in unseren Reihen, und sie werden ein Triumphgeheul anstimmen, wenn Sie dieses Stück fallen lassen.« Ich hatte ihn in die Enge getrieben, und er mußte von seinem hohen Ross heruntersteigen. Er wand sich ein wenig und schrie dann: »Aber ich verstehe diese Musik nicht.« Ich war wirklich wütend, denn diesen dummen Spruch hatte ich schon viele Male gehört. Ich antwortete: »Macht nichts, ... Sie dirigieren es einfach, und dazu brauchen Sie es nicht zu verstehen. Sie schlagen nur den Takt und achten darauf, daß gespielt wird, was in den Noten steht.« Ich wußte, daß das unhöflich war, aber ich hatte das Gefühl, daß er genau das brauchte. Er wurde ganz klein und knurrte schließlich: »Aber ich brauche eine andere Harfenistin. Sie ist unmöglich.« ... Wir besorgten ihm eine neue Harfenistin..., und er sagte kein Wort mehr, sondern dirigierte das Konzert. Natürlich gab es keinen Skandal, und sein kostbarer Ruf wurde nicht beschädigt.

Arnold Schönberg an Carl Engel, 2. April 1936[5]
Heute abend spielt Feuermann hier zum erstenmal das Violoncell-Konzert[6].... Feuermann hat fabelhaft gespielt. Ich glaube nicht, daß es gegenwärtig einen zweiten Cellisten gibt, der das so zusammenbringt, so spielend, als ob es kinderleicht wäre. Klemperer hat es sehr schön einstudiert und ist ganz begeistert von dem Stück.

Monika Mann, 1940[7]
Bartók. Friert und hungert. Hindemith, Yale University (verbindet wohl Größe mit Ellbogen). Musikologe Professor Doktor macht Babysitter und stimmt Klaviere. Warum schafft es ein Otto Klemperer hier nicht?

Victor Klemperer, 4. März 1941[8]
Heute soll in den ›Dresdner Neusten Nachrichten‹ stehen: »Jud Klemperer, der die Berliner Oper verjüdelte«, sei in Hollywood aus dem Irrenhaus entwichen und wieder eingefangen worden. In einem seiner letzten Briefe vor etwa zwei Jahren schrieb Georg, er habe Otto Klemperer an einer schweren Gehirnerkrankung behandelt. – Die ich beneidet, gefürchtet, bisweilen gehaßt habe, überlebe ich nun – aber in welchem Zustand und auf wie lange? Dummes, gemeines, sinnloses Triumphgefühl und doch bei aller Selbsterkenntnis fraglos vorhanden. Vielleicht ein Gefühl der Erleichterung. Niemand mehr da, dessen etwaiges Achselzucken über mich mir Kränkung verursachen könnte.

Lotte Klemperer an Gertrud Schönberg, New York, 15. April 1941[9]
Liebe Frau Schönberg!
Bitte seien Sie mir nicht böse, daß ich erst jetzt schreibe. Ich habe wahrhaftig ein sehr schlechtes Gewissen, aber – better late than never. Ich hoffe Sie entschuldigen mich. Diese ganze Gefängnis-Sache war einfach eine sehr große Gemeinheit eines Arztes, der zu diesem Polizei-Alarm in keiner Hinsicht, legal oder sonst, irgendein Recht hatte. Papa war auf... Frau Schacko's Rat hin, *mit* Frau Schacko (quasi als unbezahlte Nurse) in dieses Sanatorium gegangen, um sich ein bißchen auszuruhen. Als er am nächsten Morgen allein raus wollte, um sich eine Zeitung holen, versuchte der Arzt ihn zuerst mit Gewalt zurückzuhalten, ließ ihn dann aber gehen. Erst ungefähr vier Stunden später machte er einen »eight-state-police-alarm«, wo er sagte, er sei gefährlich und noch viele andere Lügen. Daraufhin mußte Papa 26 Stunden in einem Gefängnis sein, bis Mama kam. Dort hatte ein Arzt (ein staatlicher) ihn gründlich untersucht und ihn als vollständig gesund erklärt, nur sehr aufgeregt und nervös. Nach dem Gesetz

darf ein Arzt gar nicht ohne die Erlaubnis der Familie so etwas tun, da das Gesetz sagt, wenn der Patient von selber in ein Sanatorium geht, so muß er bestimmte Papiere unterschreiben, worin er sich vollständig dem Arzt für die ersten zehn Tage übergibt. Das Ganze war also völlig unnötig und hat leider Papas Ruf kolossal geschadet. Papa selber hat es gar nicht so schlimm aufgefasst. Er lachte darüber und ging natürlich sofort auf Frau Schacko's Rat hin zu einem mittelmäßigen Rechtsanwalt (Huttenlocher heißt er), um den Dr. Kelly um Schadenersatz zu klagen. Der Prozess ist jetzt in der Hand des Staates, und obwohl er sicher gewinnen wird, so wird beim Gericht bestimmt trotzdem sehr viel unnötiger Staub aufgewirbelt. Die Presse, die jetzt schon die Sache so schön breitgetreten hat, wird es dann nur noch mehr tun. Wir sind dann nach Miami Beach, Florida, gefahren, nachdem wir mit Judson ein Konzert für den 21sten in Carnegie Hall arrangiert hatten. Mama finanziert es. In Florida hat er sich unglaublich gut erholt. Er sieht viel, viel besser aus und sein Gang ist auch besser. Er ist ruhiger, obwohl er Mama und mich im Grunde nicht ausstehen kann, was manchmal bei seinen Wutausbrüchen, die ja schon immer waren, sehr stark rauskommt. Mir ist das jetzt wirklich ganz egal. Kränken kann er mich nicht mehr, aber Mama bleibt geduldig und versucht es immer weiter mit Vernunft und ihrem allzu starken Gerechtigkeitsgefühl. Schacko ist eben immer noch der wunde Punkt – – – und wer weiß, ob sich das ändert! Obwohl wir nichts mit ihr zu tun haben, wissen wir, daß das Verhältnis noch immer ist. Sie läßt nicht locker. Heute war die erste Probe von dem Konzert und es war wirklich sehr, sehr schön. Das Orchester klingt ausgezeichnet. Er hatte es sich selber zusammengestellt und es sind alle erstklassige Spieler. Hoffentlich geht es gut. – Alle von Papas alten Freunden, Schnabels etc., lassen jetzt gar nichts mehr von sich hören. Ich kann es verstehen, denn er hat sich wirklich sehr beleidigend und häßlich zu allen benommen, aber er wußte doch wirklich nicht, was er tat! Wenn doch alle das nur bedenken würden. Ich fühle nämlich, wie es ihn kränkt, daß sich alle so von ihm abwenden, und er nur aus einem sehr dummen, vielleicht sehr eitlem Stolz so tut, als ob er derjenige ist, der beleidigt ist und sich abwendet. Er kann sich nun mal nicht entschuldigen, und muß man sich denn für eine Krankheit entschuldigen? Er wird es noch sehr schwer haben, fürchte ich.... Aber wahrscheinlich (!) werden sie ihm ein paar Angebote für die Hollywood Bowl und die Saison machen, also wird das vielleicht gut. Mama ist schrecklich müde und angestrengt und will gleich nach dem Konzert zurück nach Los Angeles, während Papa schon wieder anfängt, die Reise zu verschieben. Nun, wir werden ja sehen. Sicher ist bei uns wahrhaftig nichts. Ich selber freue mich schon sehr auf Los Angeles. Es ist seit zwei Tagen hier ganz plötzlich heiß und widerlich. New York ist nur im Winter schön.

Victor Klemperer, 14. Juni 1942[10]
Ich blätterte in einem Buch ›Dirigenten des 20. Jahrhunderts‹, das Bilder und Essays brachte. Otto Klemperer, der ›Besessene‹, spielt darin eine große Rolle. Vielleicht wird nur er von allen Klemperers überleben. Vanitatum vanitas.

Arnold Schönberg an Robert Gordon Sproul, 12. November 1943[11]
Dr. Otto Klemperer hat mir vor einigen Wochen mitgeteilt, daß Sie ihn davon in Kenntnis gesetzt haben, daß Sie beabsichtigen, die Abteilung für Musik an der University of California zu vergrößern. Auf seine Nachfrage hin möchte ich bemerken, daß es von größtem Vorteil für die Entwicklung der Fakultät wäre, wenn ein Mann von Klemperers Talent, seiner Erfahrung, seiner Persönlichkeit und seiner Fähigkeiten Mitglied würde.... Ich wäre sehr glücklich, wenn Sie meinen Vorschlag berücksichtigen könnten.

Victor Klemperer, 27. Juni 1946[12]
Durch den Rundfunk kam gestern: der Dirigent Otto Klemperer kehre nach Deutschland zurück und dirigiere in Baden-Baden. Seltsam. Wieso ist er nicht längst genannt worden neben den anderen emigrierten Musikern? Ich hielt ihn für tot. (Georg schrieb von O. KL's Gehirntumor. Nachher kam eine Notiz: »Jud' Klemperer aus dem Irrenhaus entsprungen und wieder eingefangen«)... Was war meine erste Regung? Daß mein Name, der eben Geltung zu bekommen anfängt, nun wieder übertönt wird.

Der Spiegel, 24. Mai 1947
Klemperer klagt auf 25 000 Dollar
Es hat den Anschein, als würde der Dirigent Otto Klemperer seit einiger Zeit vom Mißgeschick verfolgt. Vor wenigen Wochen wurde er beim Studium der Jazzmusik in New York von zwei Negern überfallen, die ihm versprochen hatten, ihn in einen Klub mit der besten Jazzmusik des Negerviertels zu bringen. Sie schlagen den 62jährigen Dirigenten, der herzkrank ist, nieder und beraubten ihn seiner Barschaft in Höhe von dreißig Dollar. Erst in der Morgendämmerung wurde Klemperer bewußtlos in einer Straßenecke gefunden. Otto Klemperer, der gebürtige Breslauer, der nach seinen Stationen als Kapellmeister in Hamburg, Barmen, Straßburg, Köln und Wiesbaden 1927 als Generalmusikdirektor an die Staatsoper nach Berlin gekommen war, war 1933 nach USA emigriert. Er leitete dort sechs Jahre lang die Philharmonie von Los Angeles. 1939 mußte er sich wegen eines Gehirntumors operieren lassen.... Klemperer blieb zunächst teilweise gelähmt. Erst nach einem Sanatoriumsaufenthalt konnte er als Gastdirigent in den Großstädten wieder auftreten. Im vergangenen Jahr kehrte er nach Europa zurück. In Rom dirigierte er mit großem Erfolg, in Mailand mußte sein Konzert wiederholt werden, in Paris begeisterte er das Publikum und ebenso in Interlaken und Amsterdam. In Baden-Baden wurde er, der als erster der emigrierten großen Dirigenten wieder den Weg über den Rhein gefunden hatte, stürmisch gefeiert. Die Reihe dieser Erfolge wäre schätzungsweise in Paris, wo Klemperer die vier ersten Vorstellungen der Lohengrin-Aufführungen dirigieren sollte, fortgesetzt worden. Aber wie bei seinem Jazzstudium in New York kam ihm nun auch in Paris ein Mißgeschick in die Quere. Klemperer ließ bei der Probe den Chor in einer Szene auf den Knien singen. Dem Chorführer sagte dies keineswegs zu. Es gab ein kleines Renkontre. Darauf kam Georges Hirsch, Direktor der französischen Staatsbühne, zu Klemperer und erklärte ihm, daß der Chor seine Anordnung nicht verstehe. Der Direktor gab dem Dirigenten den Rat, krankheitshalber von der Stabführung abzusehen. Man würde ihm sein Gehalt von 8333 Dollar zahlen.... Aber Klemperer war weder krank, noch damit einver-

standen, den Lohengrin nicht dirigieren zu dürfen. Er schickte Direktor Hirsch ein Attest, das den einwandfreien Zustand seiner Körperkonstitution und seines Nervensystems bescheinigte. Daraufhin hat Direktor Hirsch jede Bezahlung abgelehnt. Klemperer hätte sich nicht an die Abmachung gehalten. Klemperer hat daraufhin seinerseits die Pariser Oper auf 25 000 Dollar verklagt. Man ist nicht nur in Paris auf das Ergebnis des Prozesses gespannt.

Victor Klemperer, 13. September 1948[13]
Otto Klemperer, Musicus, hat gestern in Dresden dirigiert, Mozart und Mahler; wir hörten am Radio zu, Eva[14] rühmt ihn außerordentlich. Er sollte auch in Halle spielen. Das zerschlug sich. Lotte telegrafierte aus Dresden in seinem Auftrag Grüße für uns, wir sollten ihm in Leipzig (impossibile) oder Berlin begegnen. ... Psychologie des kleinen Mannes: früher habe ich mich vor Otto gefürchtet, neidisch gefürchtet. Jetzt bin ich ... Präsidialrat, doppelter Univ.-Ordinarius, Prominenz. Aber bei alledem fühle ich mich innerlich unsicher und klein.

Die »Neue Zeit«, Berlin, 8. Januar 1949
(Über »Carmen« an der Komischen Oper Berlin –
Regie: Walter Felsenstein)
Freilich bleibt Klemperer auch diesem Werk gegenüber der kühl abwägende und vom Intellekt bestimmte Musiker. Als solcher gerät er mit dem natürlichen, dramatisch-erregten Schluß der Musik bisweilen in Konflikt. Es fällt ihm auch schwer, dem vom Affekt getragenen Gesang zu folgen und sich anzupassen. Eine Oper wird aber nicht nur dirigiert, sie wird auch gesungen! Bei dieser Aufführung steht das Gesangliche allerdings überhaupt erst in zweiter Linie.

Die Welt, 6. Januar 1949
(Über »Carmen« an der Komischen Oper Berlin –
Regie: Walter Felsenstein)
Klemperer, unbedingte Autorität in allen Bereichen der Musik und vor allem der Oper, stand am Dirigentenpult. Man spürte

seine Hand sofort an dem wie verwandelten Klang des Orchesters, an der dynamischen Differenziertheit... des Spielens. Die instrumentalen Einleitungen waren von erlesener Prägnanz und kammermusikalischer Feinheit.

Victor Klemperer, 31. Oktober 1949[15]
Aus Los Angeles sei er fort des Antisemitismus halber. Er habe für sein Orchester 10 neue Leute einstellen müssen. Man habe ihm die von ihm getroffene Wahl verweigert, weil 8 von den 10 Juden gewesen seien. In Budapest dagegen sei er gut aufgehoben, man nenne die Stadt Judapest.... Geschrieben hat er mir bisher nicht. Ich kann dem berühmten Vetter – »Sind Sie mit dem berühmten Musiker verwandt?« – nicht nachlaufen.

FBI-Aktennotiz über Otto Klemperer, 1949[16]
Otto Klemperer in der ungarischen Zeitung »Szinház és mozi« vom 25. November 1949
Im Westen ist die Kriegshysterie auf dem Höhepunkt. Das individuelle und kollektive Misstrauen der Kapitalisten richtet sich gegen alles und jedes, was demokratisch klingt, es ist die reine Panik. Wegen der unverantwortlichen und zügellosen Agitationen der Presse... muß ich im vollen Bewußtsein meiner Verantwortlichkeit erklären: »Wir, die deutschen Emigranten aus Hitler-Deutschland von 1933, denen Amerika Visa, Staatsbürgerschaft, Brot, Positionen und Sicherheit gab, können die anti-sowjetische Haltung Amerikas nicht teilen, trotz der Dankbarkeit, die wir aus den eben genannten Gründen zu empfinden haben. Es ist alarmierend, daß Thomas Mann heute in Amerika auf der schwarzen Liste steht, nur weil er ein fortschrittlich denkender Mann und ein ehrlicher Vorkämpfer für den Frieden ist.« ... Zum Abschluss möchte ich noch Folgendes sagen: Ein echter Musiker kann nur in einer kultivierten Atmosphäre wirken. Vielleicht kann man nirgends so gut wie hier in Budapest arbeiten, weil die Kultur in der Ungarischen Republik im Begriff ist, ein außerordentlich hohes Niveau zu erreichen.

Caspar Curjel an Hans Curjel, Amsterdam, 5. August 1951[17]
Als Krone: Klemperer und sein Programm. Gesundheitlich scheint es ihm gut zu gehen. Man hat nicht die geringste Angst, daß irgendetwas einmal plötzlich hervorbricht. Sein Ideengang ist konsequent. Wird er unterbrochen, fährt er an genau der gleichen Stelle weiter fort. Er kam gerade von Paris und hat es offensichtlich bedauert, daß ich noch nicht diese Stadt gesehen hatte. Vorher war er in Griechenland mit den Wiener Philharmonikern, war bei einer Einladung beim König (Du kannst Dir vorstellen, wie er das schildert). Es muß ein enormer Erfolg gewesen sein. Übrigens war alles, das Orchester, die Reise und er von der amerikanischen Regierung bezahlt worden. Jetzt ist er in St. Moritz und kommt nachher nach Süd- und darauf nach Nordamerika.... Johanna schien sehr müde zu sein, war aber furchtbar nett zu mir und hat mich fast als Sohn behandelt – allerdings ohne jedes gönnerhafte Herablassen. Das Programm: Trauermusik (40. Todestag Mahlers), Kindertotenlieder mit Kathleen Ferrier, 2. Mahler, auch mit K. Ferrier und dazu noch Jo Vincent. Zur Trauermusik kann man wirklich nicht viel sagen.... Nach einer Probe sagte mir Klemperer ganz plötzlich, daß er dieses Stück [Maurerische Trauermusik (KV 477)] als eines der herrlichsten von Mozart betrachte. Er hat richtig davon geschwärmt. Das hat mir großen Eindruck gemacht. Welcher Dirigent empfindet ein Stück noch so stark und eindrücklich, nachdem er es doch schon x-mal dirigiert hatte? Und redet davon, als hätte er es das erste Mal soeben gehört und sei noch richtig davon ergriffen? Nicht kulinarisch ergriffen natürlich. Vielleicht liegt darin eine der Größen Klemperers. Die Kindertotenlieder: solch eine unerhört sensible und doch einfache Orchestrierung.... Der Erfolg war unbeschreiblich. Mahler wird noch eines Tages ganz entdeckt werden. Nach dem Konzert war man noch zusammen. Klemperer erzählte, wie er zum Dirigieren gekommen war.... Noch ein großartiger Ausspruch: In der zweiten hat es eine Fernmusik. Bei der ersten Probe gurgelte und rülpste sie nach Noten. Jedermann erwartete ein Gewitter. Klemperer ... krächzte nach hinten: Jüngstes Gericht mit Hindernissen! Worauf sich die Musiker dann eben doppelt Mühe gaben und nicht vertrotzt noch mehr danebenbliesen.

Entschädigungsamt Berlin-Wilmersdorf
an den Senator für Volksbildung, Berlin, 20. November 1953[18]
Betr.: Wiedergutmachungsantrag Klemperer (noch wohnhaft in: 1546 Calmar Court, LA, 24/Calif. USA)

Der frühere Generalmusikdirektor an der Staatsoper in Berlin, Dr. Otto Klemperer, hat beim Entschädigungsamt einen Antrag auf Wiedergutmachung eingereicht. Dr. Klemperer war nach seinen Angaben laut Vertrag vom 24. 9. 1926 mit dem Preußischen Minister für Wissenschaft, Kunst und Volksbildung als Operndirektor für die Staatsoper für die Zeit vom 1. 9. 27 bis 1. 9. 37 angestellt und trat im Juli 1928 von seinem Posten zurück, um die Stelle eines Generalmusikdirektors an der Staatsoper zu übernehmen. Durch Vertrag vom 24. Juli 1928 sei sein Gehalt auf 45 000,-- festgesetzt worden. Nach dem Vertrag vom 24. 9. 26 sei dem Antragsteller eine Versorgung zugesichert worden, die sich zusammensetze aus a) den aus der Versorgungsanstalt der Deutschen Bühnen zu gewährenden Bezügen b) einer staatlicherseits zu gewährenden Ergänzung. Dr. Klemperer wurde 1933 ausgebürgert und auch entlassen. Dr. Klemperer gibt ferner an, daß bei normalem Verlauf seiner Tätigkeit sein Vertrag bis 1947 verlängert worden wäre. Der Antragsteller ist nicht mehr im Besitz des Vertrages und der Änderungsverträge, aus denen zu ersehen ist, ob ihm eine Versorgung im Sinne des § 21 (1) BWGöD zugesichert war (Anspruch auf Versorgung nach beamtenrechtlichen Grundsätzen). Er kann auch keine Unterlagen vorlegen, die den Grund für seine vorzeitige Entlassung im April 1933 angeben.[19] Eine Überprüfung der Angaben ist hier nicht möglich. Es wird deshalb gebeten nachzuforschen, ob dort Unterlagen vorhanden sind, die die Mitteilungen des Antragsstellers bestätigen.... Sollte das nicht der Fall sein, so bitten wir um eine gutachtliche Äußerung, ob die Möglichkeit bestanden hätte, daß der Vertrag nach Ablauf ohne neuen Abschluß um weitere zehn Jahre verlängert worden wäre und ob sich daraus eine Versorgung nach beamtenrechtlichen Grundlagen ergeben hätte. Für die Bearbeitung des Antrages beim Entschädigungsamt ist auch bedeutungsvoll zu erfahren, welche Gründe zu seiner Entlassung führten.... Für Ihre Mühewaltung besten Dank.

Gerhart von Westermann an Otto Klemperer, Berlin, 1. März 1956[20]
Hochverehrter Herr Professor Klemperer,
Herr Barlog[21] setzte mich davon in Kenntnis, daß Ihre Frau Tochter durch Zufall Zeugin eines Gesprächs zwischen meiner Frau und mir wurde, wo meine Frau die Frage stellte: Ist Klemperer Jude? Den Nachsatz zu dieser Frage, an die ich mich genau erinnere, hat Ihre Frau Tochter überhört. Meine Frau fügte nämlich hinzu: Er sieht so gar nicht danach aus. – Es ist mir mehr als peinlich, auf diese Angelegenheit zurückzukommen, nachdem es sich um eine Persönlichkeit von Ihrem Range handelte. ... Wie nämlich Herr Barlog mir mitteilte, glaubte Ihre Frau Tochter, zwischen dieser Äußerung meiner Frau und dem Nichtzustandekommen eines Gastspiels von Ihnen zu den Berliner Festwochen eine Verbindung sehen zu können, und diesen Punkt möchte ich dahingehend aufklären, daß die erste Anfrage, die ich an Frau Adler wegen einer Mitwirkung von Ihnen richtete, zunächst eine vorsorgliche Terminanfrage war, nachdem ich von Terminschwierigkeiten von Herrn Rosbaud, der ursprünglich für das Konzert in den Festwochen vorgesehen war, hörte. ... Als ich die endgültige Absage von Herrn Rosbaud erhielt, fragte ich dann auch bei Ihnen gleich an, was leider aber zu spät war und Ihre Absage zur Folge hatte.

Friedelind Wagner an Walter Felsenstein, London, 18. Februar 1957[22]
Hochverehrter, lieber Herr Felsenstein,
ehe ich in einigen Stunden Europa verlasse, möchte ich Ihnen schnell noch einmal von ganzem Herzen für die vielen glücklichen, verrückten und unvergesslichen Tage und Wochen, die ich bei Ihnen »an der Komischen«[23] sein durfte, danken. Ich brauche Ihnen nicht zu sagen, wie schwer es mir gefallen ist, wirklich abzureisen! Am Sonntag war ich zum Mittagessen bei Klemperer, der gerade seinen Beethoven-Zyklus beendet hatte und Montag die letzten Plattenaufnahmen machte. Er sah blendend aus und ganz London war hingerissen von den Konzerten. Er wird jetzt einen Monat in Zürich sein. Lotte und er ließen Sie herzlich grüßen ... und kämen nach wie vor liebend gerne nach Berlin, um mit Ihnen zu arbeiten.

Jascha Horenstein an Soma Morgenstern, St. Moritz, 11. Juli 1960[24]
Klemperer ist auch hier und im selben Hotel: Er hat mir neulich einen Operntext vorgelesen: einfach läppisch, silly, childisch. Auch schreibt er jetzt »Erinnerungen an Mahler«, für welches Buch er schon einen Verleger hat. Er war 25 Jahre alt, als Mahler starb, kannst Dir also vorstellen, was das für Erinnerungen sein werden. Sonst ist er aber sehr nett, sehr freundlich, er hat mich zum Pfeifenrauchen bekehrt und mir eine sehr schöne Pfeife zum Geschenk gemacht. Körperlich geht es ihm ausgezeichnet. Wenn er sitzt und spricht, macht er den Eindruck eines geistig sehr beweglichen Mannes von 55–60! Wirklich großartig. Nur die Beine geben ihm viel zu schaffen.

Friedelind Wagner an Walter Felsenstein, London, 26. Februar 1961[25]
Inzwischen sah ich vorgestern den Klemperer »Fidelio«[26] und gestern den »Sommernachtstraum«.... »Fidelio« auf der Bühne sehr konventionell, Besetzung so – so, ... Hotter als Pizarro, der völlig stimmlos war, Frick als Rocco, der für mich in jeder Rolle ein Brechmittel ist, zwei Engländer als Jaquino und Marzelline, ganz nett, aber nicht mehr. Überragend Jon Vickers als Florestan, er hob die ganze Aufführung in ein anderes Niveau. Bühnenbildner Hainer Hill, der seine Staatsopernbühnenbilder kopierte und neu verkaufte. Klemperer hat es ganz auf Kammermusik gemacht – und obwohl die Tempi für die Sänger eine Qual gewesen sein müssen, trotzdem eine tolle Spannung von Anfang bis zu Ende aufgebaut und durchgehalten, und man war trotz aller Unzulänglichkeiten auf der Bühne gepackt und mitgerissen. Nur das Vorspiel fiel ganz auseinander. Hinterher kam Klemperer zu einer Party in Covent Garden – und dann gingen wir noch zu den Harewoods nach Hause und wir mußten ihn um drei Uhr früh *zwingen*, endlich nach Hause zu gehen. Also wirklich unglaublich. Er probt augenblicklich fast jeden Tag zu Konzerten, hat Plattenaufnahmen und jeden dritten Tag »Fidelio«. Ich werde morgen Abend noch einmal gehen. ...

Georg Eisler an Hanns Eisler, Wien, 21. August 1961[27]
Zu meiner großen Überraschung wurde ich von Klemperer beauftragt, die Bühnenbilder und Kostüme für seine Neueinstudierung der Zauberflöte für Covent Garden zu machen. Premiere ist am 4. Jänner 62 und ich muß am 11. September alles in London abliefern. Es ist eine für mich ganz neue Art der Arbeit und ich habe sehr viel lernen müssen. Du kannst Dir sicher vorstellen, daß mit ihren 12 Verwandlungen diese Oper für einen Anfänger wie ich es bin keineswegs leicht ist.... Ich kann Dir nur versichern, daß ich die Sache so einfach und würdig und ohne jede optische Schmockerei mache. Ich war schon in London mir die Bühne ansehen, bei zwei Besprechungen mit Klemperer, der in erstaunlicher Form ist, und arbeite recht hart.

Frankenpost, 23. Juni 1962
Musiker boykottieren Otto Klemperer
Zürich. – Die krasse Dissonanz, mit der, wie berichtet, die traditionellen Juni-Festwochen in Zürich begannen, hat sich inzwischen zu einem regelrechten Skandal ausgeweitet. Nachdem das Tonhalle-Orchester es abgelehnt hatte, unter Professor Dr. Klemperer zu probieren, mußte die Eröffnungsvorstellung im Stadttheater mit Beethovens »Fidelio« ausfallen. Daraufhin hat auch der Chefdirigent des Münchner Rundfunkorchesters, Rafael Kubelik, seine Mitwirkung in einem Konzert und bei einer Operneinstudierung rückgängig gemacht. Außerdem hat der Direktor des Zürcher Stadttheaters, Dr. Herbert Graf, seinen Vertrag gekündigt.... Die Schwierigkeiten hatten bereits begonnen, als Klemperer bei der ersten Probe zu »Fidelio« feststellen mußte, daß im Zürcher Tonhalle-Orchester nicht durchwegs die erste Garnitur an Musikern vertreten war, wie das sein Vertrag ausdrücklich festgelegt hatte. Da aber der Dirigent auf seinem Recht bestand, kam es bald zu unerquicklichen Szenen, zumal die Orchestermitglieder passiven Widerstand leisteten. Das Orchester weigerte sich schließlich, Proben abzuhalten.... Niemand wagte das dem Gast zu sagen, bis ihm ein Orchestermitglied schriftlich Bescheid gab. Der Dirigent zog daraufhin die Konsequenzen. Die Vorstellung fiel aus, die *dreifach erhöhten Eintrittspreise mußten*

zurückgezahlt werden. Auffällig rasch bemühte sich der Verein des Zürcher Tonhalle-Orchesters auf einer Pressekonferenz die Gründe darzutun, die zu seiner ablehnenden Haltung geführt hätten. Der Sprecher des Orchesters behauptete, Professor Klemperer habe schon vor Beginn der Proben eine große Zahl von qualifizierten Musikern als Mitarbeiter abgelehnt. Als der Vorstand des Orchesters Klemperer auf die entsprechenden vertraglichen Bestimmungen habe aufmerksam machen wollen, habe dieser die Vorstände vor dem Orchester angeschrien: »Schämen Sie sich!« Ein Bläsersolist, der um eine genauere Ansage... gebeten habe, sei als Lausejunge betitelt worden. Im übrigen habe Klemperer bei geringfügigsten Vorkommnissen den Taktstock hingelegt und erklärt, er dirigiere nicht mehr weiter. Demgegenüber gibt es aber in der Schweiz genug Stimmen, die das Verhalten des Orchesters nicht billigen. Auch die großen Zeitungen des Landes haben den Fall aufgegriffen und darauf hingewiesen, daß man gegen Otto Klemperer nicht in dieser Weise hätte handeln dürfen. Er gilt heute als einer der wenigen aus der Elite der alten Musiker-Generation und hat durch schwere Schicksalsschläge viel gelitten, so daß man ihm manches nachsehen müsse.

Willi Schuh, 1965[28]
Der Eindruck bei seinem ersten Zürcher Konzert war ein ungeheurer. Nicht deshalb, weil ihm ja ein ganz besonderer Ruf vorausging, sondern weil man es kaum für möglich hielt, daß der Mann, der da mühsam zum Pult heraufkletterte, überhaupt im Stande sein könne, physisch im Stande, ein Konzert zu leiten.... Es sind dann vor ein paar Jahren in einem ganz schmalen... Heftchen Erinnerungen... von Klemperer erschienen. Man hat diese Erinnerungen dürftig und enttäuschend gefunden. Sie sind ja auch tatsächlich von einer unübertrefflichen Sachlichkeit und Trockenheit. Aber mir scheint doch, daß in dieser absoluten Wahrhaftigkeit der schmucklosen Mitteilungen,... die weder durch Reflexionen noch Gefühlsäußerungen unterbrochen werden, etwas ganz Entscheidendes von Klemperer mitenthalten ist, was ich in den Konzerten dann sehr stark erlebt habe.... Er teilt dem Hörer nicht mit, was er erlebt, sondern er teilt ihm das Werk

selbst mit. ... Es mag sein, daß diese dämonischen Kräfte, die in ihm wirksam sind, ... früher stärker ins Extreme und Extensive gingen. Aber heute ist ein fanatischer Wille immer noch bei ihm am Werk, ... und mir erscheint er eigentlich als ein klassischer Musiker in dem Sinne, daß nämlich sein Fanatismus und seine ungeheure Willenskraft sich nicht auf etwas Außermusikalisches ... bezieht, sondern daß diese Spannung genau so gerichtet ist, daß sie eben das richtige Maß der Dinge im Kunstwerk zueinander betrifft.

Rafael Kubelik, 1965[29]
Das war eine Offenbarung der Kraft und Konzentration, ... eine Transfiguration in das Spirituelle. Und durch diese innere Kraft, die er gezeigt hat in seinem Leiden – in den Jahren, wo er wirklich sehr gelitten hat – daß der Geist stärker ist als der Körper, das ist so bewiesen bei ihm wie bei keinem anderen.

Und da habe ich mir gedacht, was ist eigentlich Dirigieren, was ist eigentlich Technik, was ist das eigentlich, was wir tun? Was ist das alles? Warum lernen wir alles, das ist ja alles überflüssig! Wenn man ... mit einem Blick die ganzen Musiker und die ganze Komposition in einen Guss bringen kann, ... als ob der Komponist wieder metaphysisch aus ihm herauskäme, aus dem Dirigenten herauskäme: Dieser Wandel von Kräften ist das Unheimlichste und das Größte und das Schönste, was ich erlebt habe.

Süddeutsche Zeitung, 31. Dezember 1966
Drei Fragen an Otto Klemperer
1. Worüber haben Sie 1966 am meisten gelacht?
   Otto Klemperer: Über die Koalition.
2. Welche Schlagzeile würden Sie 1967 am liebsten in der Zeitung lesen?
   Otto Klemperer: Verbot der NPD.
3. Und was spricht eigentlich gegen Sie?
   Otto Klemperer: Mein Alter.

Jean Améry: Ein Heldenleben
St. Galler Tageblatt, 19. Februar 1967
Im Jahre 1941 wurde in neun amerikanischen Staaten Polizeialarm durchgegeben: Aus einem Privatsanatorium in Rye im Staate New York sei ein »unter Umständen gefährlicher Geisteskranker« entwichen. Name: Otto Klemperer. Beruf: Musiker. Amerikas Musikfreunde waren sprachlos. Klemperer irre?... Gewiss, man hatte da und dort schon von extravaganten Verhaltensweisen des Meisters gehört.... Man hatte in der breiten Öffentlichkeit nicht gewußt von der Gefährlichkeit der Operation, der Klemperer sich 1939 hatte unterziehen müssen: damals war ihm ein Gehirntumor entfernt worden, »mit befriedigendem Resultat«, wie die Ärzte meinten. In der Tat war aber eine teilweise rechtsseitige Lähmung zurückgeblieben, gegen die der Meister verzweifelt ankämpfte und die er vor dem Publikum zu verbergen suchte. Später stürzte er von der Landungstreppe eines Flugzeugs so unglücklich, daß er sich mehrere schwere Knochenbrüche zuzog. Schließlich erlitt er – nachdem er im Bett geraucht hatte und dabei eingeschlafen war – schlimme Brandwunden durch die in Flammen aufgehenden Laken, so daß er wiederum viele Monate krank darniederlag. Wider alle diese fast unheimlichen... Attacken gegen seine körperliche Verfassung hat er sich geradezu heldenhaft immer wieder seinen Platz in der vordersten Reihe der zeitgenössischen Dirigenten gesichert.... Er war schon vor 1933 den »national aufbauenden« Milieus ein Greuel, wiewohl er aus Hindenburgs Hand die Goethe-Medaille für die Förderung deutscher Kultur empfangen hatte und wiewohl der damals noch um die ganze Macht kämpfende »Führer« einmal einer von ihm geleiteten Tristan-Aufführung beiwohnte.... Sein Leben in den USA war ebenso erfolgreich wie unstet, vor allem durch seine diversen Krankheiten.... Er war selbstherrlich, unduldsam, jähzornig. Daß er einmal eine Violine auf dem Kopf eines Geigers zerbrach, ist mehrfach belegt.... Man sah ihn in den Nachtlokalen Budapests, wo der mehr als Sechzigjährige als herrischer Lebemann auftrat, den Frauen hofierte und mit nicht immer botmäßigen Kellnern Streit vom Zaume brach. Auch erzählte man sich, wie er einmal bei einer Galaaufführung in hohen gelben

Schnürstiefeln erschienen sei, die er dann während der Vorstellung... ohne viel Federlesens auszog.... 1958 sollte er in den Niederlanden eine von... Wieland Wagner inszenierte Aufführung von »Tristan und Isolde« dirigieren. Er erlitt während der Proben einen Kollaps und mußte in ein Heim in der Schweiz gebracht werden.... Längst ist denn Otto Klemperer nicht mehr der radikale Verfechter neuer Musik. Der polemische Elan seines »ersten« Lebens hat der Dienstschaft und stillen Werkschau Platz gemacht.... Der alte Herr... lebt unter der Obhut seiner Tochter Lotte.... Er hat ein Leben gelebt, »full of sound and fury«, wie es bei Shakespeare heißt. Ein Heldenleben.

Ernst Bloch an Otto Klemperer, 26. November 1967[30]
Ich hörte jetzt im Radio Dich in »Tod und Verklärung«. Wunderbar, mit nie bisher gehörten Stimmen, mit dem Paradox einer sich steigernden Ruhe am Ende, bis zum dreimaligen Vorhalt. Strauss erlangte das Unwahrscheinlichste: Tiefe. Danke, ich drücke Deine Hand. Möchte die Verklärung unser werden. Dein Ernst.

Paul Dessau, Offener Brief an Otto Klemperer, wahrscheinlich 1967[31]
Verehrter Herr Klemperer,
Sie interessieren sich seit der israelischen Aggression für Politik. Sie gingen sogar so weit, mir in einem Schreiben nahezulegen, die Deutsche Demokratische Republik zu verlassen, und hatten die Stirn, ... sogar einem Künstler unseres Landes Anspielungen zu machen, die darauf hinzielten. Wenn ich während unserer Zusammenkünfte in Wien über diese Ungeheuerlichkeiten nicht sprach, so rechnen Sie das bitte meiner großen Verehrung für Ihr Künstlertum und dem Respekt, dem ich vor Ihrem Alter habe, an. Als Sie mir dann beim Abschied in der Lobby des Hotel »Imperial« »Heil Hitler« zuriefen, wurde mir allzu klar, daß Ihr Geisteszustand, jedenfalls was Ihre politischen Ansichten angeht, bedenklich gelitten hat. Mit dieser unreifen politischen Ansicht schließen Sie sich der des Herrn Menuhin an und wollen nicht mehr in den Ländern dirigieren, die den erbärmlichen Konterrevolutionären, die die CSSR in die Arme des brutalen, menschenfeindlichen Imperialismus stürzen wollen, Hilfe und Freund-

schaft anbieten. Schon einmal haben Sie Ihre Zusage, bei uns in der Deutschen Demokratischen Republik zu arbeiten, wegen der israelischen Aggression nicht eingehalten. Wir werden künftighin ohne Ihre Mitwirkung unser kulturelles Leben weiter aufbauen und Ihr Fernbleiben umsomehr verschmerzen, als Ihre politischen Ansichten und unbedachten Äußerungen keine gesunde Grundlage für eine menschenwürdige Zusammenarbeit bieten können.

Karola Bloch an Hans Curjel, 6. Mai 1969[32]
Mit Klemperers war es ganz besonders nett – er hatte einen Sternentag! Lotte war ja sowieso wie immer bezaubernd. Daß aber Otto Klemperer de Gaulle nachweint, der den Israelis keine Waffen mehr lieferte, ist tatsächlich erstaunlich. Weinen kann man aber durchaus darüber, daß diese französische Linke so zersägt ist – jetzt wäre eine mächtige Volksfront so am Platze! Die Studenten scheinen ja auch ihre Schlagkraft verloren zu haben. Auch in der BRD sieht es bei den Studenten nicht gut aus: die erste, denkende und analysierende Garnitur, die großartig war, hat nichts mehr zu sagen – die zweite Garnitur will vor allem »Aktionen«, die manchmal dumm sind und zu nichts führen.

Neue Zürcher Zeitung, 25. Mai 1970
Otto Klemperer feierte seinen 85. Geburtstag in London, als einer der letzten Überlebenden der Dirigentengeneration des ersten Jahrhundertdrittels. London ist seit fünfzehn Jahren das Zentrum seines Schaffens, und das New Philharmonia Orchestra ein ihm bis zum Äußersten ergebenes Instrument, das seiner Interpretation bis auf das letzte Sechzehntel folgt. Man darf daher die Aufführung von Mahlers »Das Lied von der Erde« als autoritativ im Sinne Klemperers ansehen. Sie macht in ihrer abstrakten, gewissermaßen »dehydrierten« Form Anspruch darauf, Mahlers Partitur sinngetreu wiederzugeben. Die Aufführung hatte eine eigene, erschütternde Magie, ein tiefes Bemühen um die Höhen und Tiefen des wundersamen Werkes, vor allem aber jene bedingungslose Ehrlichkeit der Überzeugung, die Klemperer während seiner Laufbahn viel Freunde gemacht hat – und viel Feinde.

Janet Baker sang die Altpartie mit souveräner Beherrschung alles Technischen und Musikalischen, dagegen war der für den erkrankten Nikolai Gedda eingesprungene Tenor Richard Lewis ein wenig befriedigender Ersatz. Am Schluß des Konzertes, nach einem wahren Ovationentornado, wurde Klemperer von dem Orchestervorstand ein Silbertablett überreicht mit der Gravur: »With affection from members of the New Philharmonia Orchestra!« Nicht jedem Geburtstagsgruß kann man so viel wahres Gefühl nachrühmen.

Lotte Klemperer an Paul Dessau, 9. September 1971[33]
Es kommt noch zu allem hinzu, daß die Augen schlechter geworden sind, – das Studieren, Lesen – alles sehr erschwert! Wir haben nun schon vier verschiedene und neue Brillen.... Müdigkeit spielt auch eine Rolle beim Sehen.

Ich glaube, er muß jetzt mit dem öffentlichen Auftreten aufhören – nicht mit dem Arbeiten, also Platten machen, wenn es sich um interessante Aufgaben handelt. Ich fange auch schon an in dieser Weise auf ihn einzuwirken. Dieses nächste Konzert soll er noch machen. Schon, damit er sieht, daß es nicht sein *muß*, aber (hoffentlich) einsieht, daß es sein *sollte*. Es ist nicht schwer – Beethoven, 4tes Klavierkonzert, Brahms Dritte – aber dann muß eine Änderung besprochen und durchgeführt werden – ganz offiziell. Da er nichts mehr Anspruchsvolles, das ihn auch interessieren würde, machen kann (was er selber einsieht), so bleibt ja nur noch das Konventionelle – und das hängt ihm ja selber schon zum Halse raus – also was soll's? *Nur* zwecks »auftreten«?! Das hat er doch nicht nötig. Und darüber steht er doch auch, weiß Gott. Natürlich enthält so ein Entschluss Bitteres – aber ich bin überzeugt – letztlich auch Befreiendes. Was meinst du?

Ernst Bloch, ca. 1972[34]
Die Musik ist nicht dazu da, daß sie wie ein Eiscreme geschluckt wird. Nichts gegen Eiscreme, und nichts gegen ein Steak, aber das sind ganz andere Dinge. Schon das scheußliche Wort »Kunstgenuss« ist wohl Klemperer auch ein Abscheu gewesen. Deshalb ist Klemperer mit keinem Dirigenten, den ich kenne, vergleich-

bar gewesen. Ein seltsames Paradox, er ist selbst gar kein so logischer Typ. Aber sobald er dirigiert, ist das enorm. Unemotional zugleich, aber ohne Triebhaftigkeit, ohne Düsternis, und vor allen Dingen ohne Schlecken, ohne Konsumschlecken.

Lotte Klemperer, ca. 1972[35]
Er hat eine sehr starke Persönlichkeit und einen sehr starken Humor, und ich nehme an, daß man entweder sehr angezogen ist von ihm oder sehr abgestoßen.... Er kann keiner Fliege etwas zuleid tun, ich meine, er ist unfähig, einen Menschen zu schlagen oder gewalttätig zu werden.... Er ist sehr, sehr sanft sogar, und behutsam.... Wenn man dann solche Sachen verbreitet wie Time Magazin und Newsweek und Spiegel, daß er eine Geige zerbrochen hat über dem Kopf eines Musikers, das ist also einfach Blödsinn. Weil die großen Krankheiten doch immer wieder eine große Unterbrechung bedeuteten, hat er sehr viel quasi zwecklos Partituren studiert, von denen er nicht annehmen konnte, daß er sie je aufführen würde. Und ich glaube, daß das sehr, sehr gut war. All das, was die Leute oft als großes Unglück betrachten, ist meiner Ansicht nach im Grunde genommen blessing in disguise gewesen, für ihn, für seine ganze künstlerische Natur. Er konnte so nie zu einem Routinier werden.

Katia Mann, ca. 1972[36]
Klemperer war ein ungeheuer expansiver und intensiver Mensch, und mein Mann war ja ein zurückhaltender Mensch. Aber es bestand Sympathie. Zweifellos. Und Klemperer hatte auch sehr viel für meinen Sohn Golo übrig. Und Klemperer ist ja auch ein Mensch von weiten Interessen, er ist ja kein borniter Musiker. Gerade das Gegenteil davon. Er ist politisch interessiert und literarisch interessiert. Er war richtig befreundet auch mit meiner Tochter Erika. Sie hat ihn herzlich gern gehabt. Und sie hielt ihn für einen hervorragenden Dirigenten, da ist gar kein Zweifel.... Er ist absolut ehrlich in seinen Empfindungen und gibt ihnen also auch ungehemmten Ausdruck. Und er ist auch treu und anhänglich. Wie mein Zwillingsbruder[37] vor zwei Jahren hier war, haben sie sich so gut verstanden, ... und es lag doch so weit zu-

rück, die Bekanntschaft, und er hat ihm das immer so gedankt, daß er sich so für die Krolloper eingesetzt hat.

Marianne Grün-Kortner, ca. 1972[38]
Mein Vater hat sich gern über ein paar von den religiösen Betätigungen von Klemperer lustig gemacht. Das war so beinahe ein Klanggespräch, das da gegenseitig geführt wurde, das eher heiter war als böse, aber im Grunde war ein Punkt da, wo keine Verständigung möglich war, aber es war ein Respekt da, und der ist nie verschwunden, in guten und schlechten Zeiten. – Die erste Begegnung war, als ich elf Jahre alt war, in einer stürmischen Nacht, wie es sie in der Regenzeit in Los Angeles manchmal gibt, da klingelte es an der Tür, und ich machte auf, und da stand dieser Riesenmann, den ich vorher nie gesehen hatte, es war offensichtlich kurz nach seiner Operation, und es war noch sehr stark im Gesicht zu sehen, daß eine Seite gelähmt war, und auch ein Arm stand so halb in der Luft, völlig gelähmt, und ich war ungeheuer schockiert und wußte nicht, wie ich mich zu verhalten habe, und dann kam er herein, und setzte sich ans Klavier und fing sofort an Schubertlieder zu spielen. Es war eine Dame mit ihm, eine Sängerin, und die sang dann auch, und plötzlich verwandelte sich das ganze Bild und es wurde ein richtiger musikalischer Abend. Dann ist er verschwunden, dann haben wir ihn eine ganze Weile nicht wiedergesehen, wie es eben öfters geschah.

Paul Dessau, ca. 1972[39]
Ich erinnere mich genau an ein kleines Haus, für diesen Riesenmann viel zu klein, aber doch ganz gemütlich eingerichtet.... Seine Stimmung war sehr gut, er komponierte viel, damals den Erlkönig, für mich ein grausames Gedicht, trotz der schönen Musik von Schubert, aber wie Klemperer es mir vorspielte, ich glaube, es war nach der Operation, er spielte nur mit der linken Hand, die rechte Hand war schon etwas gelähmt, und es war furchtbar kompliziert für ihn, rauchend, mit einer Hand, und singend, und klavierspielend! Es war von einer hoffmannesken Grausigkeit eigentlich, nichtwahr, dieser Riesenmann, in einem

verhältnismäßig kleinen Zimmer, und das Getöse auf dem Klavier. –

Es hat ihn sicher ungeheuer gereizt, diese große Stellung [*in Budapest, EW*], er war da ja omnipotent, bis zu dem Moment, wo ihm die amerikanischen Behörden sagten: Wenn Sie jetzt nochmal nach Budapest fahren, verlieren Sie den amerikanischen Paß! Und da muß ich leider sagen: wenn das mir passiert wäre, dann hätte ich gesagt: Na, bitteschön, behalten Sie Ihren Pass, ich bleibe in Budapest. Aber dann muß ich mal ganz krass, ganz hart sagen: das ist, wie ein Kommunist sich verhält, und wie ein Nichtkommunist sich verhält, das konnte Klemperer sich leisten, ich nicht.

Andras Miko, ca. 1972[40]
Er lebte [*in Budapest, EW*] zwischen den Leuten, er spielte nicht den Meister. Er war ganz wie ein Freund, und er war sehr viel mit den Jüngeren, und man spürte nicht, daß er ein Meister von Weltbedeutung ist, und er wollte auch nicht, daß man es spürte. Ja, jung war er in der Seele, aber lustig war er wirklich, er konnte lachen, und ich glaube, das ist wirklich ein großes Verdienst unseres damaligen Intendanten, Herrn Aladár Tóth, weil man sah, wie er seine Gesundheit, Monat für Monat, zurückgewinnt; als er nach Budapest kam, sah man ihn als einen ganz kranken und labilen Menschen. Damals war er unkonzentriert, er war nervös, auch in Bewegungen unsicher, und das alles, alles wurde immer besser, und in der letzten Zeit war er schon nicht mehr zu erkennen. Er war immer lustiger, dann kam auch seine Familie nach Budapest, seine Frau, Lotte. Und die alle waren sehr lieb, Lotte war viel mit uns, das war eine sehr schöne Zeit, bis dann, wegen einiger Probleme und weil er gewisse andere Angebote hatte, er uns verlassen hat. Das war phantastisch, wie bescheiden er am Anfang wohnte, ich war bei ihm, er hat mich mitgenommen in seine Wohnung, man konnte nirgends sitzen, nur ein Fieberkoffer in der Mitte des Zimmers, nichts, ganz leer, ein Piano nur, ein Bett und zwei, drei Fieberkoffer, dann hat er auf den Fieberkoffer gezeigt und gesagt: Bitte, nehmen Sie Platz! Wie ein König im Empfangsraum.

Ich kann Ihnen sagen, daß es einige Aufführungen gibt, die ich mit ihm in Budapest erlebt habe, und die ich dann wieder auf Schallplatten gehört habe, und mir gefällt es besser, wie er es in Budapest gemacht hat. In Budapest war er mehr eruptiv ... und es waren viel größere Akzente, viel größere Unterschiede, es kontrastierte. Er war ein Nachtleben-Mensch, man konnte ihn in der Nacht in den Gassen treffen, mit Geld, das hat für ihn kein Gewicht gehabt, er saß zum Beispiel in einem Taxi, als er zu der Oper kam, er bezahlte ungezählt, was er in der Tasche hatte. Er war immer in diesen Restaurants, er spazierte, ging herum, ich glaube, als die Familie noch nicht hier war, war er wenig in seiner Wohnung, er suchte immer Gesellschaft, und seine Wohnung war nichts, was für eine Gesellschaft sehr häuslich gewesen ist. Er hat seine Meinung gegeben über andere Dirigenten, über Kollegen, ja, und hauptsächlich schlechte Meinung, Toscanini war eine Ausnahme. Er hat erzählt, daß er jede Möglichkeit, Toscanini zu hören, benützt hat. Einmal saßen wir im Restaurant, damals war »Doktor Faustus« neu erschienen von Thomas Mann, alle waren neugierig auf seine Meinung. Dann sagte er: Ein sehr gutes Werk, ich bin drin![41]

Kleiber war einmal in Budapest für ein Konzert eingeladen, und Klemperer war sehr wütend darüber. Er sagte: Das ist doch ein jüdischer Faschist! Wie kommt er her? Dann hat man gesagt: Er kommt nur für ein Konzert, und Sie sind doch ständig hier, was stört Sie da? Aber Klemperer war wütend, und niemand hat es ernst genommen. Auf einmal kam die erste Probe von Kleibers Konzert, und Kleiber kam nicht. Er war nicht in Budapest, und jeder war aufgeregt, man hat telefoniert zur Grenze, und an der Grenze sagt man: Ja, er ist hier und ist arrestiert. Warum? Hier wurde gemeldet, dass er ein sehr gefährlicher Faschist sei! Sofort wußte man, dass das Klemperer ist, und man entschuldigte sich bei Kleiber und sagte: Das ist doch ein alter kranker Mensch, wissen Sie, er soll es verzeihen. Na gut, sagte er, nichts ist passiert, und er kam. Am Nachmittag kam er an und hat gefragt, ob man abends irgendwo hingehen kann. – Ja, es ist doch ein Konzert von Klemperer, aber das kann nicht angenehm sein, er soll lieber nicht kommen. – Na, sagt er, warum nicht? Und er kam und saß in der Loge, und Klemperer kam und schaute nicht in die Richtung der Loge und dirigierte, ohne Lust, und es war ganz peinlich, und dann kam die Pause und Kleiber steht auf und sagt: Jetzt gehe ich meinen Freund Klemperer begrüßen. Und wir alle zitterten und glaubten, jetzt werden die Ohrfeigen kommen und das Schimpfen und ich weiß nicht was, und auf einmal sagte der eine: Otto! Und der andere sagte: Erich! Und dann küßten sie sich und eine Viertelstunde redeten sie. Und man erfuhr, daß sie sich nicht gesehen hatten seit Hitlers Machtübernahme.

In der Oper hat er gar nichts Modernes gemacht, und in Konzerten hat er auch sehr wenig Modernes gemacht, Jeu de Cartes von Strawinsky, das war das Einzige, das er so halbwegs modern gemacht hat. Aber das hatte auch Schwierigkeiten, im schlagtechnischen Sinne. Er war nicht ganz Herr von dieser Sache.... Ich weiß, daß er es gar nicht wollte, moderne Werke. Auch im Ausland nicht, nicht nur in Budapest nicht. Ich glaube, ihm standen die modernen Sachen schon nicht so nahe. Ich glaube, als er diese Musik [*in den Zwanzigerjahren, EW*] machte, spürte er, daß er die ganz neue Musik machte. Und nach dem Krieg war diese Musik nicht mehr ganz so neu. Ich kann nicht sagen, daß ich außer der Arbeit so einen Kontakt mit ihm gehabt habe. Ich wagte es auch nicht, über persönliche Sachen zu sprechen. Er hat auch nie etwas gefragt. Ich glaube nicht, daß er wußte, ob eine Verlobte hatte oder nicht. Das gab es nicht bei ihm.... Geschimpft schon, aber gesprochen nicht. Aber damals, ich weiß, war er doch sehr ähnlich mit Mahler, einige Leute haben gesagt, daß er vielleicht ein natürlicher Sohn von Mahler sei.

Georg Eisler, ca. 1972[42]
Ich glaube, daß er eigentlich, und das hat mein Vater später öfters bestätigt, einfach die Partitur dirigierte, und einfach den Komponisten spielte. Das war keine Show, das war nicht dieses kulinarische, narzisstische Stardirigententum. Es war Rückkehren zu den Quellen des jeweiligen Musikstückes. Mein Vater, der selbst Komponist war, merkte das natürlich sofort. Er, der höchst ungern in Konzerte ging, konstatierte auch eigentlich immer wieder, daß Klemperer für ihn immer der einzige Dirigent gewesen

ist.... Mein Vater erinnerte sich an ein Konzert, das er 1940 in Mexiko-City gehört hatte, wo seinen Auskünften nach ein sehr schlechtes Orchester vorhanden war, und wo Klemperer die 5. Beethovens dirigierte. Er sagte: das war die beste 5. Beethovens, die er je gehört hat. Für einen Mann wie ihn eine erstaunliche Bemerkung, daß dieser Dirigent, dieser Mann, ein so schlechtes Orchester vorfand und hat daraus eine so tolle Beethoven 5. herausgeholt.... Ich weiß noch, daß er auf dem Weg zurück war von Budapest nach Amerika, 1951, da habe ich ihn noch in Wien getroffen. Da war er also eher verbittert, und es war eine merkwürdige Zeit. Es war Koreakrieg. Auf mich machte er eher einen verzweifelten Eindruck. Diese unmittelbare Kriegsgefahr und seine Rückkehr nach Amerika hingen doch im Kausalen zusammen. Sie dürfen nicht vergessen, daß damals in Ungarn eine äußerst üble Zeit ansetzte. Eine sehr repressive Zeit in Budapest. Und er ging dann nach Amerika. Man hörte lange nichts von ihm. Ich stand in gewissem brieflichen Kontakt mit Lotte. Das brach eine Zeitlang ab. Er tauchte erst später wieder auf.... Da war eine starke Spannung, da war ein inneres Zerwürfnis mit verschiedenen weltanschaulichen Gedanken, die vielleicht zu dieser Zeit ins Wackeln geraten waren. Man kann das schwer sagen, aber etwas war nicht in Ordnung. Es war mit der ganzen Welt etwas nicht in Ordnung.... Ich würde sagen, daß der Klemperer wie ein, zwei andere große Männer seiner Generation eigentlich nicht mehr unserer Zeit zuzurechnen sind. Es sind die letzten großen Männer des 19. Jahrhunderts, z. B. Bloch ist ein zweiter, Georg Lukács war ein Dritter. Dort galten noch großbürgerliche Maßstäbe, und nicht kleinbürgerliche, verschmierte Maßstäbe und Attitüden, eine liberale, großbürgerliche Haltung, in der noch gewisse Nachwehen dieser 48er-Revolution zu verspüren sind, und noch nicht eine durch zwei Weltkriege korrumpierte, sich immer wieder anpassende bürgerliche Schicht von Musikkonsumbefriedigern. Habe ich mich klar genug ausgedrückt?

Das ist auch die Bedeutung, die diese Männer für uns haben. Deswegen ist es auch sehr erstaunlich, daß in den Zeiten der wildesten Autoritätsbekämpfung und Autoritätshass von Seiten der jüngsten Generation diese Generation der Großväter immer ausgeklammert blieb. Man griff die Vierziger, die Fünfziger, die Sechziger an. Aber Bloch und Lukács wurden immer geschont, sie wurden immer als Vorbilder, auch von der jüngsten Generation, anerkannt. Und ich glaube, daß der Klemperer das musikalische Äquivalent dieser beiden Philosophen ist. Wenn die mal weg sind, wird Mitteleuropa um vieles ärmer sein. Bloch hatte ein gutes Verhältnis zu Klemperer. Das ist sozusagen die letzte Blüte der bürgerlichen Aufklärung, gemischt mit einer vielleicht utopischen, aber doch heißersehnten Zukunftsvision. Ich glaube, daß der Klemperer der musikalische Ausdruck dieser philosophischen und sehr seltenen und schönen Weltsicht ist. – Im Hydeparkhotel durfte ich einer Kaffeejause beiwohnen, wo sich Bloch, Klemperer und andere unterhielten. Ich dachte, jetzt wird ein Gespräch stattfinden, das sehr tief ist. Es war dann doch eine merkwürdige, parallele Konversation. Der eine sprach reine druckreife Philosophie, das war Bloch, Klemperer erzählte Opernanekdoten, und dabei hörte der eine dem anderen aufmerksam zu, und setzte dann jeweils seinen eigenen Gedankengang fort, so dass faktisch zwei parallele Situationen sich entfalteten, und das Ganze von einer sehr großen Komik war. Sie hatten jeder das Gefühl, ein tiefes Gespräch mit dem anderen geführt zu haben. Bloch war gerade die Berliner Mauer hinter sich lassend im Westen angekommen und fuhr kurz darauf nach London, um seinen Freund Klemperer zu besuchen.

Lotte Klemperer an Salka Viertel, 17. Oktober 1972[43]
Bei uns haben sich die Wogen etwas geglättet und es geht meinem Vater etwas besser. Er ist quasi normal auf und wir waren auch schon einige Male am See in diesem schönen Herbstwetter. Allerdings, wegen der allgemeinen Schwäche – Folge der Pneumonie – muß er nun vorläufig einen Dauerkatheter tragen und das ist nicht schmerzhaft, aber doch unangenehm. Er versucht nun sich dran zu gewöhnen – hat keine andere Wahl! So was macht den alltäglichen Betrieb noch komplizierter – aber es geht schon. Natürlich ist die Depression weiter da,[44] aber auch etwas besser. Besucher werden kaum empfangen, doch er liest und studiert, sofern die Augen es noch erlauben – läßt sich ein paar Mal

wöchentlich einen Musiker (war schon bei ihm in Kroll Korrepetitor) kommen, der dann am Klavier Werke, die er gerade mal wieder genauer studiert, vorspielen muß. Darüber bin ich froh. – So vergehen die Tage...

Ich hatte einen furchtbaren Schreck letzte Woche, aber nun bin ich schon wieder ruhiger. Es kam, mit der Post in Zürich aufgegeben, – alles getippt – ein Brief an meinen Vater, und auf einem Zettel drin stand »Klemperer, Judenschwein... wann verreckst du endlich...« – Ich will Dir das Ganze ersparen, es war/ist arg. Mein Vater weiß davon natürlich nichts, darf es auch nicht erfahren.

Paul Dessau an Lotte Klemperer, 27. März 1973[45]
Lottchen,
gestern schrieb ich Dir und heute kommt Dein Brief und schon schreib' ich wieder und denke mir wie schwer doch alles ist auf die Welt zu kommen und sie zu verlassen. Aber, Lottchen, wir müssen ja vernünftig sein (und das bist Du ja) und OK auch (bewunderungswürdig) und bedenken wir sein Alter (wer erreicht es überhaupt), müssen wir, denke ich, an die unendlich vielen großartigen Höhepunkte seines Lebens und Schaffens denken. Es ist doch alles nur so sehr natürlich (wie sehr einem auch die Natur zusetzen kann und wir sie oft nicht verstehen können). Es ist natürlich für Dich sooo sehr schmerzlich, OK täglich schwächer und schwächer werden zu sehen, aber wir müssen jetzt wohl oder übel nur daran denken, daß er sich nicht abzuquälen braucht und im Dahindämmern seine Ruhe soweit wie möglich genießt.... Die Natur hat ja auch ihre Güte, wenn sie uns die klaren Gedanken fortnimmt und uns der Dämmerung überlässt, denn OK's Leben war wahrlich gefüllt mit Wachheit und Kraft und Liebe zu allem Großen und Schönem, daß ihm jetzt das Dahinträumen gönnen muß. Er hat euch Drei (Dich, Anna und Schw. Ruth...) um sich, was mich etwas beruhigt. Ich möchte gerne bei euch sein. Ist doch meine Beziehung zu OK wie die zu einem großen Bruder. Ich spreche absichtlich nicht von dem Künstler, den wohl kaum einer mehr als ich bewundere und von dem ich so unendlich viel gelernt habe.... Vor mir steht das Bild

aus Strassburg, wo er so jung und kräftig und selbstvertrauend dasteht an der Mauer, selbst eine Mauer. Aber, Lottchen, die Mauern bröckeln, und so wir auch. »Wir treten auf und treten wieder ab«, das ist die große Wahrheit. Wenn man aber, wie OK, sein gerüttelt Maß für die Menschheit beigetragen hat, dann ist ein… Abgang immer leichter zu ertragen – Ich warte also fast täglich auf Nachricht, weil das Telefonieren oft eine Qual ist wegen der schlechten Verständigung. … Gott, wenn man – – jetzt 60 Jahre mit einem Menschen verwandt ist (denn das ist man dann fast oder mehr auch oft als es Familienbande fassen können) dann ist es doch schwer, sich abzufinden mit dem Unabwendbaren, was man zwar muß, … und so bin ich, wie immer es ist, sehr sehr traurig mit Dir, mein Lottchen.

Lotte Klemperer an Paul Dessau, Telegramm, 6. Juli 1973[46]
Papa heute Freitag Nachmittag 6.15 im Schlaf friedlich gestorben stop habe versucht telefonisch dich zu erreichen stop Bestattung findet Dienstag Vormittag statt
    Innigst Lotte

Anmerkungen

Vorwort

1 Hans Mayer: Gelebte Musik, Erinnerungen, Frankfurt/M. 1999, S. 33
2 Dieser Satz enthält gleich zwei Irrtümer der Herausgeber. Klemperer konvertierte in Köln 1919 zum Katholizismus und trat erst 1967 wieder in die jüdische Gemeinschaft ein. Nach seinem Engagement in Köln war er nicht in Frankfurt, sondern in Wiesbaden tätig.
3 Lexikon der Juden in der Musik, mit einem Titelverzeichnis jüdischer Werke, zusammengestellt im Auftrag der Reichsleitung der NSDAP auf Grund behördlicher, parteiamtlich geprüfter Unterlagen, bearbeitet von Dr. Theo Stengel (Referent der Reichsmusikkammer) in Verbindung mit Dr. habil Herbert Gerigk (Leiter der Hauptstelle Musik beim Beauftragten des Führers für die Überwachung der gesamten geistigen und weltanschaulichen Schulung und Erziehung der NSDAP), Berlin 1940, S. 253 f.
4 Hans Curjel: Experiment Krolloper 1927–1931, aus dem Nachlass hrsg. von Eigel Kruttge, München 1975
5 Peter Heyworth: Otto Klemperer, Dirigent der Republik, 1885–1933, Berlin 1988
6 Vgl. S. 150 ff.
7 Vgl. S. 214 ff.
8 Peter Heyworth: Otto Klemperer, his life and times, vol. 2: 1933–1973, Cambridge 1996
9 Lotte Klemperer an Soma Morgenstern, Brief vom 25.11.1959, Deutsche Nationalbibliothek Frankfurt/M., Exilarchiv
10 Diskographie bei Heyworth II, S. 394–452

1 »Weil ich Jude bin.«

1 Paul Zschorlich in der »Deutschen Zeitung« vom 13.2.1933
2 Lotte Klemperer 1972 im Gespräch mit dem niederländischen Filmemacher Philo Bregstein, der ein Filmporträt über Otto Klemperer vor-

bereitete. Die Abschriften der ungekürzten Interviews befinden sich in der Otto-Klemperer-Collection der Library of Congress, Washington, im Folgenden abgekürzt als: LOC/OKC.
3 Otto Klemperer: Produktive Kräfte sind am Werk, in: Berliner Börsenzeitung vom 1.1.1931
4 Lotte Klemperer im Gespräch mit Philo Bregstein (1972)
5 Victor Klemperer: Curriculum vitae, S. 92, zitiert nach dem Typoskript in der LOC Washington (Klemperer, Victor: Curriculum)
6 Otto Klemperer im Gespräch mit Philo Bregstein (1972)
7 Konsul Dr. Gyssling am 27.4.1937 in einem Dossier über Klemperer nach Berlin (LOC/OKC)
8 Konsul Dr. Gyssling am 15.2.1938 in einem weiteren Dossier über Klemperer, ebda.
9 Otto Klemperer an Soma Morgenstern, London, 4.4.1967, Nachlass Soma Morgenstern im Exil-Archiv der deutschen Nationalbibliothek Frankfurt/M.
10 Otto Klemperer an Soma Morgenstern, London, 27.4.1967, ebda.
11 Beschreibung des Prager Gettos nach E. Heinrich Kisch: Erlebtes und Erstrebtes, Stuttgart/Berlin 1914 (Kisch 1914)
12 Zum Prager Getto und zur Getto-Literatur s. Bruno Kisch: Wanderungen und Wandlungen, Köln 1966, S. 23 ff. (Kisch 1966)
13 Gutmann Klemperer ist in der Anthologie »Sippurim: Prager Sammlung jüdischer Legenden« (Wien/Leipzig 1926) mit zwei Sagen vertreten.
14 Gespräche mit Klemperer, geführt und hrsg. von Peter Heyworth, Frankfurt/M. 1974, S. 18 (Heyworth 1974)
15 Kisch 1914, S. 26
16 Fritz Flechtner: Das Hausierergewerbe in Breslau und in der Provinz Schlesien, Leipzig 1897, S. 32 (Flechtner 1897)
17 Hochzeitsgedicht für Nathan und Ida Klemperer, aus: Ismar-Elbogen-Collection (im Folgenden abgekürzt als IEC), Jüdisches Museum Berlin.
18 Klemperer, Victor: Curriculum, S. 485
19 Zit. nach Mosche Zimmermann: Hamburgischer Patriotismus und deutscher Nationalismus. Die Emanzipation der Juden in Hamburg 1830–1865, Hamburg 1979, S. 113 (Zimmermann 1979)
20 Ebda., S. 115 ff.
21 Z. B. die Eltern der Malerin Anita Rée (1885–1933) und des Philosophen und Arztes Paul Rée (1849–1901) und ihre Kinder. Zu Paul Rée vgl. S. 32 f.
22 Autobiographisches Fragment von Regina Elbogen, geb. Klemperer, in: IEC, Jüdisches Museum Berlin
23 Face to Face (BBC 1959–1962): Otto Klemperer (1961). Klemperer u. a. im Interview mit John Freeman
24 Reproduziert bei Peter Heyworth: Otto Klemperer, Dirigent der Republik, 1885–1933, Berlin 1988, S. 15 (Heyworth I 1988)

25 Autobiographisches Fragment von Regina Elbogen, geb. Klemperer, in: IEC, Jüdisches Museum Berlin
26 Ebda.
27 Ebda.
28 Zit. nach Heyworth I 1988, S. 18
29 Ebda., S. 19
30 Ebda., S. 11. Dieser Brief Otto Klemperers vom 26.11.1911 wird, wie fast alle unveröffentlichten Quellen bei Heyworth, zwar mit Datum, aber ohne Fundort angegeben, was die Überprüfbarkeit außerordentlich schwer macht.
31 Wamser/Weinke 2006, Geleitwort von Paul Spiegel
32 Anna Freud an Hermann Levi, 9.3.1968. Zit. nach Elisabeth Young-Bruehl: Anna Freud, 2 Bände, Wien 1995, Bd. 1, S. 68 (Young-Bruehl 1995)
33 Vgl. Heyworth I 1988, S. 24
34 Heyworth 1974, S. 27
35 Heyworth 1974, S. 28
36 Zit. nach Vierhundert Jahre Juden in Hamburg. Ausstellung des Museums für Hamburgische Geschichte 1991/92, Hamburg 1991, S. 370 (Juden/Hamburg 1991)
37 Adolf Stoecker: Christlich-sozial, Reden und Aufsätze, Berlin 1890, S. 432 (Stoecker 1890)
38 Die Juden in Hamburg 1590 bis 1990. Wissenschaftliche Beiträge der Universität Hamburg zur Ausstellung »Vierhundert Jahre Juden in Hamburg«, hrsg. von Arno Herzig, Hamburg 1991, S. 480 (Herzig 1991)
39 Nach Mitteilung meiner Großmutter Elisabeth Mühlenstädt und meiner Mutter Liesel Weissweiler. Zur »Judenfreiheit« von Borkum s. auch Wilhelm Busch an Marie Hesse, Brief vom 13.11.1904 (»denn, wie ich vernehme, will die dortige Gesellschaft in ihrer Mitte durchaus keine Juden dulden«), zit. nach Wilhelm Busch, Sämtliche Briefe, hrsg. von Friedrich Bohne, Bd. II, Hannover 1968, S. 229 (Busch 1968)
40 Theodor Herzl: Der Judenstaat: Versuch einer modernen Lösung der Judenfrage, Berlin/Wien 1896, S. 1 ff. (Herzl 1896)

2 Kaiserliche Lehrjahre

1 Autobiographisches Fragment von Regina Elbogen, geb. Klemperer, in: IEC, Jüdisches Museum Berlin
2 Heyworth 1988, S. 24
3 Zu Paul Rée s.: Ludger Lütkehaus: Ein heiliger Immoralist – Paul Rée, Marburg 2001 (Lütkehaus 2001); Paul Rée: Gesammelte Werke, hrsg. von Hubert Treiber, Berlin/New York 2004 (Rée/Treiber 2004)
4 Werner Ross: Der ängstliche Adler. Friedrich Nietzsches Leben, München 1997, S. 443 (Ross 1997)

5   Paul Rée: Psychologische Beobachtungen, o. O. 1875. Der Verfasser veröffentlichte das Buch anonym mit dem Zusatz: »Aus dem Nachlass von ...« Vollständige Edition bei Rée/Treiber 2004, S. 59 ff.
6   »Der Traum offenbart unseren Charakter.« Oder: »Wer fühlt, daß er sich taktlos gegen uns benommen hat, verzeihet uns das nie.«
7   Paul Rée an Friedrich Nietzsche, Brief vom 31.10.1875, zit. nach Friedrich Nietzsche, Paul Rée, Lou Andreas-Salomé – Dokumente ihrer Begegnung, hrsg. von Ernst Pfeiffer, Frankfurt/M. 1970, S. 10 (Pfeiffer 1970)
8   Rée/Treiber 2004, S. 32
9   Pfeiffer 1970, S. 323
10 »Er war ein schwächlicher, weichlicher Charakter, der nur in den Jahren, wo er mit meinem Bruder zusammen war, ... etwas geleistet hat. ... Sie haben wohl auch seine Mutter gekannt, eine gute, liebenswürdige Frau, aber Vollblut-Jüdin, was ihr auch jedermann ansah. Sie werden aus der Biographie sehen, dass ich nicht Antisemitin bin und niemandem seine jüdische Herkunft vorwerfe, aber ich muss doch sagen, so wie Rée gegen meinen Bruder gehandelt hat, konnte kein Deutscher handeln, nämlich unmännlich und hinterlistig.« (Elisabeth Förster-Nietzsche an Ferdinand Tönnies, zit. nach Rée/Treiber 2004, S. 49 f.)
11 K-y: Friedrich Nietzsche und die Umwerthung aller Werthe, Deutsche Zeitung, Morgenausgabe, 31.8.1900, S. 1 f.
12 Tagebucheintragung vom 24.2.1878, zit. nach Peter Cahn: Das Hochsche Konservatorium in Frankfurt am Main (1878–1978), Frankfurt/M. 1978, S. 45 (Cahn 1978)
13 Goethe's Werke. Vollständige Ausgabe letzter Hand, Stuttgart/Tübingen 1830, Bd. 24, S. 236
14 Zum jüdischen Leben in Frankfurt s.: Hinaus aus dem Ghetto: Juden in Frankfurt am Main, 1800–1950, hrsg. von Rachel Heuberger und Helga Krohn, Frankfurt/M. 1988 (Heuberger/Krohn 1988)
15 Cahn 1978, S. 103
16 Zur Biographie von Kwast und Frieda Kwast-Hodapp s. Horst Ferdinand: Frieda Elise Kwast-Hodapp, 1880–1949, in: Baden-württembergische Porträts, Frauengestalten aus fünf Jahrhunderten, hrsg. von Elisabeth Noelle-Neumann, Stuttgart 1999, S. 215 f. (Ferdinand 1999)
17 Es war nicht nur die Liebesaffäre, die ihn aus Frankfurt vertrieb. Es sprach sich auch herum, dass er Handschriften aus dem Besitz seines Ex-Schwiegervaters Ferdinand Hiller über den Kopf von Toni Kwast-Hiller hinweg an die Rothschild'sche Bibliothek verkauft hatte.
18 Hans Pfitzner: Eindrücke und Bilder meines Lebens, Hamburg 1947, S. ERG (Pfitzner 1947)
19 Carl Sternheim über Berlin, zit. nach Franz Herre: Jahrhundertwende 1900 – Untergangsstimmung und Fortschrittsglauben, Stuttgart 1998, S. 33 (Herre 1998)

20 Richard Strauss an seine Eltern, zit. nach Maria Puhlig: Richard Strauss. Bürger – Künstler – Rebell, Graz/Wien/Köln 1999, S. 101 (Puhlig 1999)
21 Herre 1999, S. 35 f.
22 Heinrich Zille: Photographien Berlin 1890–1910, München 1975, hrsg. von Winfried Ranke (Zille 1975)
23 Die Behandlung gewisser Formen von Neurasthenie und Hysterie, Berlin 1887; Untersuchungen über Gicht und harnsaure Nierensteine, Berlin 1896; Handbuch der Ernährungstherapie, Berlin 1904
24 Victor Klemperer: Curriculum Vitae, Jugend um 1900, Bd. 1, Berlin 1989, S. 16 (Klemperer, Victor, 1989)
25 Klemperer, Victor, 1989, S. 14
26 Curriculum Vitae, LOK-OKC, S. 158
27 Heyworth I 1988, S. 32: »Aber mit Victor, dem bei weitem jüngsten der drei Brüder… gab es viel mehr Gemeinsamkeiten. Die beiden Vettern sahen sich häufig während ihrer Berliner Studienzeit.«
28 Curriculum vitae, LOC/OKC, S. 485
29 Ebda.
30 Vgl. S. 249
31 Curriculum vitae, LOC/OKC, S. 313
32 Ebda., S. 91
33 Zit. nach Reinhard Ermen: Ferruccio Busoni, Reinbek 1996, S. 44 (Ermen 1996)
34 Heyworth I 1988, S. 29
35 Ebda., S. 28
36 Udo Rauchfleisch: Mensch und Musik, Versuch eines Brückenschlags zwischen Psychologie und Musik, Winterthur 1986, S. 200 f. (Rauchfleisch 1986)
37 Hans Pfitzner: Glosse zum II. Weltkrieg 1945, in: Sämtliche Schriften, Bd. IV, S. 340 f.
38 Zit. nach Johann Peter Vogel: Pfitzner – Leben, Werke, Dokumente, Zürich/Mainz 1999, S. 68 (Vogel 1999)
39 Ebda., S. 73
40 Heyworth I 1988, S. 33
41 Hans Pfitzner: Reden, Schriften, Briefe, hrsg. von Walter Abendroth, Berlin/Neuwied 1955, S. 293 (Pfitzner 1955)
42 Bruno Walter an Hans Pfitzner, Brief vom Dezember 1905, in: Bruno Walter: Briefe 1894–1962, hrsg. von Lotte Walter Lindt, Frankfurt/M. 1969, S. 83 (Walter 1969)
43 Otto Klemperer: Hans Pfitzner (1960), in: Otto Klemperer: Anwalt guter Musik – Texte aus dem Arbeitsalltag eines Musikers, hrsg. von Stephan Stompor, Berlin 1993, S. 100 (Klemperer 1993)
44 Sämtliche Zitate nach Ferruccio Busoni: Entwurf einer neuen Ästhetik der Tonkunst, Frankfurt/M. 1907 (Busoni 1907)

45 Zit. nach Albrecht Riethmüller und Shin Hyeso (Hrsg.): Busoni in Berlin. Facetten eines kosmopolitischen Komponisten, Stuttgart 2004, S. 31 (Riethmüller/Hyeso 2004)
46 Zit. nach Harold C. Schonberg: Die großen Dirigenten, Bern/München/Wien 1967, S. 193 (Schonberg 1967)
47 Gustav Mahler an Alma Mahler, Brief vom September 1905, zit. nach: Ein Glück ohne Ruh'! Die Briefe Gustav Mahlers an Alma, hrsg. von Henry Louis de La Grange und Günther Weiß, Berlin 1995, S. 262 (La Grange 1995)
48 Alma Mahler-Werfel: Mein Leben, Frankfurt/M. 1960, S. 34 (Mahler-Werfel 1960)
49 La Grange 1995, S. 120
50 Zit. nach Oliver Hilmes: Witwe im Wahn – das Leben der Alma Mahler-Werfel, Berlin 2004, S. 85 (Hilmes 2004)
51 Vgl. S. 27
52 Zit. nach Alphons Silbermann: Lübbes Mahler-Lexikon, Bergisch Gladbach 1986, S. 242 (Silbermann 1986)
53 Silbermann 1986, S. 242
54 Eugenio von Pirani in: Neue Zeitschrift für Musik, 5.2.1896 (Pirani 1896)
55 1951: Wiener Symphoniker; 1951: Concertgebouworchest; 1961: London Philharmonia Orchestra; 1965: Symphonie-Orchester des Bayerischen Rundfunks: 1971; New Philharmonia Orchestra London
56 Otto Klemperer: Meine Erinnerungen an Gustav Mahler, Freiburg i.Br./Zürich 1960 (Klemperer 1960)
57 Vgl. Hilmes 2004, S. 84: »Bruno Walter ist da. Er läßt ihn in seine Seele schauen. Ich ging aus dem Zimmer. Walter, all die Menschen, alles ist mir fremd.« (Tagebucheintragung von Alma Mahler, September 1904)
58 Bruno Walter: Thema und Variationen – Erinnerungen und Gedanken, Stockholm 1947, S. 20 (Walter 1947)
59 Vgl. Gustav Mahler: Briefe, hrsg. von Herta Blaukopf, Wien 1982 (Mahler 1982)
60 Walter 1947, S. 214
61 Gottfried Reinhardt: Der Liebhaber. Erinnerungen an Max Reinhardt, München/Zürich 1973, S. 245 (Reinhardt 1973)
62 Zit. nach: Chronik 1903, Dortmund 1989, S. 47
63 Tilla Durieux: Meine ersten neunzig Jahre, München/Berlin 1971, S. 65 f.
64 Heyworth 1973, S. 38
65 Zit. nach Grete Wehmeyer: Höllengalopp und Götterdämmerung. Lachkultur bei Jacques Offenbach und Richard Wagner, Köln 1997, S. 105 (Wehmeyer 1997)
66 Ebda., S. 10
67 Francisque Sarcey in: Quarante Ans de Théatre, Bd. VI, Paris 1901, S. 23

68 Heyworth I 1988, S. 39
69 Vgl. dazu Lotte Klemperer an Soma Morgenstern, Zürich, 19.10.1973, Deutsches Exilarchiv, Frankfurt/M.: »Nun habe ich eine Frage: Du warst doch viel mit Alma Mahler zusammen. Hat sie Dir mal ein Manuskript eines Klavierauszugs für zwei Hände von Mahlers 2ter Sinfonie gezeigt? Und erwähnt, wer ihn gemacht hat? Diesen als ihren Besitz oder geliehen gezeigt? War er Bleistift oder Tinte? Könntest Du ihn wiedererkennen? – Solltest Du zu all diesen Fragen eine Antwort haben, dann wäre ich sehr dankbar.... Worum es sich handelt, erkläre ich Dir dann mündlich.«
70 Klemperer 1960, S. 7 ff.

3 »Eine tief schmerzliche Verstimmung...«

1 Mathilde Freud an Eugen Pachmayr, Brief vom 11.3.1907, zit. nach Günter Gödde: Mathilde Freud – die älteste Tochter Sigmund Freuds in Briefen und Selbstzeugnissen, Gießen 2003, S. 319 (Gödde 2003)
2 Deutsche Zeitung vom 3.4.1907
3 Zit. nach Marcel Prawy: Gustav Mahler als Hofoperndirektor in Wien, mit Texten von Pierre Boulez und anderen, Stuttgart/Zürich 1976, S. 100 (Prawy 1976)
4 Grete Fischer: Dienstboten, Brecht und Andere – Zeitgenossen in Prag, Berlin, London, Olten/Freiburg i.Br. 1966, S. 102 (Fischer 1966)
5 Prager Tagblatt vom 5.9.1907
6 Max Brod: Streitbares Leben, 1884–1963, München/Berlin/Wien 1969, S. 122 f. (Brod 1969)
7 Gustav Mahler an Max Staegemann, Juni/Juli 1886, zit. nach Gustav Mahler, Briefe, hrsg. von Herta Blaukopf, Wien/Hamburg 1982, S. 50 (Mahler 1982)
8 Zit. nach Richard Rosenheim: Die Geschichte der deutschen Bühnen in Prag, 1883–1918, Prag 1938, S. 32 (Rosenheim 1938)
9 Zur Biographie Angelo Neumanns vgl. Rosenheim 1938
10 Gustav Mahler an Marie Mahler, Brief vom 6.10.1985, zit. nach Silbermann 1986, S. 200
11 Otto Klemperer an Ilse Fromm, Brief vom 25.8.1907, ohne Quellenangabe zitiert bei Heyworth I, S. 48
12 Prager Tagblatt vom 5.9.1907
13 Rosenheim 1938, S. 174
14 Prager Tagblatt vom 17.10.1907
15 Prager Tagblatt vom 24.10.1907
16 Prager Tagblatt vom 13. und 16.10.1907
17 Fischer 1966, S. 85
18 Ebda., S. 78 f.
19 Richard Batka im Prager Tagblatt vom 24.5.1908

20 Klemperer 1960, S. 10f.
21 Gustav Mahler an Bruno Walter, Brief von 1908, zit. o. D. bei Fischer/Mahler 2003, S. 680
22 Klemperer 1960, S. 11
23 Alma Mahler-Werfel: Erinnerungen an Gustav Mahler, hrsg. von Donald Mitchell, Frankfurt/M./Berlin 1971, S. 180f. (Mahler-Werfel 1971)
24 Martin Huerlimann an Otto Klemperer, Brief vom 14.7.1960, ZB Zürich
25 Heinz Schott/Rainer Tölle: Geschichte der Psychiatrie. Krankheitslehren, Irrwege, Behandlungsformen, München 2006, S. 334, 414ff., 447 (Schott/Tölle 2006)
26 Sigmund Freud: Trauer und Melancholie, = Gesammelte Werke Bd. 10 (1917e), S. 429 (Freud 1917e)
27 Nicht »Annie« oder »Anny« von Mendelssohn, wie bei Heyworth I angegeben. Es handelte sich um Anja von Mendelssohn, die 1890 geborene Tochter des Dorpater Altphilologen und Sanskrit-Forschers Ludwig von Mendelssohn. Sie war Schwester des Kunstschmiedes Georg von Mendelssohn und Tante des Schriftstellers Peter de Mendelssohn. Anja von Mendelssohn veröffentlichte 1913 ihren ersten Roman »Maja«. Später wurde sie als Schülerin und Mitarbeiterin von C. G. Jung vor allem durch Arbeiten zur Graphologie und Traumforschung bekannt, teilweise unter dem Namen »Ania Teillard«. Walter Benjamin und Gershom Scholem hielten große Stücke auf ihre Standardwerke »Der Mensch in der Handschrift« (Leipzig 1928) und »Schrift und Seele: Wege in das Unbewußte« (Leipzig 1933). 1928 schrieb sie eine schockierende Untersuchung über die Handschrift Sigmund Freuds, die 1950 in der Zeitschrift »Psyche« (IV. Jg., Heft 4) veröffentlicht wurde.
28 Abschrift des Textes und der Musikhandschrift in der LOC/OKC
29 Prager Tagblatt vom 24.10.1907
30 Prager Tagblatt vom 7.10.1908
31 Prager Tagblatt vom 11.10.1908
32 Pfitzner ist seit Herbst 1908 Konservatoriums- und Konzertdirektor in Straßburg.
33 Otto Klemperer an Hans Pfitzner, Brief vom 3.12.1908, ohne Quelle zitiert bei Heyworth I, S. 55; das Original des Briefes befindet sich im Pfitzner-Nachlass in der Österreichischen Nationalbibliothek Wien (im Folgenden abgekürzt als ÖNB).
34 Otto Klemperer an Hans Pfitzner, Brief vom 29.1.1909, ohne Quelle zitiert bei Heyworth I, S. 55. Original des Briefes im Pfitzner-Nachlass der ÖNB
35 Prager Tagblatt vom 13.2.1909
36 Otto Klemperer an Hans Pfitzner, Brief vom 22.3.1909, ohne Quellenangabe zitiert bei Heyworth I, S. 57. Original des Briefes im Pfitzner-Nachlass, ÖNB

37 Otto Klemperer an Hans Pfitzner, Brief vom 15.2.1909, ÖNB
38 Bohemia, 14.6.1909
39 1898 war seine Dissertation, ein Beitrag über die Philosophie Spinozas, erschienen, 1904 folgte ein Standardwerk über die »Religionsanschauungen der Pharisäer« (Berlin), 1907 »Studien zur Geschichte des jüdischen Gottesdienstes« (Berlin). Auf spätere Schriften Ismar Elbogens wird in diesem Buch noch öfter hingewiesen.
40 Ismar Elbogen: Lehranstalt für die Wissenschaft des Judentums, Berlin 1907 (Elbogen 1907)
41 Elbogen 1907, S. 1 ff.
42 Ismar Elbogen: Die Geschichte der Juden in Deutschland, Frankfurt/M. 1966 (Originalausgabe: Berlin 1935), S. 251 ff. (Elbogen 1966)
43 In seinem Werk »Die Grundlagen des 19. Jahrhunderts«
44 Elbogen 1966, S. 257 ff.
45 Näheres dazu in den Ismar-Elbogen-Papers im Jüdischen Museum Berlin
46 Zu Loewenberg und seiner Schule siehe: Bernd Wacker, Winfried Kempf: Jakob Loewenberg 1856–1929, Erinnerungen an sein Leben und Werk, Salzkotten 1992 (Wacker/Kempf 1992); Ernst L. Loewenberg: Jakob Loewenberg – Lebensbild eines deutschen Juden, in: Jahrbuch für jüdische Geschichte und Literatur, Berlin 1931 (Loewenberg 1931); Helga Krohn: Die Juden in Hamburg 1848–1918, Hamburg 1974 (Krohn 1974); Reiner Lehberger: Die höhere Mädchenschule Dr. Jakob Loewenberg, in: Die Joseph-Carlebach-Konferenzen, hrsg. von Miriam Gillis-Carlebach und Wolfgang Grünberg, Hamburg 1995 (Lehberger 1995)
47 Ein umfangreicher Briefwechsel zwischen Loewenberg und Liliencron befindet sich in der Universitätsbibliothek Hamburg.
48 Loewenberg 1931, S. 141
49 Jakob Loewenberg: Lieder eines Semiten, Hamburg 1892, S. 1 (Loewenberg 1892)
50 Ohne Quelle und Datum zitiert bei Heyworth I, S. 58
51 Otto Klemperer an Ferruccio Busoni, Brief vom 31.8.1909, Deutsche Staatsbibliothek Berlin, Musikabteilung (im Folgenden abgekürzt als DSBM); aus einem weiteren Brief Klemperers an Busoni vom 23.9.1909 geht hervor, dass Busoni ihm eine »überaus freundliche Depesche« geschickt hat. Zu einer Uraufführung der Oper in Prag ist es jedoch nicht gekommen.
52 Ida Klemperer an Regina Elbogen, Brief vom 21.11.1909, ohne Quelle zitiert bei Heyworth I, S. 60
53 Ebda.
54 Prager Tagblatt vom 16.10.1909
55 Vom 21. 10. 1909
56 Paul Ottenheimer, 1873–1951, Komponist von Liedern, Balladen, Chö-

ren und Operetten. Durch das »Lexikon der Juden in der Musik« denunziert, kam er 1943 nach Theresienstadt, überlebte aber den Holocaust.

4 Wie das Fliegen im Traum

1 Heyworth 1974, S. 88 f.
2 Georg Klemperer: Grundriss der klinischen Diagnostik, Berlin 1909, S. 32 (Klemperer 1909)
3 Otto Klemperer an Mimi Pfitzner, Brief vom 9.6.1910, ÖNB Wien. Ob Mimi Pfitzner, die gerade ihr viertes Kind erwartete und kurz vor der zeitweiligen Trennung von ihrem Mann stand, auf diesen Brief reagiert hat, ist nicht bekannt. Wahrscheinlich nicht, denn zwei Monate später schrieb Otto Klemperer einen fast gleichlautenden Brief an Pfitzners Jugendfreund und Mäzen, den Cellisten Paul Cossmann (Otto Klemperer an Paul Cossmann, Brief vom 12. 8. 1910, ÖNB Wien)
4 Zit. nach Fischer 2003, S. 809
5 Klemperer 1960, S. 11
6 Ludwig Binswanger: Melancholie und Manie. Phänomenologische Studien, Pfullingen 1960, S. 83 f. (Binswanger 1960). Für die zahlreichen Literaturhinweise zur bipolaren Störung danke ich Herrn Dr. Heinrich Deserno vom Sigmund-Freud-Institut in Frankfurt/M.
7 Alfred Kraus: Sozialverhalten und Psychose Manisch-Depressiver, Stuttgart 1977, S. 51 (Kraus 1977)
8 Binswanger 1960, S. 131
9 Interview mit Lotte Klemperer zit. bei Heyworth I, S. 165
10 Heyworth 1974, S. 89
11 Rudolf Louis, in: Die deutsche Musik der Gegenwart, zit. nach Fischer 2000, S. 134
12 Paul Ehlers über die 8. Symphonie in: Allgemeine Musikalische Zeitung vom 16. 9. 1910
13 Robert Müller-Hartmann in der Zeitschrift »Theater«, Jg. I, 1910/11, S. 139
14 Lotte Lehmann: Anfang und Aufstieg. Lebenserinnerungen, Wien/Leipzig/Zürich 1937, S. 104 f. (Lehmann 1937)
15 Otto Klemperer im Interview mit Gaussmann, 17.12.1967, ZB Zürich
16 Gustav Brecher: Opern-Übersetzungen, Leipzig 1911 (Brecher 1911)
17 Vgl. S. 71
18 Otto Klemperer an Oskar Fried, undatierter Brief von 1911, bei Heyworth I, S. 69, ohne Quellenangabe zitiert.
19 Lehmann 1937, S. 95
20 Lehmann 1937, S. 117 f.
21 Ferdinand Pfohl in den »Hamburger Nachrichten« vom 5.9.1910
22 Heinrich Chevalley im »Hamburger Fremdenblatt« vom 5.9.1910

23 Ebda.
24 Lehmann 1937, S. 108
25 Heyworth 1974, S. 60
26 Heyworth 1974, S. 61
27 Ebda.
28 Ein großer Teil davon ist zusammengefasst in: Oskar Kohnstamm: Erscheinungsformen der Seele, München 1927 (Kohnstamm 1927)
29 Oskar Kohnstamm: Kunst als Ausdruckstätigkeit, München 1907 (Kohnstamm 1907)
30 Kohnstamm 1993, S. 13
31 Eine umfassende Studie über das Sanatorium Kohnstamm steht leider noch aus. Ich danke an dieser Stelle Frau Beate Großmann-Hofmann vom Stadtarchiv Königstein für freundliche Auskünfte und Überlassung eines Vortragsmanuskripts vom November 2008.
32 Kohnstamm 1993, S. 36
33 Zur Davos-Perspektive s. Christian Virchow: Medizinhistorisches um den »Zauberberg«, Augsburg 1995
34 Kohnstamm 1993, S. 15
35 Ebda., S. 14
36 Zit. nach dem Vortragsmanuskript von Beate Großmann-Hofmann
37 Die er später unter dem Titel »Das Ziel« weiter bearbeitete
38 Kohnstamm 1993, S. 17
39 Gerdt von Bassewitz: Peterchens Mondfahrt. Ein Märchen. Mit Bildern von Hans Baluschek, Berlin 1918

5 Väter, Mütter und der liebe Gott

1 Zu Mahlers Lektüre und Bibliothek (die nach 1938 von den Nazis geplündert wurde) s. Fischer 2003, S. 167
2 Ebda., S. 178
3 Heyworth I, S. 75
4 Heyworth 1974, S. 89
5 Sigmund Freud: Zwangshandlungen und Religionsübungen (1907 b), GW Bd. 7, S. 21 (Freud 1907)
6 Sigmund Freud: Eine Kindheitserinnerung des Leonardo da Vinci (1910 c), GW 8, S. 195 (Freud 1910)
7 Heyworth 1974, S. 89
8 Der Aufsatz ist zwar bei Klemperer 1990, S. 134 ff., abgedruckt, wurde aber von Klemperer selbst zunächst offenbar nicht zur Veröffentlichung vorgesehen. Das Original, das von der Druckfassung stellenweise abweicht, befindet sich in der LOC/OKC.
9 Klemperer 1960, S. 8
10 Otto Klemperer an Mimi Pfitzner, Brief vom Juli 1911, ÖNB Wien
11 Die Weltbühne 1911

12 Vgl. S. 49 f.
13 Heyworth I, S. 78
14 Vgl. dazu Antony Beaumont: Alexander Zemlinsky, Wien 2005, S. 280 (Beaumont 2005)
15 Klemperer 1993, S. 94
16 Heyworth 1974, S. 136; Klemperer 1993, S. 94
17 Heyworth 1974, S. 67 f.
18 Klemperer 1993, S. 91
19 Heyworth 1974, S. 65
20 Ebda., S. 79
21 Klemperer hat bis zu seinem Tod daran festgehalten, den Komparativ mit »wie« statt mit »als« zu bilden, eine grammatikalische Unsitte, die er sich auch trotz anspruchsvoller Lektüre nicht abgewöhnte.
22 Welche Kompositionen damit genau gemeint sind, steht nicht fest. Auch Heyworth macht keine Angaben dazu. Möglicherweise die »Empfindungen beim Wiedersehen mit einer vielgeliebten Stadt«, womit Hamburg gemeint ist, die er im Sanatorium Kohnstamm geschrieben und im Sommer 1911 instrumentiert hat (Autograph in: LOC/OKC 103/2), möglicherweise auch die Titel »Morgenlied« (LOC/OKC 13/1) und »Der Musensohn« (LOC/OKC 13/2), die beide orchestriert, aber undatiert sind.
23 Otto Klemperer an seine Eltern, undatiert, ohne Quelle zitiert bei Heyworth I, S. 79 f.
24 Richard Strauss an Max von Schillings, Brief vom 17.12.1911, zit. nach Heyworth I, S. 80
25 Harold Byrnes zu Philo Bregstein, Bregstein 1972 (LOC/OKC)
26 S. dazu z. B. Paul Kammerer: Das Rätsel der Vererbung, Berlin 1925 (Kammerer 1925)
27 Otto Klemperer an seine Eltern, ohne Datum und Quelle zitiert bei Heyworth I, S. 80 f.
28 Prager Tagblatt vom 13. 1. 1912
29 Sie werden als »Lieder für Singstimme und Klavier« erst 1915 bei Schott erscheinen.
30 Prager Tagblatt vom 13.1.1912
31 Prager Tagblatt vom 21.1.1912
32 Ebda.
33 Vgl. Heyworth I 1988, S. 84
34 Am 8.2.1912
35 Nathan Klemperer an Regina Elbogen, Brief vom 8.1.1912, ohne Quelle zitiert bei Heyworth I, S. 84
36 Arnold Schönberg an Ferruccio Busoni, Brief vom 13.8.1909, Deutsche Staatsbibliothek Berlin, Musikabteilung
37 Ferdinand Pfohl in den »Hamburger Nachrichten«, 9.2.1912
38 Otto Klemperer an Ilse Fromm, Brief vom 9.11.1912, Archiv Prof. Dr. Axel Michaels

39 Ferdinand Pfohl in den Hamburger Nachrichten vom 1.2.1912
40 Heinrich Chevalley im Hamburger Fremdenblatt vom 1.2.1912
41 Otto Klemperer an Alma Mahler, Brief vom 7.2.1912, Alma-Mahler-Werfel-Papers, University of Pennsylvania (AMWP/UP)
42 Ebda.
43 Prof. Dr. Robert Wollenberg
44 Beim von Bodanzky geleiteten Mahler-Festival
45 Sic!
46 Otto Klemperer an Alma Mahler, Brief vom 20.4.1912, ohne Quelle zitiert bei Heyworth I, S. 87/ Nach dem Original aus AMWP/UP ergänzt.
47 Otto Klemperer an Alma Mahler, undatierter Brief aus Mannheim (1912), AMWP/UP
48 Mahler-Werfel 1960, S. 53
49 Otto Klemperer: Skizze einer Autobiografie (1960), in: Otto Klemperer, Über Musik und Theater, Berlin 1982, S. 17 (Klemperer 1982)
50 Ebda., S. 54
51 Ebda., S. 74
52 Zit. nach Sabine Keil und Joy Puritz: Elisabeth Schumann, Querfurt 2008, S. 31 (Keil/Puritz 2008)
53 Keil/Puritz 2008, S. 36 ff.

6 Harlekin des Geschehens

1 Else Lasker-Schüler: Die Wupper, in: Werke und Briefe, Bd. 2, Frankfurt/M. 1997, S. 9 (Lasker-Schüler 1997)
2 Zit. nach Else Lasker-Schüler und Wuppertal, hrsg. von Wolfgang Springmann, Wuppertal 1965, S. 57 (Lasker-Schüler 1965)
3 Zum Musikleben in Barmen und Elberfeld vgl. Joachim Dorfmüller: Wuppertaler Musikgeschichte von den Anfängen des 8. Jahrhunderts bis zur Wiedereröffnung der Stadthalle 1995, Wuppertal 1995 (Dorfmüller 1995)
4 Heyworth I, S. 106
5 Vgl. Nora Eckert: Parsifal 1914, Hamburg 2003
6 Hugo Rasch in der Allgemeinen Musikzeitung, April 1915, S. 217
7 Irmgard La Nier-Kuhnt: Philosophie und Bühnenbild. Leben und Werk des Szenikers Hans Wildermann, Emsdetten 1970 (La Nier-Kuhnt 1970)
8 1.5.1914
9 Vom 16.3.1914
10 Otto Klemperer an Rudolf Cahn-Speyer, Brief vom 16.5.1914, ÖNB Wien
11 Walter Abendroth: Hans Pfitzner, München 1935, S. 199 (Abendroth 1935)
12 Ebda., S. 117

13 René Schickele aus neuer Sicht. Beiträge zur deutsch-französischen Kultur, hrsg. von Adrien Finck u. a., Hildesheim 1991, S. 27 (Schickele 1991)
14 Tomi Ungerer: Es war einmal mein Vater, Zürich, 2003, S. 12 (Ungerer 2003)
15 Frankfurter Nachrichten vom 1.4.1914
16 Hans Pfitzner an Joseph Goebbels, zit. nach Hans Pfitzner, Briefe, hrsg. von Bernhard Adamy, Tutzing 1981 (Pfitzner 1981)
17 René Schickele: Werke in drei Bänden, Bd. III (Das ewige Elsass), Köln 1959, S. 590 (Schickele 1959)
18 Otto Flake: Es wird Abend, Bericht aus einem langen Leben, Frankfurt/M. 2005, S. 174 (Flake 2005)
19 Schickele 1991, S. 9
20 Flake 2005, S. 213
21 AMZ 1915, S. 7
22 Victor Klemperer: Der verlorene Haufen, in: Neuer deutscher Balladenschatz, Berlin 1906. – Dieser Text war im Frühjahr 1907 von der Berliner Zeitschrift »Die Woche« zusammen mit einigen anderen abgedruckt und im Rahmen eines Kompositionswettbewerbs zur Vertonung vorgeschlagen worden. Schönberg und Zemlinsky beteiligten sich, gewannen aber keinen Preis. Beide Balladen sind (für Gesang und Klavier) in d-Moll geschrieben und, so Zemlinskys Biograph Antony Beaumont, »außergewöhnlich kühn und experimentell«. (Vgl. Antony Beaumont: Alexander Zemlinsky, Wien 2005, S. 381 f. – Beaumont 2005)
23 Heyworth I, S. 118
24 Max Hofmüller im Interview mit Philo Bregstein, LOC/OKC
25 Bürgerzeitung vom 12.1.1915
26 Allgemeine Musikzeitung 1915, S. 207
27 Heinrich Mann: Der Untertan, München 1968, S. 266 f. – Der Roman durfte erst 1918, nach Kriegsende, erscheinen.
28 Allgemeine Musikzeitung 1915, S. 4
29 Ebda., S. 15
30 Ebda., S. 111
31 Ebda., S. 29
32 Ebda., S. 427
33 Ebda., S. 149 f.
34 Zit. nach Heyworth I, S. 121
35 Max Hofmüller im Gespräch mit Philo Bregstein, LOC/OKC
36 Elli Sternberg an Else Nürnberg, Brief vom 15.7.1915, ohne Quelle zitiert bei Heyworth I, 124 f.
37 Thea Sternheim: Tagebücher 1905–1927, hrsg. von Bernhard Zeller, Mainz 1997, S. 168 f. (Sternheim 1997)
38 Sternheim 1997, S. 169
39 Ebda., S. 186

40 Heyworth I, S. 125
41 Peter Kohnstamm (vgl. S. 85) spricht von einer Oper »In dem Sanatorium«, an der Klemperer während seines ersten Aufenthaltes gearbeitet habe. In der Oper »Das Ziel« (Skizzen, Orchestermaterial und Klavierauszüge in der ZB Zürich und in LOC/OKC) kommt ein mit »Das Sanatorium« überschriebener Akt vor. Klemperer hat bis kurz vor seinem Tod immer wieder an dieser Oper gearbeitet und vergeblich auf eine Aufführung gehofft. Laut Heyworth hatten Klemperers Vorstudien zu diesem Werk den Titel »Eros«. Er soll außerdem noch an einer Oper namens »Wehen« gearbeitet haben, von der aber keine Materialien mehr aufzufinden sind.
42 Otto Klemperer an Ludwig Strecker, Brief vom 9. 8. 1915, LOC/OKC
43 Am 19.4.1917
44 Das ist nicht ganz richtig. Klemperer hatte sich intensiv mit »Pierrot Lunaire« und den »5 Orchesterstücken« von Schönberg auseinandergesetzt. Vgl. S. 103
45 Max Hofmüller im Gespräch mit Philo Bregstein, LOC/OKC
46 Ludwig Strecker an Otto Klemperer, Brief vom 5.8.1915, LOC/OKC
47 Ludwig Strecker an Otto Klemperer, Brief vom 2.9.1915, LOC/OKC
48 Anzeige in der Allgemeinen Musikzeitung vom 15.10.1915
49 Die sie auf zwei Liederabenden vortragen wird
50 Otto Klemperer an Ludwig Strecker, Brief vom 17.9.1915, LOC/OKC
51 Auch Ernst Ludwig Kirchner wurde in Königstein damit behandelt.
52 Sternheim 1997, S. 167 (Eintragung vom 19.7.1915)
53 Ida Klemperer an Elli Sternberg, Brief vom 16.1.1916, ohne Quelle zitiert bei Heyworth I, S. 131
54 Elli Sternberg an Else Nürnberg, undatierter Brief (Sommer 1915), ohne Quelle zitiert bei Heyworth I, S. 124
55 Allgemeine Musikzeitung vom 14.1.1916
56 Die entscheidende Sitzung fand am 31.1.1916 statt.
57 Abendroth 1935, S. 207
58 Ernst Ludwig Kirchner: Dokumente, hrsg. von Karlheinz Gabler, Aschaffenburg 1980, S. 168 (Kirchner 1980)
59 Peter Zudeick: Der Hintern des Teufels. Ernst Bloch – Leben und Werk, Moos 1985, S. 66 (Zudeick 1985)
60 Ernst Bloch: Vom Geist der Utopie, Berlin 1918, S. 99 (Bloch 1918)
61 Kohnstamm 1927, S. 16 ff.
62 Heyworth I, S. 143
63 LOC/OKC, 108/1
64 Gustav Brecher an Richard Strauss, Brief vom 7. 1. 1916, zit. nach Claudia Valder-Knechtges: Provinztheater im Umbruch, 1916–1928, in: Oper in Köln. Von den Anfängen bis zur Gegenwart, hrsg. von Christoph Schwandt, Berlin 2007, S. 215 (Valder-Knechtges 2007)
65 Ebda., S. 219

66 Kölnische Zeitung, 7. 1. 1917
67 Kölner Tageblatt, 7. 1. 1917

7 »Deutsch-christlichen Geistes«

1 Kölnische Zeitung vom 2.12.1915
2 Lotte-Klemperer-Sammlung, ZB Zürich
3 Typoskript aus dem Jahr 1928 in LOC/OKC
4 Heyworth I, S. 140 und 142
5 Georg Simmel: Schriften zur Philosophie und Soziologie der Geschlechter, hrsg. von Heinz-Jürgen Dahme und Klaus Christian Köhnke, Frankfurt/M. 1985, S. 63 (Simmel 1985)
6 Lotte Klemperer: Die Personalakten der Johanna Geisler, Frankfurt/M. 1983, S. 12 (Klemperer 1983)
7 Ebda., S. 17
8 Lotte Klemperer (Klemperer 1983) nennt ihn aus Diskretionsgründen »Franz M.«; aus der Lotte-Klemperer-Sammlung in der Zentralbibliothek Zürich geht aber hervor, dass es sich um den später promovierten Juristen Carl Reinbach handelte, der 1925 seine Dissertation über »Die Entwicklung der Geldentwicklungsfrage« schrieb.
9 Carl Reinbach an Johanna Geisler, Brief vom 16.5.1915, Lotte-Klemperer-Sammlung, ZB Zürich.
10 Klemperer 1983, S. 31
11 Ebda., S. 37
12 Nicht »Martin R.«, wie ihn Lotte Klemperer aus Diskretionsgründen nennt.
13 Johanna Geisler an die Intendanz des Wiesbadener Hoftheaters, Brief vom 13.11.1909, Lotte-Klemperer-Sammlung, ZB Zürich
14 In der »Fledermaus« von Johann Strauss
15 Klemperer 1983, S. 94
16 Carl Reinbach an Johanna Geisler, Brief vom 16.5.1915, Lotte-Klemperer-Sammlung, ZB Zürich
17 Kölnische Zeitung vom 2.12.1915
18 AMZ vom 6.10.1916
19 Konrad Adenauer am 18.10.1917 vor der Stadtverordnetenversammlung. Zitiert nach: Günther Schulz (Hrsg.): Konrad Adenauer 1917–1933. Dokumente aus den Kölner Jahren, Köln 2007, S. 66
20 Zit. nach Thomas Synofzik: Das Große Haus am Ring (1902–1915), in: Oper in Köln. Von den Anfängen bis zur Gegenwart, hrsg. von Christoph Schwandt, Berlin 2007, S. 175 ff. (Synofzik 2007)
21 Rheinische Zeitung vom 27. 6. 1917
22 Karlheinz Weber: Vom Spielmann zum städtischen Kammermusiker: Zur Geschichte des Kölner Gürzenich-Orchesters, Bd. 1, Kassel/Berlin 2009, S. 690 (Weber 2009)

23 Rheinische Musik- und Theaterzeitung 1919, S. 267
24 Felix Dahn: Allerhand Durcheinand, Köln 1931, S. 37 (Dahn 1931)
25 Valder-Knechtges 2007, S. 221
26 Rezensionen zitiert nach der Kritikensammlung in der ZB Zürich (Lotte Klemperer-Sammlung), wo sie z.t. ohne genaues Datum zusammengestellt sind
27 Dahn 1931, S. 38
28 Alle Angaben nach Unterlagen in der ZB Zürich (Lotte-Klemperer-Sammlung)
29 Kölner Tageblatt vom 27.5.1918 über »Hoffmanns Erzählungen« von J. Offenbach mit Johanna Geisler als Puppe Olympia
30 Otto Klemperer an Ferruccio Busoni, Briefe vom 2.5. und 11.5.1917, DSBM
31 Hans Pfitzner: Futuristengefahr – bei Gelegenheit von Busonis Ästhetik, Leipzig/München 1917 (Pfitzner 1917)
32 Dieses Zitat ist Nietzsches Buch »Jenseits von Gut und Böse« entnommen.
33 Pfitzner 1917, S. 118
34 Ferruccio Busoni: Wesen und Einheit der Musik, Zürich 1917, Bd. II: Von der Zukunft der Musik, S. 32 (Busoni 1917)
35 Paul Bekker: Kritische Zeitbilder, Berlin 1921, S. 265 (Bekker 1921)
36 Vgl. Ermen 1996, S. 52
37 Otto Klemperer an Ferruccio Busoni, Brief vom 11.6.1917, DSBM
38 Rheinische Musik- und Theaterzeitung 1918, S. 5
39 Otto Klemperer an Ewald Dülberg, Brief vom 11.5.1918, ohne Quelle zitiert bei Heyworth I, S. 148
40 Otto Klemperer an Ferruccio Busoni, Brief vom 21.11.1918, DSBM
41 Vgl. Heyworth I, S. 154 und Rheinische Musik- und Theaterzeitung 1922, S. 322
42 Heyworth I, S. 146
43 Brod 1969, S. 270 ff.
44 Heyworth 1973, S. 75
45 Zit. nach: Chronik 1918, Dortmund 1987, S. 162
46 Artur Schnabel: Aus dir wird nie ein Pianist! Hofheim 1991, S. 99 f. (Schnabel 1991)
47 Rheinische Musik- und Theaterzeitung 1918, S. 295
48 Otto Klemperer an den Musikverlag Schott, Brief vom 21.11.1918, LOC/OKC
49 Zit. nach Richard van Emden: Die Briten am Rhein, 1918–1926. Panorama einer fast vergessenen Besatzung, in: Geschichte in Köln, Heft 40, 1996, S. 39 ff. (van Emden 1996)
50 Richard Strauss an Otto Klemperer, Brief vom 28.12.1918, ÖNB
51 Heyworth erwähnt zwar verschiedentlich das Studium Marianne Klemperers, macht aber keine Angaben über das Fach.

52 Marianne Klemperer an Helene Asch-Rosenbaum, Brief vom 2.1.1919, ohne Quelle zitiert bei Heyworth I, S. 162 f.

8 »Ihr müsst lachen, Kinder!«

1 Otto Klemperer an Ferruccio Busoni, Brief vom 21.11.1918, DSBM
2 Heyworth I, S. 158
3 Rheinische Musik- und Theaterzeitung 1919, S. 39
4 Luise Straus-Ernst in ihren Erinnerungen, zit. nach Max Ernst in Köln. Die rheinische Kunstszene bis 1922, Köln 1980, hrsg. von Wulf Herzogenrath, S. 153 (Herzogenrath 1980)
5 Alle Angaben zu Karl Nierendorf stützen sich auf die 2000 in Berlin erschienene Dissertation von Anja Walter-Ris: Die Geschichte der Galerie Nierendorf (Walter-Ris 2000).
6 Walter-Ris 2000, S. 61 ff.
7 Zit. nach Walter-Ris 2000, S. 68
8 Rheinische Musik- und Theaterzeitung 1919, S. 252
9 Vom 20.2.1919
10 Hermann Unger in der Rheinischen Musik- und Theaterzeitung 1919, S. 302
11 Ebda.
12 Rheinische Zeitung vom 26.4.1919
13 Franz vom Duffesbach, Kölner Stadtanzeiger 4.5.1919 (Morgenausgabe)
14 Hans Mayer: Gelebte Musik, Erinnerungen. Frankfurt/M. 1999, S. 31 (Mayer 1999)
15 Artur Joseph: Meines Vaters Haus, Köln 1970, S. 90 (Joseph 1970)
16 Laut Eintrag Nr. 206 im Konversionsbuch des Erzbistums Köln für das Jahr 1919 wurde der Antrag auf Aufnahme in die katholische Kirche durch Kaplan Joseph Orth am 2. April 1919 eingereicht: frdl. Auskunft von Josef van Elten, Historisches Archiv des Erzbistums Köln. Die Angabe des Taufdatums »17.3.1919« von Heyworth ist daher falsch und zu korrigieren.
17 Mayer 1999, S. 32; Josef van Elten vom Erzbischöflichen Archiv sagt dagegen: »Grundsätzlich gilt, dass jede Konversion von einer zur anderen Religion ... an vorbildhafte Menschen gebunden ist. Ohne ein anregendes geistliches Vorbild gibt es wohl keinen Übertritt in die katholische Kirche.« (Brief an Nikolaus Wolters vom 4.2.2010)
18 Joseph 1970, S. 57 f.
19 Johannes Th. Baargeld: Macchab in Cöln, in: Der Ventilator, 1. Jg. (1919), Nr. 1/2
20 Jost Dülffer: Im Zeichen der Gewalt. Frieden und Krieg im 19. und 20. Jahrhundert, Köln/Weimar/Wien 2003, S. 142 (Dülffer 2003)
21 Max Scheler: Vom Ewigen im Menschen, Leipzig 1923, S. 191 (Scheler 1923)

22 Heyworth I, S. 163
23 Scheler sah den Ersten Weltkrieg als ein Gottesgericht über Engländer und Franzosen an und sprach den Deutschen ein »höheres Recht« auf diesen Krieg zu, den er als das erhabenste Ereignis seit der Französischen Revolution bezeichnete. Er glaubte, dass sich das Problem des Kapitalismus mit dem Aussterben des deutschen Judentums erledigen würde. Später distanzierte er sich von einigen dieser Aussagen, für die er von Martin Buber, Max Brod, Franz Werfel und Alfred Döblin scharf angegriffen wurde.
24 Hermann Unger schreibt 1941 in einem historischen Abriss über die Kölner Oper, »das Judentum« habe »die Macht über dieses für die künstlerische Volkserziehung so wichtige Institut« ergriffen. Auf den von den Musikern abgelehnten »Ausdrucksdirigenten« Gustav Brecher sei 1917 der »Jude(n) und Edelkommunist(en) Otto Klemperer« gefolgt. (Zit. nach: Die Moderne im Rheinland, hrsg. von Dieter Breuer, Köln 1994, S. 231)
25 Otto Klemperer im Gespräch mit Philo Bregstein
26 Ordensname: Ildefons Herwegen
27 Otto Klemperer an Ferruccio Busoni, Brief vom 15.4.1919, DSBM
28 Der heilige Benedikt, Düsseldorf 1917
29 Taufe und Firmung nach dem römischen Missale, Bonn 1920
30 Paderborn 1916
31 Mönchengladbach 1920
32 Otto Klemperer an Ferruccio Busoni, Brief vom 15.4.1919, DSBM
33 Heyworth I, S. 165
34 Otto Klemperer an Ferruccio Busoni, Brief vom 15.4.1919, DSBM
35 Marianne Klemperer an Helene Asch-Rosenbaum, Brief vom 20.6.1919, ohne Quelle zitiert bei Heyworth I, S. 167
36 Mayer 1999, S. 32 f.
37 Johanna Klemperer an Nathan Klemperer, Brief vom 5.7.1919, ZB Zürich
38 Marianne Klemperer an Regina Elbogen, Brief vom 15.12.1919, ZB Zürich
39 Rheinische Musik- und Theaterzeitung 1919, S. 127
40 Es war mir nicht möglich, Otto Klemperers Brief an Pfitzner zu finden.
41 Hans Pfitzner an Otto Klemperer, Brief vom 31.5.1919, Stadtbibliothek München, Monacensia (im Folgenden abgekürzt als STMM)
42 Bekker 1921, S. 281
43 Zit. nach Paul Bekker-Franz Schreker: Briefwechsel, hrsg. von Christopher Hailey, Aachen 1994, S. 282 (Bekker-Schreker 1994)
44 Klemperer hat Heyworth (Heyworth 1973, S. 79) berichtet, dieser Freund sei Max Scheler gewesen, was aber vermutlich eine falsche Erinnerung war, da Scheler in seinen jüngeren Schriften eine vehemente Kampagne gegen die französische Kultur und »Eitelkeit« geführt hatte.

Vermutlich war es der Romanist Ernst Robert Curtius, der das Gedicht vorgetragen hat.
45 Heyworth 1972, S. 79 f.
46 Hans Pfitzner an Fritz Rémond, Brief vom 18.5.1920, ohne Quelle zitiert bei Heyworth I, S. 179
47 Otto Klemperer an Hans Pfitzner, Brief vom 7.11.1920, ÖNB
48 Paul Bekker an Franz Schreker, Brief vom 4.11.1921, zit. nach Bekker-Schreker 1994, S. 157
49 Hans Pfitzner: Die neue Ästhetik der musikalischen Impotenz: Ein Verwesungssymptom? München 1920 (Pfitzner 1920)
50 Jens Malte Fischer: Hans Pfitzner und die Zeitgeschichte. Ein Künstler zwischen Verbitterung und Antisemitismus, in: NZZ, 5.1.2002 (Fischer 2002)
51 »Geseires« ist ein jiddisches Wort für einen schlimmen Zustand, eine Plage, einen Missstand.
52 Pfitzner 1920, S. 229 ff.
53 Bekker 1921, S. 311 ff.
54 Otto Klemperer an Ferruccio Busoni, zwei undatierte Briefe vom August 1920, DSBM
55 Otto Klemperer an Ferruccio Busoni, Brief vom 15.9.1920, DSBM
56 Rheinische Musik- und Theaterzeitung 1921, S. 91

9 *Missa sacra und Faschistenhymne*

1   Otto Klemperer an Arnold Schönberg, Brief vom 29.9.1920, Arnold-Schönberg-Center Wien (im Folgenden abgekürzt als: ASC Wien)
2   Otto Klemperer an Arnold Schönberg, Brief vom 18.12.1919, ASC Wien
3   Brief vom 29.9.1920, s. Anm. 1
4   Otto Klemperer an Franz Schreker, Brief vom 24.11.1920, ÖNB
5   Mahler-Werfel 1960, S. 52
6   Franz Schreker an Paul Bekker, Brief vom 2.10.1921, in: Bekker-Schreker 1994, S. 153
7   Paul Bekker an Franz Schreker, Brief vom 4.11.1921, in: Bekker-Schreker 1994, S. 157
8   Vgl. S. 154
9   Ismar Elbogen an Regina Elbogen, undatierter Brief von 1922, JMB
10 Otto Klemperer an Johanna Klemperer, Brief vom 3.1.1923, ohne Quelle zitiert bei Heyworth I, S. 189
11 Kölnische Zeitung vom 12.12.1920
12 Urteile der Kölner Presse zit. nach Valder-Knechtges 2007, S. 235
13 Marianne Klemperer an Helene Asch-Rosenbaum, Brief vom 15.12.1920, ohne Quelle zitiert bei Heyworth I, S. 182
14 Gustav Brecher: Abschiedsbrief an das Kölner Publikum, Rheinische Musik- und Theaterzeitung 1917, S. 273

15 Wiener Neue Freie Presse, Abendblatt, 12.1.1921
16 Ebda.
17 Paul Dessau, Wilhelm (später William) Steinberg und Hermann Hans Wetzler
18 Otto Klemperer an Emil Hertzka, Brief vom 4.3.1921, LOC/OKC
19 Paul Dessau im Gespräch mit Philo Bregstein, LOC/OKC
20 Paul Dessau: Notizen zu Noten, Leipzig 1974, S. 34 (Dessau 1974)
21 Paul Dessau im Gespräch mit Philo Bregstein, LOC/OKC
22 Menschen. Zeitschrift Neuer Kunst. Zweites Sonderheft Junge Tonkunst, Nr. V–VI, Dresden 1921, S. 75–81
23 Paul Dessau 1894–1979, Dokumente zu Leben und Werk, hrsg. von Daniela Reinhold, Berlin 1995, S. 26 (Dessau/Reinhold 1995)
24 Ludwig Strecker an Otto Klemperer, Brief vom 20.6.1919, LOC/OKC
25 Otto Klemperer an Ludwig Strecker, Brief vom 7.11.1919, LOC/OKC
26 Ludwig Strecker an Otto Klemperer, Brief vom 31.10.1919, LOC/OKC
27 Otto Klemperer an Ludwig Strecker, Brief vom 19.6.1922, LOC/OKC
28 Rheinische Musik- und Theaterzeitung 1922, S. 351 f.
29 Kölnisches Volksblatt vom 17.6.1919
30 Anonyme Kritik in der Rheinischen Musik- und Theaterzeitung 1923, S. 55 f.
31 Heyworth I, S. 194
32 Adolf Weißmann und Max Marschalk, zit. nach Heyworth I, S. 186
33 Hermann Hans Wetzler an den Kölner Künstlerrat, Brief vom 21.10.1921, ZB Zürich
34 Hermann Hans Wetzler an Dr. Jean Meerfeld, Brief vom 11.1.1923, ZB Zürich
35 Hermann Hans Wetzler an Fritz Rémond, Brief vom 5.4.1923, ZB Zürich
36 Hermann Abendroth an Hermann Hans Wetzler, Briefe vom 11.7.1921 und 25.9.1923, ZB Zürich
37 Hermann Abendroth an Hermann Hans Wetzler, Brief vom 20.4.1921, ZB Zürich
38 Heyworth I, S. 194 f.
39 Dieses Konzert kommt nicht zustande.
40 Otto Klemperer an Ferruccio Busoni, Brief vom 15.9.1922, DSBM
41 Ferruccio Busoni an Otto Klemperer, Brief vom 18.9.1922, ohne Quelle zitiert bei Heyworth I, S. 197
42 Otto Klemperer an Johanna Klemperer, Brief vom 28.12.1922, ohne Quelle zitiert bei Heyworth I, S. 198
43 Otto Klemperer an Johanna Klemperer, Brief vom 3.1.1923, ohne Quelle zitiert bei Heyworth I, S. 199
44 Zit. nach Heyworth I, S. 211. Die Originalquelle – Historisches Archiv der Stadt Köln, Bestand 46/13/14, Nr. 106–108 – konnte leider nicht eingesehen werden, da dieser Bestand (Städtische Bühnen) am 3.3.2009 verschüttet worden ist.

45 Zit. nach Heyworth I, S. 211
46 Zit. nach Chronik 1923, Dortmund 1987, S. 147
47 AMZ, 23.12.1921
48 Rheinische Musik- und Theaterzeitung 1924, S. 51 f.
49 Wolfgang Stresemann: Und abends in die Philharmonie, München 1981, S. 92 ff. (Stresemann 1981)
50 Otto Klemperer an Konrad Adenauer, Brief vom 23.4.1924, Historisches Archiv der Stadt Köln, Bestand 902 (Konrad Adenauer) 103/1/ Nr. 489–491
51 Rheinische Musik- und Theaterzeitung 1924, S. 99
52 Konrad Adenauer an Otto Klemperer, Brief vom 19.5.1924, Historisches Archiv der Stadt Köln, Bestand Konrad Adenauer: 902/155/1, S. 925 f. Dieser Bestand liegt zum Glück als Mikrofilm vor und entging so – zumindest dem Inhalt nach – am 3.3.2009 der Verschüttung. In den bisherigen Publikationen über Klemperer und die Kölner Oper wird immer nur ein auf den gleichen Tag (19.5.1924) datierter wesentlich freundlicherer Brief Adenauers an Klemperer zitiert, in dem Lob und Bedauern überwiegen und die einzelnen »Verfehlungen« nicht aufgezählt sind. Auch dieser Brief ist im o.g. Bestand vorhanden. Welcher der beiden Briefe tatsächlich abgeschickt worden ist – möglicherweise sogar beide? –, ist nicht mehr auszumachen.

10 Neue Visionen

1 Johannes Th. Baargeld, in: Der Ventilator I, 1919, S. 6
2 Rheinische Zeitung vom 6.3.1919
3 Heinrich Lemacher in: Rheinische Volkswacht, 16.5.1924
4 Carl Hagemann: Bühne und Welt. Erlebnisse und Betrachtungen eines Theaterleiters, Wiesbaden 1948, S. 101 (Hagemann 1948)
5 Otto Klemperer an die Universal-Edition, Brief vom 25. 6. 1924, ÖNB
6 Vgl. S. 102 f.
7 Otto Klemperer an Hans Curjel, Brief vom 24.8.1924, DLA Marbach, Nachlass Curjel
8 Otto Klemperer an Franz Schreker, Brief vom 25.6.1924, ÖNB
9 Otto Klemperer an die Universal-Edition, Brief vom 13.8.1924, ÖNB
10 Vgl. S. 132
11 Otto Klemperer an Ferruccio Busoni, Brief vom 28.6.1924, DSBM
12 Otto Klemperer an Johanna Klemperer, Brief vom 29.7.1924, ohne Quelle zitiert bei Heyworth I, S. 242
13 Hagemann 1948, S. 171 f.
14 Ebda., S. 197 ff.
15 Vgl. S. 126 f.
16 Pult und Taktstock, Oktober 1924, zit. nach Heyworth I, S. 236
17 Hagemann 1948, S. 101 f.

18 Otto Klemperer an Artur Schnabel, Brief vom 25.8.1924, ADK Berlin
19 Zit. nach Ulrike Wolf: Leben und Wirken des Berliner Internisten Georg Klemperer, Berlin 2001, S. 103 (Wolf 2001)
20 Johannes R. Becher: 150 Millionen, zit. nach Fred K. Prieberg: Musik in der Sowjetunion, Köln 1965, S. 19 (Prieberg 1965)
21 Prieberg 1965, S. 38 ff.
22 Ebda., S. 52
23 Heyworth I, S. 248
24 Leo Trotzki: Mein Leben, Frankfurt/M. 1961, S. 481 (Trotzki 1961)
25 Heyworth I, S. 258
26 Ebda.
27 Heyworth I, S. 249
28 Das neue Rußland, Heft 7/8, 1925
29 Natalia Saz im Gespräch mit Philo Bregstein, LOC/OKC
30 Otto Klemperer an Johanna Klemperer, Brief vom 15.6.1925, ohne Quelle zitiert bei Heyworth I, S. 441
31 Ernst Krenek: Im Atem der Zeit. Erinnerungen an die Moderne. Hamburg 1998, S. 622 f. (Krenek 1998)
32 Nach einer Notiz von Lotte Klemperer in der ZB Zürich
33 The New Yorker, 26.2.1926
34 The World, 26.3.1926
35 Ebda.
36 Olin Downes in der New York Times, undatierter Zeitungsausschnitt von Januar 1926 (LOC/OKC)
37 Am 17.11.1925
38 Heyworth 1973, S. 95
39 Vgl. S. 60
40 Claudio Arrau: Leben mit der Musik, Bern 1984, S. 34 f. (Arrau 1984)
41 Leo Kestenberg: Bewegte Zeiten. Musisch-musikantische Lebenserinnerungen, Wolfenbüttel/Zürich 1961, S. 66 f. (Kestenberg 1961)

11 »Seine Sache ist richtig...«

1 Otto Klemperer im Interview mit Musical America, 19.2.1927
2 Otto Klemperer an die Universal-Edition, 14.4.1927, LOC/OKC
3 Ebda.
4 Universal-Edition an Otto Klemperer, Brief vom 20.4.1927, LOC/OKC
5 Otto Klemperer an Universal-Edition, Brief vom 25.7.1927, LOC/OKC
6 Ernst Josef Aufricht: Erzähle, damit du dein Recht erweist, Berlin 1966, S. 43 f.
7 Georg Loewenstein, Stadtarzt von Berlin Lichtenberg, zit. nach Christian Pross und Rolf Winau (Hrsg.): Nicht mißhandeln! Das Krankenhaus Moabit, Berlin 1984, S. 121 f. (Pross/Winau 1984)
8 Aufricht 1966, S. 43

9 Notiz von Hans Curjel, DLA Marbach
10 Josef Wolfsthal und Max Strub
11 Das äußerst komplizierte, heute kaum mehr zu durchschauende Krolloper-Konstrukt ist ausführlich dokumentiert bei Hans Curjel: Experiment Krolloper 1927–1931, aus dem Nachlass hrsg. von Eigel Kruttge, München 1975 (Curjel 1975).
12 Arthur Eloesser: Gewitter über der Volksbühne, in: Weltbühne XXII, 1927
13 Arthur Holitscher: Zur Krise der Volksbühne, in: Weltbühne XXIII, 1927
14 Hans Curjel: Erinnerungen zu Janáček, Typoskript im DLA Marbach, Nachlass Curjel
15 Max Strub im Gespräch mit Hans Curjel, Typoskript im DLA Marbach, Nachlass Curjel
16 Heyworth I, S. 294
17 Leopold Jessner: Das Theater. In: Die Szene, März 1928
18 Kestenberg 1961, S. 66
19 Paul Zschorlich: Deutsche Zeitung vom 21.11.1927
20 Adolf Weißmann: BZ am Mittag, 21.11.1927
21 Hanns Eisler: Die Rote Fahne vom 22.11.1927
22 Vgl. S. 124 f.
23 Karola Bloch: Aus meinem Leben, Pfullingen 1981, S. 52 (Bloch 1981)
24 Ernst Bloch: Blätter der Staatsoper, Novemberheft 1927
25 Hans Curjel: Mit Ernst Bloch, undatiertes Typoskript, DLA Marbach, Nachlass Curjel
26 Moje Forbach im Gespräch mit Hans Curjel, undatiertes Typoskript, DLA Marbach, Nachlass Curjel
27 Hanns Eisler in: Die Rote Fahne, 14.1.1928
28 S. dazu auch Curjel 1975, S. 33 f.
29 Beaumont 2000, S. 499 f.
30 Ebda., S. 500
31 Der Geburtstag der Infantin
32 Mahler-Werfel 1978, S. 24
33 Die Rote Fahne, 29.11.1927
34 Kleiber und Klemperer
35 Die Rote Fahne, 1.1.1928
36 Zit. nach Jonathan Carr: Der Wagner-Clan, Hamburg 2008, S. 224 f. (Carr 2008)
37 Otto Klemperer als Zeuge vor dem Untersuchungsausschuss des Preußischen Landtages in Sachen Krolloper, 1931 (3. Wahlperiode). Originalakte im Tietjen-Archiv, ADK Berlin
38 Marianne Klemperer hatte im Sommer 1922 den Kölner Chirurgen Helmuth Joseph geheiratet.
39 Vgl. Heyworth I, S. 299
40 Hans Curjel: Strawinsky in Berlin, in: Melos, Mai/Juni 1972 (Curjel 1972)

41 Ebda.
42 Ebda.
43 Igor Strawinsky: Leben und Werk – von ihm selbst, Zürich/Mainz 1957, S. 129 (Strawinsky 1957)
44 Adolf Weißmann in der BZ am Mittag vom 27.2.1928
45 Alfred Einstein im Berliner Tageblatt vom 27.2.1928
46 Vgl. Heyworth I, S. 302
47 Hans Curjel an Leo Kestenberg, Brief vom 8.4.1928, DLA Marbach, Nachlass Curjel

12 »Die Idee kann man nicht töten.«

1 Heinz Tietjen im Gespräch mit Hans Curjel, Typoskript, DLA Marbach, Nachlass Curjel
2 Universal-Edition an Otto Klemperer, Briefe vom 25.6.1928, 1.8.1928, 17.8.1928, 27.8.1928, 10.10.1928, 21.11.1928, alle LOC/OKC
3 Musikverlag Schott an Otto Klemperer, Brief vom 11.1.1928, LOC/OKC
4 Otto Klemperer an Josef Matthias Hauer, Brief vom 28.4.1928, ÖNB Wien
5 Otto Klemperer an Josef Matthias Hauer, Brief vom 2.8.1928, ÖNB Wien
6 Heinrich Strobel im Berliner Börsen-Courier vom 14.12.1928
7 Arnold Schönberg an Heinz Tietjen, Brief vom 6.4.1928, ASC Wien
8 Arnold Schönberg an Leo Kestenberg, Brief vom 18.6.1928, ASC Wien
9 Zit. nach Heyworth I, S. 330
10 Am 30.6.1928
11 Aus Schönbergs Tagebuch (7.3.1928), zit. nach Heyworth I, S. 329
12 Deutsche Zeitung vom 3.7.1928
13 Kurt Weill an die Universal-Edition, Brief vom 15.3.1928, in: Kurt Weill: Briefwechsel mit der Universal-Edition, hrsg. von Nils Grosch, Stuttgart/Weimar 2002, S. 116 (Weill 2002)
14 Kurt Weill an die Universal-Edition, Brief vom 20.3.1928, in: Weill 2002, S. 118
15 Kurt Weill an die Universal-Edition, Brief vom 5.5.1928, in: Weill 2002, S. 123
16 Kurt Weill an die Universal-Edition, Brief vom 10.9.1928, in: Weill 2002, S. 136
17 Ebda.
18 BZ am Mittag vom 12.10.1928
19 Dresdner Neueste Nachrichten, 23.10.1928
20 Franz Beidler im Gespräch mit Hans Curjel, WDR, 24.11.1962. Franz Beidler war der Sohn der ältesten Tochter von Cosima und Richard Wagner, Isolde von Bülow, die noch in Cosimas Ehe mit Bülow geboren worden war. Er wurde nie als legitimer Wagner-Enkel anerkannt und von der Bayreuther Erbfolge ausgeschlossen. Er war lange Zeit Mitar-

beiter Kestenbergs in Berlin und emigrierte nach der »Machtergreifung« nach Zürich.
21 Moje Forbach im Gespräch mit Hans Curjel, DLA Marbach, Nachlass Curjel
22 Moje Forbach im Gespräch mit Philo Bregstein, LOC/OKC
23 Vgl. Heyworth I, S. 318
24 Franz Beidler im Gespräch mit Hans Curjel, WDR, 24.11.1962
25 Hans Curjel im WDR, 24.11.1962
26 Der Tag, 16.1.1929
27 Bernhard Diebold in der »Frankfurter Zeitung« vom 18.1.1929
28 Zit. nach: »Der Montag Morgen« vom 19.2.1929
29 Ernst Legal an Otto Klemperer, Brief vom 19.1.1929, ADK Berlin
30 Akten in ADK, Tietjen-Archiv
31 Kurt Weill an die Universal-Edition, Brief vom 5.2.1929, zit. nach Weill 2002, S. 157
32 Kurt Weill im Berliner Börsen-Courier vom 19.2.1929
33 Ohne Quelle zitiert bei Heyworth I, S. 336
34 Kurt Weill an Emil Hertzka, Brief vom 13.7.1929, zit. nach Weill 2002, S. 171
35 Max Osborn in der Vossischen Zeitung vom 20.2.1930
36 Beaumont 2000, S. 504
37 Deutsche Zeitung vom 10.6.1930
38 Klaus Pringsheim: Berliner Opernsanierung, in: Weltbühne XXVI/II, 1930
39 Igor Strawinsky am 15.11.1930, nach einer Notiz von Hans Curjel, DLA Marbach
40 Acht-Uhr-Abendblatt vom 25.3.1931
41 Otto Klemperer: In eigener Sache, in: Berliner Tageblatt und Handelszeitung vom 27.1.1931
42 Am 25.1.1931
43 Hans Curjel im Gespräch mit Heinrich Strobel, Typoskript vom 11.2.1970, DLA Marbach, Nachlass Curjel
44 Otto Klemperer an Hans Curjel, Brief vom 13.8.1931, DLA Marbach, Nachlass Curjel
45 Teo Otto im Westdeutschen Rundfunk, 24.11.1962
46 Dr. Kurt Goldstein, Neurologe und Psychiater am Krankenhaus von Berlin-Moabit
47 Otto Klemperer im Westdeutschen Rundfunk, 24.11.1962

Das zweite Leben

1 Zit. nach Heyworth I, S. 465
2 Hans Curjel im Gespräch mit Philo Bregstein, LOC/OKC
3 Heinz Tietjen an Otto Klemperer, Brief vom 22.3.1933, ADK, Tietjen-Archiv

4 Otto Klemperer an Kapellmeister Oppenheim in Teplitz-Schönau (CSSR), Brief vom 27.11.1933, ADK Berlin
5 Lotte Klemperer im Gespräch mit Philo Bregstein, LOC/OKC
6 Arnold Schönberg an Otto Klemperer, Brief vom 8.11.1934, ASC Wien
7 Neue Zürcher Zeitung vom 29.1.1936
8 Otto Klemperer in: Der Wiener Tag, 21.10.1936
9 Otto Klemperer: Ansprache an den Verwaltungsrat des Philharmonischen Orchesters von Los Angeles, 31.7.1936, original Englisch, Typoskript LOC/OKC
10 Bericht von Dr. Georg Gyssling über Otto Klemperer, Typoskript vom 24.7.1937, LOC/OKC
11 Otto Klemperer an Lonny Epstein, Brief vom 20.6.1936, Deutsche Nationalbibliothek Frankfurt/M., Exilarchiv
12 Paul Dessau im Gespräch mit Philo Bregstein, LOC/OKC
13 Zit. nach Heyworth II, S. 100
14 Ausführliche Unterlagen über die Erkrankung Klemperers mit vielen Schreiben und Telegrammen von ihm selbst finden sich in dem Ordner »Hilborn and Hilborn« (Anwaltskanzlei, die Johanna Klemperer vertrat) in der LOC/OKC.
15 Hedwig Schacko
16 Die Materialien über Friedel Maria Schacko und ihre Beziehung zu Klemperer verdanke ich Frau Alexandra Kaufmann aus Berlin, die sie zufällig im Nachlass einer Verwandten fand und der ich an dieser Stelle noch einmal herzlich danken möchte.
17 William Steinberg, Klemperers ehemaliger Kölner Assistent
18 Gedicht von Johanna Klemperer, ZB Zürich
19 Wilhelm Furtwängler an Käthe Schröder-Aufrichtig, Brief vom 19.6.1953, ZB Zürich
20 Max Hofmüller im Gespräch mit Philo Bregstein, LOC/OKC
21 Regina Elbogen an Marianne Joseph, Brief vom 21.11.1956, ZB Zürich
22 Nadja Geer: Otto Klemperer – eine Biografie, in: Otto Klemperer = Die Zeit Klassik-Edition, Bd. 20, Hamburg o. J., S. 21
23 Lotte Klemperer im Gespräch mit Uwe Opolka, ZB Zürich
24 ZB Zürich
25 Oskar Kokoschka war Klemperer als Bühnenbildner für seine Zauberflöten-Produktion in London (1962) vorgeschlagen worden. Sie trafen sich am 12. Mai 1961 in Zürich. Klemperer eröffnete Kokoschka, dass er eigentlich lieber Picasso gehabt hätte und im Übrigen keins von seinen Werken kenne. Kokoschka fuhr verstört wieder zurück. Klemperer erklärte ihm später, dass eine Zusammenarbeit zwei so starker Kreativer nicht möglich sei. (Heyworth II, S. 296)
26 Deutsche Nationalbibliothek Frankfurt/M., Exilarchiv
27 ADK Berlin
28 ADK Berlin

29 Ein 1933 begonnenes Oratorium, das er 1960 in Zürich überarbeitete. Kopien und Original in der LOC
30 Dieser Brief wurde mir von den Erben von Ilse Fromm-Michaels (Prof. Dr. Axel Michaels) zur Verfügung gestellt, denen ich herzlich danke.
31 LOC/OKC
32 ADK Berlin

Zeitzeugen über Otto Klemperer

1 Ernst Krenek: Im Atem der Zeit, Erinnerungen an die Moderne, Hamburg 1998, S. 904 ff.
2 Internationale Gesellschaft für Neue Musik
3 Nicht belegte Behauptung Kreneks
4 Op. 21
5 Zit. nach Nuria Nono-Schönberg: Arnold Schönberg 1874–1951. Lebensgeschichte in Begegnungen, Klagenfurt 1992, S. 327
6 Von Arnold Schönberg (EW)
7 Monika Mann: Das fahrende Haus. Aus dem Leben einer Weltbürgerin, Reinbek 2007, S. 50
8 Victor Klemperer: Ich will Zeugnis ablegen bis zum letzten, Tagebücher 1933–1945, Band I, Berlin 1995, S. 582
9 ASC Wien
10 Tagebücher Bd. II, S. 130
11 Zit. nach Nuria Nono-Schönberg, a. a. O., S. 389
12 Victor Klemperer: So sitze ich denn zwischen allen Stühlen. Tagebücher 1945–1959, 2 Bände, hrsg. von Walter Nowojski und Christian Löser, Berlin 1999, Bd. 1, S. 259
13 Victor Klemperer: So sitze ich denn…, Bd. 1, S. 589
14 Victor Klemperers erste Frau, die Pianistin und Komponistin war.
15 Victor Klemperer: So sitze ich denn…, Bd. 1, S. 600
16 LOC/OKC. Lotte Klemperer hat nach dem Tod ihres Vaters mit Hilfe der Anwaltskanzlei Baxter in New York viele Versuche unternommen, Einblick in die FBI-Akten über die Familie Klemperer zu erhalten. Die Anwälte rieten ihr jedoch von der Sinnlosigkeit dieses Unterfangens ab, das sie nur Zeit, Nerven und Geld koste. Bei den wenigen Unterlagen, die der Kanzlei Baxter vom FBI übermittelt wurden, befand sich dieser ins Englische übersetzte Ausschnitt aus einer ungarischen Zeitung mit Aussagen Klemperers über seine politische Einstellung. Solche und ähnliche Aussagen führten wohl u. a. dazu, dass der FBI Klemperer für einen Kommunisten hielt und ihm Schwierigkeiten bei der Verlängerung seines Passes machte.
17 DLA Marbach, Nachlass Curjel. Der Mathematiker Caspar Curjel ist der Sohn von Klemperers ehemaligem Dramaturgen Hans Curjel.
18 ADK Berlin

19 Dieser Satz ist besonders bemerkenswert, da es dem Sachbearbeiter bekannt gewesen sein dürfte, dass 1933 alle Juden aus öffentlichen Ämtern entlassen wurden.
20 ZB Zürich. Gerhart von Westermann war Intendant der Berliner Festspiele und des Berliner Philharmonischen Orchesters.
21 Der Regisseur und Intendant Boleslaw Barlog
22 ADK Berlin
23 Komische Oper in Ostberlin, wo Friedelind Wagner öfter assistierte und hospitierte
24 Deutsche Nationalbibliothek Frankurt/M., Exilarchiv
25 ADK Berlin
26 In Covent Garden
27 ADK Berlin; Georg Eisler (1928–1998), Maler, Grafiker und Bühnenbildner, war der Sohn von Hanns und Charlotte Eisler. Er entwarf 1961 Bühnenbild und Kostüme für Klemperers »Zauberflöte« in Covent Garden.
28 Otto Klemperer zum 80. Geburtstag, Ausschnitt aus einem Manuskript für den Westdeutschen Rundfunk, 14.5.1965, DLA Marbach, Nachlass Curjel
29 Ebda.
30 Ernst Bloch an Otto Klemperer, zit. nach Ernst Bloch: Briefe 1903–1975, hrsg. von Karola Bloch u. a., Frankfurt/M. 1985, Bd. II, S. 722
31 ADK Berlin. Ob dieser »offene Brief« (so die Überschrift) tatsächlich jemals irgendwo veröffentlicht worden ist, ist zu bezweifeln, da der Kontakt zwischen Klemperer und Dessau in der Folgezeit wieder ungetrübt herzlich war. Wenn überhaupt, muss er in einer DDR-Zeitung erschienen sein, die Klemperer nicht zu Gesicht bekam. Zwischen Klemperer und Dessau hatte sich in den Jahren 1967–1969, im Umfeld des Sechstagekrieges und Klemperers Re-Konversion zum Judentum, eine zum Teil recht scharfe Kontroverse (s. dazu auch das Kapitel »Coda« dieses Buches) entwickelt. Dessau, dessen Mutter im Holocaust umgekommen war und der sich lange Zeit auch als Komponist dezidiert zu seinem Judentum bekannt hatte, wurde von Klemperer in nicht ganz fairer Weise bezichtigt, seine Herkunft und seine Familie verraten zu haben, weil er den anti-israelischen Standpunkt der DDR vertrat. Klemperer war sogar so weit gegangen, ihn rhetorisch zu fragen, ob er etwa die Tatsache seiner Beschneidung leugnen wolle? In Klemperers Brief vom 2. Juni 1967 (ADK Berlin) heißt es: »Ihr Brief hat mich sehr enttäuscht. Meiner Ansicht nach sind Sie ein Jude, von einem jüdischen Vater und einer jüdischen Mutter – und beschnitten. Sie waren das bei Ihrer Geburt. Sind Sie es heute nicht mehr? Später, im Lauf des Lebens, wendeten Sie sich der sozialistischen Weltanschauung zu. Noch später, nach dem 2. Krieg, zogen Sie in die DDR. Mich selber zog es gewaltig in die DDR, da ich die Schäden und Unzulänglichkeiten des demokratischen Systems im Westen nur zu gut kannte.

Aber Sie, Sie werden im Osten und im Westen aufgeführt. Ich las eben, daß ›Puntila‹ in Luzern gegeben wird, was mich sehr freute. Aber im Ganzen mache ich mir Sorge um Sie. Seien Sie sehr, sehr vorsichtig.« Dessaus »Offener Brief« ist wohl als Reaktion auf diese Vorwürfe zu verstehen.

32 DLA Marbach, Nachlass Curjel
33 ADK Berlin
34 Im Gespräch mit Philo Bregstein, LOC/OKC
35 Ebda.
36 Ebda.
37 Klaus Pringsheim, mit dem Klemperer in Berlin gut bekannt war und der vor allem in der »Weltbühne« viele Artikel zur Rettung der Volksbühne geschrieben hat
38 Im Gespräch mit Philo Bregstein, LOC/OKC
39 Ebda.
40 Ebda.; der Schauspieler und Regisseur Andras Miko war während Klemperers Budapester Zeit Regie-Assistent am dortigen Theater.
41 Ein Dirigent namens »Klemperer« wird in »Doktor Faustus« namentlich erwähnt.
42 Im Gespräch mit Philo Bregstein, LOC/OKC
43 DLA Marbach
44 Klemperer litt bis zu seinem Lebensende unter seiner bipolaren Störung. Er wurde in Zürich von verschiedenen Psychiatern weiterbehandelt, u.a. von Prof. Dr. Herbert Binswanger, einem Halbbruder Ludwig Binswangers. Lotte Klemperer betont in einem Brief an Karola Bloch (1.2.1966), dass es inzwischen ja »erstaunliche und wunderbare Mittel« gegen psychische Erkrankungen gebe. Damit meinte sie offenbar die medikamentöse Therapie, die in den letzten Jahren große Fortschritte gemacht hatte. Seit den Sechzigerjahren gab es die Therapie mit Lithium-Salzen, die sich als hilfreich gegen die Bipolare Störung erwies.
45 ADK Berlin
46 ADK Berlin

Auswahlbibliographie

Abendroth, Walter: Hans Pfitzner, München 1935
Arrau, Claudio: Leben mit der Musik, Bern 1984
Aufricht, Ernst Josef: Erzähle, damit du dein Recht erweist, Berlin 1966
Beaumont, Antony: Alexander Zemlinsky, Wien 2005
Bekker, Paul: Kritische Zeitbilder, Berlin 1921
Bekker, Paul und Schreker, Franz: Briefwechsel, hrsg. von Christopher Hailey, Aachen 1994
Binswanger, Ludwig: Melancholie und Manie. Phänomenologische Studien, Pfullingen 1960
Bloch, Ernst: Vom Geist der Utopie, Berlin 1918
Bloch, Ernst: Briefe 1903–1975, hrsg. von Karola Bloch u. a., Frankfurt/M. 1985
Bloch, Karola: Aus meinem Leben, Pfullingen 1981
Brecher, Gustav: Opern-Übersetzungen, Leipzig 1911
Breuer, Dieter (Hrsg.): Die Moderne im Rheinland, Köln 1994
Brod, Max: Streitbares Leben, 1884–1963, München/Berlin/Wien 1969
Busoni, Ferruccio: Entwurf einer neuen Ästhetik der Tonkunst, Frankfurt/M. 1907
Busoni, Ferruccio: Wesen und Einheit der Musik, Zürich 1917
Cahn, Peter: Das Hoch'sche Konservatorium in Frankfurt am Main (1878–1978), Frankfurt/M. 1978
Carr, Jonathan: Der Wagner-Clan, Hamburg 2008
Curjel, Hans: Experiment Krolloper 1927–1931, aus dem Nachlass hrsg. von Eigel Kruttge, München 1975
Dahn, Felix: Allerhand Durcheinand, Köln 1931
Dessau, Paul: Notizen zu Noten, Leipzig 1974
Dessau, Paul: Paul Dessau 1894–1979, Dokumente zu Leben und Werk, hrsg. von Daniela Reinhold, Berlin 1995
Die Juden in Hamburg 1590 bis 1990. Wissenschaftliche Beiträge der Universität Hamburg zur Ausstellung »Vierhundert Jahre Juden in Hamburg«, hrsg. von Arno Herzig, Hamburg 1991
Dorfmüller, Joachim: Wuppertaler Musikgeschichte von den Anfängen des

8. Jahrhunderts bis zur Wiedereröffnung der Stadthalle 1995, Wuppertal 1995

Dülffer, Jost: Im Zeichen der Gewalt. Frieden und Krieg im 19. und 20. Jahrhundert, Köln/Weimar/Wien 2003

Durieux, Tilla: Meine ersten neunzig Jahre, München/Berlin 1971

Eckert, Nora: Parsifal 1914, Hamburg 2003

Elbogen, Ismar: Lehranstalt für die Wissenschaft des Judentums, Berlin 1907

Elbogen, Ismar: Die Geschichte der Juden in Deutschland, Frankfurt/M. 1966

Ermen, Reinhard: Ferruccio Busoni, Reinbek 1996

Fischer, Grete: Dienstboten, Brecht und Andere – Zeitgenossen in Prag, Berlin, London. Olten/Freiburg i. Br. 1966

Fischer, Jens Malte: Gustav Mahler – der fremde Vertraute, Wien 2003

Fischer, Jens Malte: Jahrhundertdämmerung. Ansichten eines anderen Fin de Siècle, Wien 2000

Flake, Otto: Es wird Abend. Bericht aus einem langen Leben, Frankfurt/M. 2005

Flechtner, Fritz: Das Hausierergewerbe in Breslau und in der Provinz Schlesien, Leipzig 1897

Gödde, Günther (Hrsg.): Mathilde Freud – die älteste Tochter Sigmund Freuds in Briefen und Selbstzeugnissen, Gießen 2003

Hagemann, Carl: Bühne und Welt. Erlebnisse und Betrachtungen eines Theaterleiters, Wiesbaden 1948

Herre, Franz: Jahrhundertwende 1900 – Untergangsstimmung und Fortschrittsglauben, Stuttgart 1998

Herzl, Theodor: Der Judenstaat: Versuch einer modernen Lösung der Judenfrage, Berlin/Wien 1896

Herzogenrath, Wulf: Max Ernst in Köln. Die rheinische Kunstszene bis 1922, Köln 1980

Heuberger, Rachel und Krohn, Helga: Hinaus aus dem Ghetto: Juden in Frankfurt am Main 1800–1950, Frankfurt/M. 1988

Heyworth, Peter: Otto Klemperer, Dirigent der Republik, Bd. 1: 1885–1933, Berlin 1988

Heyworth, Peter (Hrsg.): Gespräche mit Klemperer, Frankfurt/M. 1974

Heyworth, Peter: Otto Klemperer, his life and times, Vol. 2: 1933–1973, Cambridge 1996

Hilmes, Oliver: Witwe im Wahn – das Leben der Alma Mahler-Werfel, Berlin 2004

Jessner, Leopold: Das Theater. In: Die Szene, März 1928

Joseph, Artur: Meines Vaters Haus, Köln 1970

Kammerer, Paul: Das Rätsel der Vererbung, Berlin 1925

Keil, Sabine und Puritz, Joy: Elisabeth Schumann, Querfurt 2008

Kestenberg, Leo: Bewegte Zeiten. Musisch-musikantische Lebenserinnerungen, Wolfenbüttel/Zürich 1961

Kirchner, Ernst Ludwig: Dokumente, hrsg. von Karlheinz Gabler, Aschaffenburg 1980
Kisch, Bruno: Wanderungen und Wandlungen, Köln 1966
Kisch, Heinrich E.: Erlebtes und Erstrebtes, Stuttgart/Berlin 1914
Klemperer, Georg: Die Behandlung gewisser Formen von Neurasthenie und Hysterie, Berlin 1887
Klemperer, Georg: Untersuchung über Gicht und harnsaure Nierensteine, Berlin 1896
Klemperer, Georg: Handbuch der Ernährungstherapie, Berlin 1904
Klemperer, Georg: Grundriss der klinischen Diagnostik, Berlin 1909
Klemperer, Lotte: Die Personalakten der Johanna Geisler, Frankfurt/M. 1983
Klemperer, Otto: Produktive Kräfte sind am Werk, in: Berliner Börsenzeitung vom 1. 1. 1931
Klemperer, Otto: Meine Erinnerungen an Gustav Mahler, Freiburg i.Br./Zürich 1960
Klemperer, Otto: Anwalt guter Musik – Texte aus dem Arbeitsalltag eines Musikers, hrsg. von Stephan Stompor, Berlin 1993
Klemperer, Otto: Über Musik und Theater, Berlin 1982
Klemperer, Victor: Ich will Zeugnis ablegen bis zum letzten, Tagebücher 1933–1945, 2 Bände, Berlin 1995
Klemperer, Victor: So sitze ich denn zwischen allen Stühlen, Tagebücher 1945–1959, 2 Bände, Berlin 1999
Kohnstamm, Oskar: Erscheinungsformen der Seele, München 1927
Kohnstamm, Peter: Lieder eines fahrenden Gesellen. Erinnerungen an vergangene Zeiten, Königstein/Taunus 1993
Kraus, Alfred: Sozialverhalten und Psychose Manisch-Depressiver, Stuttgart 1977
Krenek, Ernst: Im Atem der Zeit. Erinnerungen an die Moderne, Hamburg 1998
Krohn, Helga: Die Juden in Hamburg 1848–1918, Hamburg 1974
La Nier-Kuhnt: Philosophie und Bühnenbild. Leben und Werk des Szenikers Hans Wildermann, Emsdetten 1970
Lasker-Schüler, Else: Die Wupper, in: Werke und Briefe Bd. 2, Frankfurt/M. 1997
Lehmann, Lotte: Anfang und Aufstieg. Lebenserinnerungen, Wien/Leipzig/Zürich 1937
Loewenberg, Ernst L.: Jakob Loewenberg – Lebensbild eines deutschen Juden, in: Jahrbuch für jüdische Geschichte und Literatur, Berlin 1931
Loewenberg, Jakob: Lieder eines Semiten, Hamburg 1892
Lütkehaus, Ludger: Ein heiliger Immoralist – Paul Rée, Marburg 2001
Mahler, Gustav: Ein Glück ohne Ruh'! Die Briefe Gustav Mahlers an Alma, hrsg. von Henry Louis La Grange und Günther Weiß, Berlin 1995
Mahler-Werfel, Alma: Mein Leben, Frankfurt/M. 1960

Mahler-Werfel, Alma: Erinnerungen an Gustav Mahler, hrsg. von Donald Mitchell, Frankfurt/M./Berlin 1971
Mann, Heinrich: Der Untertan, München 1968
Mann, Monika: Das fahrende Haus. Aus dem Leben einer Weltbürgerin, Reinbek 2007
Mayer, Hans: Gelebte Musik, Erinnerungen, Frankfurt/M. 1999
Nono-Schönberg, Nuria: Arnold Schönberg 1874–1951. Lebensgeschichte in Begegnungen, Klagenfurt 1992
Pfeiffer, Ernst (Hrsg.): Friedrich Nietzsche, Paul Rée, Lou Andreas-Salomé – Dokumente ihrer Begegnung, Frankfurt/M. 1970
Pfitzner, Hans: Eindrücke und Bilder meines Lebens, Hamburg 1947
Pfitzner, Hans: Reden, Schriften, Briefe, hrsg. von Walter Abendroth, Berlin/Neuwied 1955
Pfitzner, Hans: Futuristengefahr – bei Gelegenheit von Busonis Ästhetik, Leipzig/München 1917
Pfitzner, Hans: Die neue Ästhetik der musikalischen Impotenz. Ein Verwesungssymptom? München 1920
Pfitzner, Hans: Briefe, hrsg. von Bernhard Adamy, Tutzing 1981
Prieberg, Fred K.: Musik in der Sowjetunion, Köln 1965
Pross, Christian und Winau, Rolf: Nicht misshandeln! Das Krankenhaus Moabit, Berlin 1984
Puhlig, Maria: Richard Strauss. Bürger – Künstler – Rebell, Graz/Wien/Köln 1999
Rauchfleisch, Udo: Mensch und Musik. Versuch eines Brückenschlags zwischen Psychologie und Musik, Winterthur 1986
Rée, Paul: Gesammelte Werke, hrsg. von Hubert Treiber, Berlin/New York 2004
Reinhardt, Gottfried: Der Liebhaber. Erinnerungen an Max Reinhardt, München/Zürich 1973
Riethmüller, Albrecht und Shin Hyeso (Hrsg.): Busoni in Berlin. Facetten eines kosmopolitischen Komponisten, Stuttgart 2004
Rosenheim, Richard: Die Geschichte der deutschen Bühnen in Prag, 1883–1918, Prag 1938
Ross, Werner: Der ängstliche Adler. Friedrich Nietzsches Leben, München 1997
Scheler, Max: Vom Ewigen im Menschen, Leipzig 1923
Schickele, René: Werke in drei Bänden, Köln 1959
Schnabel, Artur: Aus dir wird nie ein Pianist! Hofheim 1991
Schonberg, Harold C.: Die großen Dirigenten, Berlin/München/Wien 1967
Schott, Heinz und Tölle, Rainer: Geschichte der Psychiatrie. Krankheitslehren, Irrwege, Behandlungsformen, München 2006
Schulz, Günther (Hrsg.): Konrad Adenauer 1917–1933. Dokumente aus den Kölner Jahren, Köln 2007
Schwandt, Christoph (Hrsg.): Oper in Köln. Von den Anfängen bis zur Gegenwart, Berlin 2007
Silbermann, Alphons: Lübbes Mahler-Lexikon, Bergisch Gladbach 1986

Simmel, Georg: Schriften zur Philosophie und Soziologie der Geschlechter, hrsg. von Heinz-Jürgen Dahme und Klaus Christian Köhnke, Frankfurt/M. 1985

Sternheim, Thea: Tagebücher 1905–1927, hrsg. von Bernhard Zeller, Mainz 1997

Stoecker, Adolf: Christlich-sozial, Reden und Aufsätze, Berlin 1890

Strawinsky, Igor: Leben und Werk – von ihm selbst, Zürich/Mainz 1957

Stresemann, Wolfgang: Und abends in die Philharmonie, München 1981

Synofzik, Thomas: Das Große Haus am Ring (1902–1915), in: Oper in Köln, hrsg. von Christoph Schwandt, Berlin 2007

Trotzki, Leo: Mein Leben, Frankfurt/M. 1961

Ungerer, Tomi: Es war einmal mein Vater, Zürich 2003

Valder-Knechtges, Claudia: Provinztheater im Umbruch, 1916–1928, in: Oper in Köln, hrsg. von Christoph Schwandt, Berlin 2007

Vierhundert Jahre Juden in Hamburg. Ausstellung des Museums für Hamburgische Geschichte 1991/92, Hamburg 1991

Virchow, Christian: Medizinhistorisches um den »Zauberberg«, Augsburg 1995

Vogel, Johann Peter: Pfitzner – Leben, Werke, Dokumente. Zürich/Mainz 1999

Wacker, Bernd und Kempf, Winfried: Jakob Loewenberg 1856–1929, Erinnerungen an sein Leben und Werk, Salzkotten 1992

Walter, Bruno: Briefe 1894–1962, hrsg. von Lotte Walter Lindt, Frankfurt/M. 1969

Walter, Bruno: Thema und Variationen – Erinnerungen und Gedanken, Stockholm 1947

Walter-Ris, Anja: Die Geschichte der Galerie Nierendorf, Berlin 2000

Wamser, Ursula und Weinke, Winfried (Hrsg.): Eine verschwundene Welt. Jüdisches Leben am Grindel. Springe 2006

Weber, Karlheinz: Vom Spielmann zum städtischen Kammermusiker: Zur Geschichte des Kölner Gürzenich-Orchesters, Bd. 1, Kassel/Berlin 2009

Wehmeyer, Grete: Höllengalopp und Götterdämmerung. Lachkultur bei Jacques Offenbach und Richard Wagner, Köln 1997

Weill, Kurt: Briefwechsel mit der Universal-Edition, hrsg. von Nils Grosch, Stuttgart/Weimar 2002

Wolf, Ulrike: Leben und Wirken des Berliner Internisten Georg Klemperer, Berlin 2001

Young-Bruehl, Elisabeth: Anna Freud, 2 Bände, Wien 1995

Zille, Heinrich: Photographien Berlin 1890–1910, hrsg. von Winfried Ranke, München 1975

Zimmermann, Mosche: Hamburgischer Patriotismus und deutscher Nationalismus. Die Emanzipation der Juden in Hamburg 1830–1865, Hamburg 1979

Zudeick, Peter: Der Hintern des Teufels. Ernst Bloch – Leben und Werk, Moos 1985

Register

Abendroth, Hermann 134, 148, 171 ff.
Abendroth, Walter 111, 123, 188
Abraham, Karl 66
Abravanel, Maurice 238, 240
Achsel, Wanda 135
Adenauer, Konrad 14, 16, 133, 141, 143, 151 f., 168, 170, 172 f., 178 f., 182
Adler, Felix 67 f., 72
Adorno, Theodor W. 204
Améry, Jean 14, 17, 245, 264
Andreas, Friedrich Carl 33
Antheil, George 213
Anton, Max 109
Aristoteles 87
Arp, Hans 112, 140, 146
Arrau, Claudio 196
Aufricht, Ernst Josef 199

Baargeld, Johannes Theodor 146, 182
Bach, Johann Sebastian 99, 139, 144, 189, 197, 201 f., 222, 243 f., 247
Bachur, Max 77 f., 81, 102, 103
Baker, Janet 267
Baker, Josephine 217
Ball, Hugo 140
Barlach, Ernst 224
Barlog, Boleslaw 259
Bartók, Béla 44, 149, 168, 213, 251
Bassewitz-Hohenluckow, Gerdt von 85
Batka, Richard 62

Becher, Johannes R. 188, 201
Becker, Carl Heinrich 196
Beethoven, Ludwig van 10, 16, 36, 61 f., 89, 99, 102, 125 f., 159, 166 f., 177, 187, 189, 194 f., 197, 202, 205, 237, 244, 259, 261, 267, 273
Beidler, Franz 218
Bekker, Paul 139, 157, 159 ff., 163–166, 198, 233
Benjamin, Walter 204
Berg, Alban 169
Berlioz, Hector 36, 79
Bernstein, Leonard 244
Bierbaum, Otto Julius 169
Binswanger, Ludwig 66, 76, 83
Bismarck, Otto von 113
Bizet, Georges 118, 189
Bloch, Ernst 13, 124, 147, 204 ff., 209, 237, 241, 245, 265, 267, 273 f.
Bloch, Karola 205, 237, 266
Bodanzky, Artur 62, 66 f., 75, 101, 187, 216, 237
Boetticher, Wolfgang 11
Bontemps, Hans 105
Borwick, Leonard 35
Boulez, Pierre 244, 246 f.
Brahms, Johannes 25, 35 f., 43, 67, 189, 194, 197, 234, 237, 239, 267
Brailowsky, Alexander 195
Braunfels, Walter 168, 176
Brecher, Gustav 77, 79 f., 126, 167
Brecht, Bertolt 145
Bregstein, Philo 16 f., 95, 231, 233
Bressler-Gianoli, Clothilde 90

Brod, Max 56, 141
Bruckner, Anton 67, 148, 161, 194, 235, 244
Bülow, Hans von 25, 35, 47, 78
Busch, Wilhelm 82
Busoni, Ferruccio 14, 39, 43 f., 67, 71, 79, 94, 137–140, 145, 152 f., 157, 159–162, 169, 173, 185, 199, 215
Busoni, Gerda 43

Cahn-Speyer, Rudolf 111
Caruso, Enrico 78, 81 f.
Casals, Pablo 108
Cassirer, Ernst 27
Castel, Irma 90
Cervantes, Miguel de 32
Chagall, Marc 188
Chamberlain, Houston Stewart 69 f.
Charbonnel, Marie 90
Chirico, Giorgio de 224
Chopin, Frédéric 194
Claudel, Paul 158
Cocteau, Jean 210
Cossmann, Paul Nikolaus 156
Cranach, Lucas 88
Curjel, Caspar 257
Curjel, Hans 11, 184, 201, 205 f., 209 ff., 219, 223, 225, 227, 231, 257, 266
Curtius, Ernst Robert 152, 167

d'Albert, Eugen 34
d'Indy, Vincent 44
Dahn, Felix 135
Dallwitz, Johann 115
Davies, Fanny 35
Débussy, Achille-Claude 10, 36, 98, 163, 171
Delius, Frederick 168
Dessau, Paul 13 f., 167 ff., 172, 237, 241, 245 f., 248, 265, 267, 269, 275, 278
Diderot, Denis 32
Döblin, Alfred 198
Dollfuß, Engelbert 232
Domgraf-Fassbaender, Willy 207
Doret, Gustave 89

Dostojewski, Fjodor Michailowitsch 48, 87, 202
Dülberg, Ewald 102, 140, 184 f., 202, 205, 210, 218 f., 245
Durieux, Tilla 50
Dvořák, Antonín 56

Ebert, Friedrich 175
Eibenschütz, Ilona 35
Einstein, Albert 247
Eisenstein, Michail Ossipowitsch 188
Eisler, Georg 261, 272
Eisler, Hanns 204 ff., 208, 261
Eisner, Kurt 152
Elbogen, Ismar 68 ff., 98, 165, 231, 237
Elbogen, Regina geb. Klemperer 22, 24, 26, 68, 70, 72, 98, 156, 165, 183, 209, 237, 243
Eldering, Bram 134
Elkuss, Siegbert 118
Engel, Carl 250
Epstein, Lonny 36, 153, 167, 237
Ernst, Louise 146 f.
Ernst, Max 10, 146 f.

Fauré, Gabriel 44
Fehling, Jürgen 218 f.
Felsenstein, Walter 255, 259 f.
Ferenczi, Sándor 66
Ferrier, Kathleen 257
Feuermann, Emanuel 149, 173, 188, 234, 250
Fischer, Grete 55, 60, 204
Flake, Otto 112 f.
Flechtheim, Alfred 204
Flesch, Carl 231
Fontane, Theodor 85
Forbach, Moje 206, 218 f., 220, 285
Franck, César 44
Franz Joseph I., Kaiser 57
Freud, Anna 28, 245
Freud, Martha 27
Freud, Mathilde 53
Freud, Sigmund 32, 49, 53, 61, 63, 66, 76, 83 f., 89, 247
Frick, Gottlob 260

Fried, Oskar 45 ff., 49 f., 76, 79, 92, 97, 140, 188 f.
Fromm-Michaels, Ilse 40, 99, 118, 122 f., 247
Furtwängler, Wilhelm 152, 177, 187, 194 f., 198, 200, 207, 243

Gaulle, Charles de 266
Gedda, Nikolai 267
Geer, Nadja 244
Geisler, Carla 131 ff., 136, 154 f., 178
Geisler, Johanna siehe Klemperer, Johanna
Geisler, Susanne 132
George, Stefan 83, 169
Gerhard, Meister 151
Giraud, Albert 103
Gless, Julius 135
Glinka, Michail Iwanowitsch 56
Gluck, Christoph Willibald 89 ff.
Goebbels, Joseph 112
Goethe, Johann Wolfgang von 34, 85, 87 ff., 98, 125
Goldmark, Karl 147
Goldstein, Kurt 231
Golland, Iso 206
Gorki, Maxim 49
Graef, Botho 83
Graf, Herbert 261
Grass, Günter 14, 246
Grieg, Edvard 72
Gropius, Manon 234
Gropius, Martin 76, 95
Gruenewald, Matthias 88
Gründgens Gustav 204, 227
Grün-Kortner, Marianne 269
Gyssling, Georg 235 f.

Hagemann, Carl 183, 185, 187
Hahn, Kurt 83
Händel, Georg Friedrich 11, 78
Hardt, Ernst 83
Hartung, Gustav 182
Hauer, Josef Matthias 12, 213 ff.
Hauptmann, Gerhart 49, 201
Haydn, Joseph 47, 177, 194 f., 197
Heidersbach, Käte 207

Heims, Else 92
Heine, Heinrich 25, 27, 98, 169, 239
Henze, Hans Werner 244
Hertzka, Emil 141
Herwegen, Peter 152
Herzl, Theodor 23, 30
Heydt, Eduard von der 108 f.
Heyworth, Peter 11–14, 38, 51, 72, 88, 92, 111, 120, 125, 136, 145, 153, 171, 185
Hill, Hainer 260
Hillel 247
Hiller, Ferdinand 36
Hindemith, Paul 197, 209, 213, 216, 251
Hindenburg, Paul von 15, 190, 264
Hirsch, Georges 254 f.
Hitler, Adolf 42, 48, 217, 228, 231, 233, 239, 256, 272
Hodapp, Frieda 35
Hoffmann, E. T. A. 43, 87, 216
Hofmannsthal, Hugo von 48 f., 93
Hofmüller, Max 115, 118, 120, 243
Horenstein, Jascha 241, 260
Horrax, Gilbert 238
Hotter, Hans 260
Huberman, Bronisław 234
Humperdinck, Engelbert 42, 45

Ibsen, Henrik 49

Jacobsohn, Siegfried 91
Jadassohn, Salomon 79
Janáček, Leoš 56, 141 ff., 168 f., 177, 201 f., 227
Jelenko, Siegfried 77 f.
Jessner, Leopold 203
Joachim, Joseph 25
Jones, Ernest 66
Joseph II. 18
Joseph, Artur 150
Jung, C. G. 66
Jusseaume, Lucien 90

Kafka, Franz 18, 61
Kaiser, Georg 182
Kammerer, Paul 96

Kandinsky, Wassily 188
Kant, Immanuel 87
Karl Franz Josef, Erzherzog (Karl I., Kaiser) 67, 141
Kerr, Alfred 204
Kestenberg, Grete 196
Kestenberg, Leo 196, 199, 204, 206, 208, 211, 213, 216, 218, 225
Kippenberg, Anton 83
Kirchner, Ernst Ludwig 84, 124, 146
Klee, Paul 224, 241
Kleiber, Erich 60, 122, 195, 200, 207f., 216, 271f.
Klemperer, Berthold 38
Klemperer, Eva 255
Klemperer, Felix 38f.
Klemperer, Georg 38f., 61, 74f., 82, 87f., 114, 188, 211, 228, 232, 237f., 251, 253
Klemperer, Gustav von 19
Klemperer, Gutmann 19
Klemperer, Hedwig 38
Klemperer, Ida geb. Nathan 21, 23ff., 27, 31f., 64, 71f., 144, 154f., 176
Klemperer, Johanna (geb. Geisler) »Hanne Klee« 12, 128–133, 135ff., 153ff., 157, 165f., 168f., 174, 176, 184f., 191–194, 196f., 203, 205, 211, 213, 227, 229f., 232f., 237f., 241ff., 248, 257
Klemperer, Léon 19
Klemperer, Lotte 11, 13, 15f., 178, 183, 196, 229, 232ff. 236ff., 242–245, 248, 251, 255, 259, 265–268, 270, 273f., 275f.
Klemperer, Marcus (geb. Klopper, Gumpel) 19
Klemperer, Margarethe 38
Klemperer, Marianne 24, 26, 141, 144, 151, 154f., 166, 209, 243, 246
Klemperer, Marta 38
Klemperer, Nathan 17, 20 ff, 25, 55, 71, 77, 98, 110, 144, 154f.
Klemperer, Regina siehe Elbogen, Regina
Klemperer, Valeska 38

Klemperer, Victor 16, 20, 38f., 114, 251, 253, 266f.
Klemperer, Werner 15, 158, 165, 167, 169, 176, 178, 196, 228, 230, 232f., 236, 238, 242
Klemperer, Wilhelm 20, 22, 38
Klindworth, Karl 40
Klopper, Gumpel siehe Klemperer, Marcus
Klopstock, Friedrich Gottlieb 87
Knappertsbusch, Hans 108, 110
Knorr, Iwan 36
Kohnstamm, Anneliese 85
Kohnstamm, Oskar 83f., 88f., 91, 119f., 122, 124f.
Kohnstamm, Peter 83ff.
Kohnstamm, Rudolf 125
Kokoschka, Oskar 14, 105, 245
Korngold, Erich Wolfgang 133, 164, 166
Kortner, Fritz 92
Kraus, Karl 204
Krenek, Ernst 184, 192, 198, 213, 217, 224, 249
Krenn, Fritz 218
Krupskaja, Nadeschda 188
Kubelík, Rafael 13, 261, 263
Kullman, Charles 206
Kwast, James 32, 35f., 41, 77
Kwast, Mimi 36
Kwast, Toni 36
Kwast-Hodapp, Frieda 36

Lara, Adelina de 35
Lasker-Schüler, Else 107f.
Lassalle, Ferdinand 247
Legal, Ernst 213, 219, 221
Legge, Walter 243f.
Lehár, Franz 53
Lehmann, Lotte 80f., 104f., 234, 239
Lehmbruck, Wilhelm 146, 224
Lenin, Wladimir Iljitsch Uljanow 188
Leßmann, Eva 97
Leßmann, Otto 97
Lewis, Richard 267
Lier, Jacques van 51

Liliencron, Detlev von 70
Lind, Jenny 176
Liszt, Franz 31, 94
Loewenfeld, Hans 102
Loewenstein-Scharfeneck, Hubertus Maximilian Friedrich Leopold Ludwig von 236
Loewenthal, A. 68
Löw, Judah (Rabbi Löw) 19
Lueger, Karl 48, 54
Lukács, Georg 273 f.
Luxemburg, Rosa 109, 152

Macke, August 146
Mahler, Alma 14, 27, 45 f., 48, 51, 63, 76, 95–102, 105, 164, 167, 208, 233 f., 241
Mahler, Gustav 27, 41, 45–49, 51 f., 53 f., 56–59, 61 ff., 67, 71, 73, 75 f., 78 f., 80, 87, 91 ff., 95 ff., 99, 101, 116, 126, 147 ff., 160 f., 167, 172, 177, 187, 189, 197, 202, 216, 234, 238, 244, 247 f., 255, 257, 260, 266, 272
Mahler, Maria Anna 62
Maimonides, Moses 247
Majakowski, Wladimir Wladimirowitsch 188
Malewitsch, Kasimir Sewerinowitsch 188
Mann, Erika 204, 268
Mann, Golo 268
Mann, Heinrich 117
Mann, Katia 13, 268
Mann, Klaus 204
Mann, Monika 251
Mann, Thomas 84, 139 f., 241, 256, 271
Marc, Franz 124, 146, 224
Maria Theresia 18
Marschalk, Max 221
Marschner, Heinrich 112
Marx, Karl 247
May, Micha 230, 232
Mayer, Hans 9, 150, 154
Meerfeld, Jean 175, 179 ff.
Mendelssohn, Anja von 64

Mendelssohn, Felix 25, 72, 82
Menuhin, Yehudi 265
Menzinsky, Modest 135, 148
Meschaert, Johannes 59
Meyer, Sofie 129
Meyerbeer, Giacomo 123, 147
Miko, Andras 270
Mildenburg, Anna von 52
Miller, Johann Martin 98
Moholy-Nagy, László 222
Moissi, Alexander 50, 83, 92, 145
Morgenstern, Christian 83
Morgenstern, Soma 13, 17, 246, 260
Mozart, Wolfgang Amadeus 44, 48, 78 f., 89, 93, 110 f., 125, 129, 135, 177, 180, 189, 194 f., 197, 201, 207, 218, 255, 257
Muck, Karl 71
Mudd, Harvey 236, 238
Mühsam, Erich 201
Munch, Edward 220
Mussolini, Benito Amilcare Andrea 174
Mussorgski, Modest Petrowitsch 168, 180

Neitzel, Otto 147
Nestriepke, Siegfried 218
Neumann, Angelo 52, 57 f., 60 f., 66 f., 71 ff., 78, 87
Nierendorf, Karl 146 f., 151 f., 167, 241
Nietzsche, Elisabeth 33
Nietzsche, Friedrich 31 ff., 43, 48, 87, 138
Nikisch, Arthur 44 f., 170
Nilsson, Einar 93
Novotná, Jarmila 207

Ockert, Otto 108
Offenbach, Jacques 50 f., 92
Orlando-di-Lasso 11
Orth, Joseph 150
Osterkamp, Ernst 159
Ottenheimer, Paul 73
Otto, Teo 10, 227

316

Paderewski, Ignaz 34
Paul, Jean 87
Pauly, Rose 135, 204, 206
Pfitzner, Hans 14, 36, 41 ff., 46, 65 ff., 71 f., 75 f., 87 ff., 111 ff., 116, 118, 122 ff., 137–140, 148, 156–161, 163, 185, 231, 247
Pfitzner, Mimi 43, 75 f., 87, 91, 124
Pfohl, Ferdinand 98
Piscator, Erwin 182, 201, 203
Pringsheim, Klaus 204, 226
Puccini, Giacomo 166, 207, 218
Puritz, Walter 104 f.
Puschkin, Alexander Sergejewitsch 210

Raimann, Rudolf 60
Rathenau, Walther 201
Ravel, Maurice 183
Ray, Man 185
Rée, Anton 23
Rée, Helene 39
Rée, Paul 32 f.
Reger, Max 35 f.
Reinbach, Carl 130 ff.
Reinhardt, Max (Goldmann, Max) 43, 49 f., 87 f., 91, 93, 119
Rémond, Fritz 135, 141, 157, 159, 178, 182
Richter, Hans 108
Riese, Hansi 60
Rilke, Rainer Maria 43, 61
Roller, Alfred 54, 92
Rossini, Gioachino 71, 79, 153
Rottenberg, Ludwig 34
Rubinstein, Arthur 31, 40
Rückert, Friedrich 87

Salomé, Lou von 32 f.
Sauer, Emil 108
Saz, Natalja 191
Schacko, Maria 238 f., 244, 251 f.
Scheler, Märit 152
Scheler, Max 151 f., 154, 167
Schickele, René 112 f., 140
Schiller, Friedrich 87
Schillings, Max von 94 f.

Schindler, Gretel 101
Schmitz, Arnold 170
Schnabel, Artur 122, 142, 149, 183, 187 f., 196, 201, 234, 252
Schnitzler, Arthur 31, 66
Schönberg, Arnold 14, 42, 87, 92, 94, 97 ff., 103, 114, 122, 149, 161, 163, 168 f., 171 f., 177, 183, 189, 197, 209, 214 ff., 224 f., 233, 235, 237, 241, 244, 246 f., 250 f., 253
Schönberg, Georg 237
Schönberg, Gertrud 233, 251
Schopenhauer, Arthur 32, 43, 48, 87
Schorr, Friedrich 135 f., 147
Schostakowitsch, Dmitri Dmitrijewitsch 235
Schreker, Franz 96, 159 f., 163 f., 168, 177, 180, 184
Schröder-Aufrichtig, Käthe 243
Schubert, Franz 89, 135, 148, 269
Schuh, Willi 262
Schulhoff, Erwin 169
Schumann, Clara 23, 34 f.
Schumann, Elisabeth 103–106, 128, 241
Schumann, Robert 11, 22, 36, 44, 183, 196, 239
Schwab, Louise 15, 128, 132 f., 154 f., 170, 198, 232
Schwander, Rudolf 118
Senden, Paul 145
Shakespeare, William 31, 49, 88, 172, 265
Sibelius, Jean 149, 235
Simmel, Georg 118, 124, 129
Simons, Rainer 52
Skrjabin, Alexander Nikolajewitsch 149
Smetana, Bedřich 56, 62, 117
Spinoza, Baruch 24, 247
Sproul, Robert Gordon 253
Stalin, Josef 191
Stehle, Anton 171
Sternberg, Elli 118 f., 122
Sternheim, Carl 37, 84, 119 f., 182
Sternheim, Thea 119, 122
Stockhausen, Julius 59, 244, 247

Stoecker, Heinrich Adolf 29
Stolz, Marie 72
Strauss, Pauline 37
Strauss, Richard 36f., 40, 42, 48, 54, 75, 79, 93f., 111, 144, 148, 164, 166, 172, 197, 207, 218, 265
Strawinsky, Igor Fjodorowitsch 168, 177f., 183, 194f., 209ff., 213, 217, 222, 226, 244, 272
Strecker, Ludwig 121, 170, 194
Stresemann, Gustav 204
Strobel, Heinrich 204, 215
Strub, Max 202, 231
Stuckenschmidt, Hans Heinz 204
Sudermann, Clara 31
Szell, George 10
Szenkar, Eugen 179, 182

Telemann, Georg Philipp 78
Tietjen, Heinz 200, 204, 208f., 213, 215, 217f., 222, 225, 227f., 231
Toller, Ernst 201
Toscanini, Arturo 174, 194, 233f., 240, 271
Tóth, Aladár 270
Trotzki, Leo 189ff.
Tschaikowsky, Pjotr Iljitsch 25, 36, 78, 234

Unger, Hermann 148, 156
Ungerer, Tomi 112

Velde, Henry van de 83
Verdi, Giuseppe 180
Vickers, Jon 260
Viertel, Salka 274
Vincent, Jo 257
Vittorio Emanuele III., König 174
Vogel, Wladimir 185
Vollmoeller, Karl Gustav 91
Voltaire 32

Wagner, Cosima 32, 102
Wagner, Friedelind 259f.

Wagner, Richard 15f., 32, 34, 44, 47, 50, 57f., 62, 67, 69, 70f., 75, 78, 102, 109f., 112, 117, 126, 135, 141, 148, 157, 159f., 171, 173, 180, 207, 218, 219f.
Wagner, Siegfried 40, 108, 219
Wagner, Wieland 220, 265
Wagner, Winifred geb. Williams 40, 217, 219
Walter, Bruno (Schlesinger, Bruno Walter) 27, 43, 49f., 62, 95, 156f., 177, 187f., 195, 200, 206–209, 216, 230, 240
Weber, Carl Maria 112, 180
Webern, Anton 213, 249
Wedekind, Frank 49, 182, 199
Weill, Kurt 145, 185, 213, 217, 222f., 238, 244
Weingartner, Felix (Felix Edler von Münzberg) 102, 188
Weininger, Otto 160
Weißmann, Adolf 204, 217
Werfel, Franz 184, 233, 241
Westermann, Gerhart von 259
Wetzler, Hermann Hans 172
Wilde, Oscar 49, 207
Wildermann, Hans 110
Wilhelm I. 34
Wilhelm II. 39, 77, 113, 142, 186
Wolf, Hugo 73
Wollenberg, Robert 88f., 112, 118, 126

Ysaÿe, Eugène 44, 108

Zehme, Albertine 103
Zemlinsky, Alexander von 10, 87, 92, 114, 168, 172, 177, 207, 225, 237
Zetkin, Clara 109
Zille, Heinrich 37
Zollin, Walter (Zollinger) 132, 184
Zschorlich, Paul 204, 216, 225
Zweig, Fritz 207
Zweig, Stefan 66, 241

Danksagung

Ich möchte zunächst den Mitarbeiterinnen und Mitarbeitern aller Bibliotheken und Archive danken, die mir bei den Recherchen zu diesem Buch geholfen haben. Von folgenden Institutionen wurden mir unveröffentlichte Originalquellen zur Verfügung gestellt:

Akademie der Künste, Berlin, Archiv (ADK Berlin)
Arnold-Schönberg-Center, Wien (ASC)
Deutsches Literaturarchiv Marbach (DLA Marbach)
Deutsche Nationalbibliothek Frankfurt/M., Exilarchiv (DNFE)
Deutsche Staatsbibliothek Berlin, Musikabteilung (DSBM)
Ernst-Bloch-Zentrum, Ludwigshafen (EBZ)
Historisches Archiv der Stadt Köln (HSTAK)
Library of Congress, Washington, Otto Klemperer Collection (LOC/OKC)
New York Public Library, Bruno-Walter-Papers (NYPL)
Österreichische Nationalbibliothek, Wien, Musiksammlung und Handschriftenabteilung (ÖNB)
Stadtbibliothek München, Monacensia-Abteilung (SMM)
University of Pennsylvania, Van Pelt-Dietrich-Library-Center
Zentralbibliothek Zürich, Handschriften- und Musikabteilung (ZB Zürich)

Frau Babette Dorn-Faes (Löchgau) und Herrn Prof. Dr. Axel Michaels (Heidelberg) als Vertreter der Erben von Ilse Fromm-Michaels danke ich herzlich für die Erlaubnis, Einsicht in den Briefwechsel zwischen Otto Klemperer und Ilse Fromm-Michaels nehmen zu dürfen. – Ebenso Frau Alexandra Kaufmann (Berlin), die mir gestattete, den in ihrer Privatsammlung befindlichen Briefwechsel zwischen Maria Schacko und Otto Klemperer sowie die unveröffentlichte Autobiographie von Maria Schacko zu fotografieren. Frau Beate Großmann-Hofmann vom Stadtarchiv Königstein/Taunus gab mir wichtige Informationen zur Geschichte des Sanatoriums Dr. Kohnstamm. Frau Daniela Reinholdt vom Archiv der Akademie der Künste in Berlin danke ich für viele Auskünfte über die Beziehung zwischen Otto Klemperer und Paul Dessau. Herrn Josef van Elten vom Historischen Archiv des Erzbistums Köln für Informationen über die in Köln erfolgte Konversion Otto Klemperers zum Katholizismus.

Für intensiven fachlichen Dialog, Motivation und Unterstützung danke ich außerdem Prof. Dr. Klaus Wolfgang Niemöller, Herrn Dr. Heinrich Deserno, Herrn Dr. Gottfried Wagner, Herrn Dr. Jan-Robert Bloch, Frau Dr. Gisela Fleckenstein, Herrn Antony Beaumont, Herrn Misha Horenstein und Herrn Dr. Peter Pogany-Wnendt.

Besonders herzlich danke ich meinem Lektor, Herrn Nikolaus Wolters, und meinem Mann Klaus Kammerichs, die auch in schwierigen Phasen nie die Geduld mit mir verloren haben.

Köln, im Februar 2010